U0722705

思维游戏

斗南　主编

北京联合出版公司
Beijing United Publishing Co.,Ltd

图书在版编目（CIP）数据

思维游戏 / 斗南主编 . 一北京：北京联合出版公司，2015.9（2022.7 重印）
ISBN 978-7-5502-6045-0

Ⅰ . ①思… Ⅱ . ①斗… Ⅲ . ①智力游戏 Ⅳ . ①G898.2

中国版本图书馆 CIP 数据核字（2015）第 200329 号

思维游戏

主　　编：斗　南
出 品 人：赵红仕
责任编辑：王　巍
封面设计：韩　立
内文排版：盛小云

北京联合出版公司出版
（北京市西城区德外大街 83 号楼 9 层　100088）
北京德富泰印务有限公司印刷　新华书店经销
字数 487 千字　720 毫米 ×1020 毫米　1/16　28 印张
2015 年 9 月第 1 版　2022 年 7 月第 3 次印刷
ISBN 978-7-5502-6045-0
定价：78.00 元

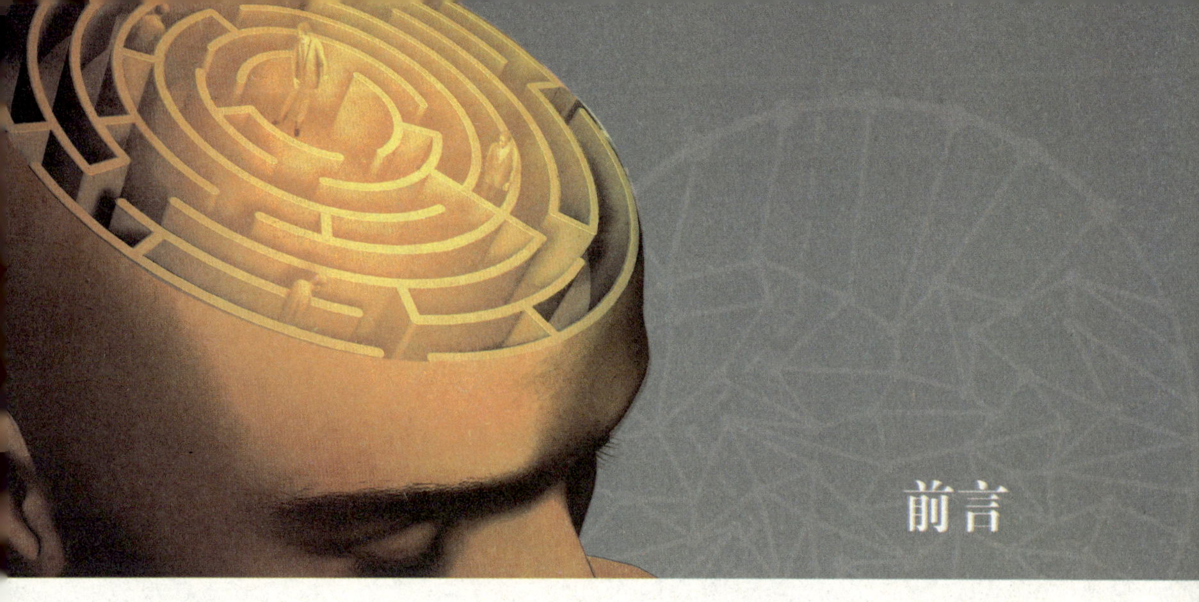

前言

著名科学家霍金说过：“有一个聪明的大脑，你就会比别人更接近成功。”思维能力在人的成功过程中起着举足轻重的作用，无论从事什么职业，处于什么岗位，面对什么问题，拥有活跃的思维，都是你能否快速走向成功的关键因素。思维能力的高低体现出一个人的智力水平，而在游戏中培养和锻炼思维能力，无疑是提高智力的好方式。

人类在漫长的征服自然、改造世界、提高自我的过程中，不断开发大脑，总结思维规律，逐渐形成了帮助人们解决问题、辨别真伪、开拓创新的思维知识体系。时至今日，这些知识为全球各个行业和各界人士所推崇并广泛实践，形成了一场席卷全球的思维风暴，各界精英及不同层次的人们都从中获得了深刻启示，解决了人生中的种种问题，走上了成功之路。解决问题和矛盾的强有力武器是大脑，决胜的关键在于是否拥有先进的思维方式。具有超强思维能力的人，到哪里都是卓尔不群的，他们办事效率更高效、行动更果断，更容易获得成功。

思维游戏有助于提高人们在逻辑推理、演绎推理、空间意识、数学运算、分析比较、记忆思辨等方面的能力，让思维越来越活跃，让大脑越来越聪明，对于开发心智具有重要的意义。

本书收录了600多个经典的思维游戏，包括算术类、几何类、组合类、数独类、推理类、创造类、观察类、想象类等类型，每一个游戏都让读者在娱乐中带动思维高速运转，强化左脑和右脑的交互运用，从而提高创造力、分析力、记忆力、逻辑力、判断力、思考力、推理力、想象力等思维能力。书中没有枯燥的公式，也没有难解的习题，每一个游戏都具有代表性和独特性，游戏者不但可以获得解题的快乐和满足，还可以通过完成各种挑战活跃思维，发掘大脑潜能，掌握必要的思维方法，得到更多可能的视角和解决问题的途径，进而做出正确的判断，更快地迈向成功。

本书虽是一本游戏书，但却不是一本简单的娱乐书。在游戏的过程中，你需要大胆地设想、判断和推测，需要尽量发挥想象力，突破固有的思维模式，充分运用创造性思维，多角度、多层次地审视问题，将所有线索纳入你的思考。这些精彩纷呈的游戏，将让你在享受乐趣的同时，彻底带动你的思维高速运转起来，让你越玩越聪明。

笛卡尔曾说："我思故我在。"怎么思考，决定孩子的位置。只有拥有杰出的思维方式，才能从茫茫人海中脱颖而出。送给孩子的神奇脑科学，从游戏中激活孩子的学习力，掌握真正的学习方法，让孩子观察更敏锐，想象更丰富，心思更细腻，做事更理性。

目录

第二章　锻炼分析力

第三章　促进记忆力

第四章　增强逻辑力

第五章　提升判断力

第六章　提高思考力

第七章 激活推理力

第八章 拓展想象力

早期的思维游戏

想办法解决智力难题，是人们永恒不变的一种心态。这种心态可以在地球上的任何一种文明和任何一个时代中找到，而且有考古证据可查。至今为止发现的最早的思维游戏是公元前2000年左右的一道智力题，它被记录在书写牌上，是一道关于计算三角形周长的数学智力题。此外，在别的地方也发现了一些大约出现于同一时期的思维游戏，古埃及的《林德手卷》中有所记载。有一种早期的罐子游戏，从公元前1700年起开始流行。这类游戏中的用具被称为“卡多岗”茶壶，壶上没有盖子，水只能从壶底的一个小洞灌入，这个洞连通到器皿内部，游戏者需要做到的是让茶壶垂直翻转而水不外溅。

有一些早期的思维游戏，由于时间久远，已经很难判断当初创造者的目的是设计谜题，还是仅仅为了演示数学知识。最早的数学发现大约出现于公元前2700年，是一套用石头雕刻成的凸多面体，有立方体、八面体、十二面体和二十面体等。现在已经不能考证这些石雕是用于教小孩学习的，还是作为游戏工具使用的，或是用来阐述一种理论的，或就是一种艺术的展示，甚或代表了一种宗教偶像。但是从其存在的这一情况看，至少说明此前已经有人花费时间来设计出一个抽象的数学谜题，以揭示可能存在哪些常见的凸多面体。

思维游戏的发展

随着时间的推移，思维游戏日益呈现出多样性和复杂性，同时也成为考古和历史学研究中必不可少的一个方面。希腊神话中曾提到，带数的骰子大约是在公元前1200年左右出现于特洛伊战争中。公元前5世纪至公元前3世纪，希腊曾经出现过一阵对于水平思考谜题和逻辑推理游戏的狂热。到了公元前1世纪中期，希腊出现了很多重要的数学知识点，并且在公元1世纪的时候传到了罗马。与此同时，中国人也开始对数字游戏感兴趣了，其中大部分是被称为“河图”的幻方，此外还记录了大量类似于思维游戏的数学问题、哲学难题以及水平思考问题等。最早的象棋可能出现在印度或者中国，或者同时出现在这两个国家。公元3世纪左右，需要人们找出窍门将之解开的连环圈在中国出现。

公元969年左右，牌类游戏的相关信息最早出现在中国皇帝的活动记录中，这与现在西方人玩的纸牌游戏并不相关。但是公元11或12世纪出现在波斯的纸牌游戏则被认为与现代西方纸牌游戏有一定的关联。在欧洲，这类游戏在1377年已经广为人知了，而第一次明确提及是在加泰罗尼亚，也就在现在的西班牙。在那里，牌被称为“Naip”。“单人纸牌游戏”的相关信息最早出现在1697年，可能缘于早期的日耳曼游戏“狐狸和猎犬”，其历史可以一直上溯到12世纪。七巧板类游戏涉及组合一套形状奇异的板块，最早在中国出现，现代七巧板类游戏大约成形于1742年。随着19世纪的到来，工业革命大大改变了人类的思维方式，思维游戏也随之取得了长足发展。1767年，约翰·史匹兹发明了拼板游戏；1830年，扑克牌在美国出现；1913年12月

21 日，最早的纵横字谜出现在《纽约世界》上，由阿瑟·温尼发明；1974 年，匈牙利建筑学教授厄诺鲁比克发明了立方体游戏；1979 年，美国人哈瓦德·加发明了“数独”游戏……

思维游戏与大脑发展

思维游戏对于开发人类的心智具有重要的意义。神经和认知心理学领域的最新科学研究进一步地证实了思维游戏的重要性。

有关研究表明，大脑会根据我们的生活而不断地进行自我塑造和成形。此前我们猜测，在婴儿时期大脑便已经成形了，但是事实上它在不断地进行自我修正和调整。它可以自行治愈非物理性伤害，提高处理日常事务的效率，根据我们的经验而改变其自身结构。这种令人难以置信的灵活性即被称为可塑性。

可塑性最重要的意义在于，我们的智力能力和心智适应能力可以在任何一个年龄段得到改进。就像身体上的肌肉一样，我们的大脑也能对练习做出诚实的反应，变得更为敏锐，适应性更强。当然，人类生命的早期是最为重要的大脑锻炼阶段。婴儿几乎可以产生 2 倍于成人的神经连接，从而确保其能够学到各种各样的经验并且拥有足够的智力开发的空间。生命最初的 36 个月尤其重要，在此期间大脑开始形成自己的智力模式、个性和社会生活习惯。事实上，受教育时间应当一直持续到成人——这样才能将儿童时期大脑发展的过程继续延续下去。这种延续将非常有助于此后的心智健康，尤其是当遇到具有精神挑战的工作和生活时。25 岁的大脑和 75 岁的大脑基本没有什么区别，随着时间的流逝，大脑会最大限度地适应我们所提供给它的生活模式，就像我们身体通过调动平时不用的肌肉来最大限度地聚集能量一样。事实上，在人类刚刚步入老年阶段时，思维游戏仍然可以改善智力能力、提升问题解决技能、创造力甚至是日常的记忆力。

许多观点认为，老年人智力的衰退在一定程度上是因为没有充足的智力锻炼。现在有证据表明，强度较大的智力锻炼甚至可以克服老年痴呆症，减缓智力衰退。如果大脑没有受到物理性的损伤，那么智力衰退的主要原因肯定是因为对它的“废弃”。事实上，随着年龄的增长，我们并没有大量地丧失脑细胞。甚至，原本会萎缩的智力能力也可以很容易地重建起来。

世界范围的研究已经揭示了一些与保持人类头脑清晰相关的因素，包括受教育的程度、对变化的适应程度、个人成就、体育锻炼、社交生活参与度等。上述的各个因素并不是同等程度作用于每个人，关键在于进行积极的智力激发，比如解决拼板问题、纵横字谜以及其他思维游戏，或是下象棋、阅读等这些需要刺激想象力或者需要努力思考的活动。但是，有些所谓的积极的智力追求事实上是会加速智力衰退的，看电视就是其中之一。更让人难以置信的是，听音乐（仅仅是听，而不是混合其他行为）、阅读文字量较少的杂志以及打电话也可能影响智力。积极的社交活动则是有益心智的，因为这需要人与人面对面地进行交流与沟通。

思维游戏的解题技巧

解思维游戏是一门科学，同时更是一门艺术。它需要思维上的灵活性，对潜在原则和可能性的一点了解，有时候还需要一点点直觉。比如做纵横字谜，你通常需要了解设计者的风格，从而真正理解他设计的思维游戏，在一定程度上，这一规则可以适用于很多其他的思维游戏，这些思维游戏你在本书中都能够找到。

如果你已经准备好了，就开始接受挑战吧！

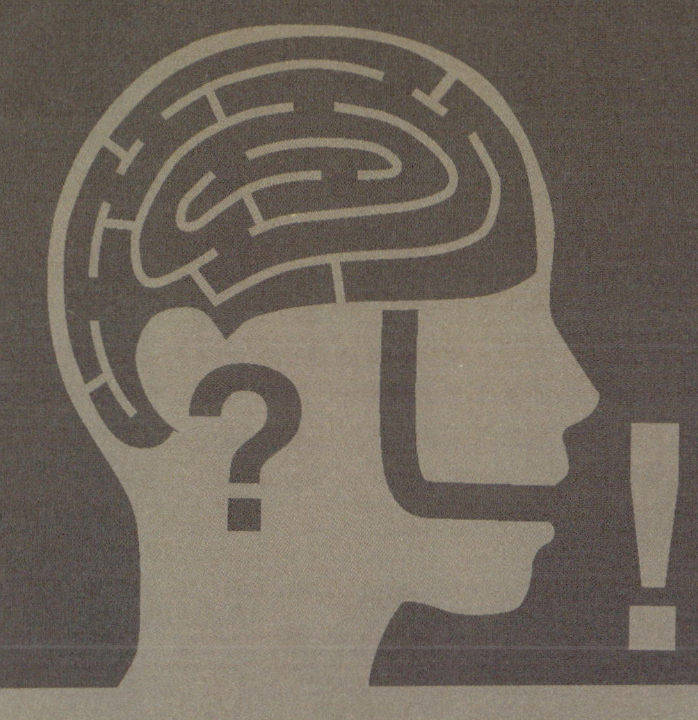

第一章 激发创造力

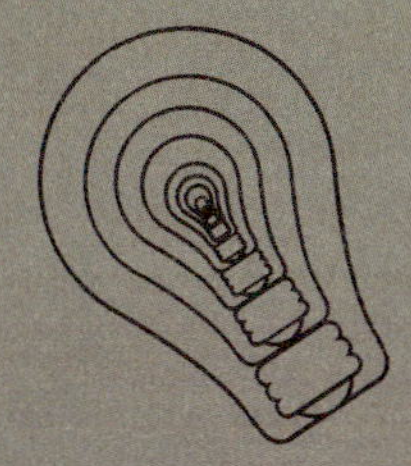

001 4个数

据说，有一种人只知道1，2，3，4这4个数字。

他们只用这4个数字可以组成多少个一位、两位、三位和四位的数？

002 倒三角形

如图所示，每1块积木上面有2块积木。问这样的结构可以搭多高都不倒塌？

003 哥伦布竖鸡蛋

有一个非常著名的问题：怎样把一个鸡蛋竖起来？根据记载，克里斯托弗·哥伦布知道答案。

故事是这样的：西班牙的贵族们给哥伦布出了一个难题，要求他把一个鸡蛋竖起来。

所有人都认为他不可能做到。哥伦布拿起鸡蛋，轻轻地敲破了鸡蛋一端的一点蛋壳，轻而易举地就把鸡蛋竖起来了。这个故事的寓意在于，很多看上去非常困难的事情很可能会有一种非常简单的解法。

如果要求不能弄破蛋壳，你还能把一个鸡蛋竖起来吗？

004 奎茨奈颜色棒游戏

只用一套奎茨奈颜色棒，你能否将下面的空白图形填满？

奎茨奈颜色棒是长度分别为从 1 ~ 10 的 10 个连续的颜色棒。

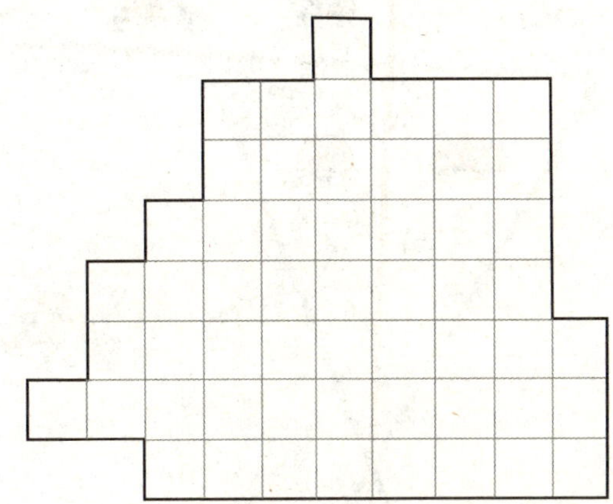

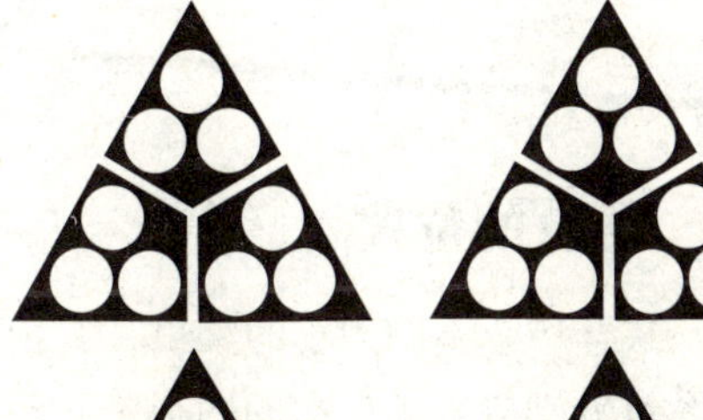

005 排列组合（1）

假设所有碟子颜色都一样——没有标记，也没有办法区分这些碟子。

你能用几种方法将3个不同颜色的物体分配到3个没有标记的碟子上？

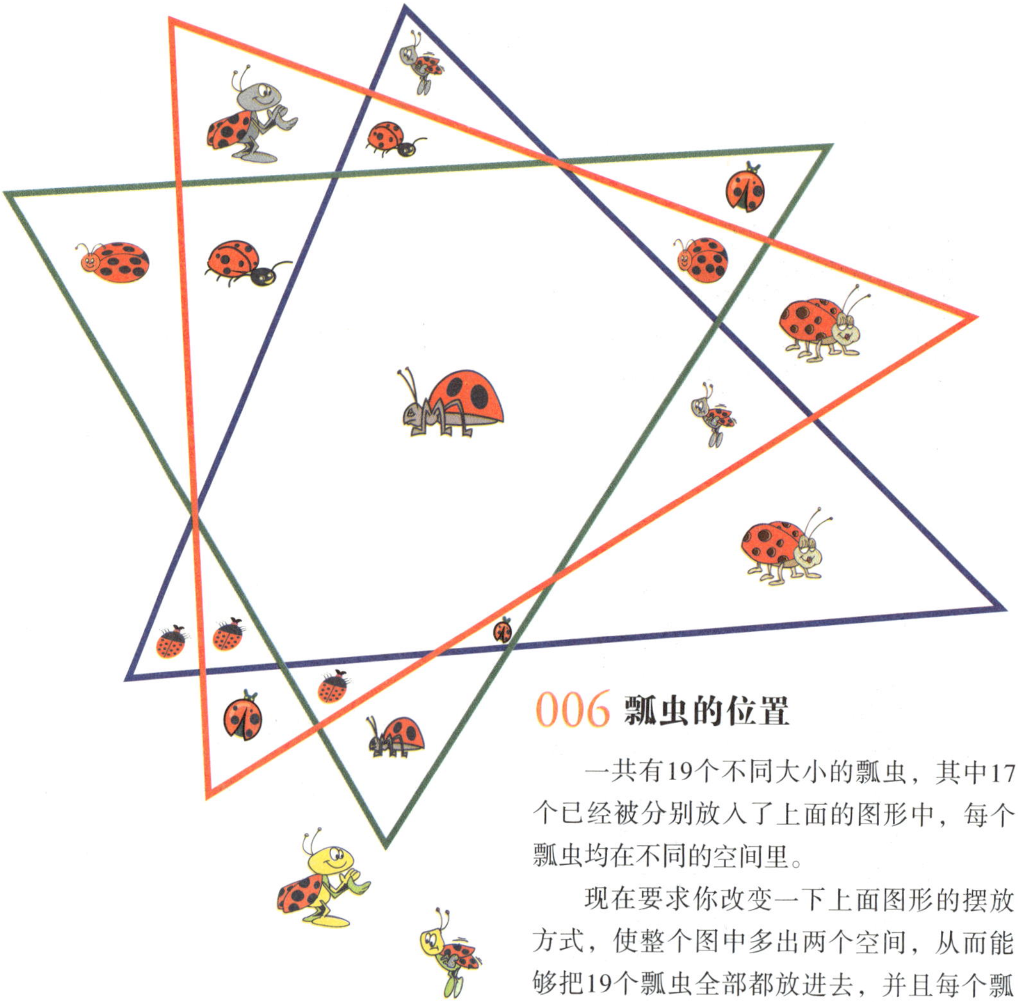

006 瓢虫的位置

一共有19个不同大小的瓢虫，其中17个已经被分别放入了上面的图形中，每个瓢虫均在不同的空间里。

现在要求你改变一下上面图形的摆放方式，使整个图中多出两个空间，从而能够把19个瓢虫全部都放进去，并且每个瓢虫都在不同的空间里。

007 T时代（1）

你可以把这4个图片拼成一个完整的大写字母T吗？

008 T时代（2）

你能把007题的4个图片拼成如图所示的这些图形吗？

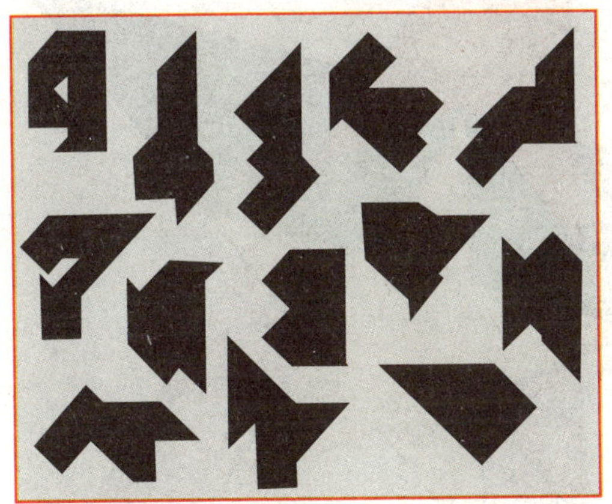

009 把5个正方形拼起来

将5个边长为1个单位的正方形拼入一个正方形，此正方形的边长是2.828个单位。你可以把这5个小正方形重新拼入一个如图所示的小一点儿的正方形吗？

010 多边形七巧板

两个中国数学家王甫和熊川证明了用七巧板只能拼出13个不同的凸多边形：1个三角形、6个四边形、2个五边形，还有4个六边形。

这13个凸多边形的轮廓已经给出了。

正方形已经拼好，你能用七巧板拼出另外12个图形吗？

这一页上的题目也许可以帮助你理解分割成七巧板的正方形的独特灵活性。

011 分割五角星

把这个大五角星复制下来，并把它分割成如图所示的12部分。

你可以把这12部分重新拼成 4 个小五角星吗？

012 分巧克力

要把这块巧克力分成64块相同的部分，你最少需要切几次？

注意：你可以把已经切好的部分放在没有切的巧克力上面。

这有一个很好的例子可以把我们的难题运用到实践中去。你有64个朋友，每个人都想要一块巧克力。快点——你怎么把它分开，让每个人都得到一块，并且尽量避免争吵？

013 六边形变成三角形

把这些被分割的六边形的图形碎片复制并剪下来。

你可以把这6片被分割的六边形碎片拼成一个等边三角形吗?

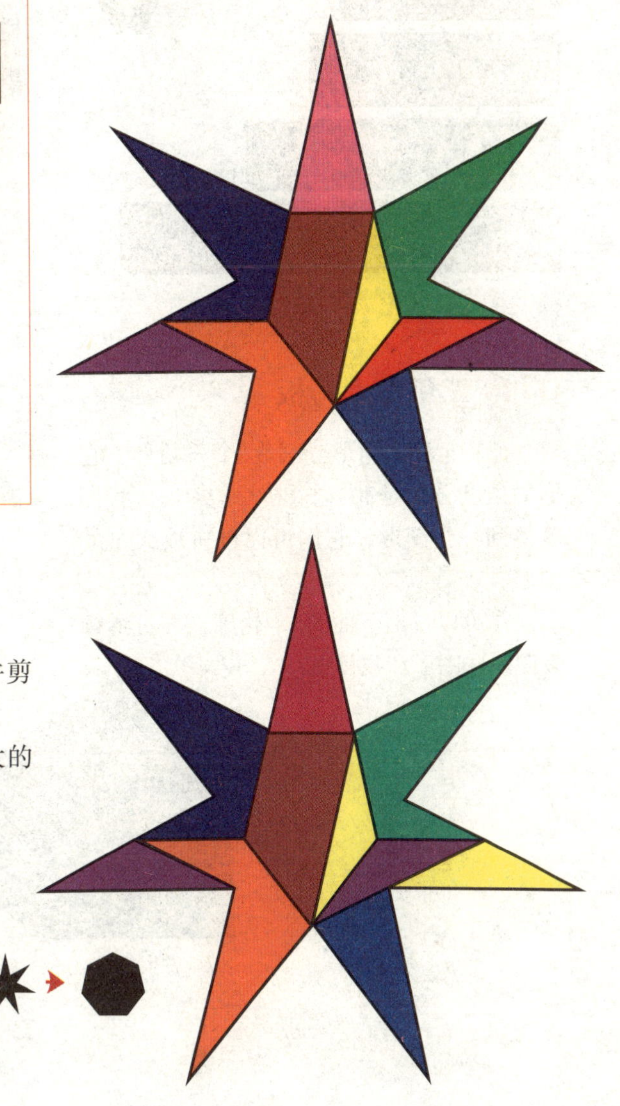

014 七角星

把这两个相同的七角星复制下来并剪成如图所示的20部分。

你可以把这20部分重新拼成一个大的七边形吗?

015 三角形花园

用这9块木板做成一个等边三角形的围栏，它们的长度用米表示（9块木板都必须用上）。

016 三角形七巧板

把一个正三角形分割成6个三角形，它们的角度分别是30°、60°、90°。我们就得到一组图形，它们可以被拼成大量的图形。

你可以拼出下面的3个轮廓，并且继续发明一些图形和题目吗?

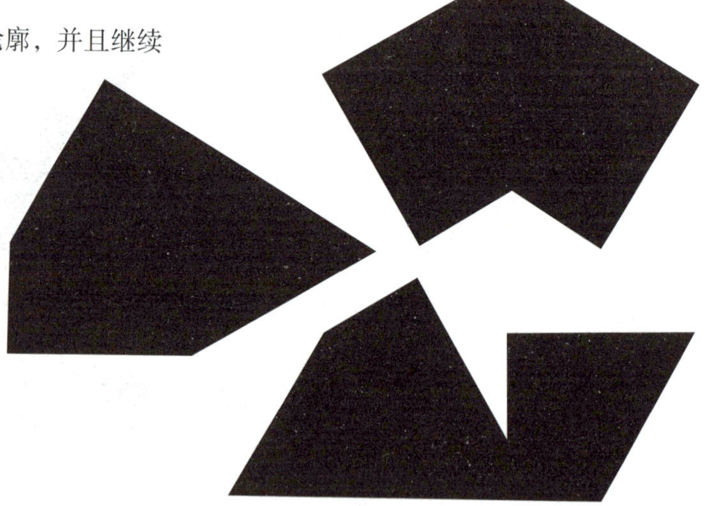

017 五角星（1）

你能用上面的6个直角三角形拼出如图所示的五角星吗?

018 五角星（2）

你能用同样的图片拼出一个六角星吗（类似旋转的风车）?

如果你有一个带有曲线的七巧板，它将能拼出更多匀称美丽的图样，每次都有一系列的新创造。继续，专心做！

019 心形七巧板

用9片心形七巧板图片拼出这两个黑色剪影。完成题目后，试着继续发明一些图形和题目。

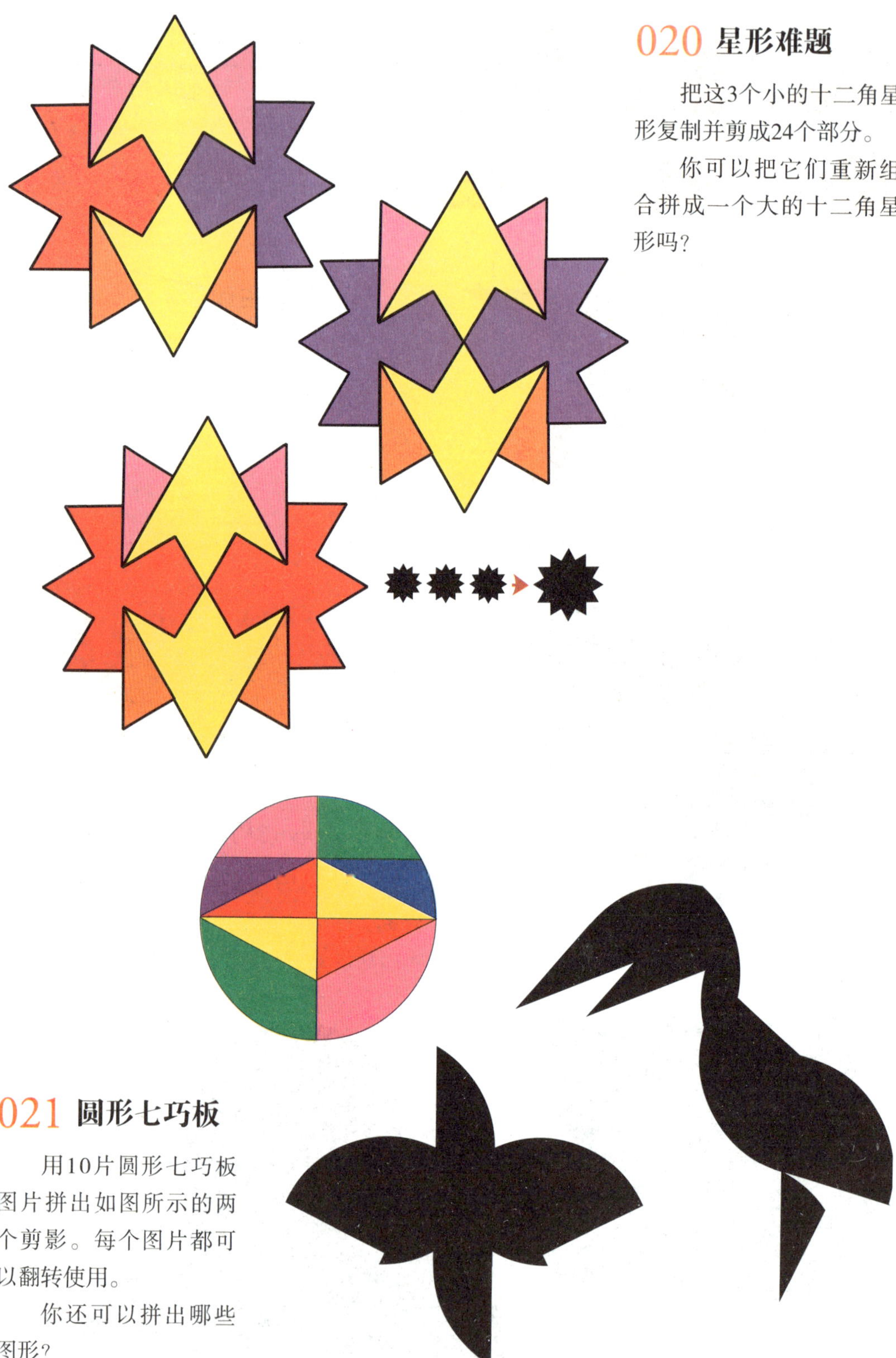

020 星形难题

把这3个小的十二角星形复制并剪成24个部分。

你可以把它们重新组合拼成一个大的十二角星形吗?

021 圆形七巧板

用10片圆形七巧板图片拼出如图所示的两个剪影。每个图片都可以翻转使用。

你还可以拼出哪些图形?

022 正方形变成星星

如图所示，一个正方形被分成了6部分。

把它们复制并剪下来，拼成一个规则的六角星。

023 正方形蛋糕

要求把这个顶上和四周都有糖霜装饰的蛋糕分成5块体积相等，并且有等量糖霜的小蛋糕。

如果蛋糕上没有糖霜或装饰，这个问题就可以用简单的4条平行线解决，但是现在问题有点麻烦，因为那样做将会使2块蛋糕上有较多的糖霜。

024 重组五角星

把这4个十边形复制下来，并把它们剪成如图所示的17部分。你可以把这17部分重新拼成一个规则的五角星吗？

025 正方形分割问题

迪克·赫斯提出了这个问题：你可以用几种方法把1个正方形分割成6个相似的等腰直角三角形？

他找到了27种不同的答案，其中的一些已经列在上面了。你还可以找到其他的吗？

026 x问题

x在9与11之间，如果你不知道x的值，让你猜一个值，使得错误率最小（即你猜的数与x的真实值之间的差距与其真实值的比），你应该猜什么数？

027 宝石

下面是一个为世界级宝石展览特制的架子。展品包括7块宝石，如图所示。但是架子上只能放下6块宝石，怎样才能使这个架子放得下7块宝石，并且每块宝石都在一个重要的位置呢？

接下来的题是关于点与线的，但是题中关于点与线的连接方法与你平时所见的都不相同。根据下面的提示，看看你能不能掌握题中连接这些点的基本规则。

028 点与线（1）

如图所示，10条线之间一共有10个交点。

其中5条线与其他线有2个交点，另外5条线与其他线有4个交点，这些交点为4条线或2条线的相交处。

保持线和点的数量不变，你能否构建一个结构，使每条线上有3个这样的交点——这些交点都是由3条线相交而成，不是由3条线相交而成的点，你可以忽略不计。

029 点与线（2）

假设一共有12条线和12个点，条件同028题，你能否继续作图？

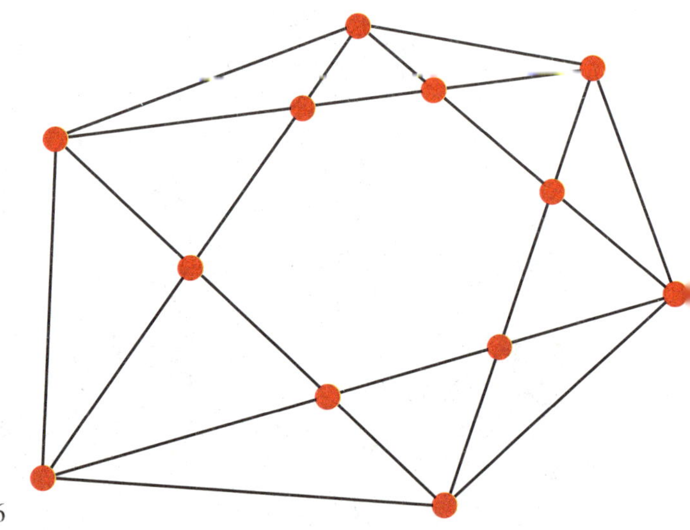

030 点与线（3）

假设一共有14条线和14个点，条件同028题，你将如何作图？

031 点与线（4）

条件同028题，假设一共有16条线和16个点呢？

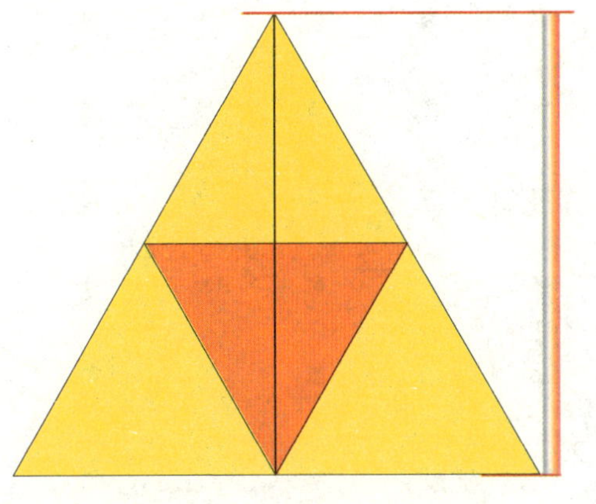

图形的特性是非常吸引人的，它会让你从一个新的角度来看待日常事物。

032 断掉的拐杖

一根拐杖断成了3截，这3截可以组成一个三角形的概率为多少？

如图所示的等边三角形可以帮助你解决这种经典概率问题。这个三角形的高等于拐杖的长度。

033 滚动色子

如图所示，你能否将6个色子分别滚动 6次，滚动到指定的格子里，并且最后朝上的那一面分别是“1”，“2”，“3”，“4”，“5”，“6”？

			3				3		
2	3	0	1				0		
							3	2	0
		0	2	1	1				
		1			2				
		3			1			3	0
		2	2	1	2			2	
								2	
1	2			2	1			3	
	0			3	2			3	1
	3								
	2			3	2	0	1		
2	1			0			1		
				2			1		
				0	1	2	2		
1	3	3							
		2				1	3	3	3
		1				1			

034 滑动链接

在滑动链接谜题中，你需要从纵向或者横向连接相邻的圆点，形成一个独立的没有交叉或分支的环。每个数字代表围绕它的线段的数量，没有标数字的点可以被任意几条线段围绕。

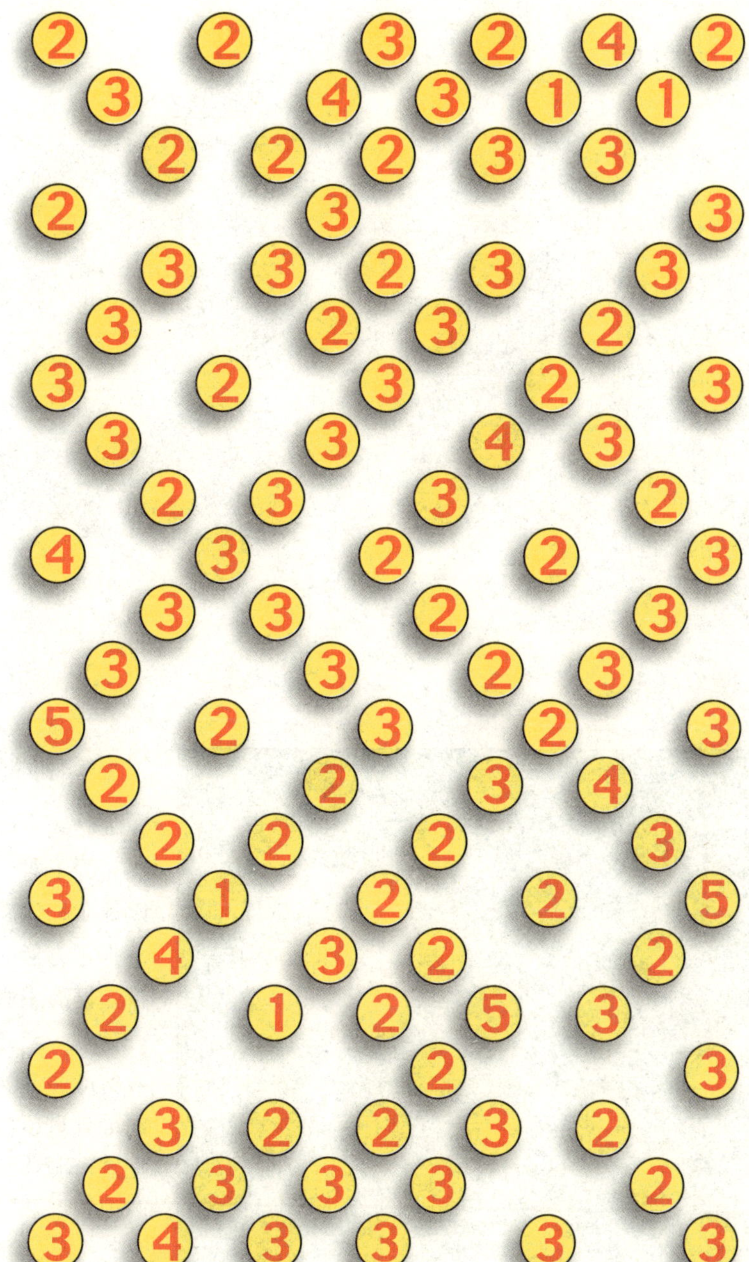

035 建造桥梁

在这个游戏中，每个含有数字的圆圈代表一个小岛。你需要用纵向或横向的桥梁连接每个小岛，形成一条连接所有小岛的通道。桥的数量必须和岛内的数字相等。在两座小岛之间，可能会有两座桥梁连接，但这些桥梁不能横穿小岛或者与其他的桥相交。

036 麦比乌斯圈上色问题

如图所示，在一个麦比乌斯圈上有一个包含10个交点的图形。

现在要求给交于这些点的所有边都上色，条件是交于一点的各边颜色都不能相同。问至少需要几种颜色？（图中有一个交点处没有用圆圈标出来，经过它的两条边的颜色可以相同也可以不同。）

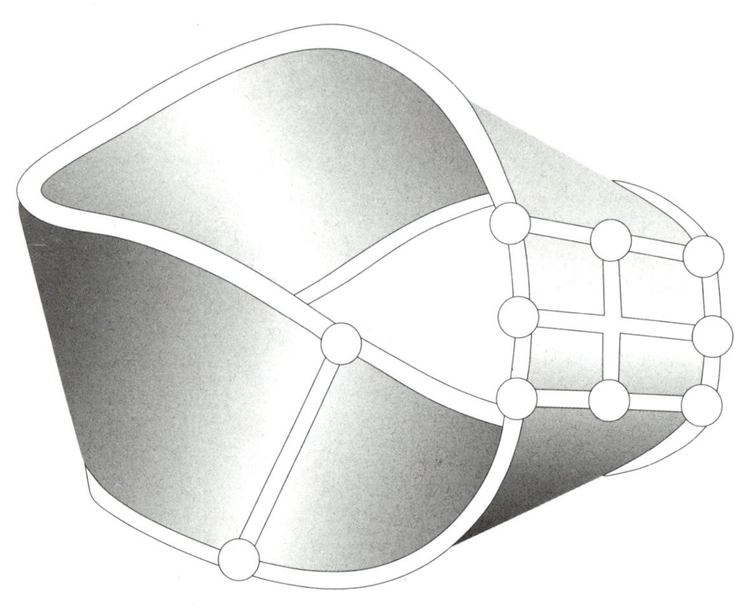

037 神秘的洞

谜题大师约翰·P.库比克为了对自己的能力加以证明，他向人们展示了一张正方形的纸板，在纸板上偏离中心的位置上有一个洞。“通过将这张纸板剪成两部分，并且将这两部分重新排列，我就能把这个洞移到正方形中心的位置上。”你能想出他是怎么做的吗？

038 多格六边形（1）

将几个正六边形组合起来有很多种方法。右边画出了从单格到四格的正六边形组合。

将2个正六边形组合起来只有1种方法（二格六边形）。

将3个正六边形组合起来有3种方法（三格六边形）。

将4个正六边形组合起来有7种方法（四格六边形）。

请你将这些多格六边形放进图1的游戏板中，每次只允许剩下3个没有用到。

图 1

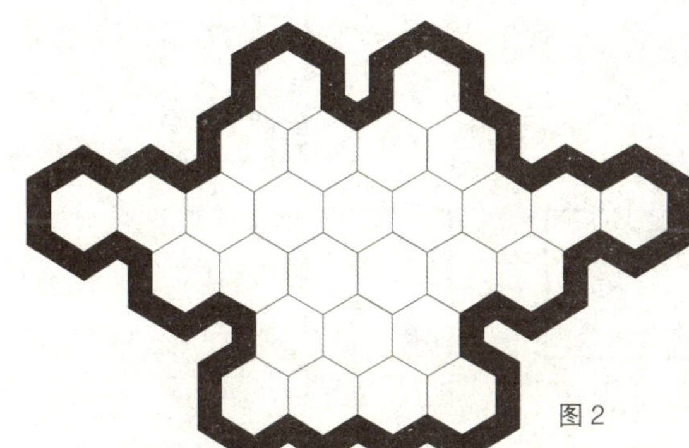
图 2

039 多格六边形（2）

条件同038题，请你将上面的多格六边形放进图2的游戏板中，每次只允许剩下3个没有用到。

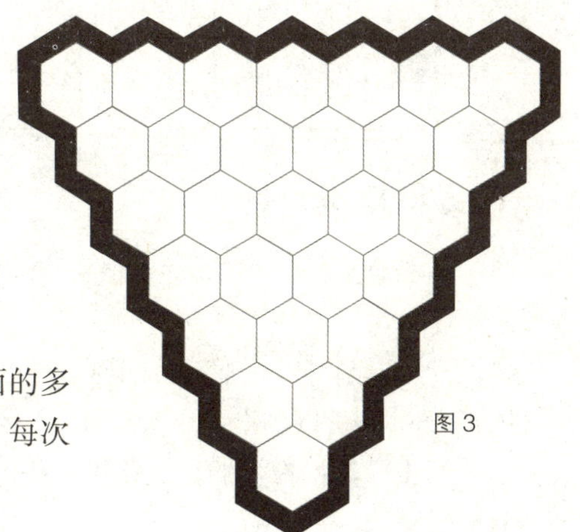
图 3

040 多格六边形（3）

条件同038题，请你将上面的多格六边形放进图3的游戏板中，每次只允许剩下3个没有用到。

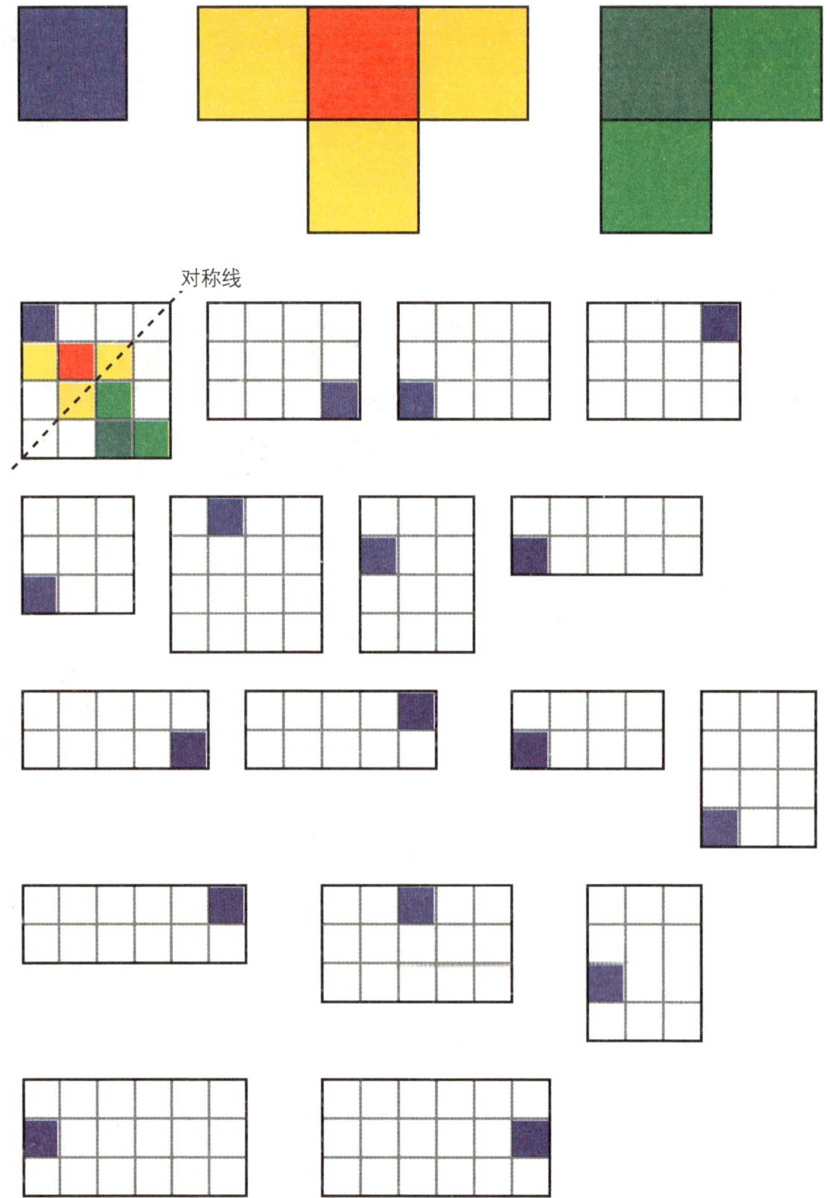

041 多格拼板对称

将上面的单格拼板、T形的四格拼板和L形的三格拼板拼成一个对称的图形，见上面的例子。

拼出的图形既可以是轴对称图形也可以是中心对称图形，用这3个拼板你能拼出多少个对称图形？ 一共可以拼出17个对称图形，是不是超出了你的想象？在另外的16个图形中，我们已经给出了单格拼板的摆放位置，你能否将这些图形补充完整？注意：拼板格的颜色不用对称。

042 蜂巢迷宫

你能否找到穿过这个蜂巢的最短路线？

a

1

$x = \sqrt{a}$?

043 平方根

有2条线段，一条长度为a，另外一条长度为1。

现在请你画出一条直线x，使x的长度等于a的平方根。

044 四格等腰三角形

请你用没有对称轴的8个四格等腰三角形和它们的镜像（加起来一共16个）来填满如图所示的正方形。

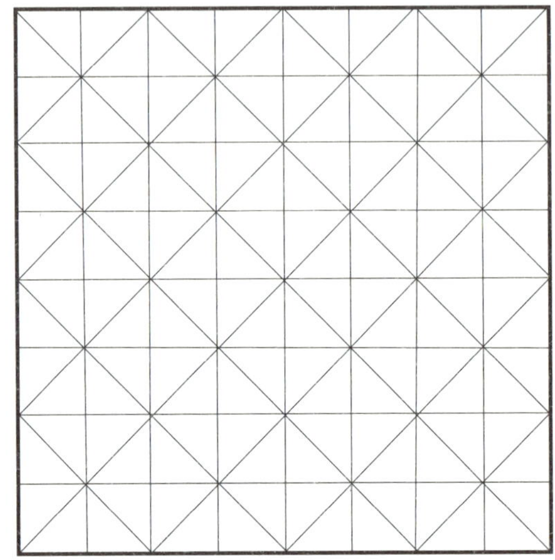

多格等腰三角形：3 个两格等腰三角形、4 个三格等腰三角形和 14 个四格等腰三角形

多格等腰三角形就是将等腰直角三角形沿着它的直角边或者斜边组合起来得到的。

045 五格拼板的 3 倍

这是一个十分引人入胜的五格拼板游戏。

给出 1 个五格拼板，然后要求你用剩余11块中的9块拼成一个高和宽都为给定五格拼板的3倍的图形。

12个五格拼板都可以用于玩这个游戏，你能画出正确答案吗？

彩色积木可以在游戏板上重新排列，玩法类似魔方。想想你要如何在不同大小的游戏板上变换你所使用的积木类型。

046 火柴积木（1）

这个矩阵（彩色小正方形）被分成15条，共8种颜色，每行用1种。

在8×8的游戏板上重新排列这15条积木，使得没有任何一行或列有颜色重复出现。

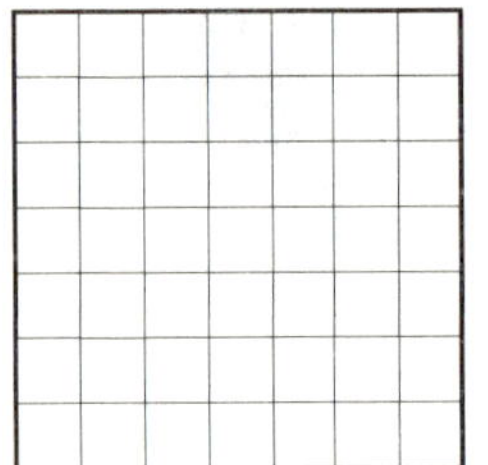

047 火柴积木（2）

从046题的15条积木中挑选能够组成7×7的魔方的积木条，使得任何一行、列以及至少1条对角线上没有颜色重复出现。

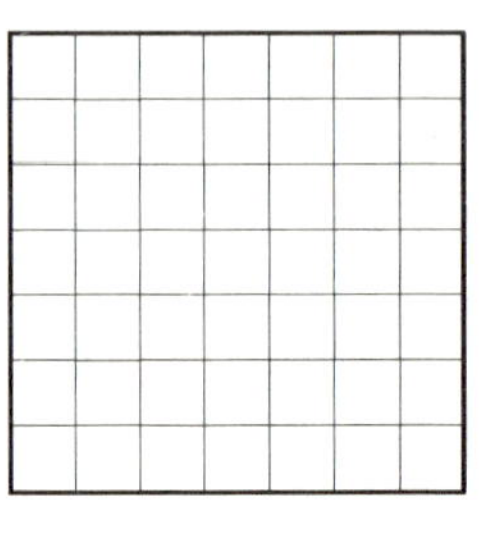

048 数字游戏板

如图所示，把数字1～4，1～9，1～16，1～25分别放进4个游戏板中，使每个圆中的数字都大于其右侧与正下方相邻的数字，你能做到吗？

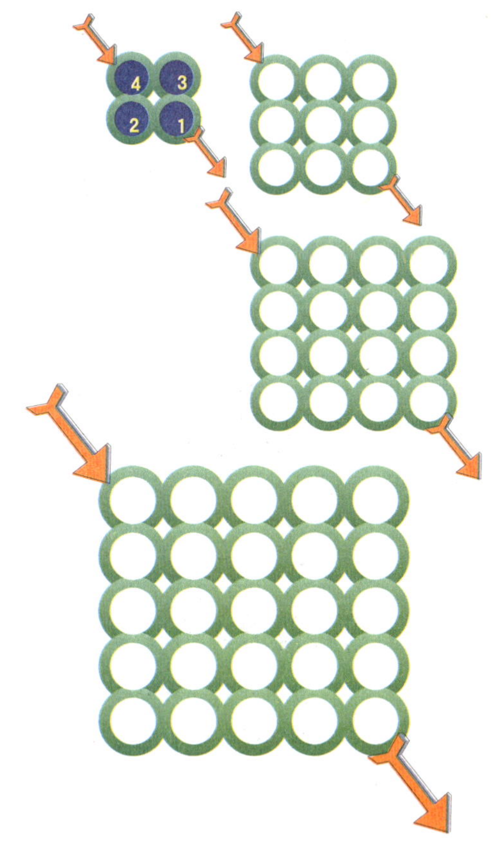

049 茵菲尼迪酒店

茵菲尼迪酒店有无数个房间，无论酒店有多满，新进来的客人总还是有房间可住。酒店经理会将1号房间的客人调到2号房，2号房的客人调到3号房，依此类推。不管这个过程多么漫长，最后1号房总是可以空出来给新来的客人住。

我们的问题是：如果新来的客人的数量也是无限的，那么酒店经理应该怎么做呢？

050 循环图形

在如图所示的纸上可以画出每次转弯时顺时针旋转120°的循环图形，n=2，3，4的情况都已经画出来了，现在请你画出n=5和n=7时的图形。

051 猫和老鼠

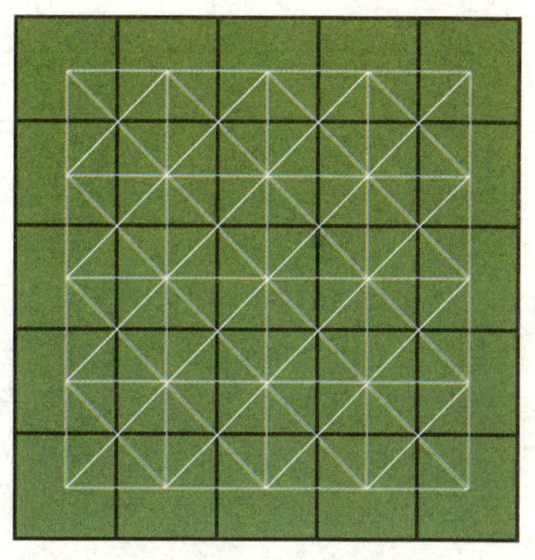

请你在如图所示的游戏界面上放4只猫和4只老鼠，每只猫都看不见老鼠，同样老鼠也都看不见猫。（猫和老鼠都只能看见横向、纵向和斜向直线上的物体。）

每个绿色的格子里只能放1只猫或者1只老鼠。

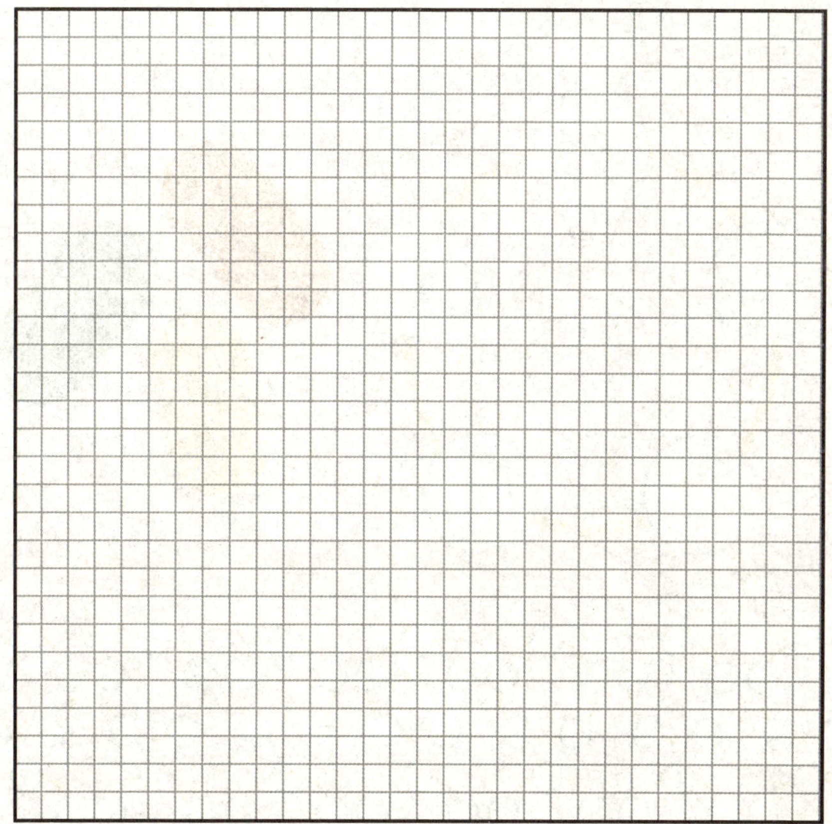

052 长方形游戏

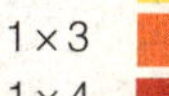

1×2

1×3

1×4

前 3 个长方形

用整数1到9分别作为长方形的长和宽，把正方形排除在外，一共可以组成多少个不同的长方形？（答案应该是36个。）

你能否把这些长方形都放进上面这个29×30的方框内，而且每两个长方形之间不能重叠？如果不能，你最多能够放入多少个？

053 珠子和项链

现在你手上有3种颜色的珠子——红、绿、黄。将这些珠子串成一条项链，每条项链由5颗珠子组成，这5颗珠子中有2颗是同一种颜色，2颗是另一种颜色，剩下1颗是第3种颜色。

请问按照这一规则一共可以串出多少条符合条件的项链？

珠宝设计师总是尝试为自己的顾客设计出最完美的项链。而各种珠子的组合方法有成千上万种，因此他们必须了解图案本身的规则才能够制作出最漂亮的项链。

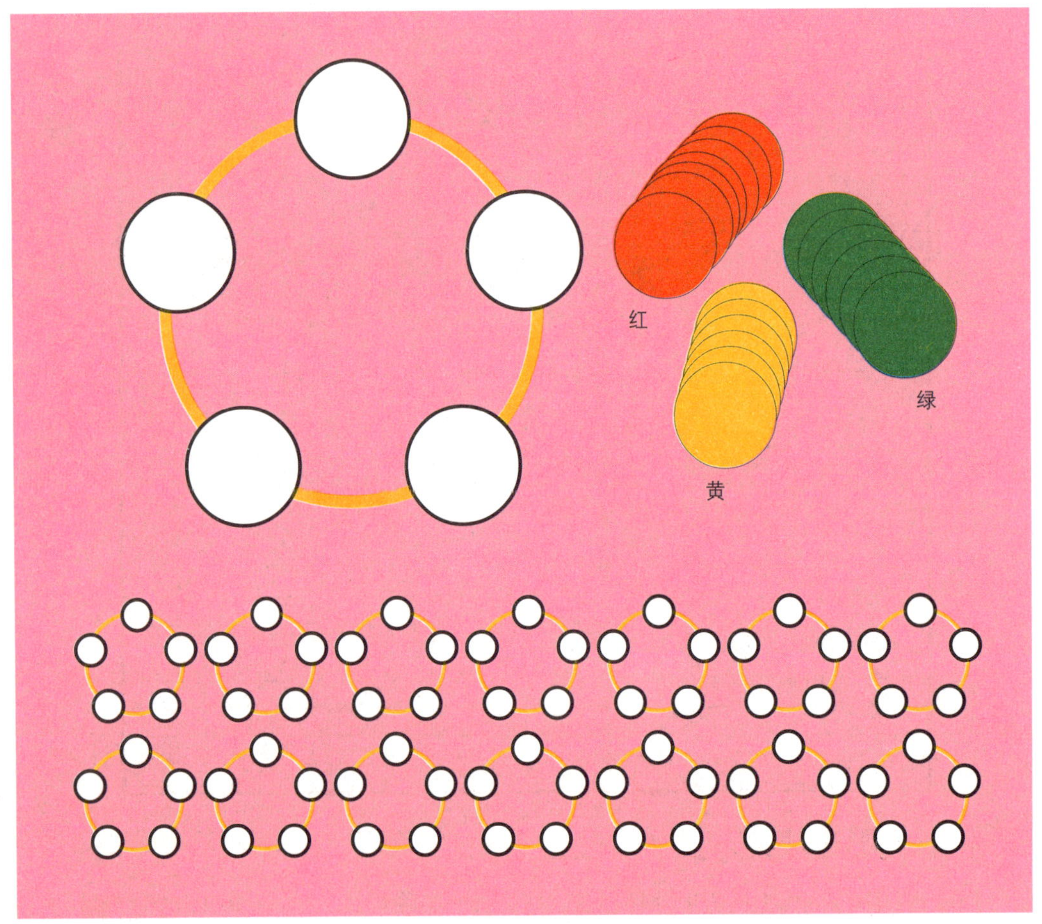

054 垂直的剑

你怎样看才会觉得这幅图里的剑是三维的，且是垂直向外指出来的？

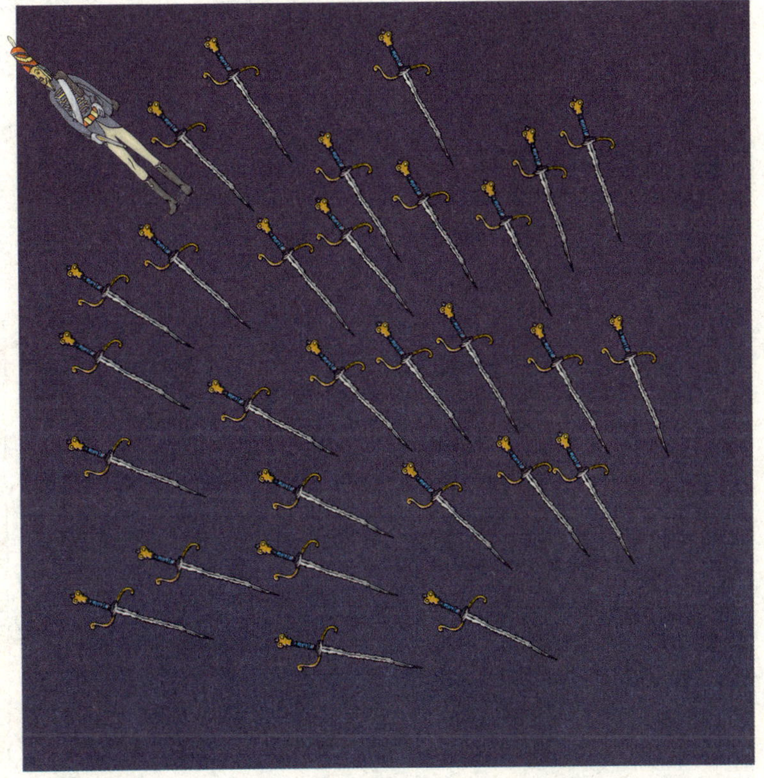

055 帝国地图

著名的四色定理在20世纪70年代由计算机证明。

南加州大学的泰勒找到一种把四色问题推广的方法：假想一张特殊的帝国地图，图上每个国家都包含m个分离的区域。那么涂色时，属于同一国家的所有区域都用同一种颜色上色。如果规定任何2个相邻的区域的颜色必须不同，那么最少要用多少种颜色上色？

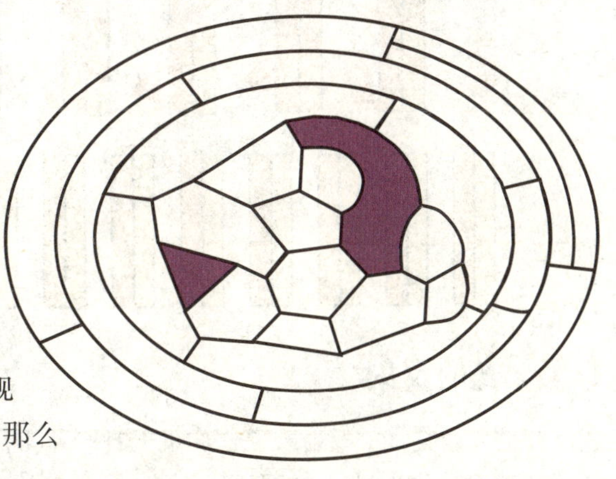

利用这种方法四色问题就得到了推广。当m=1时，就是四色问题，最少要用4种颜色；m=2（试想象每个国家都有一块不与本土相连的属地）时，这个问题的解就应该是12，即至少需要用12种颜色上色，这个解在1890年被英国数学家海武所证明。此外，他还证明了：一般说来，m个属地的地图所需颜色不超过6m。

此图就是海武的m=2时的帝国地图。

你能够用12种颜色来给这张地图上色吗？

有一个短语叫“光的幻影”，它常常是用来形容一种无法解释的转瞬即逝的现象。然而我们这里所说的光没有什么匪夷所思的，一切都可以用科学来解释。

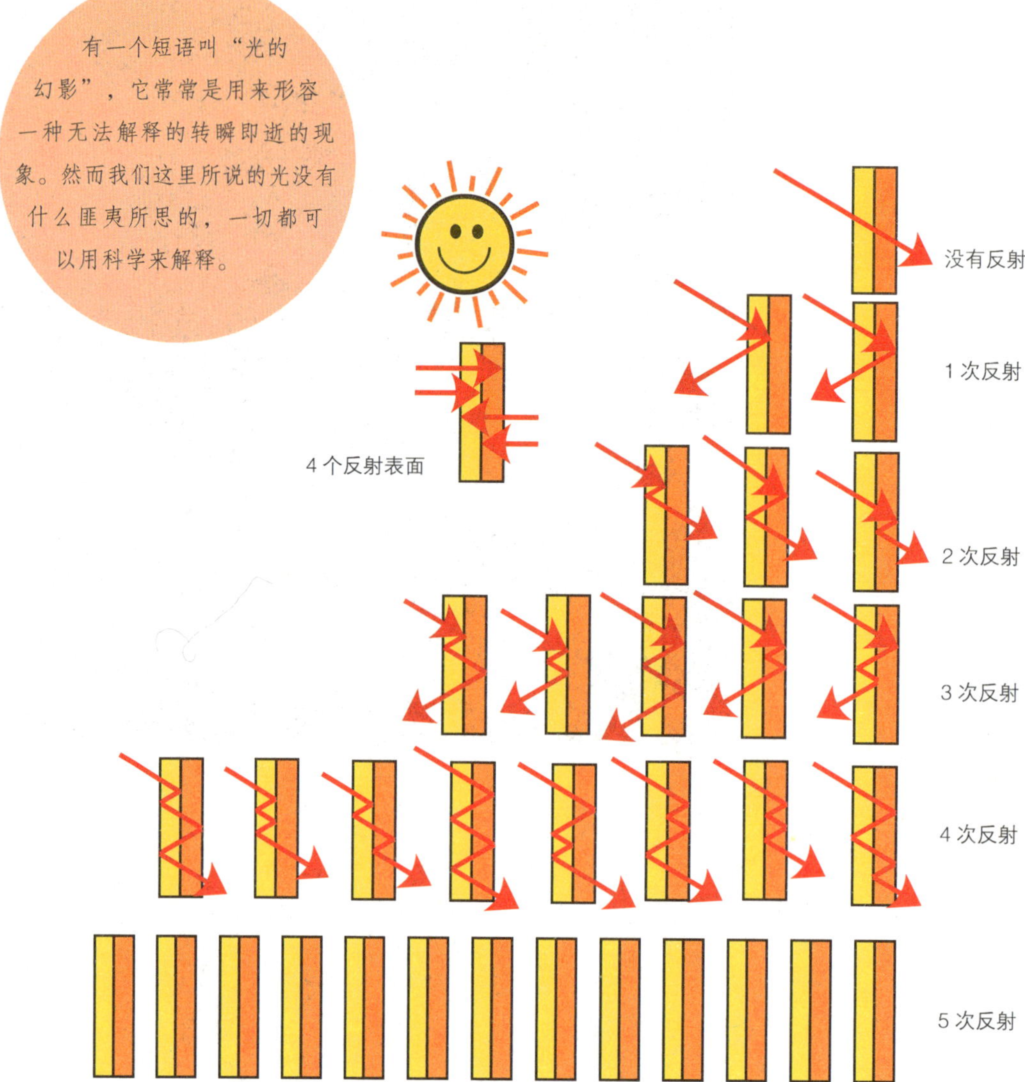

056 光的反射

我们来研究光的反射现象。如果把2种不同的透镜正面相贴地放在一起，那么可能反射光线的表面一共有4个，如图所示。

如果光线没有经过反射，它会直接穿过去。

如果光线经过1次反射，可能有2种不同的情况。

如果光线经过2次反射，可能有3种不同的情况。

根据不同的反射次数所出现的情况的种数分别为：1，2，3，5，8，13，21，…这是一个斐波纳契数列，即数列中后一个数字等于前两个数字之和。

那么你能够画出光线经过5次反射的13种情况吗？

题 1

题 2

题 3

题 4

057 皇后的小型对抗

如图所示，在这4种规格的棋盘上，分别最多可以摆放多少个皇后，使皇后之间不能互吃？

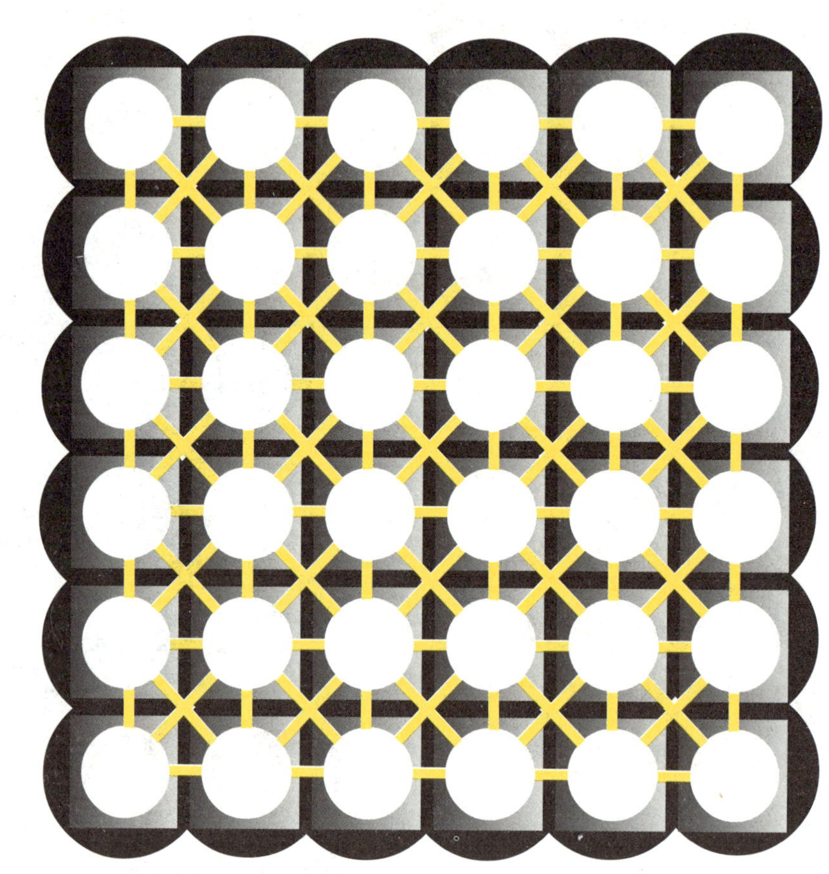

058 皇后的颜色对抗（1）

在不同规格的棋盘上分别最多可以摆放多少个两种不同颜色的皇后，使两种颜色的皇后之间不能互吃？

也就是说，两种颜色的皇后中任意两个不能在同一行、同一列或是同一对角线上。

在上图规格的棋盘中，你能否摆放4个红色的皇后和6个蓝色的皇后，使两种颜色的皇后之间不能互吃？

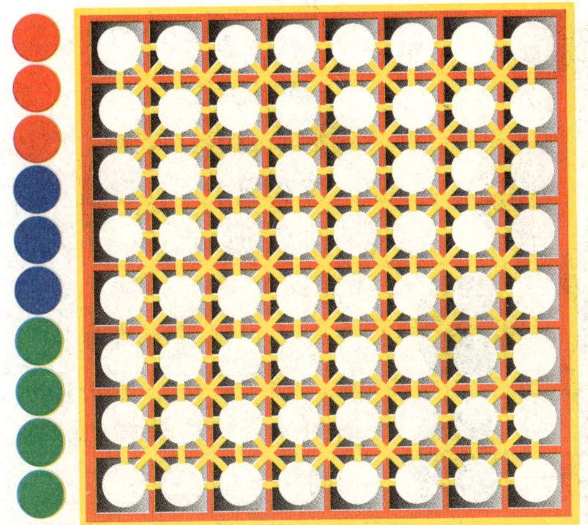

059 皇后的颜色对抗（2）

你能否在棋盘上摆放3个红色的皇后、3个蓝色的皇后和4个绿色的皇后，使3种颜色的皇后之间不能互吃？

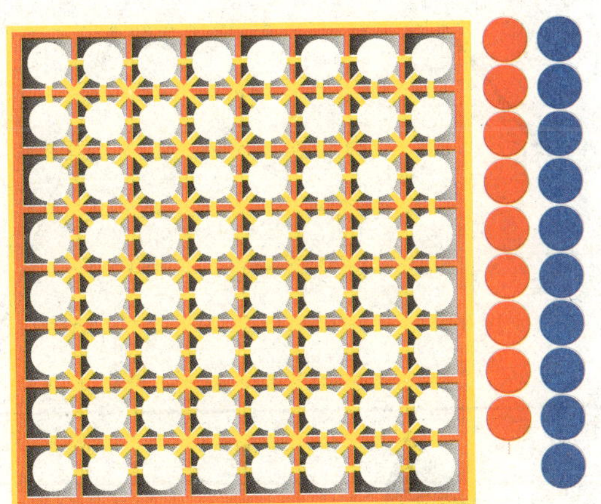

060 皇后的颜色对抗（3）

你能否在棋盘上摆放9个红色的皇后和10个蓝色的皇后，使两种颜色的皇后之间不能互吃？

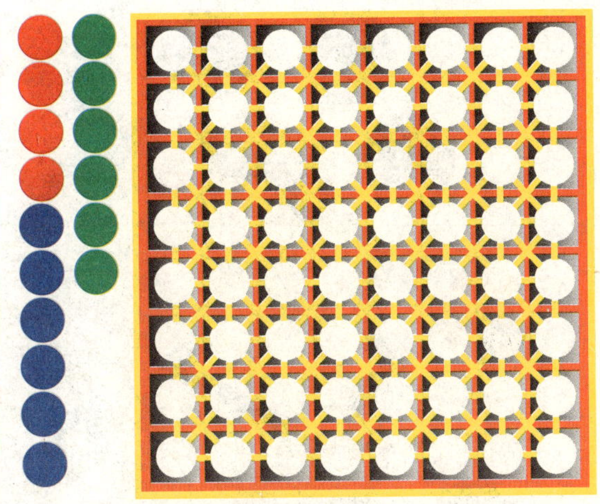

061 皇后的颜色对抗（4）

你能否在棋盘上摆放4个红色的皇后、5个蓝色的皇后和6个绿色的皇后，使3种颜色的皇后之间不能互吃？

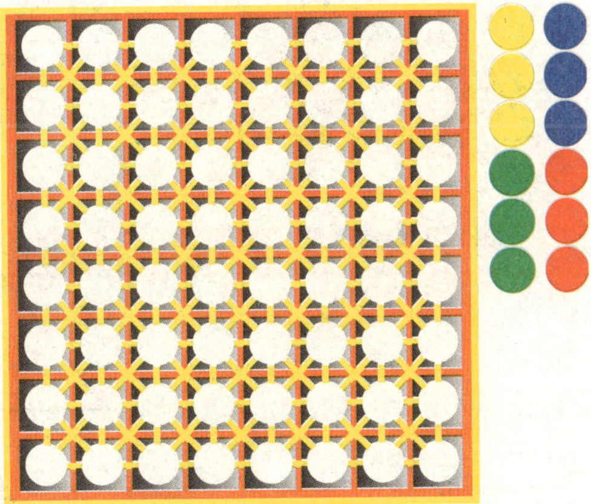

062 皇后的颜色对抗（5）

你能否在棋盘上摆放3个红色的皇后、3个蓝色的皇后、3个黄色的皇后和3个绿色的皇后，使4种颜色的皇后之间不能互吃？

063 六边形游戏

如图所示，请你把游戏板外面的16个六边形放入游戏板中，使游戏板内的黑色粗线连成一个封闭的图形。各个六边形都不能旋转；更具有挑战性的是，16个六边形中每两个相邻的六边形颜色都不能相同。

在解决有关图案的难题时，创造性思维显得尤其重要，它引导我们看清不同符号之间的关联，并把它们放入恰当的位置。这种思考本身是一件特别有趣的事情。

064 三角形与三角形

把这4个图形每种各复制3份，共可得到12个三角形。问：怎么摆放才能使这12个三角形能够正好填满空白的三角形？

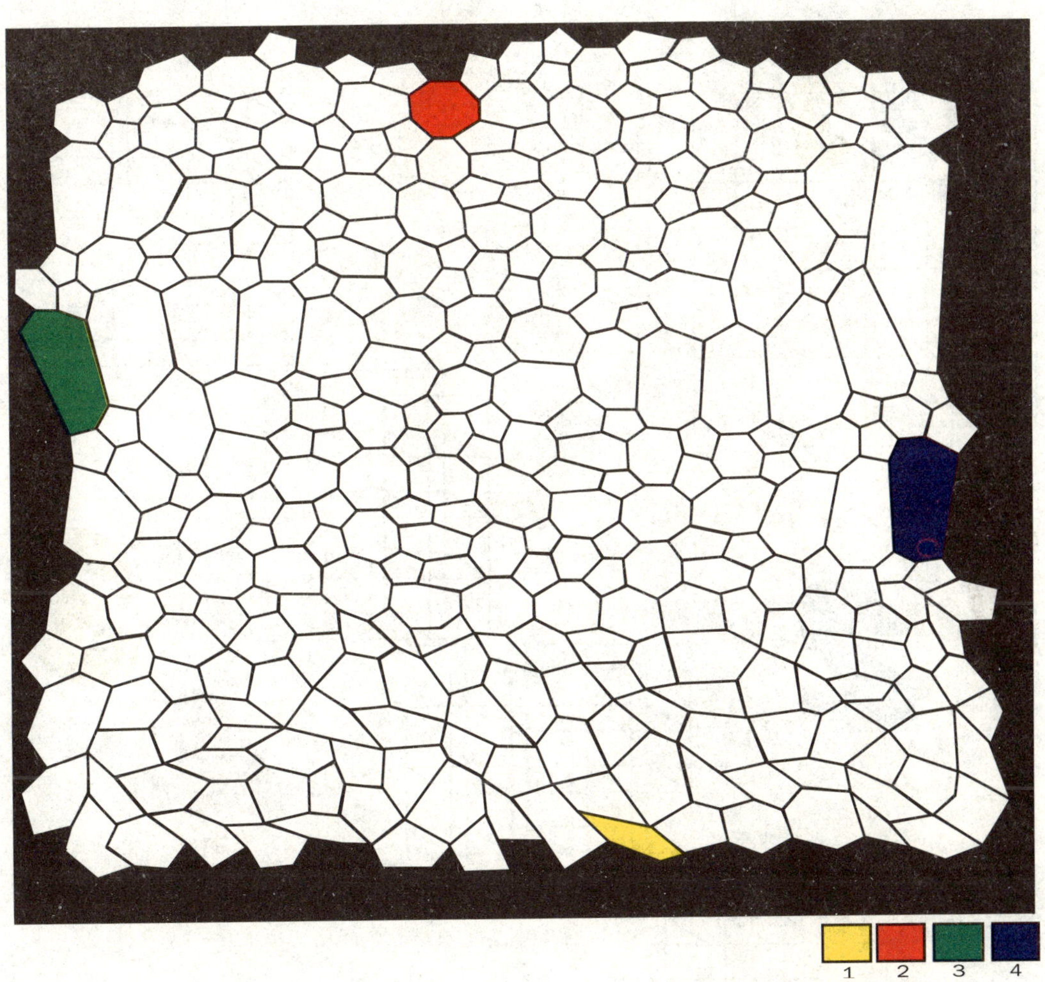

065 四色问题

用所给的4种颜色给上面的这幅地图上色，从而使任意两个相邻的区域颜色都不同。

地图上不同的颜色通常是用来表示不同的国家或地区，用这种方式来明确地划清国家或地区之间的界限。

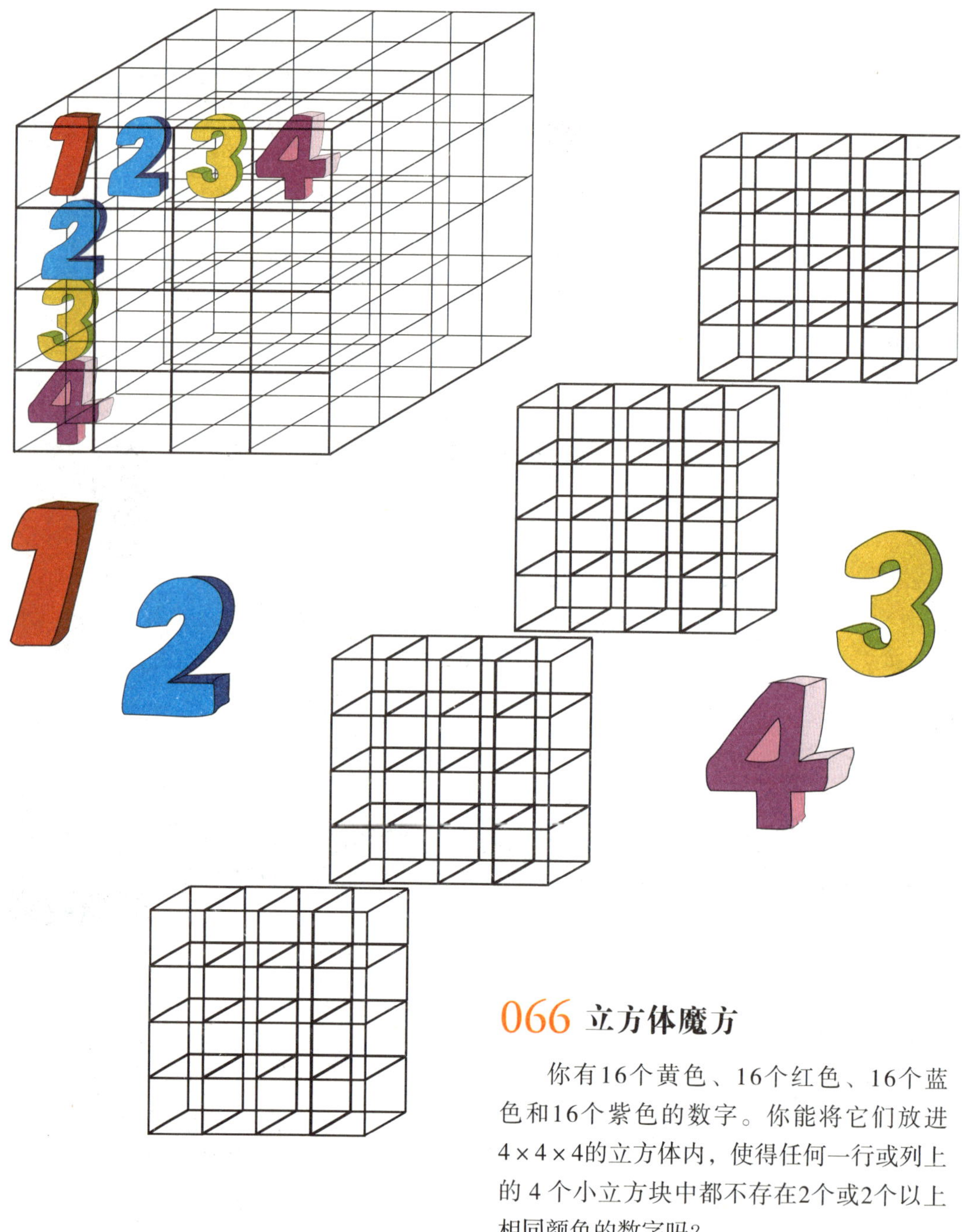

066 立方体魔方

你有16个黄色、16个红色、16个蓝色和16个紫色的数字。你能将它们放进4×4×4的立方体内，使得任何一行或列上的4个小立方块中都不存在2个或2个以上相同颜色的数字吗？

067 六彩星星

你能用这7个六边形组成一个图形，使该图形包含一个具有6个顶点、6种颜色的六角星吗？

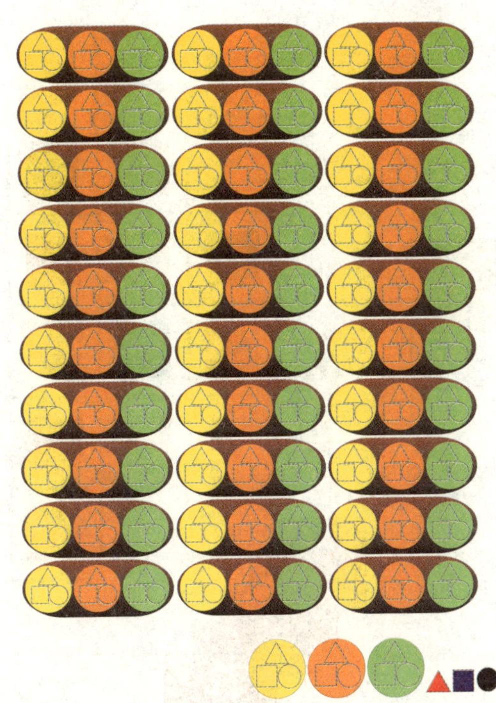

068 排列组合（2）

有几种分配方法能将3个物体（三角形、正方形和圆形）放在3个有标记的碟子上？

1 2

3

说到策略，没有任何游戏能比这2个运用得更淋漓尽致的了：国际象棋和多米诺骨牌。那为什么不把它们结合起来以得到双倍乐趣呢（但愿不是双倍难度）？

069 棋盘与多米诺骨牌

多米诺谜题中有一组经典题是用标准多米诺骨牌（1×2的长方形）覆盖国际象棋棋盘。

图中3面棋盘上各抽走2个方块（图中黑色处），留下的空缺无法用标准多米诺骨牌填充。

你能找出这3面棋盘中哪一面能用31块多米诺骨牌覆盖完吗？

070 掩盖游戏

24个5种颜色的正方形必须按照以下简单规则覆盖游戏板：

1.水平或垂直方向上的2个正方形颜色不能相同，而斜向相邻的2个正方形颜色可以相同（如图所示）；

2.在考虑到第一条规则的范围内，正方形每走一步，被覆盖的棋盘格上的颜色就变成走这一步所使用的正方形的颜色；

这个游戏可以有多达5个玩家，每个玩家各选一种颜色，并根据上述规则轮流将自己颜色的正方形放到游戏板上。第一个把他的正方形全部放到板上的一方获胜。

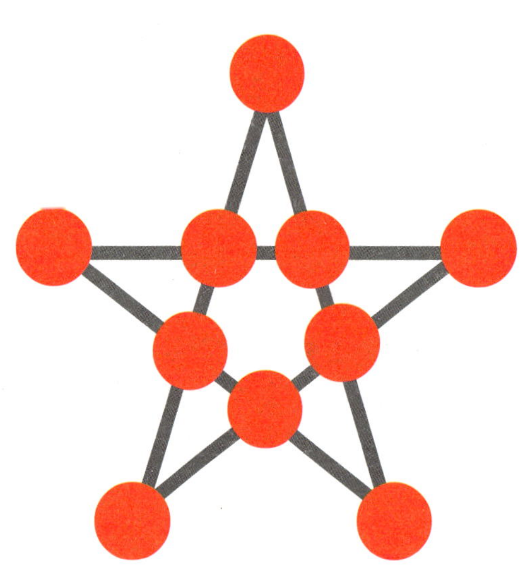

071 五角星魔方

你能将数字1到12（除去7和11）填入五角星上的10个圆圈上，并使任何一条直线上的数字之和等于24吗？

072 正方形熨平机

将16块棋子复制并裁下。

打乱这些棋子并尝试创造一个4×4的正方形布局，当中所有相对的面的颜色都必须一样。

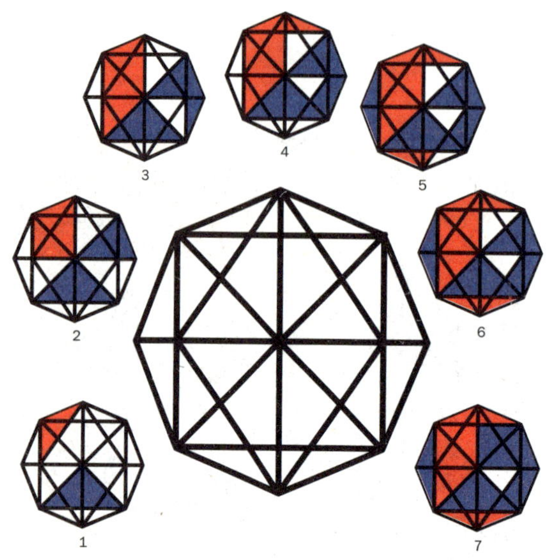

073 八边形填色游戏

这是二人的纸笔游戏。

图中被分割的八边形是游戏板。每位玩家选择一种颜色。玩家轮流填色，所填区域必须为由1到5个空白区域组成的三角形。在遵循规则的情况下，最后一个填色的玩家算输。

在示例游戏中，游戏步骤以顺时针顺序展示，持红色的玩家输了。

074 分割正方形

上图中的3个正方形分别被分割成4、6、8个较小的正方形，一共18个。

你能在这一页上加4条直线，使分割所得的正方形达到27个吗？

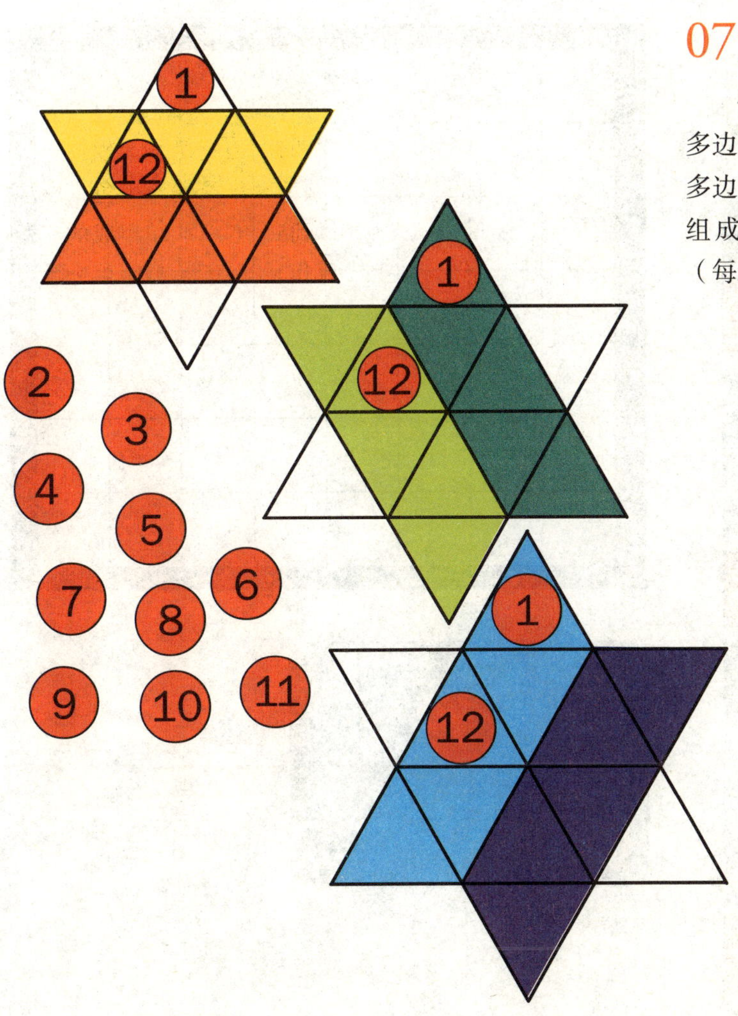

075 六角魔方

你能否将数字1到12填入多边形的12个三角形中，使得多边形中的6行（由5个三角形组成的三角形组）中，每行（每组）的和均为魔数33？

076 六角星魔方

你能将数字1到12填入右图的六角星的圆圈中，使得任何一条直线上的数字之和为26吗？

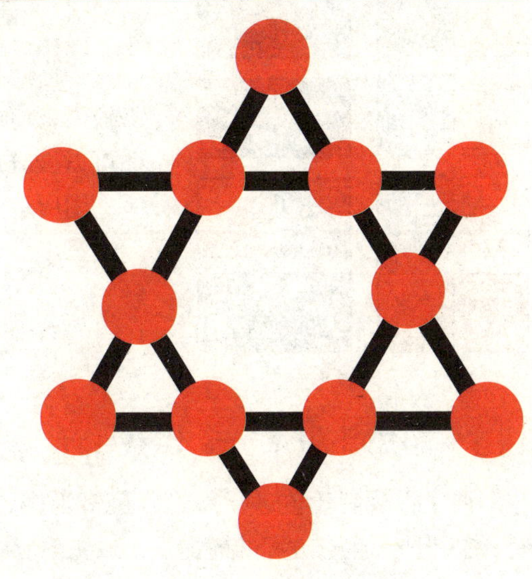

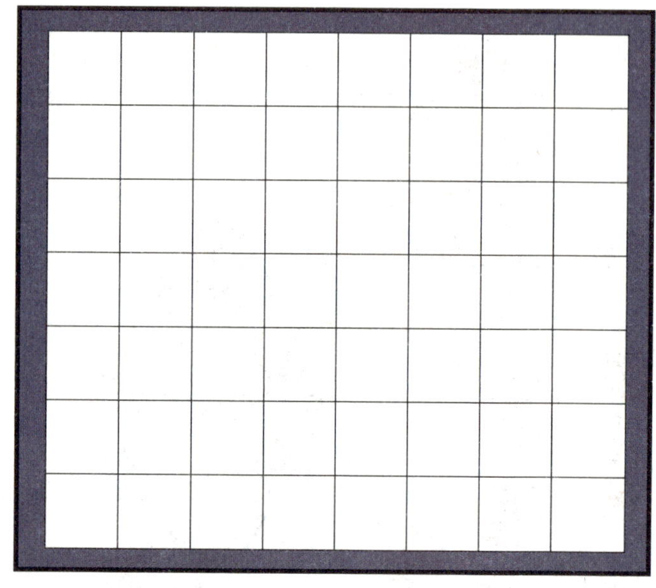

有效的六色布局

077 彩色斗牛士——单人纸牌游戏

你能将28块彩色的多米诺骨牌放入上方7×8的游戏板内，使得游戏板上除了8个灰色方块之外，其余的部分可以被分成12组2×2的双色方块吗？有效的六色布局如上图所示。

078 彩色斗牛士——比赛

两个游戏者轮流进行，将彩色多米诺紧挨着放在任何一块较早前放置的多米诺骨牌旁，在不破坏色彩方案的前提下，最先不能放入多米诺骨牌的一方就算输。

079 给正方形涂色

把4种不同的颜色涂在正方形的4条对称轴上，其中相对的2条线段颜色相同，如图所示，问一共有多少种涂色方法？

左边已经给出了其中的一种。

注意：同一图形的不同旋转只看作是一种方法。

080 连接色块

沿着图中的白色边线把所有的色块连接起来，注意各条线不能相交。

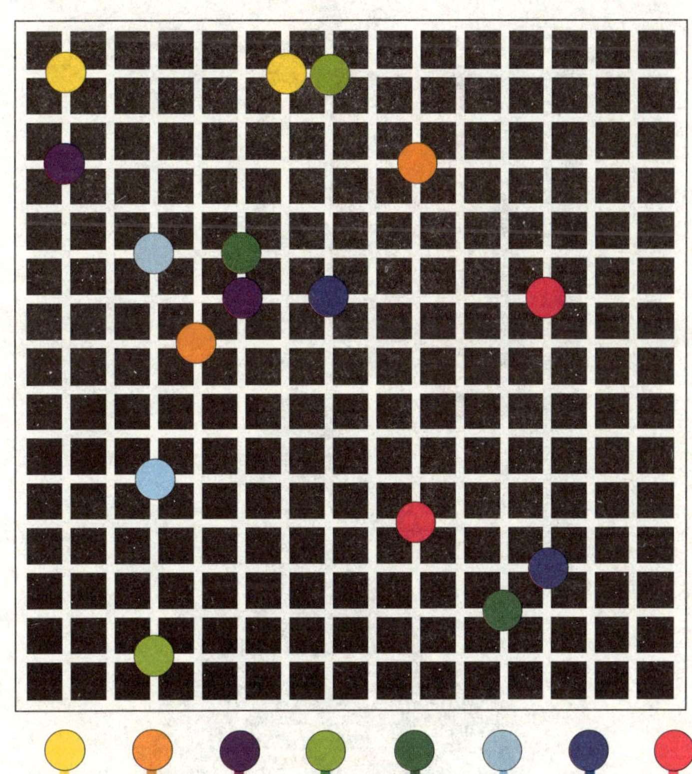

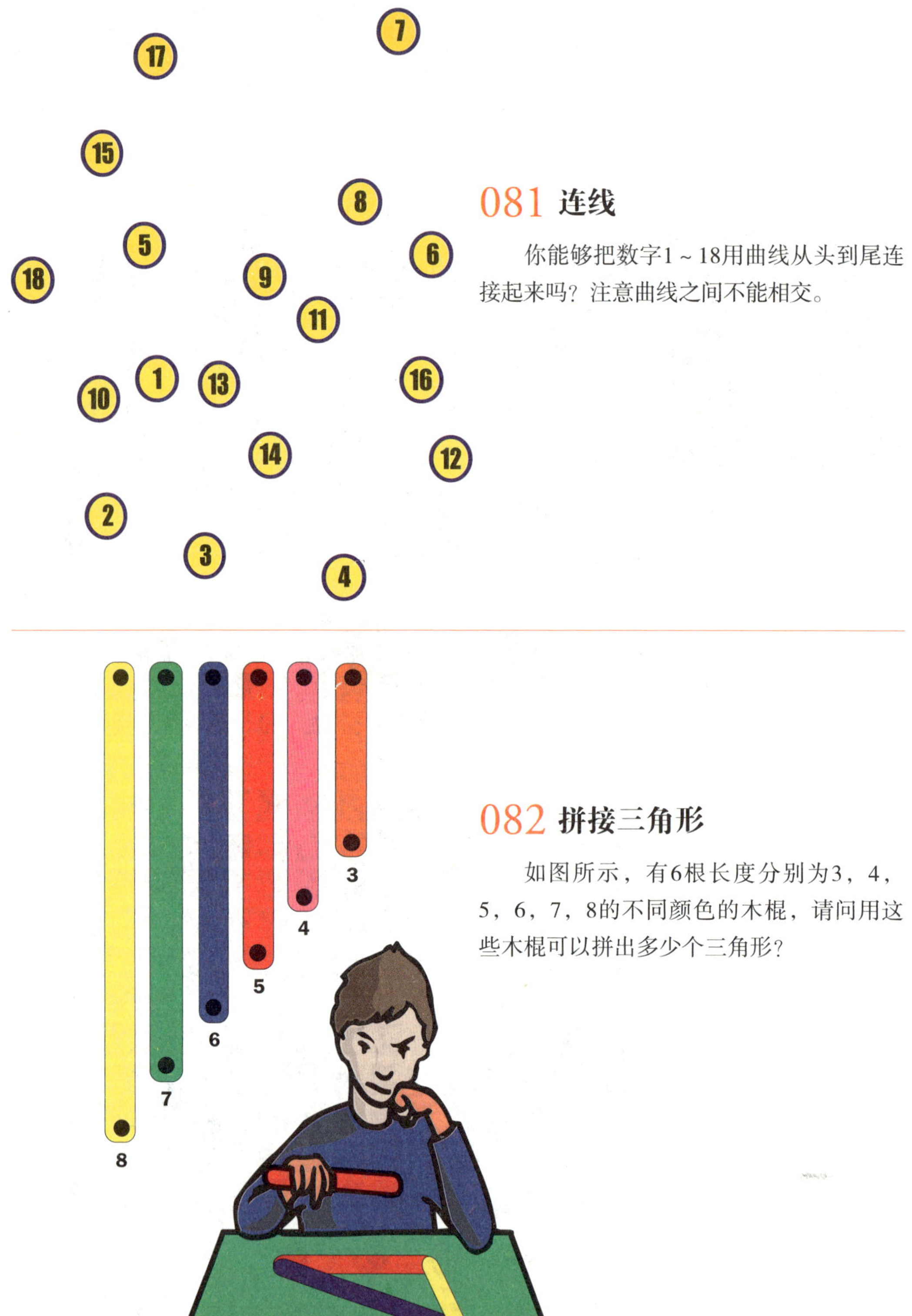

081 连线

你能够把数字1～18用曲线从头到尾连接起来吗？注意曲线之间不能相交。

082 拼接三角形

如图所示，有6根长度分别为3，4，5，6，7，8的不同颜色的木棍，请问用这些木棍可以拼出多少个三角形？

083 水族馆

如图所示，水族馆里的16个鱼缸按4×4排列，这些鱼缸里一共有4种鱼，每种鱼有4种不同的颜色。现在水族馆的老板想把这些鱼缸摆放得更为美观，使每一横行、每一纵列分别为4条不同颜色且不同种类的鱼。请问应该怎样摆放？

084 电影胶片

假设这3幅图都是电影胶片，那么你能不能想象一下，把这3张胶片重叠起来会得到一个什么样的图案呢？

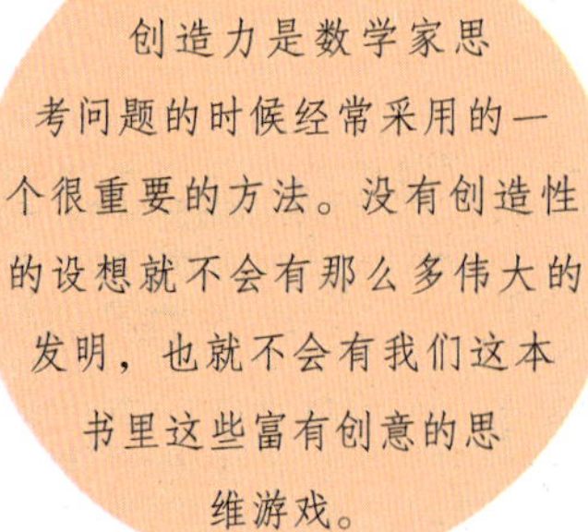

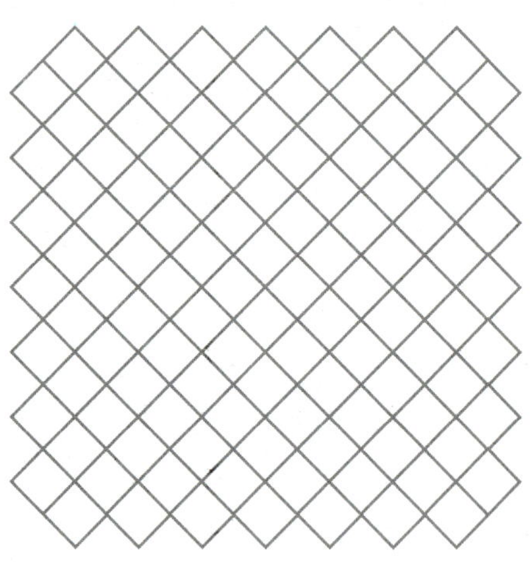

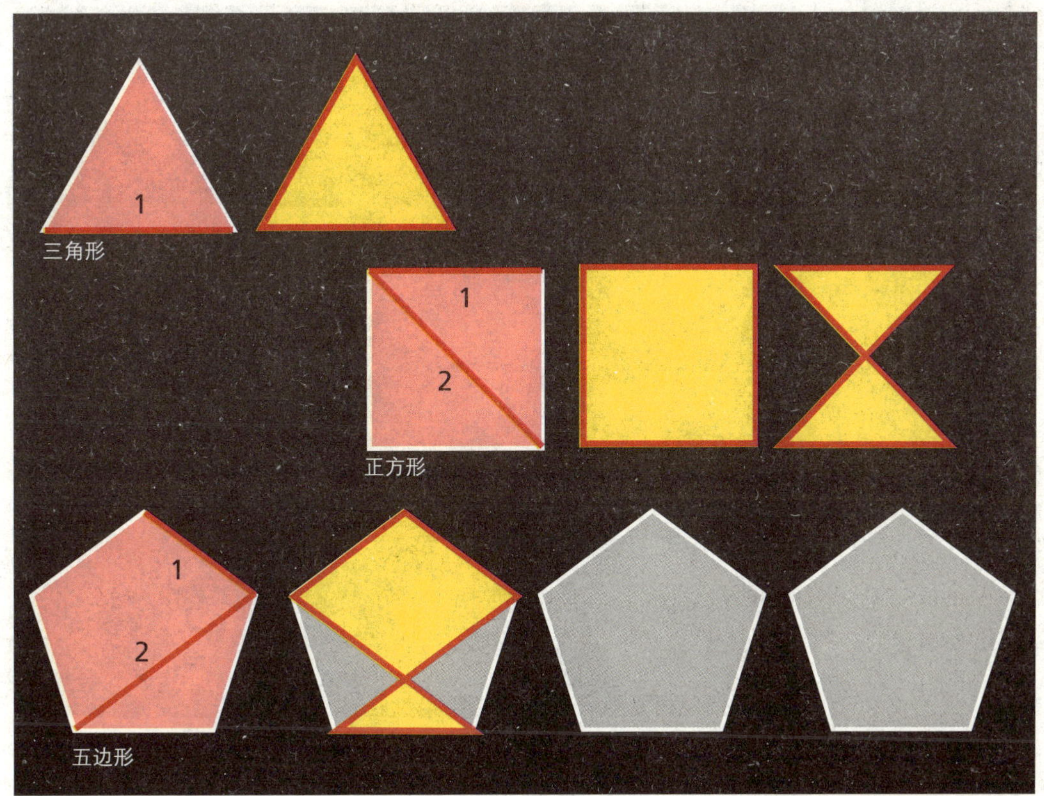

085 多边形变星形（1）

按照下面的规律可以把多边形变成不规则的星形：

从多边形的任何一个顶点出发，将这个顶点与另外任一顶点相连，再与下一个顶点相连，直到连接所有的顶点，然后再回到出发的那个顶点。这样可以形成一个对称的图形，如上图。

可以用来画星形的线段用红色线段标注出来了。三角形是唯一一个不能在里面画出星形的多边形；而其他的多边形都有可能按照这一规律画出各种不同的星形。比如，正方形就有两种画法，而五边形的画法就更多。

星形跟所有其他的图形一样，可以是规则的，也可以是不规则的。我们总是把天上的星星想象成是规则的，甚至是完美的，然而事实上它们的形状和大小常常是不规则的。

不考虑图形的旋转和映像。

问：按照上面所讲的这一规律，正五边形可以形成多少个对称的星形？

提示：正五边形一共可以形成3个星形，上图已经画出了其中一个，请问你能否画出另外两个？

086 多边形变星形（2）

根据085题所给的规律，正六边形可以形成多少个对称的星形？

提示：正六边形一共可以形成10个对称的星形，上面已经给出了其中一个，你能画出另外9个吗？

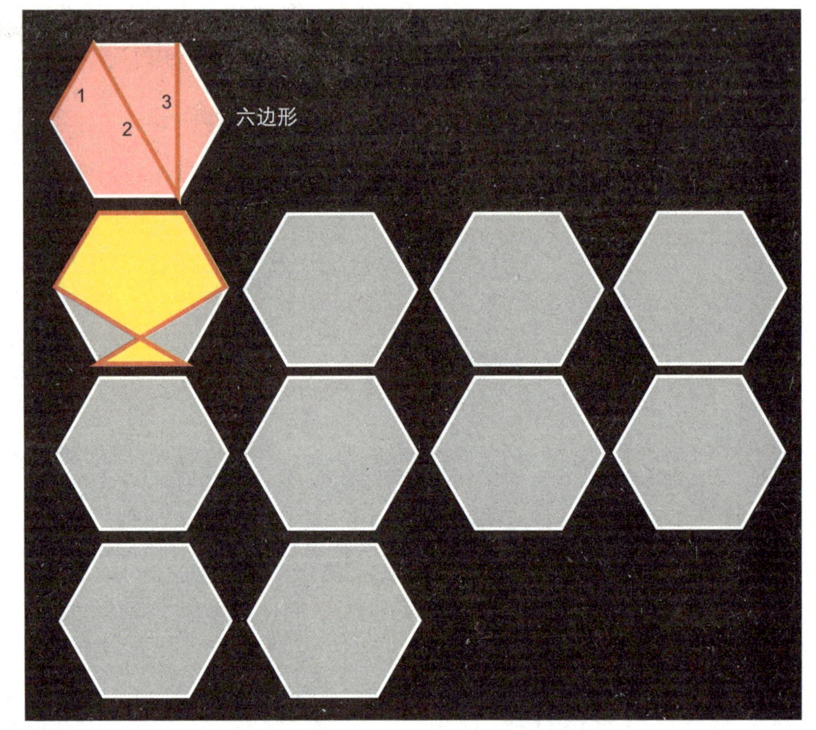

087 多边形变星形（3）

根据085题所给的规律，正七边形可以形成多少个对称的星形？

提示：正七边形一共可以形成23个对称的星形，上面已经给出了一个，请你至少再画出14个。

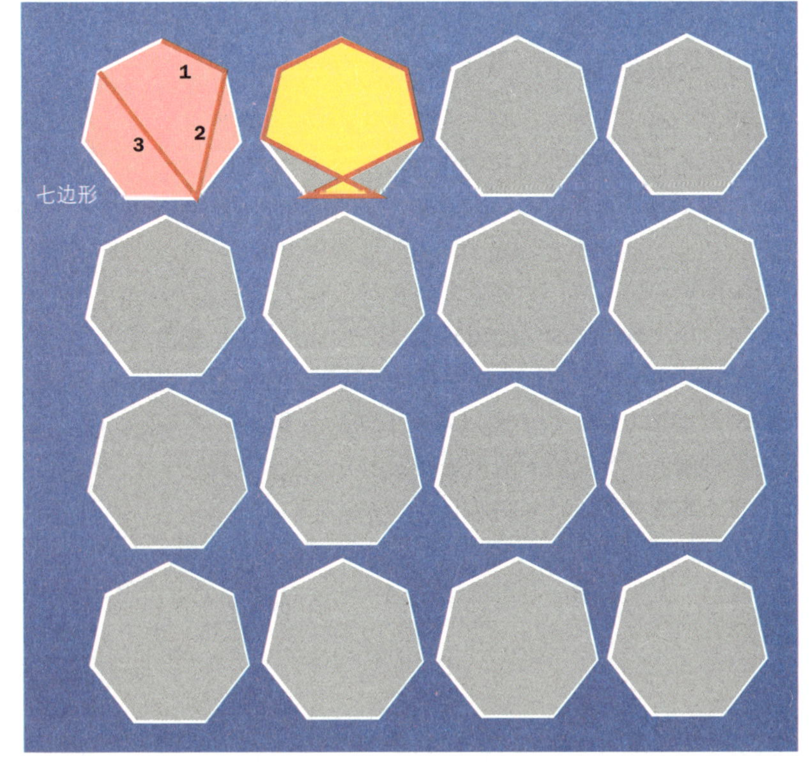

088 正方形和三角形

上图的凸多边形（从五边形到十边形）都是由全等的三角形和正方形组成的，现在请问组成十一边形至少需要多少个这样的三角形和正方形？

简单的图形通过不同的组合能够构成复杂的图形，不信的话可以看看这个题目。

089 最短的六边形

如图所示，这6个点是一个正六边形的6个顶点，问怎样连接这6个顶点才能使线段总长度最短？

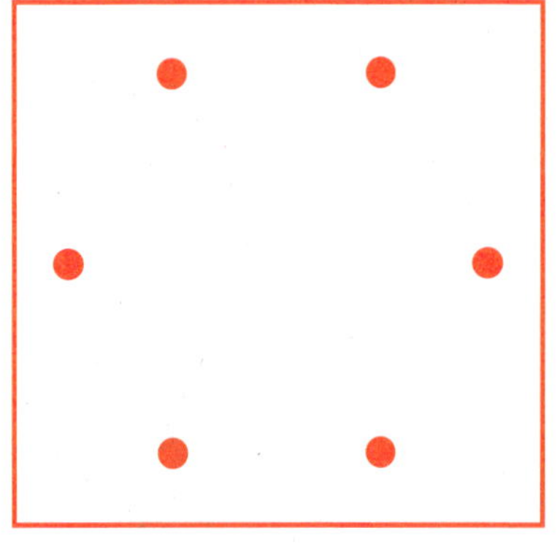

090 三分三角形

如图所示，要把一个正三角形三等分非常简单。

现在的要求是沿直线将三角形剪成几片，使各片拼起来能够正好拼成3个一模一样的形状。且剪刀不能通过该三角形的中心。

请问应该怎样剪？

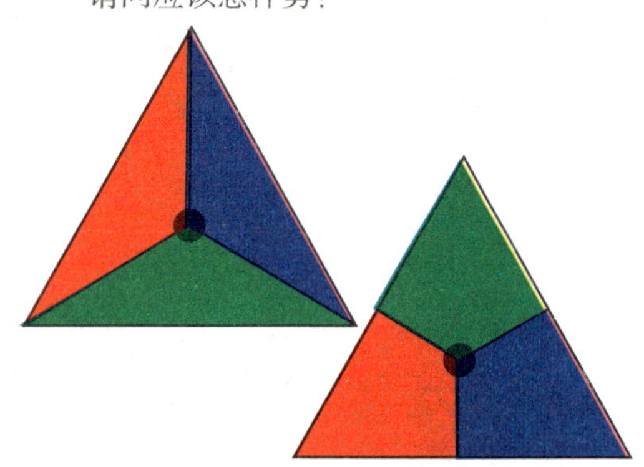

091 八色金属片

把这8个不同颜色的纸片复印，然后剪下来，拼接在空白处，注意不能出现重叠现象。

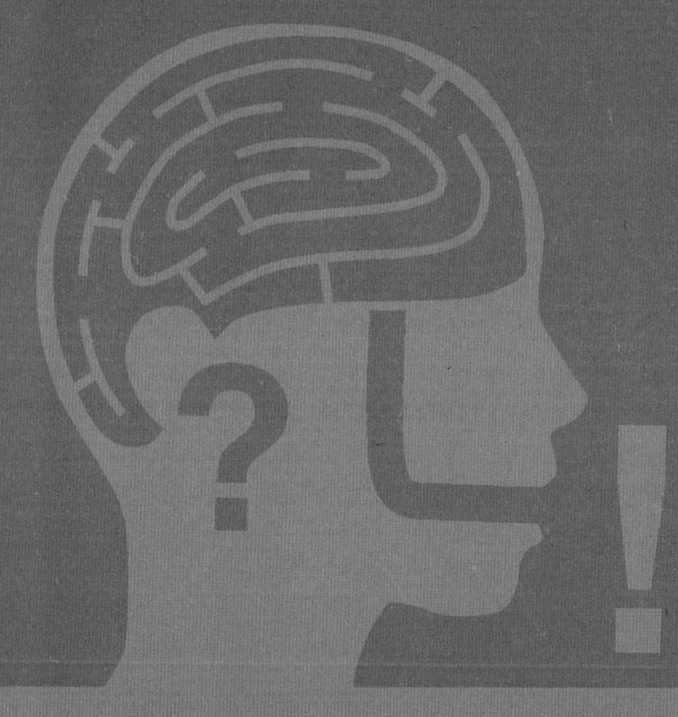

第二章
锻炼分析力

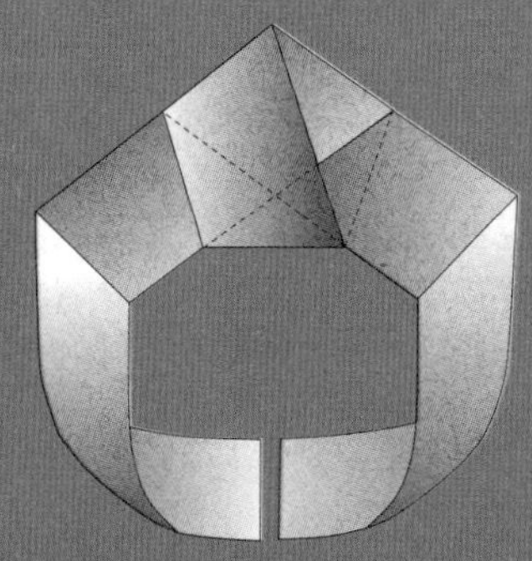

001 11的一半

你能否找到一种方法，使得6等于11的一半？

002 比舞大赛

在一次大赛中一对舞伴分别被拍照8次。

哪几张照片中显示出他们改变了跳舞姿势呢？

003 齿轮片语

如图所示，这12个相契合的齿轮周围分别都写有字母（每个齿轮中间的数字代表这个齿轮有多少个齿）。在多次旋转或者局部旋转之后，从左上方的大齿轮（红色）开始，这些齿轮连接处的字母将会顺时针拼成一句英文。

你能否告诉我们从现在开始到你能读出一句完整的话，最大的齿轮需要转多少圈？

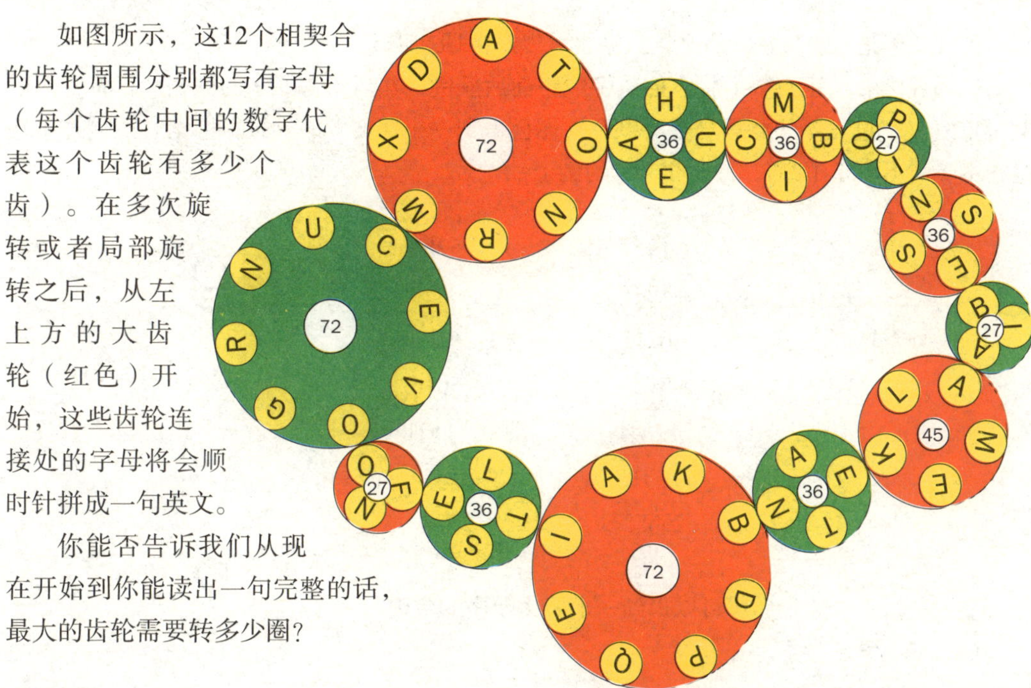

004 齿轮游戏

此图是9个相互契合的齿轮，怎样转动可以使它们之间相接的12个交点处的颜色都相同？

005 回文

回文并不是只出现在文字上，数字也可以产生回文现象。

选择任意一个正整数，将它的数字顺序前后颠倒，然后再与原来的数相加。将得到的数再重复这个过程。如此重复多次以后，你会得到一个回文顺序的数，即把它颠倒过来还是它本身。下面举了234，1924和5280的例子：

234	1924	5280
+432	+4291	+0825
666	6215	6105
	+5126	+5016
	11341	11121
	+14311	+12111
	25652	23232

89

…

…

?

是不是每一个数最后都可以得到一个回文顺序的数呢？

试试89，看它是不是。

006 箭轮

这9个箭轮中哪一个是与众不同的呢？

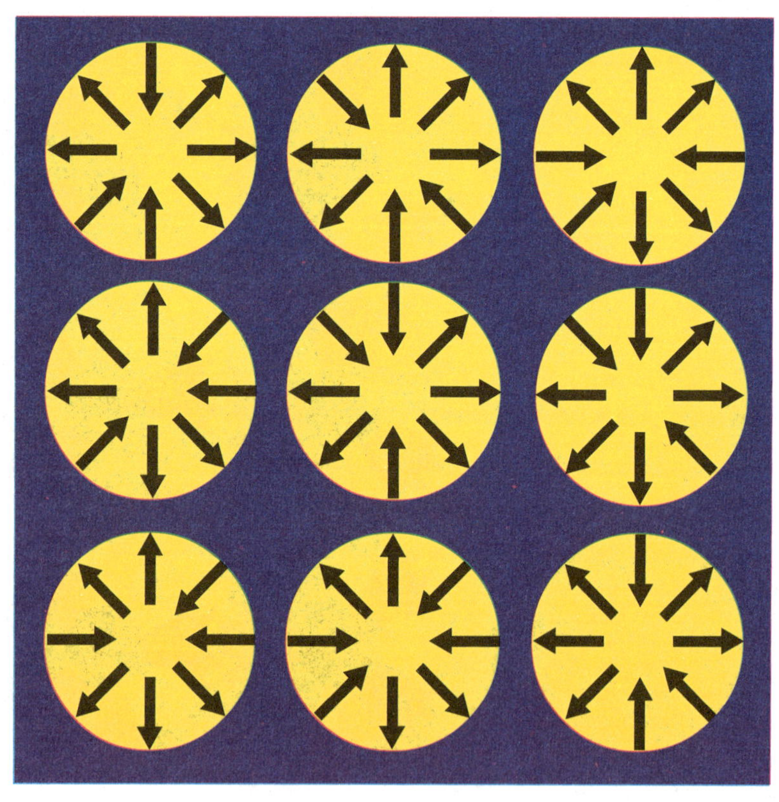

35 = ? + ? + ?

48 = ? + ? + ? + ?

007 拉格朗日定理

你能否将上面的2个整数分别写成平方数相加的形式？

008 缺少的立方体

上面的这个6×6的立方体中缺少了多少个小立方体？

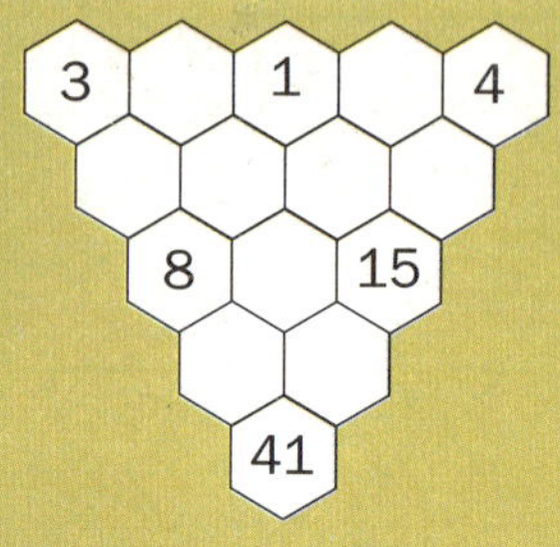

009 六边形

你能否在如图所示的这些小六边形里填上恰当的数，使得三角形中的每一个数都等于它上面两个数之和？不允许填负数！

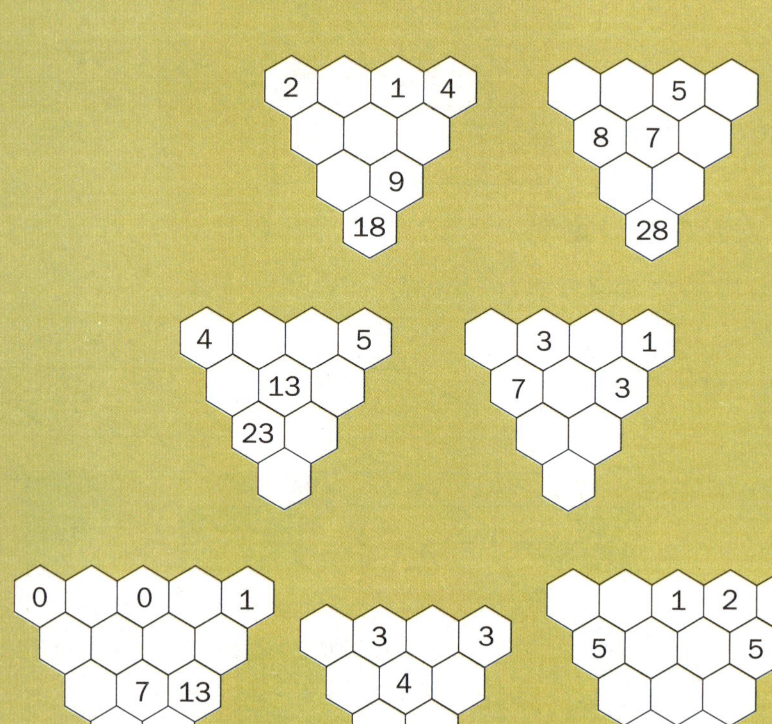

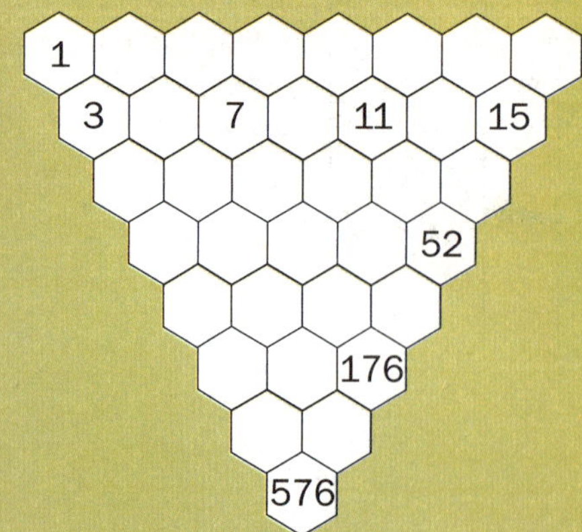

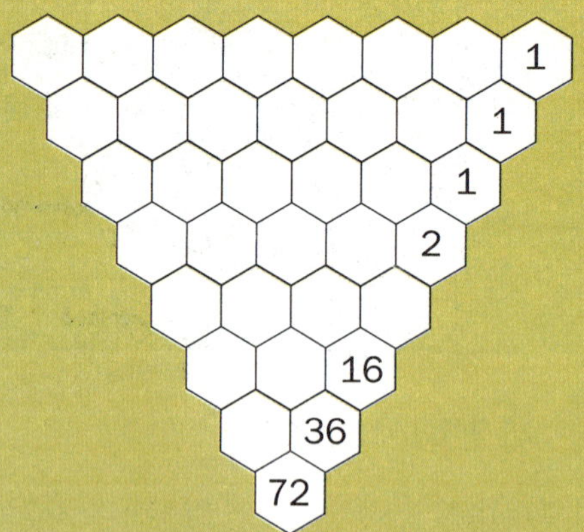

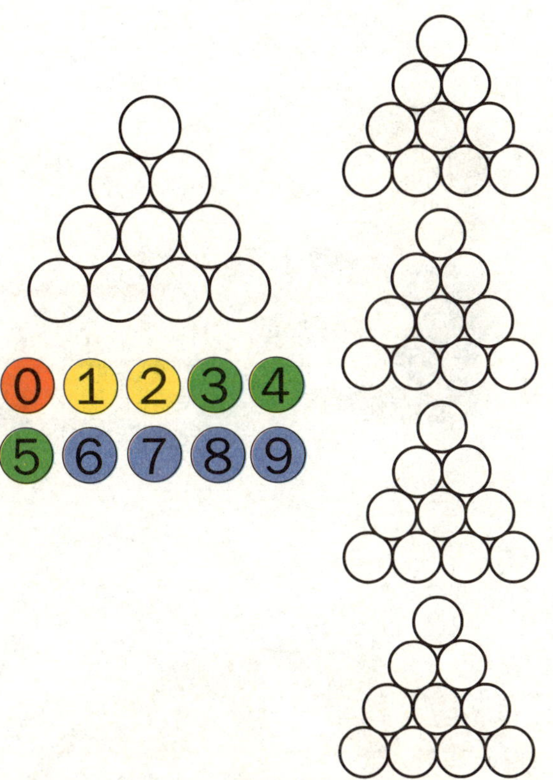

010 三角形数

你能将前10个自然数（包括0）分别填入左边的三角形中，使三角形各边数字的总和都相同吗？

你能找出几种方法？

今天，很多基础性的科学原理都被运用到了供人娱乐消遣的魔术中。其实在古代，它们就已经被牧师们用来“显示上帝的神力”了。

011 希罗的开门装置

亚历山大城的希罗（公元前10～70年）的机械发明堪称是古代最天才的发明，完全可以将希罗看作自古以来第一个，也可能是最伟大的一个玩具发明家。

右边的这个开门装置是他所设计的很多种玩具和自动装置的典型代表，它最初是用于宗教目的。这个设计图复制于希罗的原图，它是一个使神殿大门能够自动开合的神奇装置。

你能说出这个装置的工作原理吗？

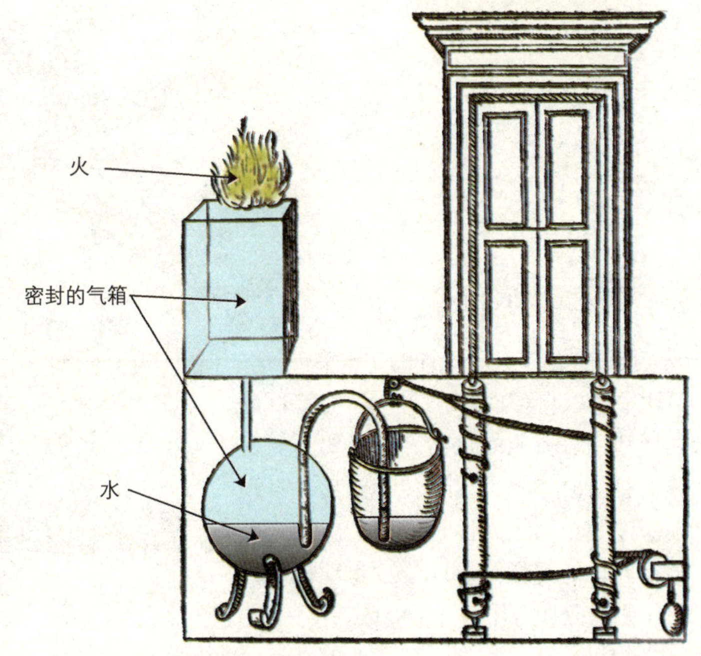

012 小猪存钱罐

我的零花钱总数的1/4，加上总数的1/5，再加上总数的1/6等于37美元。

请问我一共有多少钱？

达·芬奇曾经尝试设计一个“永动机”，但最终失败了。他的想法启发了后来的很多发明家，他们一直努力想要制造一个真正的“永动机”。

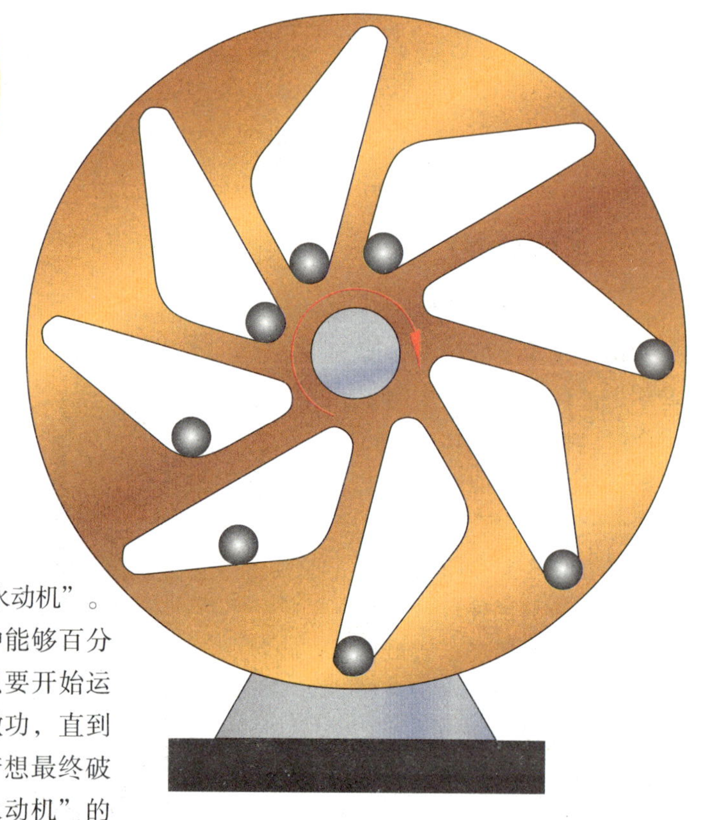

013 永动机（1）

此图是达·芬奇设计的“永动机”。早期发明家希望能够发明一种能够百分之百利用机械能的机器，即只要开始运转，它就会一直持续运转和做功，直到零部件磨损为止，但是这个梦想最终破灭了。你能解释一下这个“永动机”的工作原理及其为什么不可能成功吗？

014 永动机（2）

美国著名的数学家乔治·加莫夫开玩笑说他发明了一台永动机，其装置如图所示。你能解释一下它的工作原理吗？它真的能够永远运转吗？

015 3个重量

你有3个形状相同、重量不同的盒子。用一架天平称它们的重量，你需要称几次就可以把它们由轻到重排列？

016 4个力

这4个力是作用在同一个点上的（蓝点）。力的大小以千克为单位。

你可以算出它们合力的大小吗？

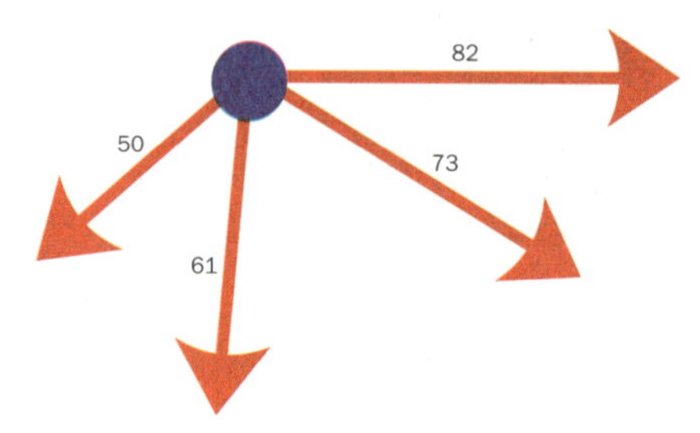

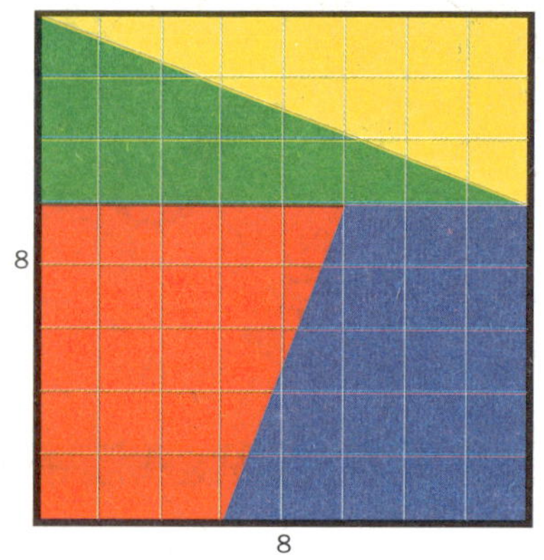

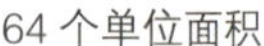
64 个单位面积

你曾经有过这种感觉吗？不管你把某些东西数多少遍，总是感觉少了一个？这可能就是一个巧妙消失的诡计。

017 得与失

这个8×8正方形被分成4部分，这4部分可以拼成一个5×13的长方形，只是看起来好像多了1个单位面积。

这4部分也可以覆盖左边的图形，但看起来好像少了1个单位面积。

你能解释这个矛盾的事实吗？

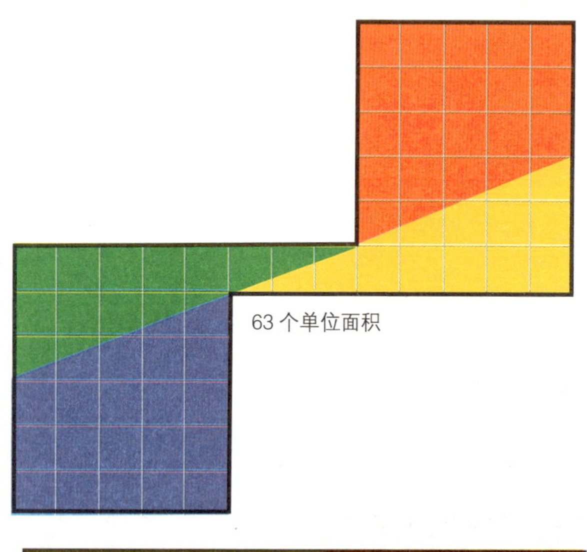
63 个单位面积

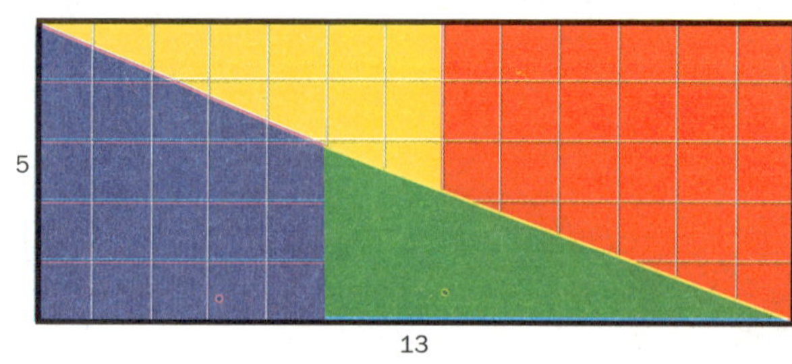

65 个单位面积

018 螺旋的连续正方形

前13个连续的正方形如上图所示。

在图示中，前7个连续的正方形呈螺旋状排列在中心的1×1正方形周围，并且没有空隙。

还有多少个正方形可以以这种螺旋的方式围绕着中心排列进去，把这个平面覆盖住并且不留空隙？

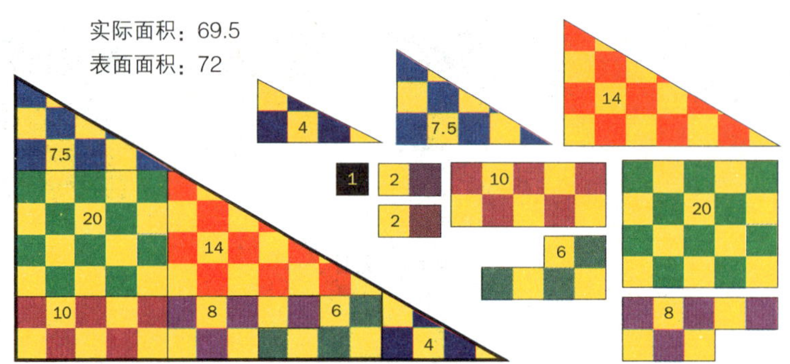

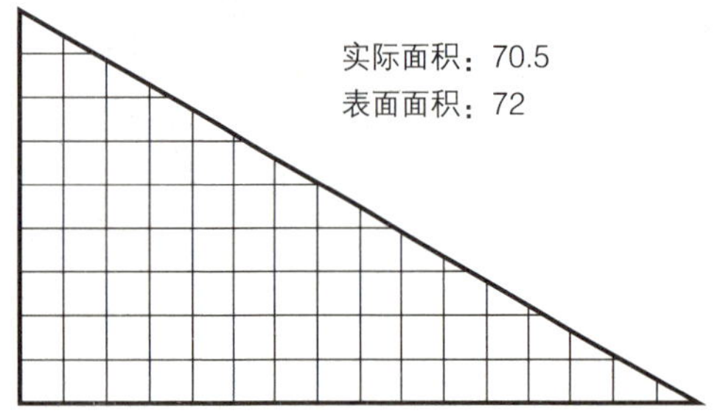

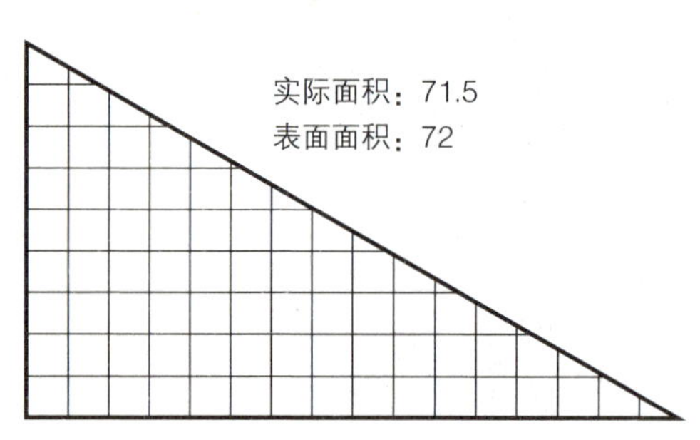

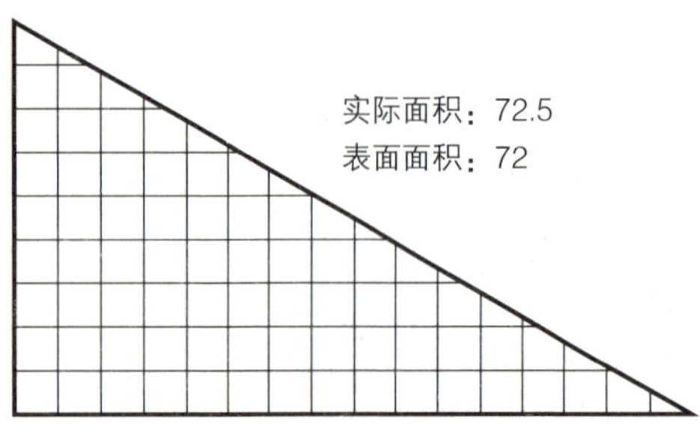

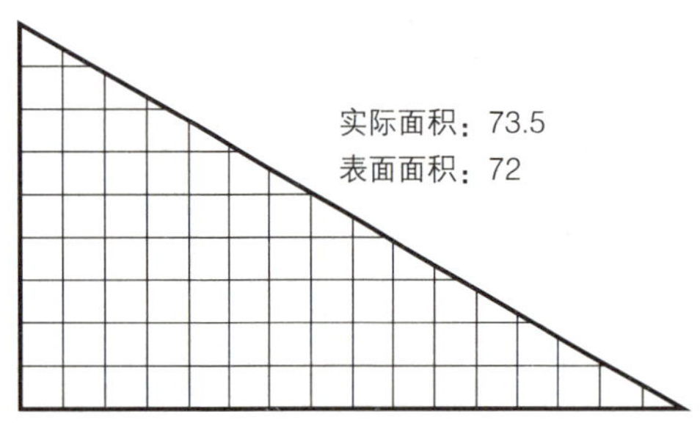

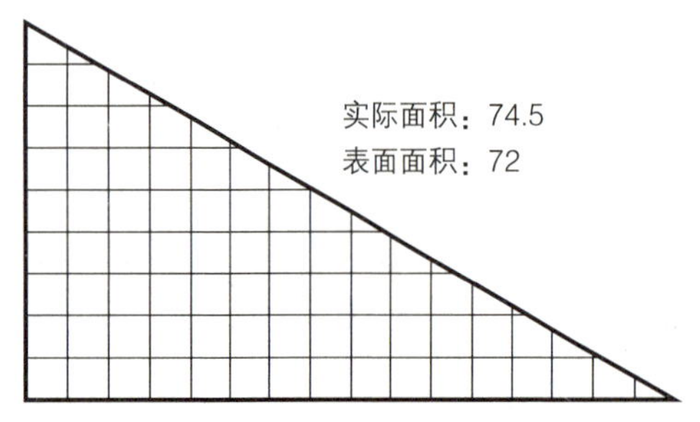

019 三角形的面积问题

用右上方所示的一组10个图形，我们可以以6种不同的方法拼出一个近似9×16的三角形（面积是72个单位）。

这6个被拼起来的三角形的面积，有时大于大三角形的面积，有时却小于，但它们的形状都和大三角形差不多。

第一种拼法得到的三角形面积是69.5。你能拼出其他5个三角形吗？它们的面积已经在下面给出。

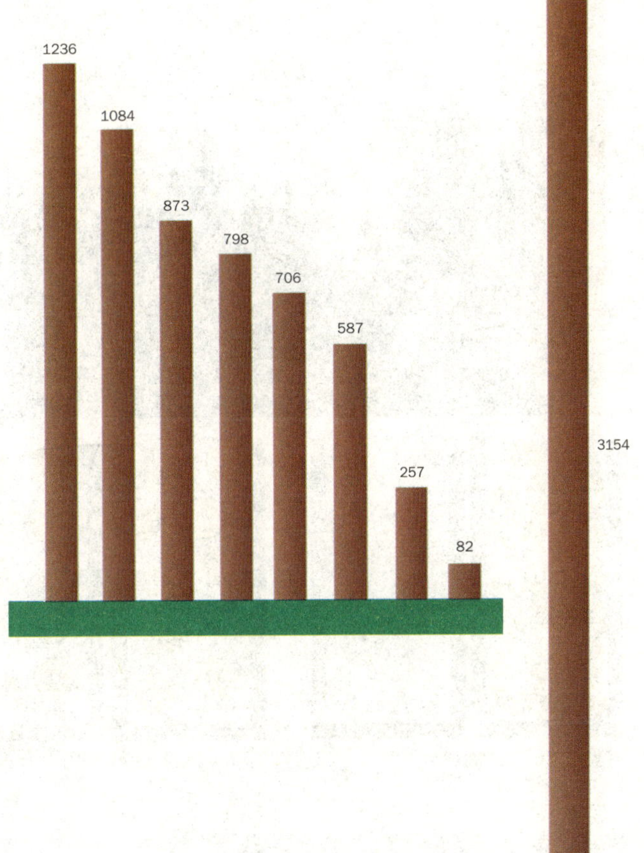

020 书架

我们有许多不同长度（毫米）的厚木板，如图所示，我们的目的是选择一些木板并把它们组合成一根连续长度尽可能接近某一个特定的长度的木板——在这道题目里为3154毫米长的木板，如果可能，不要砍断任何木板。你能得到的最好结果是多少？

021 重组正方形

画两条直线可以把这个十字形分成4部分，重新组成一个正方形。你能做到吗？

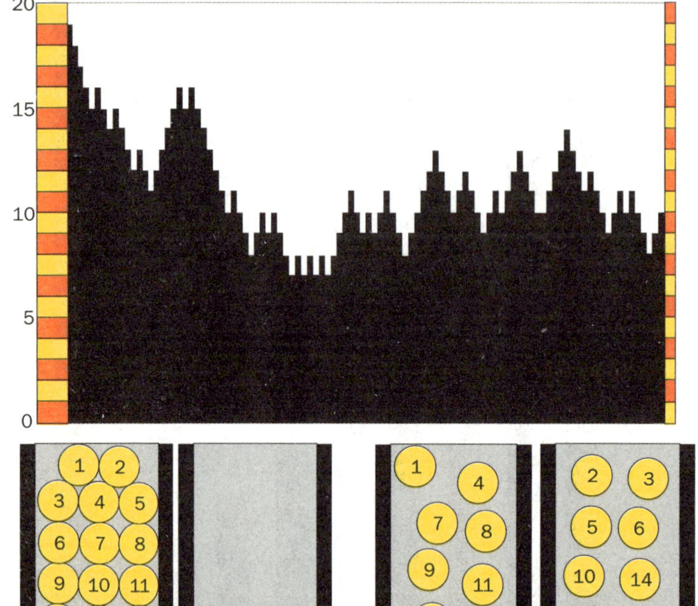

游戏开始时容器的状态　　掷 100 次色子之后容器的状态

022 20面的色子

游戏开始时左边的容器装有20个号码球，右边的容器是空的。2个游戏者分别选择一个容器，他们轮流掷一个有20面的色子来进行游戏，与色子点数相同的球将被转移到另外一个容器。下表显示了掷色子100次之后左边容器的号码球数量。每掷10次后检查一下2个容器里的球的数量，谁的容器里号码球多，谁就是这一轮的赢家。

这个游戏的结果怎样，长期来看，谁会赢得更多？

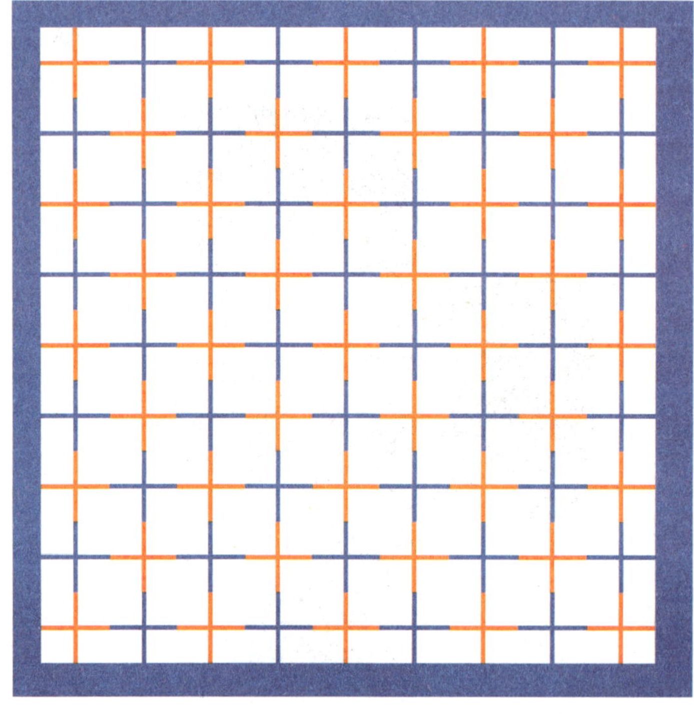

023 发散幻觉

在如图所示的矩阵中，红色的十字覆盖了格子的一部分，蓝色的十字覆盖了剩下的部分。红色和蓝色看上去像是向对角线方向发散的。

如果把这页纸旋转45°，会出现什么现象？

024 飞上飞下

图中哪只昆虫飞得更高，是左上角的那只还是右下角的那只？

025 数一数

请问图中有多少个正方形？

026 数字不见了

哪个数字不见了？

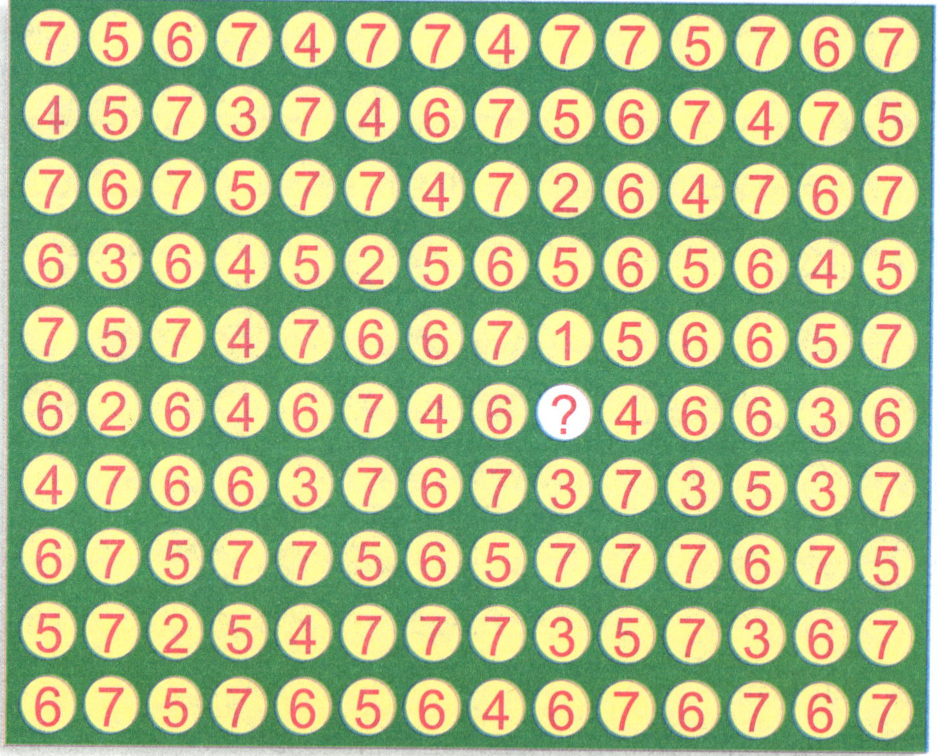

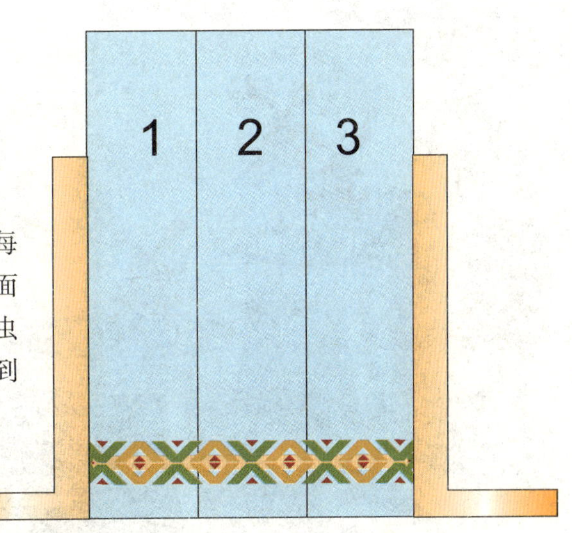

027 贪婪的书蛀虫

书架上有一套思维游戏书，共3册。每册书的封面和封底各厚1/8厘米，不算封面和封底，每册书厚2厘米。现在，假如书虫从第1册的第1页开始沿直线吃，那么，到第3册的最后一页需要走多远？

028 图形与背景

很多图案通常都由主体图形和背景这两部分组成。比如上面的这个图案，有一部分是主体图形，其余的则是背景。主体图形看上去会比较突出，甚至感觉从纸上凸现出来，而背景则相反。

你能找出上面这个图案的主体图形吗？是画有放射线条纹的部分，还是画有同心圆环的部分？或者都不是？

029 兔子魔术

魔术师将6只白色兔子和6只红色兔子放在4顶帽子里，每顶帽子上面都贴有标签，如图所示。但是这些标签全部都贴错了。

4个选手每个人拿到一顶帽子和帽子上的标签（弄错了的标签）。每个选手可以从他的帽子中拿出2只兔子。要求他们说出自己帽子里的3只兔子的颜色。

第1个选手拿出了2只红色兔子，他说："我知道剩下的1只兔子是什么颜色的了。"

第2个选手拿出了1只红色和1只白色的兔子，他说："我也知道剩下的1只兔子是什么颜色的了。"

第3个选手拿出了两只白色兔子，他说："我不知道我帽子里的第3只兔子的颜色。"

第4个选手说："我不需要拿兔子。我已经知道我帽子里所有兔子的颜色，而且我也知道了第3个选手的另外1只兔子的颜色。"

他是怎么知道的呢?

030 伪装

8个士兵已经埋伏在森林中，他们每个人都看不到其他的人。

如图，每个人都可能埋伏在网格中的白色小圆处，通过夜视镜每个人只能看到横向、竖向或斜向直线上的东西。

请你在图中把这8个士兵的埋伏地点标出来。

031 不可能的任务

如图所示，升旗手的任务是把旗杆插到这座塔的最高处。

你能帮助他找到最高处吗？

032 地图上色

给上面的这3幅地图上色，使有重叠部分的任意2个地区的颜色都不同。每幅地图最少需要几种颜色？

地图上色是一个非常有趣的问题。解决这个问题的关键就是要使有着相同边界的2个地区颜色不同。但问题是，给一幅地图上色最少需要几种颜色呢？

033 第 3 支铅笔

在这堆铅笔中，按照从下往上数的顺序，哪支铅笔是第3支呢？

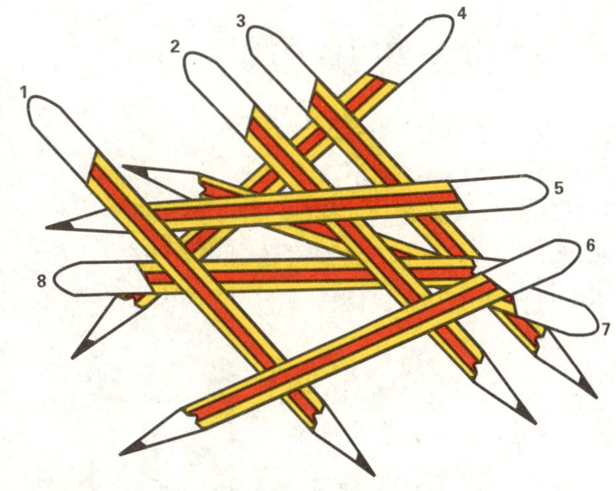

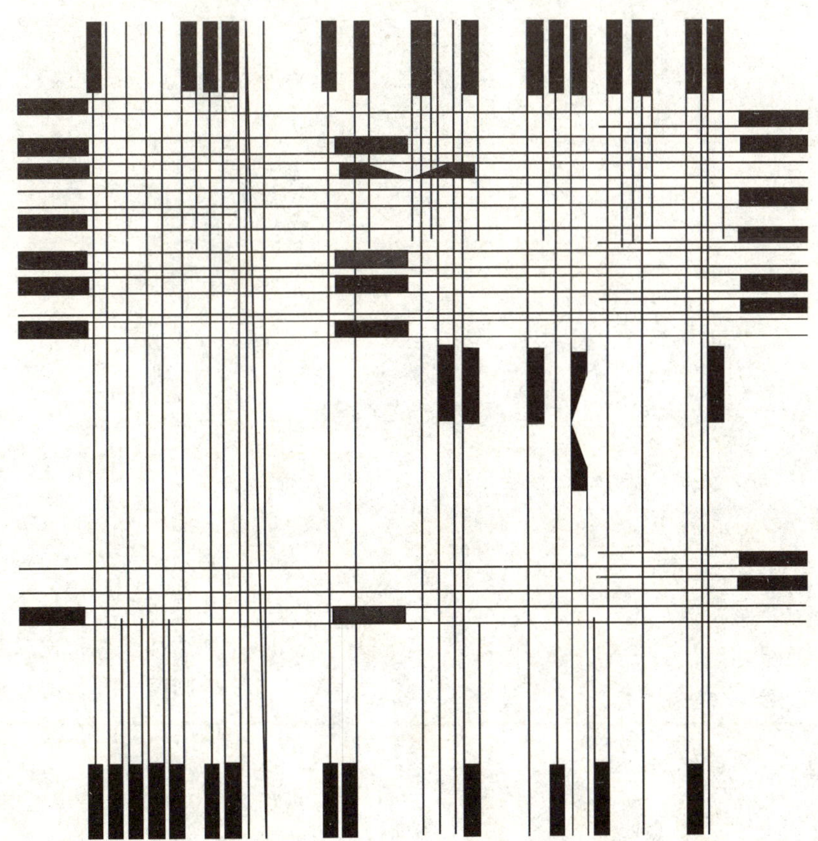

034 伏尔泰的信息

你能读懂上面的这条伏尔泰的信息吗？从中你可以看出一个英文句子。

法国著名的启蒙思想家伏尔泰（1694 ~ 1778）非常喜欢思维游戏，他自己也创造了很多有趣的谜题。

035 哈密尔敦闭合路线

一个完全哈密尔敦路线是从起点1开始，到达所有的圆圈后再回到起点。你能不能将1～19这几个数字依次标进圆圈中，完成这样一条路线呢？

你每次只能到达一个圆圈，并且必须按照图中的箭头方向前进，不准跳步。

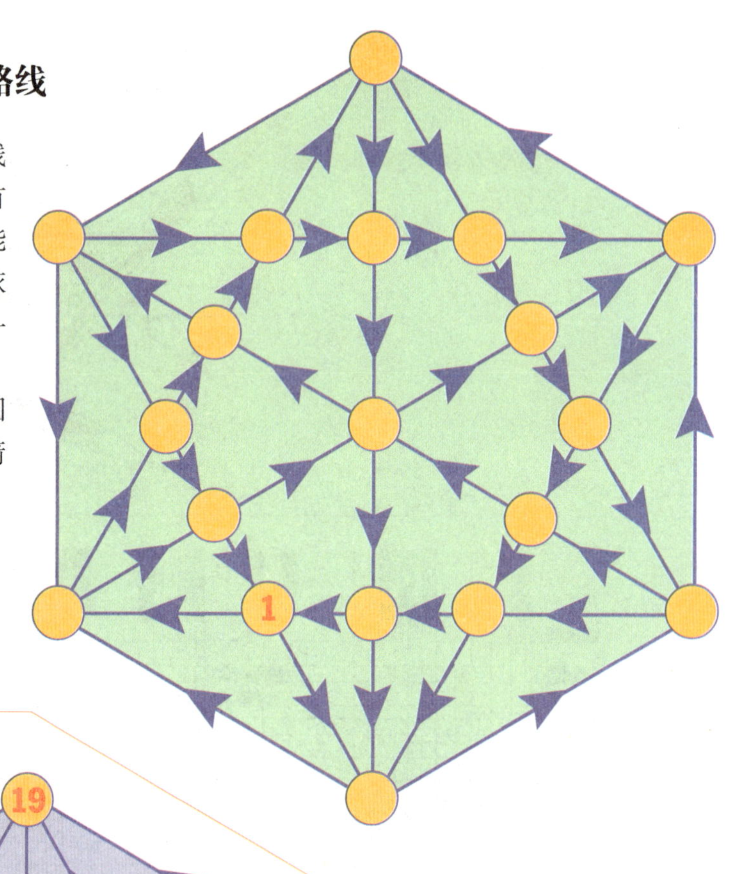

036 哈密尔敦路线

从游戏板上的1开始，必须经过图中每一个圆圈，并依次给它们标上号，最后到达19。你每次只能到达一个圆圈，并且必须按照图中的箭头方向前进。

注意：不能跳步。

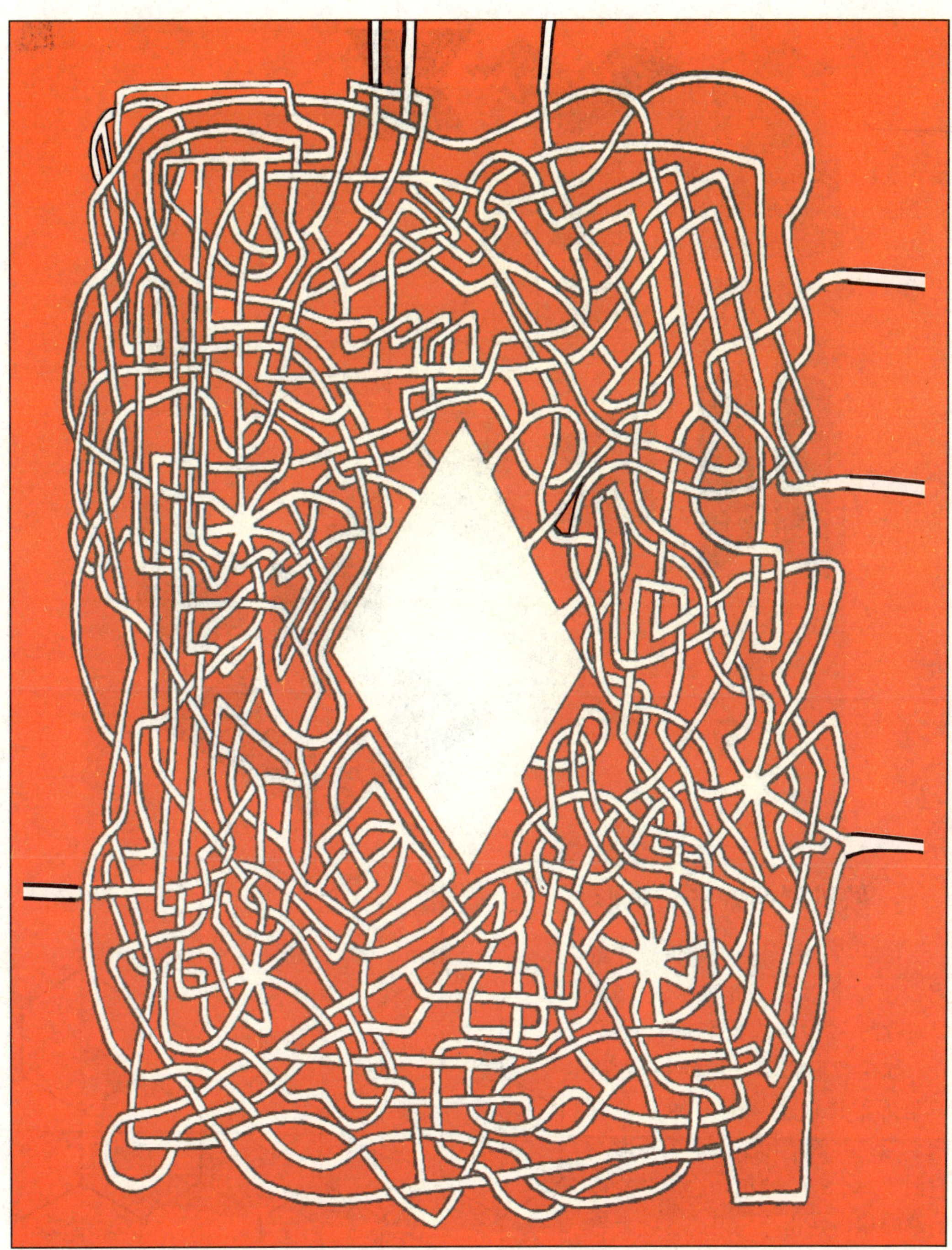

037 卡罗尔的迷宫

如图所示，从迷宫中心的菱形开始，你能否走出这个迷宫？

038 欧贝恩的六格三角形

1959年，托马斯·欧贝恩注意到，在12个六格三角形中，有5个是对称的，有7个是不对称的。

如果我们将不对称的7个六格三角形的镜像也算上（如上图所示），一共就是19个六格三角形。它们与一个3×3的正六边形游戏板的总面积正好相等。因此，欧贝恩提出了下面的问题：

19个六格正方形能否正好放进这个游戏板中呢？欧贝恩自己花了几个月才找出一种解决方法，你可以吗？

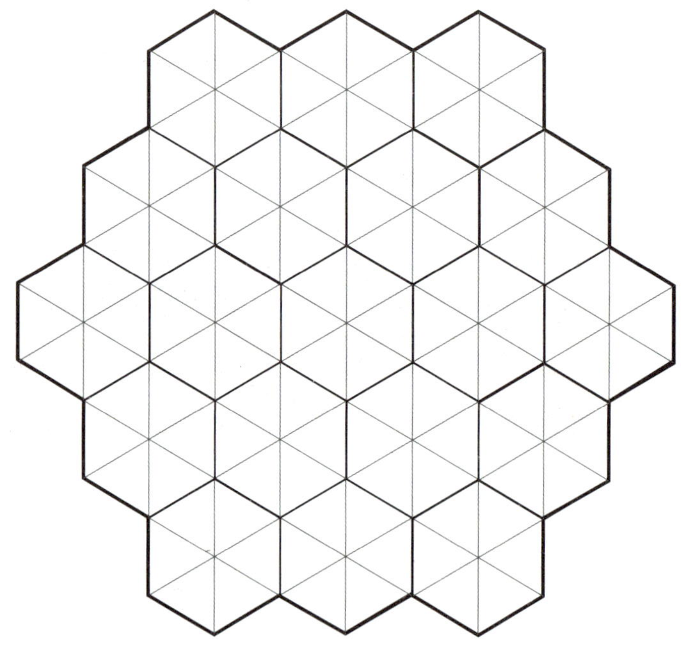

039 图案上色（1）

请你给左边的图案上色，使任意2个相邻地区的颜色都不相同。

请问最少需要几种颜色？

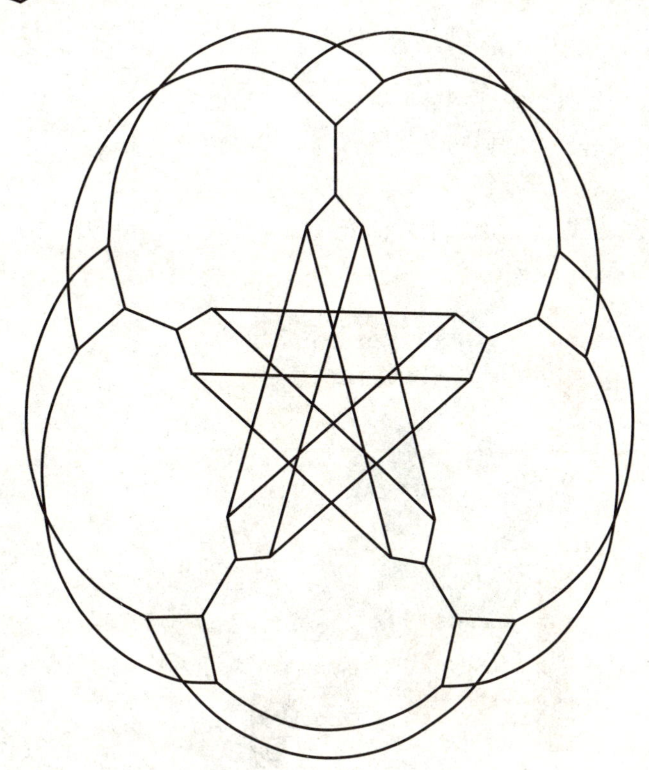

040 图案上色（2）

请你给右边的图案上色，使任意2个相邻地区的颜色都不相同。

请问最少需要几种颜色？

041 五格六边形游戏（1）

你能否用22个五格六边形填满右图？

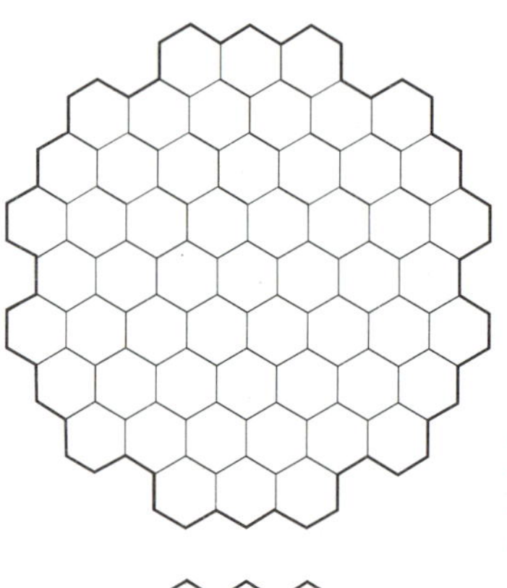

042 五格六边形游戏（2）

你能否使用不同的方法，用22个五格六边形将右图填满？

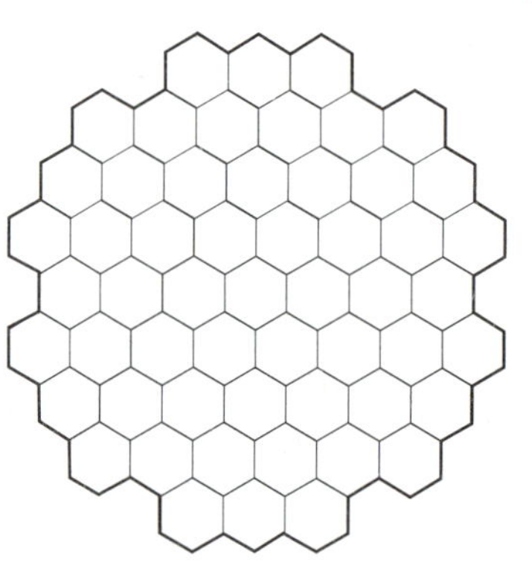

043 五格拼板围栏（1）

当12个五格拼板拼成一个矩形的轮廓时，在它们的内部能够围成的一个最大的矩形如图所示。

你能把这12个五格拼板的位置画出来吗？

围住面积：28 个单位面积

044 五格拼板围栏（2）

在12个五格拼板的内部能够围出一个9×10的矩形，其面积为90个单位面积。

你能把这12个五格拼板的位置画出来吗？

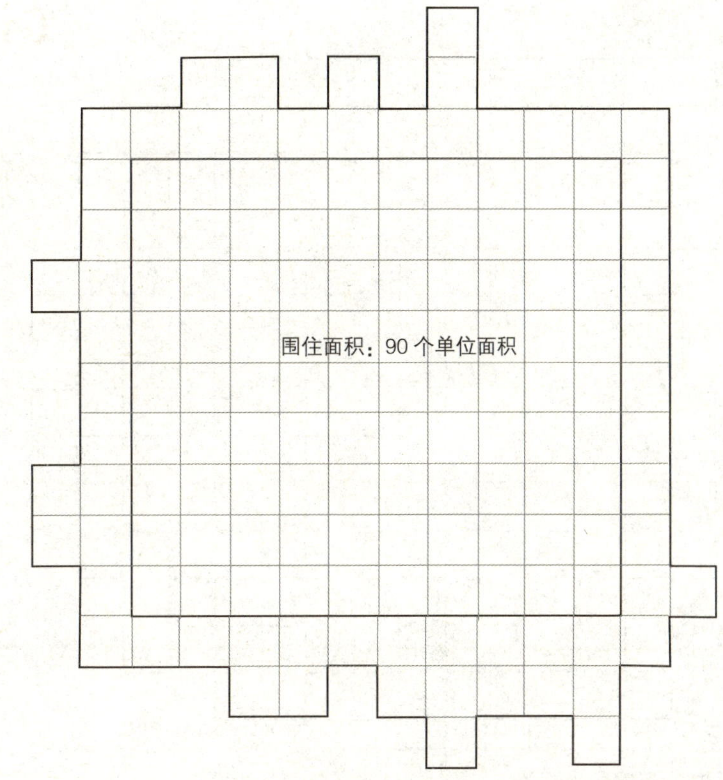

045 五格拼板围栏（3）

当12个五格拼板拼成一个矩形的轮廓时，在它们的内部能够围出的一个最大面积，如图所示。这12个五格拼板能够拼成11×11的矩形，围出的图形面积大小为61个单位面积。

你能把这12个五格拼板的位置画出来吗？

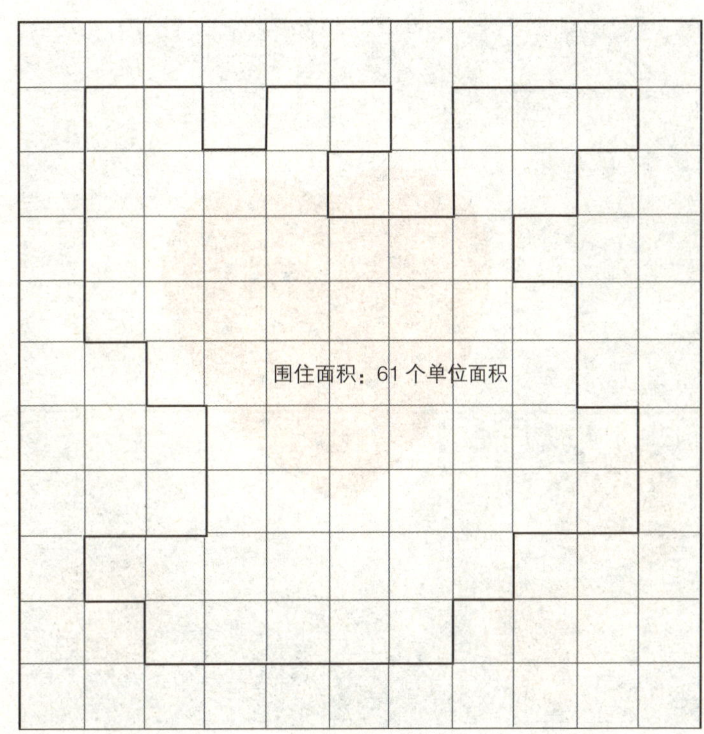

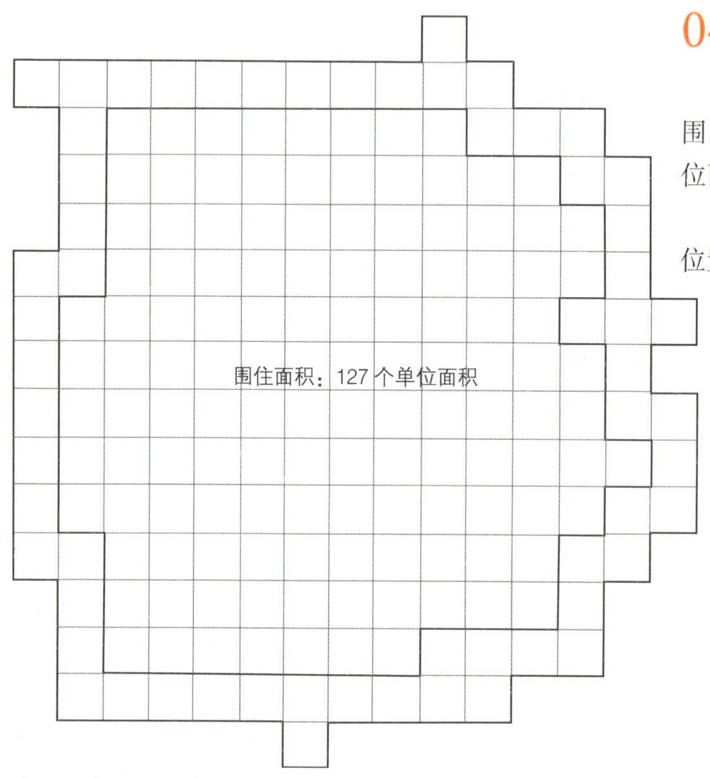

046 五格拼板围栏（4）

在12个五格拼板内部能够围出的最大图形面积为127个单位面积。

你能把这12个五格拼板的位置分别画出来吗？

047 有钉子的心

如图所示，大的心形图案上有很多钉子（在图中用黑色的圆点表示）。在下面的3个小的心形图案上各有一些小孔（在图中用白色的圆点表示）。现在请你将这3个小的心形图案覆盖到中间的大的心形图案上，尽量让这些小孔能够覆盖最多的钉子。

提示：可以将3个小的心形图案旋转之后再覆盖上去。

这里的“底朝天”可是跟喝酒一点关系也没有。你能够解出这些关于玻璃杯的题目吗？

048 玻璃杯

有7个倒放着的玻璃杯，要求你把这7个杯子全部正过来，但是每次都必须同时翻转3个杯子。

请问最少需要几次才能完成？

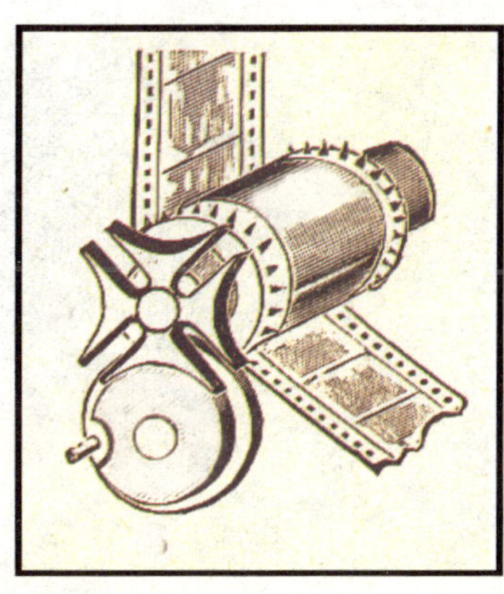

槽轮结构

049 槽轮结构

槽轮结构是很多工具和机械装置中的主要结构。

请问上面的图中是什么机器？它的工作原理是什么？在这个过程中，槽轮结构有什么作用？

050 滑动架结构

你能解释一下图中的滑动架结构的工作原理吗？

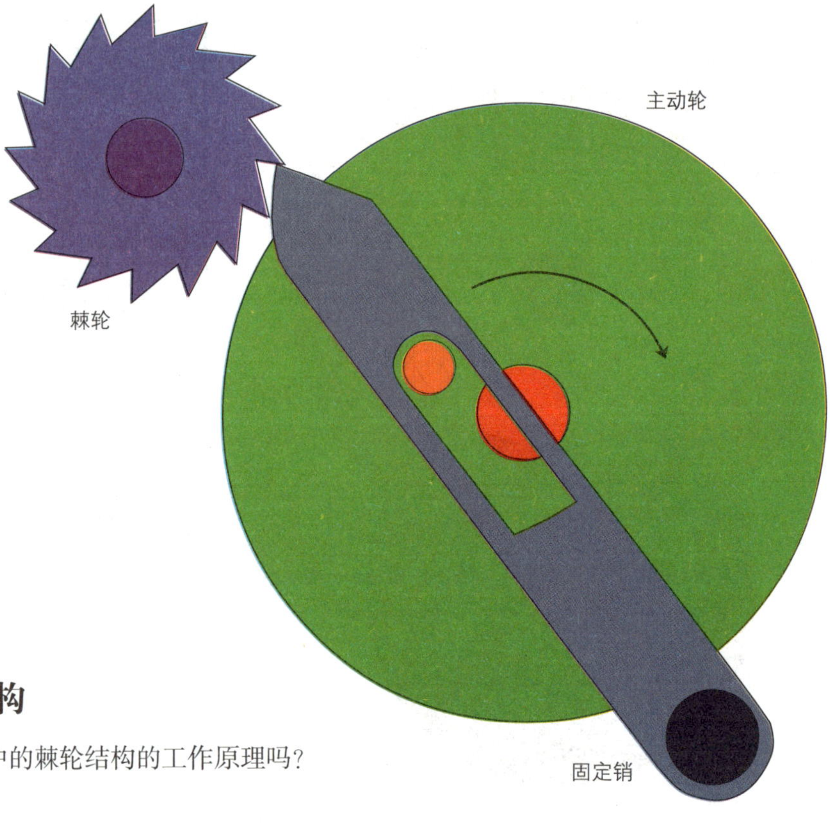

主动轮

棘轮

051 棘轮结构

你能解释图中的棘轮结构的工作原理吗？

固定销

052 与众不同

这5个图形中哪一个与众不同？

053 图案上色（3）

现在要给这2幅图分别上色，问至少需要几种颜色才能使每幅图中相邻的2个图形颜色不同？

这里的相邻图形指2个图形必须有1条公共边，而不能只有1个公共点。

054 第 5 种颜色

1975年4月，《美国科学报》发表了该报数学版记者马丁·加德纳的一篇文章，文章中称威廉·MC.格雷格——纽约的图论学家发明了一张地图，这张地图至少要用5种不同的颜色上色才能使地图上每两个相邻地区的颜色不同。

下面就是这张用上了5种颜色的地图。请问你能用更少的颜色上色，并使之满足条件吗？

055 对结

如图，一条绳子的2个不同方向上分别有2个结。

请问这2个结能够相互抵消吗？还有，你能否将这2个结互换位置？

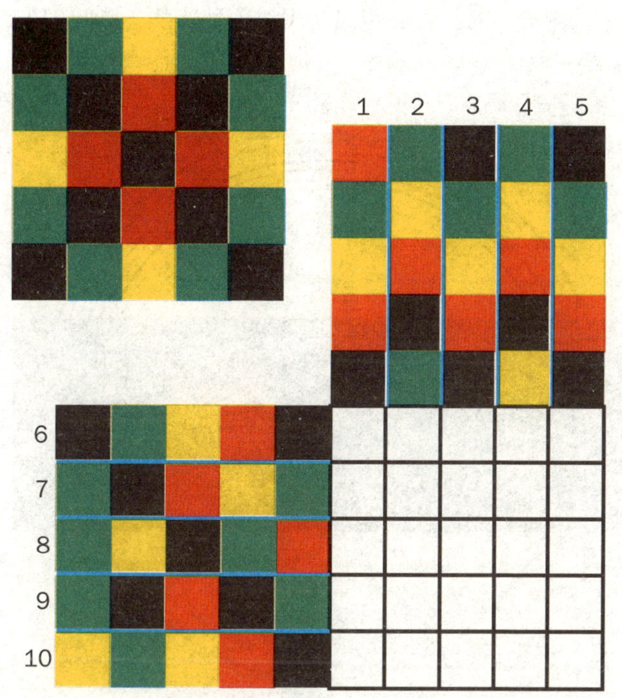

在日常生活中分辨不同图案的组合是非常重要的，这样我们才能够在十字路口正确地遵守红绿灯，另外我们在整理自己的衣橱时也能够更好地按颜色把不同的衣服分类放好。

056 折叠问题

沿着蓝色的线分别把空白正方形上边和左边的正方形剪开。

请你把这些剪开的纸条向空白的正方形折叠，使该正方形的颜色跟所给出的正方形颜色相同。请问应该怎样折叠？

057 纸条的结

下面6幅图分别是由6个纸条绕成。

问哪一幅图与其他5幅都不同？

058 中断的圆圈

一个完整的圆圈被一张黑色的卡片遮住了一部分，只用眼睛看，你能不能告诉我们下面的7条弧线中哪1条是这个圆圈上的弧线？

即使是用眼睛也不能把世界上的所有信息都捕捉进来，因此我们的眼睛有时候会被图画所迷惑也就没有什么值得大惊小怪的了。我们的大脑可能会出现空白（比如我们眨眼睛的时候），而且很有可能会欺骗我们。

059 中断的直线

2条相交的直线被一张黑色的卡片遮住了一部分，只用眼睛看，不用直尺，请问图中这9条彩色的线中哪一条是原相交直线上的部分？

060 伐里农平行四边形

右图是3个任意四边形。

把图1中的四边形的4条边的中点连结起来，就形成一个平行四边形。

且这个平行四边形的边分别与原四边形的2条对角线平行。

问这个平行四边形与原四边形的面积之间存在什么关系？平行四边形的周长与原四边形的对角线长度又有什么关系？

其他的任意四边形4条边的中点相连也会得到一个平行四边形吗？你可以在所给的另外2个任意四边形上试试。

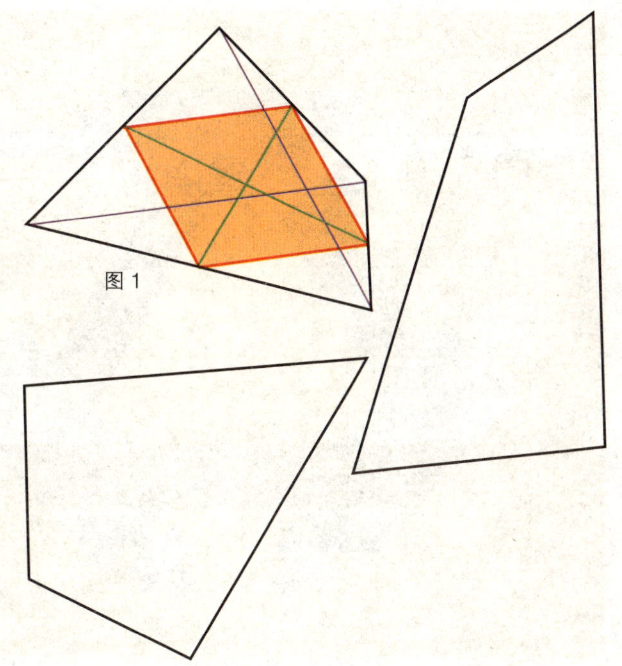

061 蒙德里安美术馆

这里分别有黑白和彩色2组图案，每组有4幅图，这4幅中有一幅是蒙德里安（荷兰著名风格派画家）的原画，其他3幅都是用电脑制作的仿制品。

请你分别找出这两组图案中的蒙德里安的原画。

这种有趣的实验是由贝尔实验室的迈克尔·诺尔最先发明的，他分析了蒙德里安创作的特点，然后采用一些元素，利用电脑随机制图。

他的实验结果显示：59%的人在看过蒙德里安的原画和电脑随机制出的图后认为后者比前者更加美观；只有28%的人能够准确地分辨出电脑所制的图和蒙德里安的原画；而另外72%的人认为蒙德里安的原画是用电脑制作出来的。

这种实验说明一幅用电脑制作的佳作一点也不比传统艺术家的作品逊色。

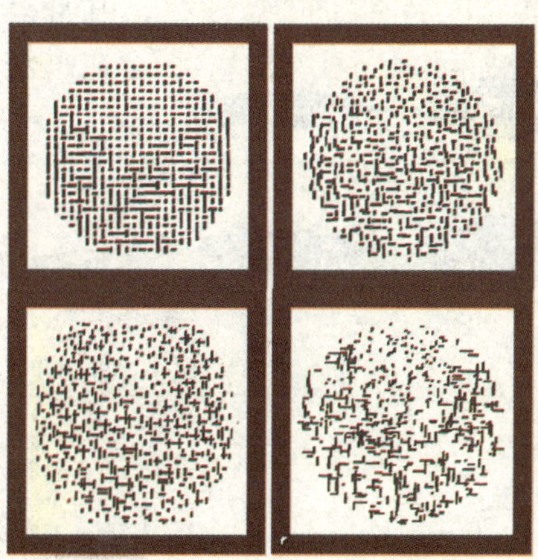

062 皮带传送

在皮带传送作业机上皮带被安在3个圆柱形的滚轴上，工作时由最顶上的滚轴带动工作，如图所示。

请问这个皮带是什么形状的？是一个简单的圆环，还是麦比乌斯圈，或者其他什么形状？

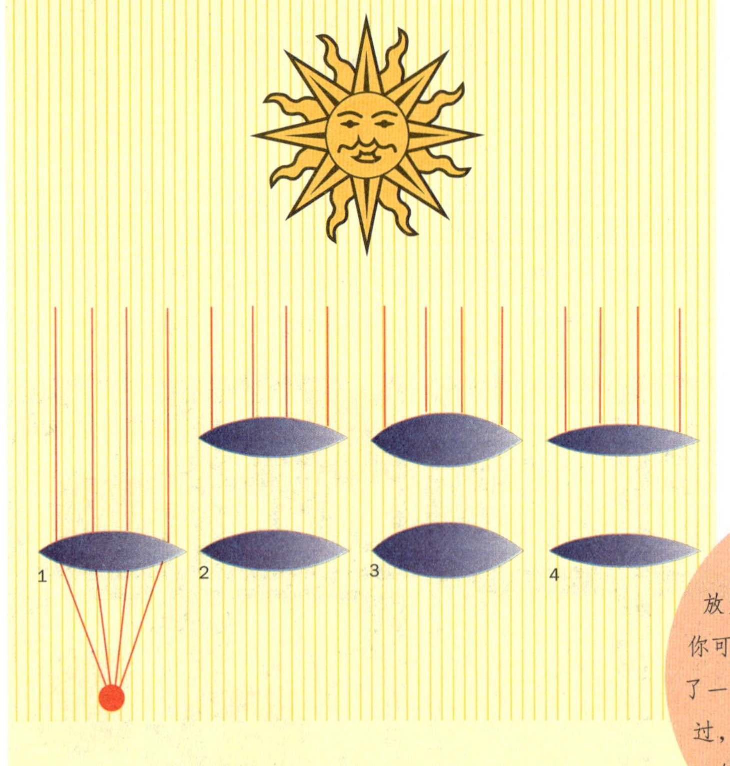

063 透镜

凸透镜和会聚透镜都被称为正透镜，因为它们都能把平行的光线会聚于焦点。那么如果让平行的光线通过2个厚度不同的正透镜，如左图所示，那么结果与只通过一个正透镜是相同的吗？如果不同，结果又应该是怎样的呢？

如果你曾经试过用放大镜来聚集太阳光，那么你可能对透镜的工作原理已经有了一定的认识。但是你有没有想过，不同形状和规格的多个透镜同时工作会产生什么结果呢？

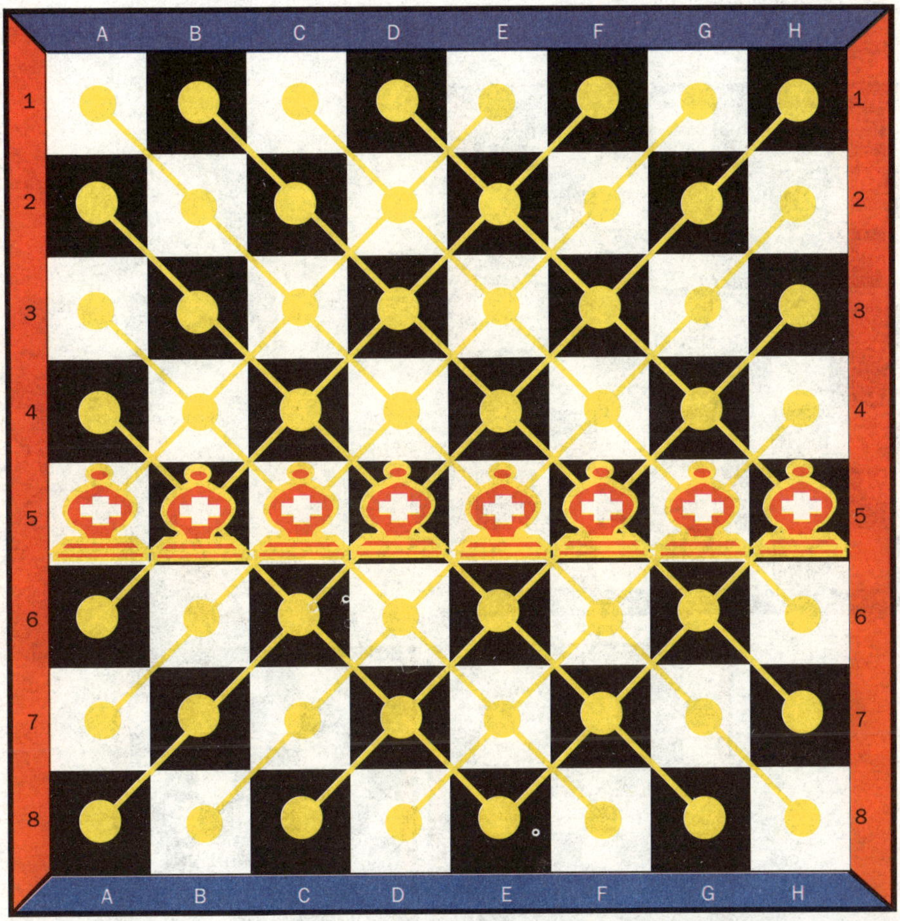

064 象的互吃

如果要求棋盘上的每个格子都被进入一次，且每两个象之间不能互吃，一共需要8个象，如上图所示。

其他条件不变，如果要求每个象都会被另外某一个象吃掉，那么棋盘上需要摆放多少个象？

题 1

题 2

065 象的巡游

象只能斜走，而且只能走一种颜色的格子。

因此如果象的起点是在黑格上，那么它就只能走黑格，只能斜走，格数不限。但即使格数不限，它也不可能不重复进入就走遍所有的黑格。

在国际象棋中象的走法似乎比国王和皇后更受限制，它只能斜走，而且一方的象只能走一种颜色的棋盘格，但是不能因为这样就忽视象的重要作用。

题1：如果棋盘上任一黑格只能进入一次，那么象进行一次巡游最多能进入多少个格子？

上图中的路线有6个黑格没有进入，你能做得更好吗？

题2：如果棋盘上的格子允许多次进入，那么象最少需要几步才能进入所有的黑格？

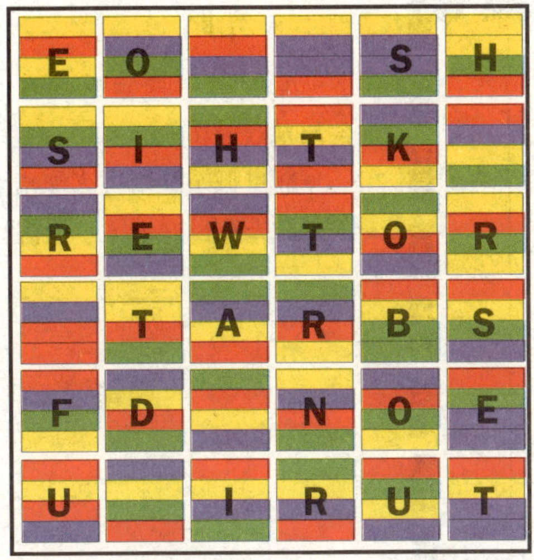

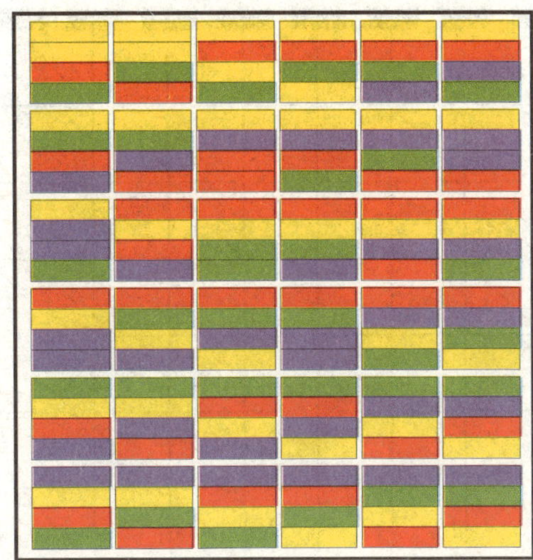

066 颜色密码

你能解出上图中的颜色密码吗?

067 彩色方形图

底部5张编号的方形卡片中哪张永远不可能在上方的图中找到?

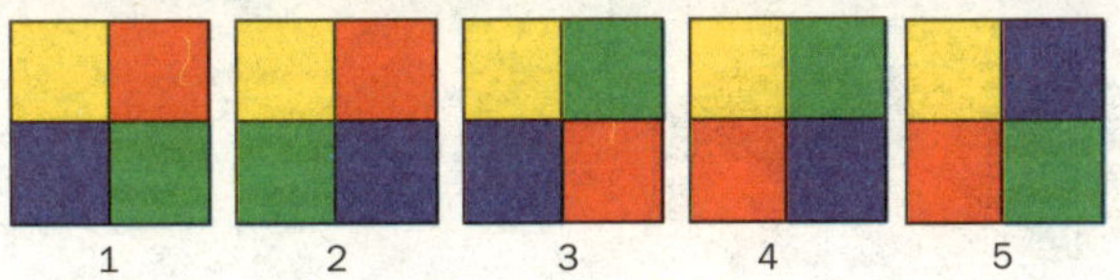

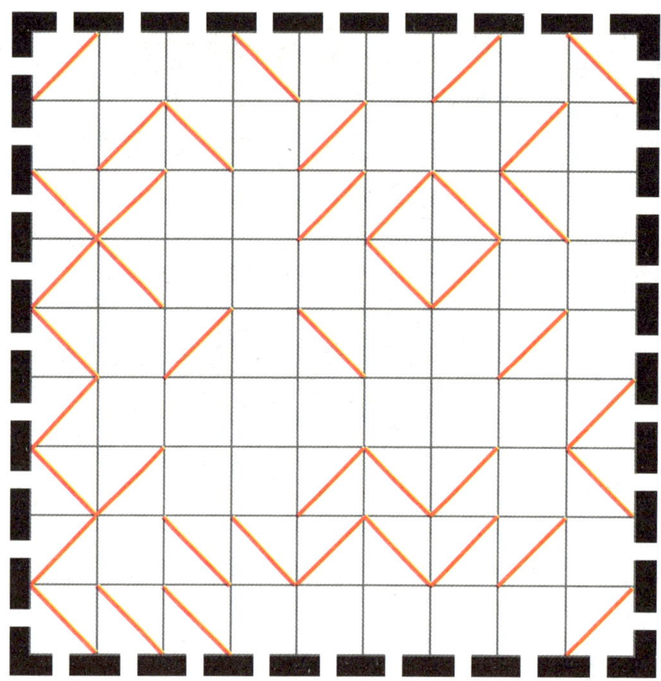

068 光路

左图镜子迷宫里的红线条都是双面镜。

通过哪个缺口进入能指引一束激光穿过这个镜子迷宫?

069 拼接六边形

将给出的10个部分复制并裁下。

将这些部分重新安排成一个4×4×4的八边形蜂巢模式，如下图所示。

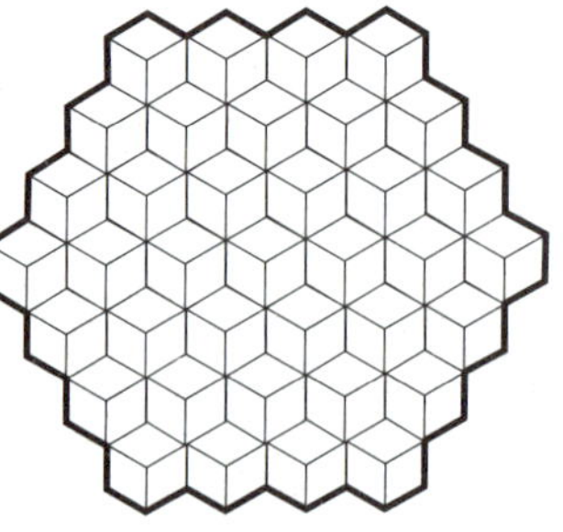

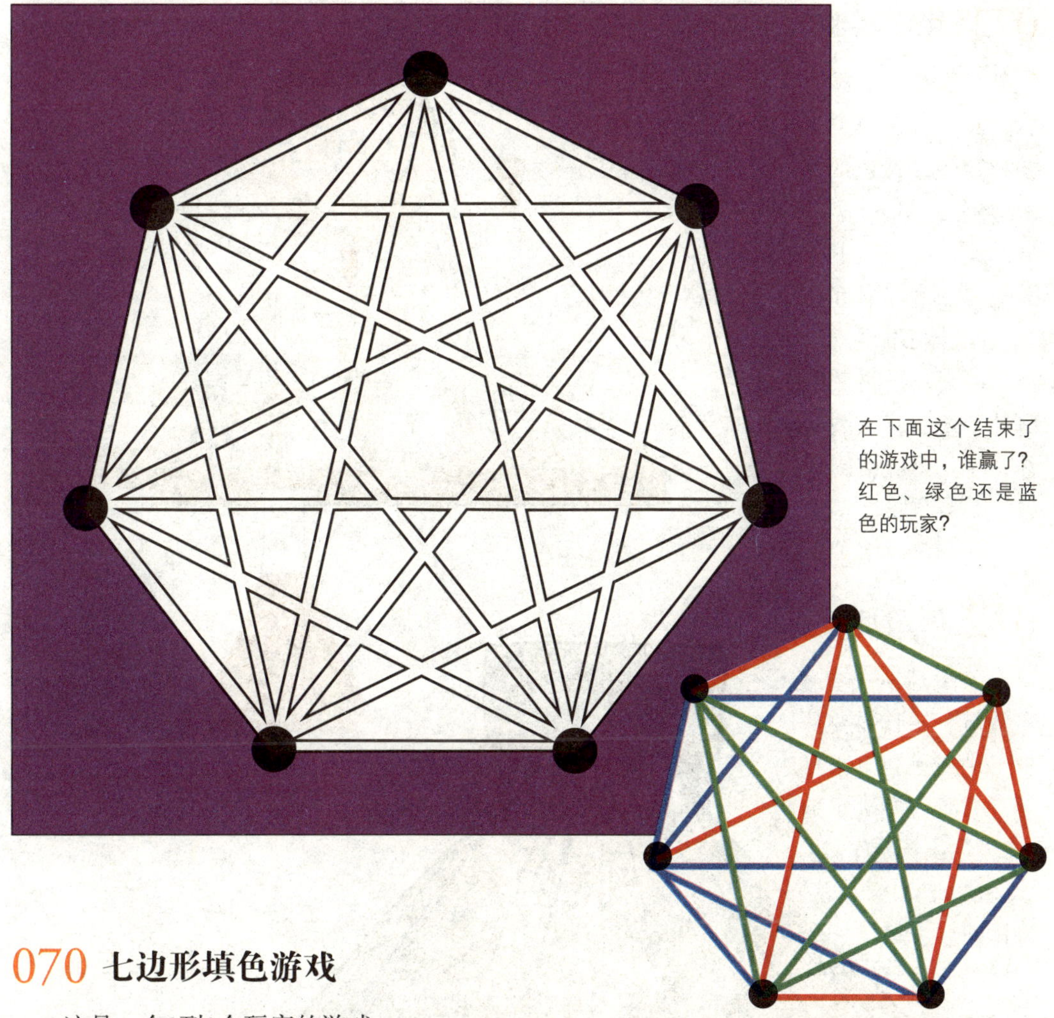

在下面这个结束了的游戏中，谁赢了？红色、绿色还是蓝色的玩家？

070 七边形填色游戏

这是一个2到3个玩家的游戏。

每一位玩家都有一支属于他的颜色的铅笔或钢笔。

玩家轮流给连接七边形顶点的线段上色。

游戏结束后，参照以下规则计算成绩：

50个区域（指图中被顶点连线所划分成的区域）中的每一个（三角形、长方形、五角星以及正中央的七边形）都用其边界上出现次数最多的颜色来填充。例如，如果一个三角形的两边都是某一种颜色上色的，那么就用那种颜色填充该三角形。另一方面，如果三角形的三边颜色都不相同，或者长方形的四边分别有2种颜色，那么这个三角形和长方形都不要填色。用某一种颜色填色区域数最多者获胜。

071 化学实验

右边6个烧瓶的容积分别为7，9，19，20，21和22个单位容积。现在化学家要把蓝色和红色的2种液体分别倒满其中5个烧瓶，留下1个空的烧瓶，同时使这些烧瓶中蓝色液体的总量是红色液体的总量的2倍（2种液体不能混合）。

请问：按照上面的条件，哪几个烧瓶应该倒满红色的液体，哪几个应该倒满蓝色的液体，哪一个烧瓶应该是空的？

072 保龄球

保龄球队一共有6名队员，队长需要从这6个人中选出4个来打比赛，并且还要决定他们4个人的出场顺序。

请问有多少种排列方法？

073 分割多边形

要把这些正五边形和正六边形分割成三角形，要求分割线只能是连接两个顶点的线段，而且这些分割线之间不能相交，问你能想出多少种分割方法？

在该题中，同一个图形的旋转和镜像被认为是不同的图形。这个问题也被称为欧拉多边形分割问题。

074 正方形格子

图中红色的部分占整个正方形总面积的百分之几？

你习惯用哪只手，是左手还是右手？习惯用哪只手应该说是后天形成的，而并不是天生的。举个例子，如果你因为某种原因不能使用你最习惯的那只手了，你可能会发现原来你的另外一只手也可以如此灵活！

075 左撇子和右撇子

一个班级里的学生有左撇子、右撇子，还有既不是左撇子也不是右撇子的学生。在这道题目里，我们把那些既不是左撇子也不是右撇子的学生看作既是左撇子又是右撇子的学生。

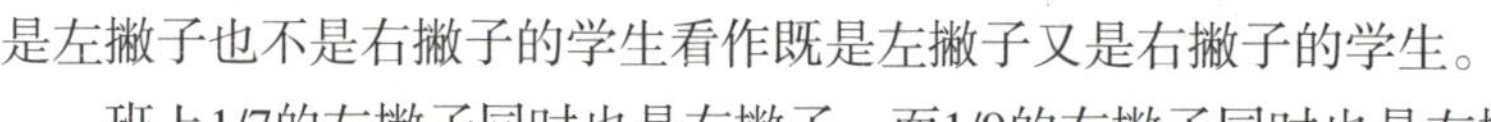

班上1/7的左撇子同时也是右撇子，而1/9的右撇子同时也是左撇子。

问班上是不是有一半以上的人都是右撇子？

076 十二边形的面积

如左下图所示，在一个大正方形内画了4个等边三角形，分别用红色、绿色、黄色和蓝色的线标注了出来。这4个等边三角形的顶点相连形成了一个小正方形（用黑色的线标注了出来），把这个小正方形的中心和三角形各边相交的点连接起来，就形成了一个正十二边形，如右下图所示。这个小正方形被称为库沙克瓦片，它被用来证明库沙克定理，即一个半径为1的圆的内接正十二边形的面积为3。

请问右下图中的正十二边形与该库沙克瓦片之间的面积有什么关系？

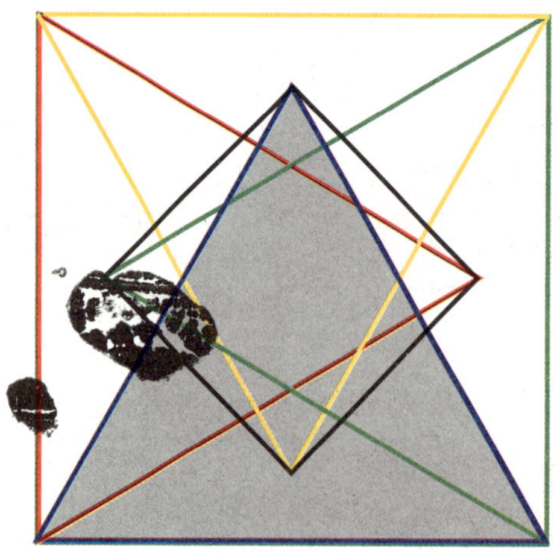

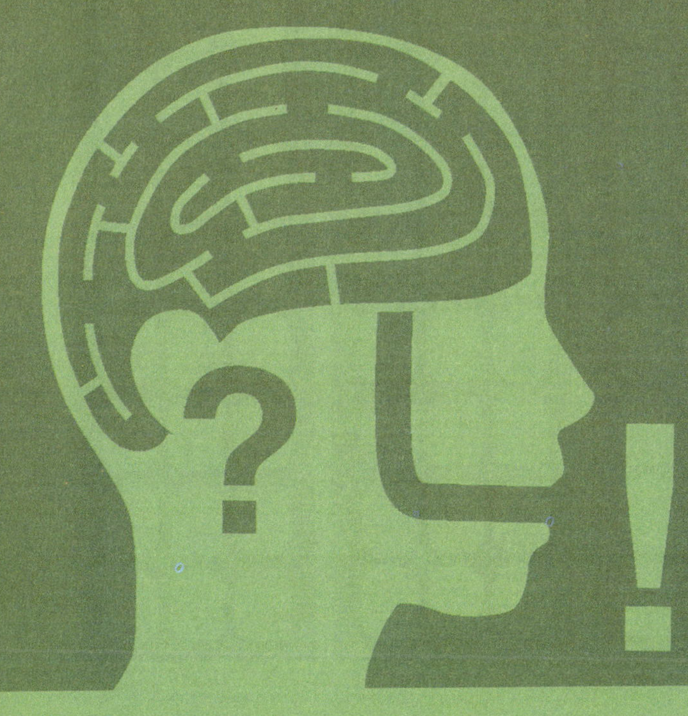

第三章 促进记忆力

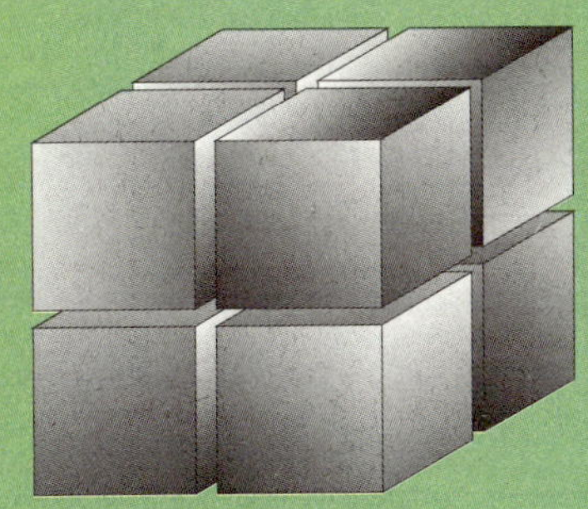

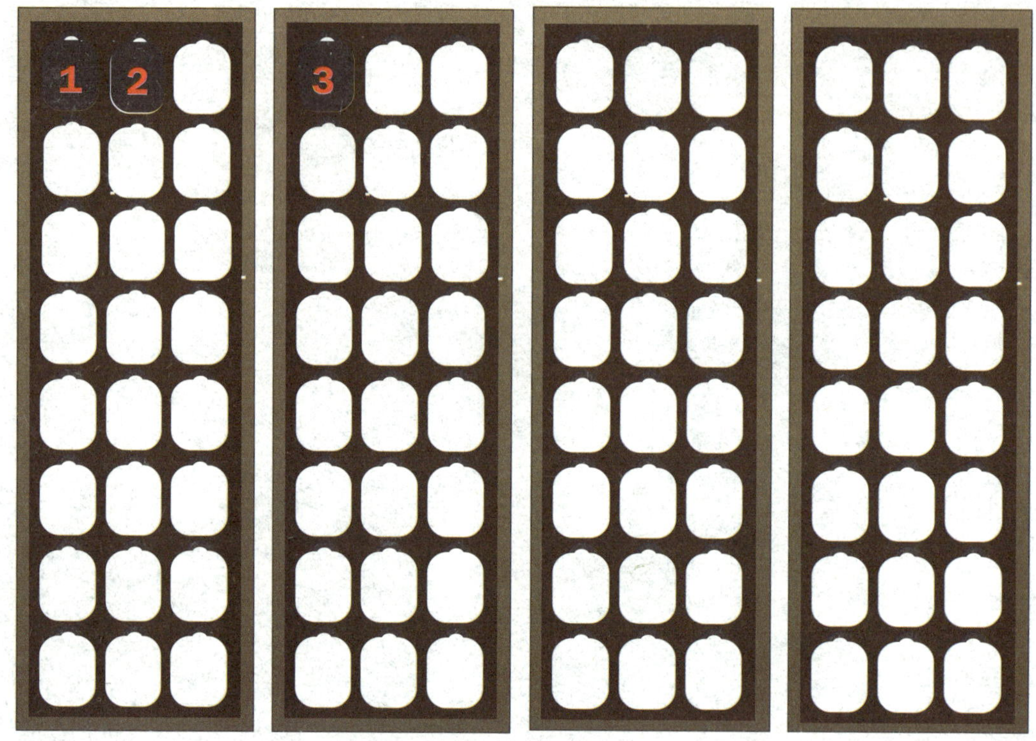

4 个盒子

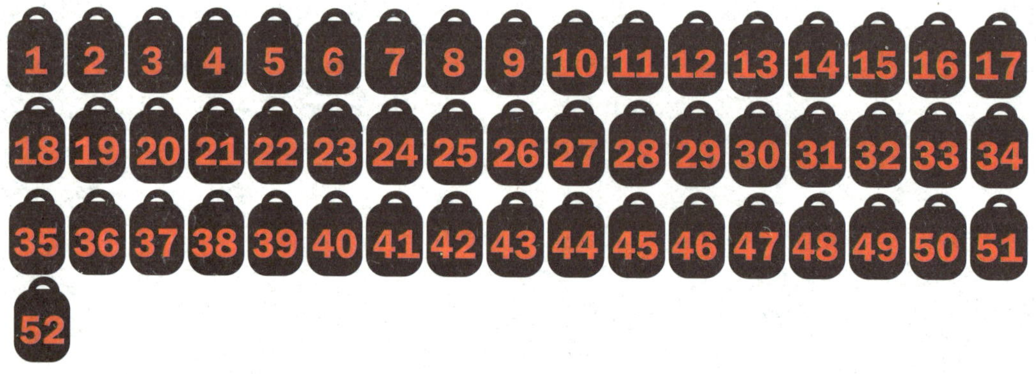

001 4 个盒子里的重物

你能否将连续整数1～52放进上面的4个盒子中，使得每个盒子里的任意一个数都不等于该盒子里任意两个数的和？

我们已经把数字1～3放进盒子里了。

你能将4～52全部都放进这4个盒子里吗？

002 第 100 个三角形数

第100个三角形数如图所示。请问你需要花多少时间才能将这些点的个数数出来？高斯是怎样做的呢？

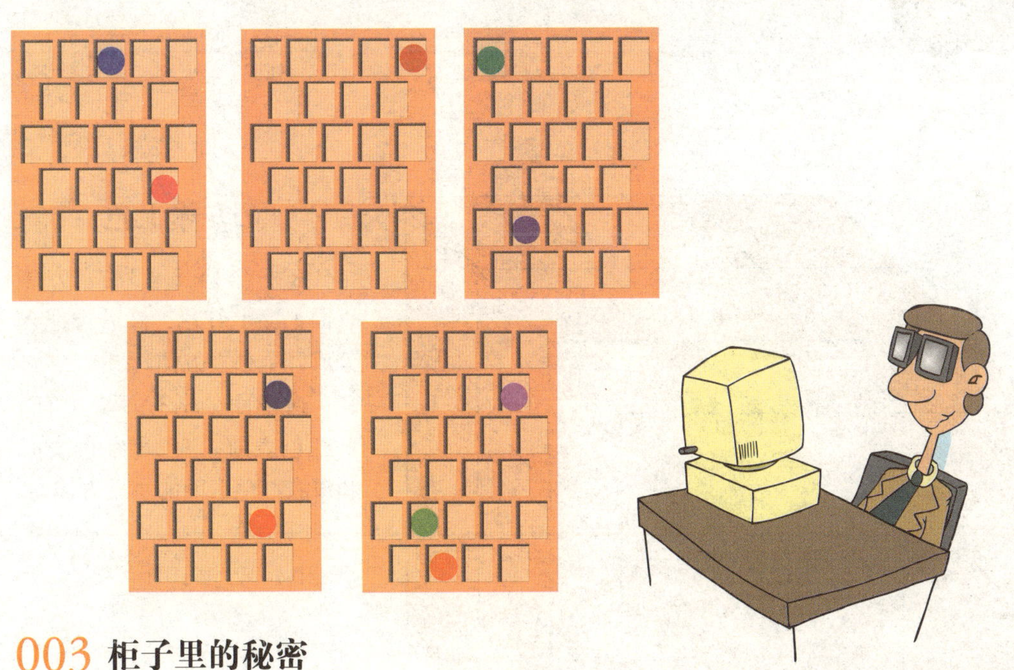

003 柜子里的秘密

我的电脑桌旁边的一面墙上有一些小的木柜子，平时可以放一些小东西，我就把自己的收藏分别放在这些柜子里。放的时候我按照了英文字母的排列顺序，如上图所示，这个顺序能够提示我记住密码。

你能猜出我的密码是什么吗？

004 凯普瑞卡变幻

任意列出4个不同的自然数，例如2435。

把这4个数字依次递减所组成的四位数与依次递增组成的四位数相减，得到的数再用相同的方式相减（不足四位补0）：

5432—2345

几轮之后你会得到一个相同的数。

我已经猜到这个数是什么了，你呢？

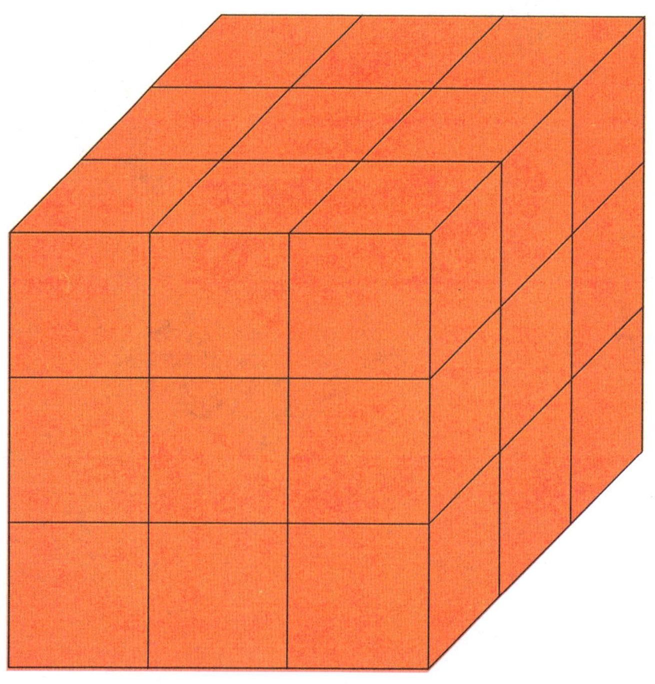

005 立方体上色

在一个3×3×3的立方体表面上涂上红色，然后再把它分成27个小立方体。

这里面分别有多少个有3个红色表面、有2个红色表面和没有红色表面的小立方体？

006 填数字游戏

在这个游戏中，2个玩家轮流往游戏板上填数字。从1开始，填入连续递增的整数。先走的人（在上面的示范游戏中是黑方）可以把1放在任何位置。下一个数字必须放在与前一个数字相同的横行或竖行（但是不在同一斜行），但是有如下限制：

填入数字时，后一个数与前一个数之间不能相隔其他的数，只能相隔空格。

最先不能放入数字的玩家为输家。

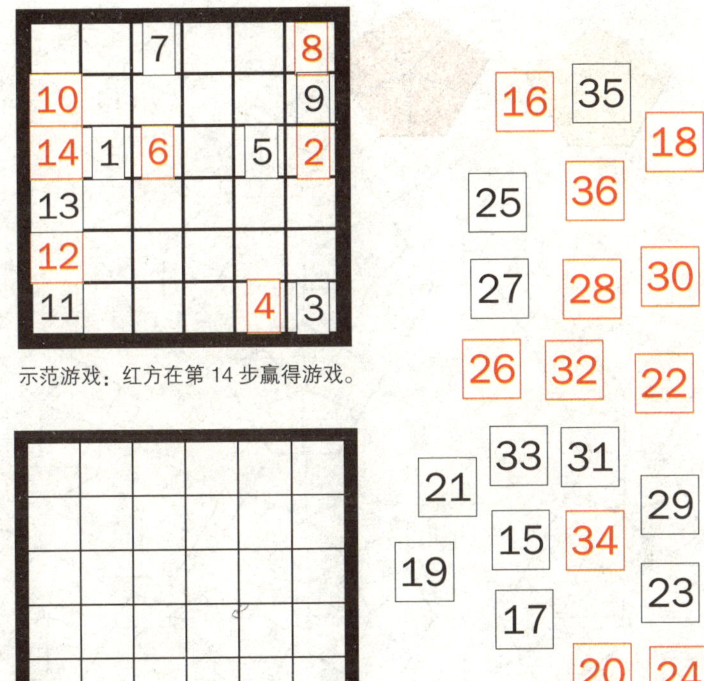

示范游戏：红方在第 14 步赢得游戏。

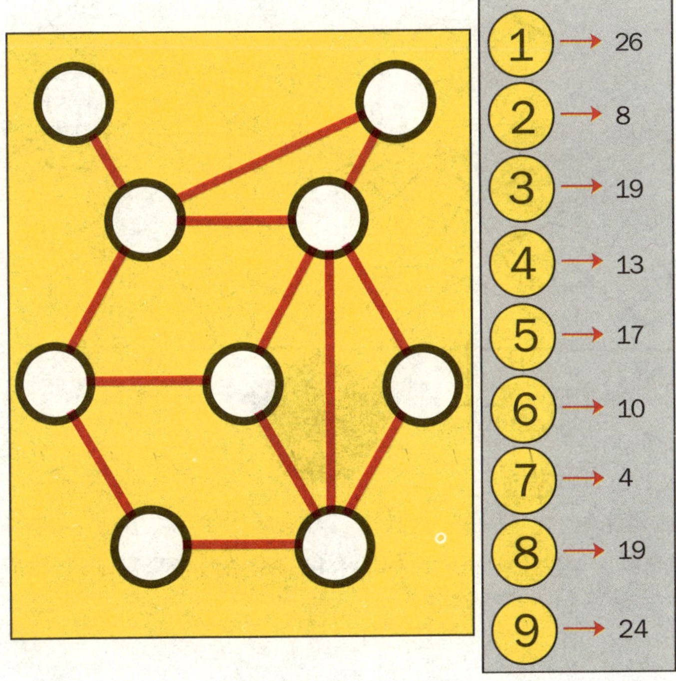

007 相邻的数

你能否将1～9这9个自然数填入圆圈中，使得每个数的所有相邻数之和如图所示。

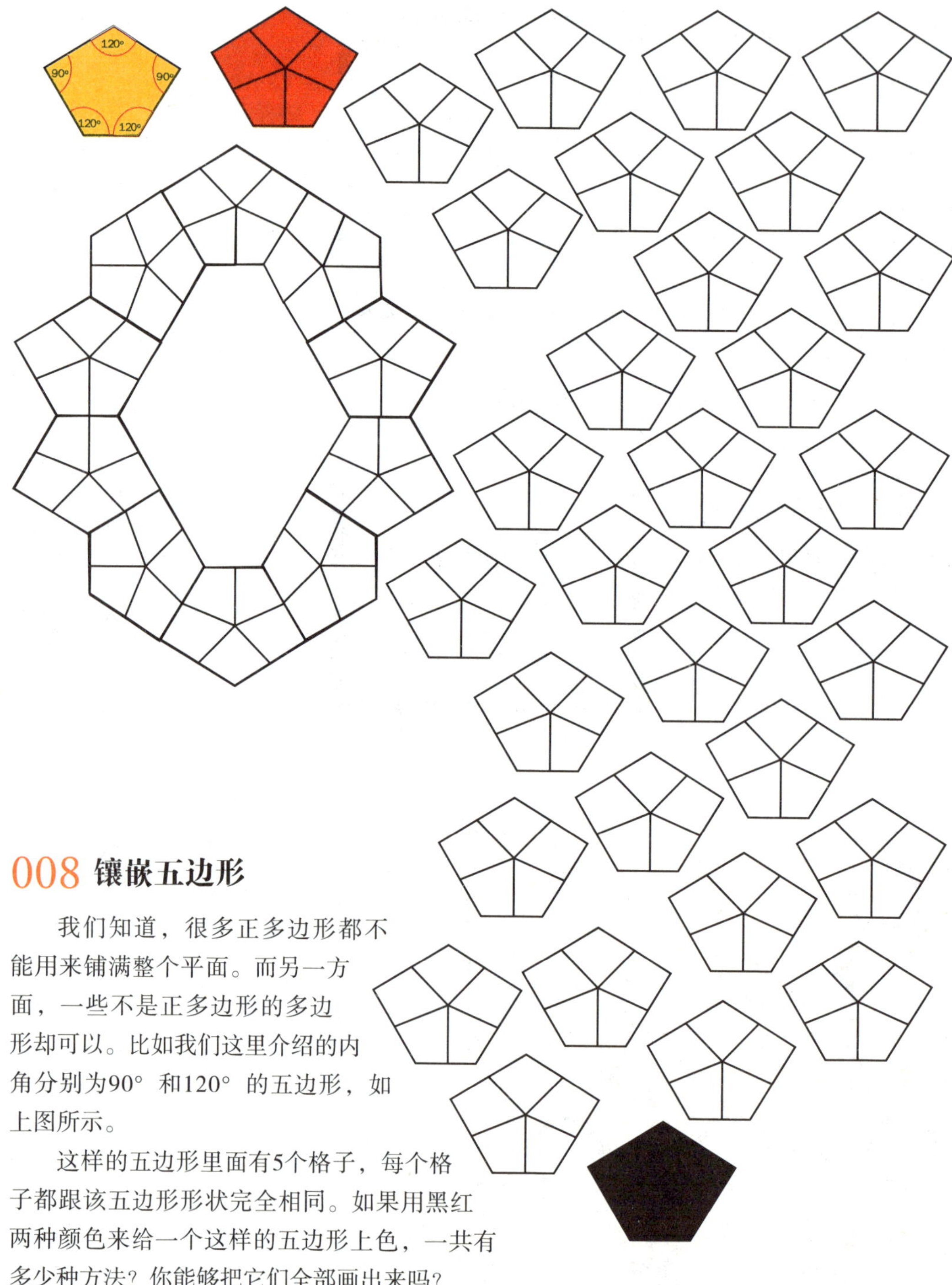

008 镶嵌五边形

我们知道，很多正多边形都不能用来铺满整个平面。而另一方面，一些不是正多边形的多边形却可以。比如我们这里介绍的内角分别为90° 和120° 的五边形，如上图所示。

这样的五边形里面有5个格子，每个格子都跟该五边形形状完全相同。如果用黑红两种颜色来给一个这样的五边形上色，一共有多少种方法？你能够把它们全部画出来吗？

用一些这样的五边形做成游戏板，如左上图所示，你能否将这个游戏板全部上色，使得每2个大五边形相接处的格子颜色都相同？

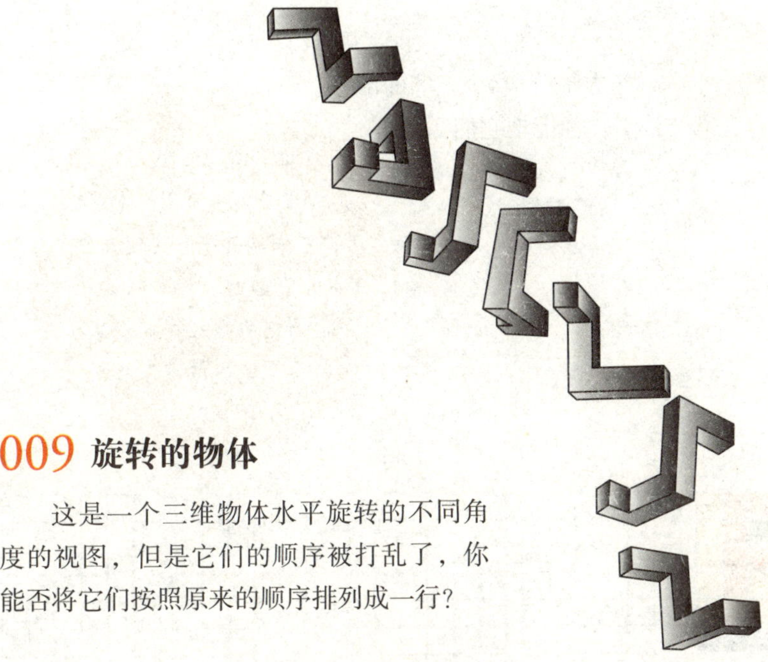

009 旋转的物体

这是一个三维物体水平旋转的不同角度的视图，但是它们的顺序被打乱了，你能否将它们按照原来的顺序排列成一行？

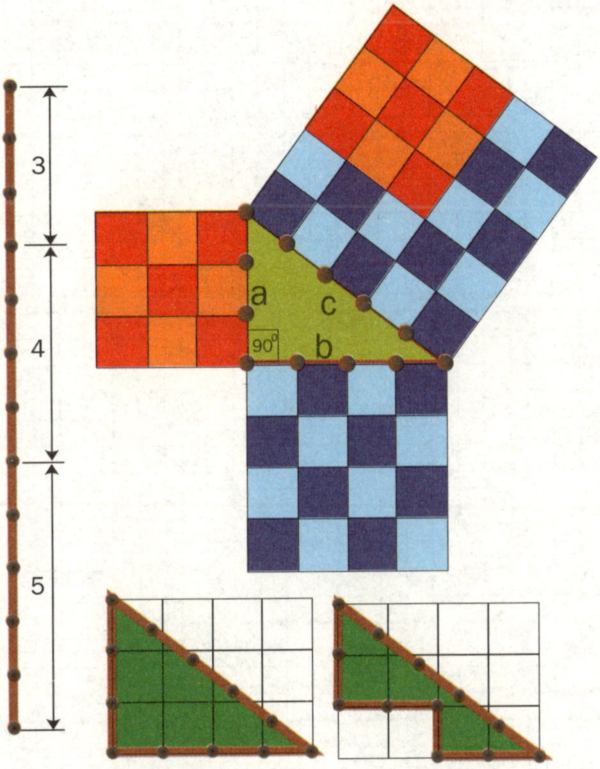

010 埃及绳问题

古埃及的土地勘测员用一条长度为12个单位的绳子构造出了面积为6个单位并有一个直角的三角形，这条绳子被结点分成12个相等的部分。

你也可以用一条相似的绳子做出其他图形。

你可以用这样的绳子做出面积为4个单位的多边形吗？可以把绳子拉开，形成一个有直边的多边形吗？图示已经给出一种解法。你能找到其他的吗？

埃及绳被拉成面积为6个单位的埃及三角形

埃及绳被拉成面积为4个单位的多边形

011 把正方形四等分

有37种不同的方法把一个6×6正方形分成4个全等的部分（旋转和反射不可以看作是新方法）。你能把它们都找出来吗？

你知道吗？把一个正方形平均分成4个部分有多种方法。或许下次生日晚会有点儿无聊时，你可以试一试下面的这些方式。被切成形状奇怪的蛋糕可以活跃一下气氛。

012 把正方形四等分的游戏

上面所示的36个图形中有1/4是取自于“把一个6×6正方形四等分”这道题的结果（不包括把正方形分成4个有3×3个小格子的小正方形），这36个图形占据了324个单位的正方形，也就是一个18×18正方形的面积，即我们的游戏板。

你可以用这36个图形把正方形覆盖起来吗？

013 分割棋盘

你能把这个棋盘正确地分割并拼出这些英文句子吗？

有许多图形和物体都可以成为七巧板类的题目——比如说国际象棋的棋盘和你们家厨房的地板砖。然而，记得当你做不出题目时不要把你们家的早报都撕掉了！

014 七巧板

人们熟知的最古老的分割问题是中国的七巧板。经典的七巧板是世界上最美妙的难题之一。有关它最早的文字记载是在中国的一本1826年出版的书里，但是它的起源应该比这更早。

把这个彩色的七巧板图片复制并剪下来。

当你解决了这里给出的问题，请试着自己发明一些图样。

015 神奇的九边形

把这3个小的九边形复制下来，并剪成15个彩色的部分。

你可以把它们重新拼成一个大的九边形吗？

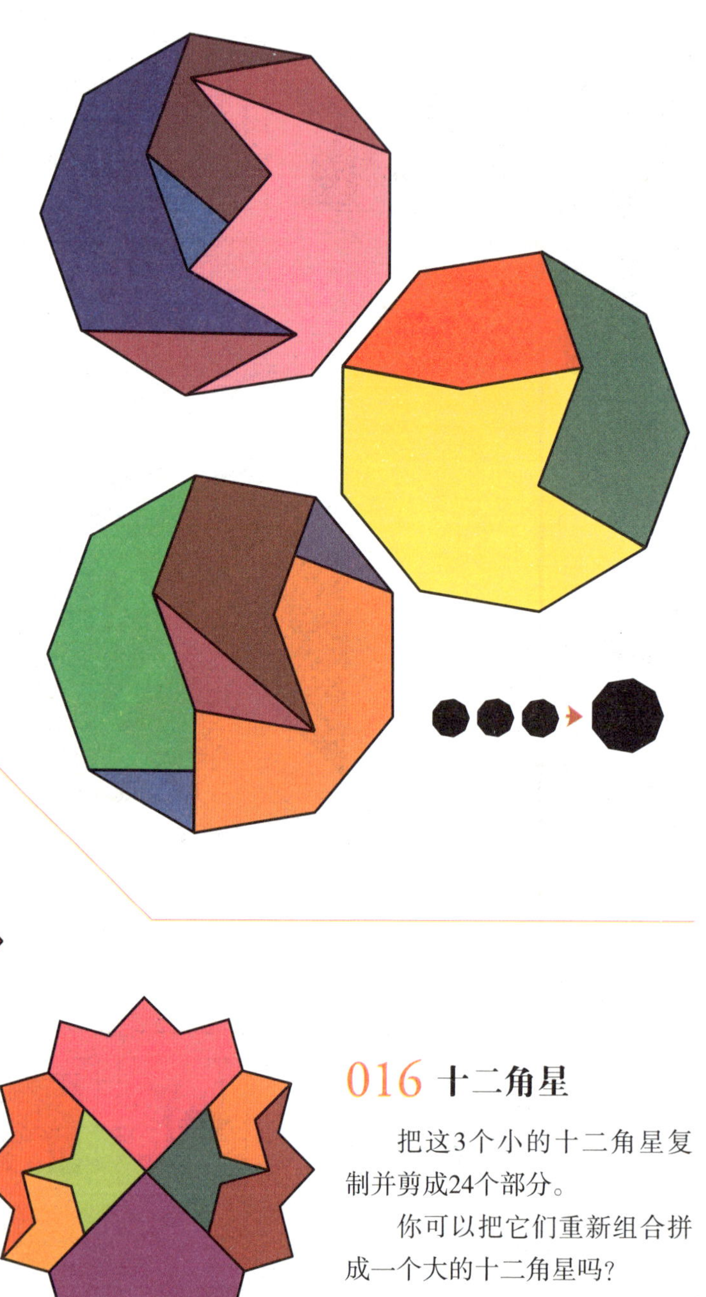

016 十二角星

把这3个小的十二角星复制并剪成24个部分。

你可以把它们重新组合拼成一个大的十二角星吗？

017 象形的七巧板图形

本页的所有图形都是用七巧板拼起来的。你可以解决这些难题吗？

018 消失的脸

把上面的图复制下来，并沿着黑色的线将它剪开。将下面的脸沿着黑线向左滑动。

所有的帽子都还在，但是有一张脸消失了。

你能说出是哪一张脸消失了吗？

019 消失的铅笔

把右下角的圆盘复制并剪下来。

如果你把这个圆盘放在左边的图上，然后按顺时针方向旋转3格，你就可以把这个图从7支蓝铅笔和6支红铅笔变成6支蓝铅笔和7支红铅笔。

你能说出哪支铅笔的颜色变了吗？

020 背诵 π

下面是π小数点后的前2000位。

看5分钟，尽可能多地将这些数字记下来，然后试着默写一下。

看看你能记住多少位数字？

你知道目前背诵π的世界纪录是小数点后的多少位吗？

3.14159265358979323846264338327950288419716939937510582097494459
230781640628620899862803482534211706798214808651328230664709384
460955058223172535940812848111745028410270193852110555964462294
895493038196442881097566593344612847564823378678316527120190914
564856692346034861045432664821339360726024914127372458700660631
558817488152092096282925409171536436789259036001133053054882046
652138414695194151160943305727036575959195309218611738193261179
310511854807446237996274956735188575272489122793818301194912983
367336244065664308602139494639522473719070217986094370277053921
717629317675238467481846766940513200056812714526356082778577134
275778960917363717872146844090122495343014654958537105079227968
925892354201995611212902196086403441815981362977477130996051870
72113499999983729780499510597317328160963185950244594553469083
026425223082533446850352619311881710100031378387528865875332083
814206171776691473035982534904287554687311595628638823537875937
519577818577805321712268066130019278766111959092164201989380952
572010654858632788659361533818279682303019520353018529689957736
225994138912497217752834791315155748572424541506959508295331168
617278558890750983817546374649393192550604009277016711390098488
240128583616035637076601047101819429555961989467678374494482553
797747268471040475346462080466842590694912933136770289891521047
521620569660240580381501935112533824300355876402474964732639141
992726042699227967823547816360093417216412199245863150302861829
745557067498385054945885869269956909272107975093029553211653449
872027559602364806654991198818347977535663698074265425278625518
184175746728909777727938000816470600161452491921732172147723501
414419735685481613611573525521334757418494684385233239073941433
345477624168625189835694855620992192221842725502542568876717904
946016534668049886272327917860857843838279679766814541009538837
863609506800642251252051173929848960841284886269456042419652850
222106611863067442786220391949450471237137869609563643719172874
677646575739624138908658326459958133904780275901

一个立方体有 24 种不同的摆放方式
彩色立方体的展开图

很多立方体和色子为思维游戏提供了无限的空间，这个游戏就与它们有关。

021 滚动立方体

一个立方体可以有24种不同的摆放方式。

右上是一个立方体的展开图，该立方体的每一面都被分成了4种不同的颜色。将这幅展开图复制，剪下来，然后折叠，你会得到一个立方体，它的24种不同的摆放方式如上图所示。

如果将这个立方体在一块板上从一个面滚到另一个面，并且使每一面的方向都不同，请问这个板最小多大？

---

022 帽子与贴纸

有5个贴纸，其中3个为红色，2个为蓝色。

任意拿出3个贴纸分别贴在3位数学家的帽子上，并将另外2个藏起来。

这些数学家的任务就是要说出自己帽子上贴纸的颜色（不许看镜子，不许把帽子拿下来，也不能做其他小动作）。

他们中的2个人分别说了一句话（如图所示）。

请问数学家C帽子上的贴纸是什么颜色的？

023 折叠图形

A可以折叠出6个选项中的哪一个？

024 2座塔

这是一个拼图游戏，需要移动几步才能从上面的图形变成下面的图形（图中灰色方块部分是空的）？

025 纪念碑

这个纪念碑是由一定数量的同一种图形构成的，如图所示。请你说出这个纪念碑一共是由多少个同样的小图形组成的？

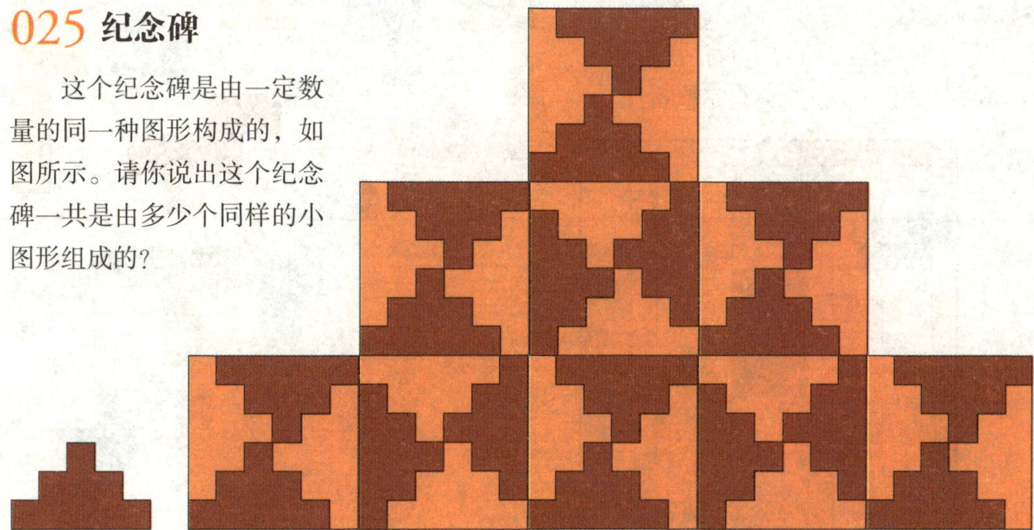

026 金字塔迷宫

把这张迷宫图复制并剪下来，再折成一个金字塔。看看你能不能走出来。

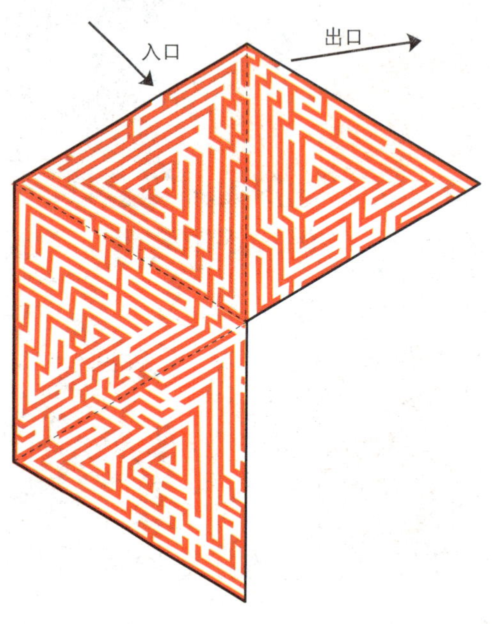

027 立方体迷宫

把这张迷宫图复制并剪下来，再折成一个立方体。然后试着从1处走到2处。看你最快多久能够完成。

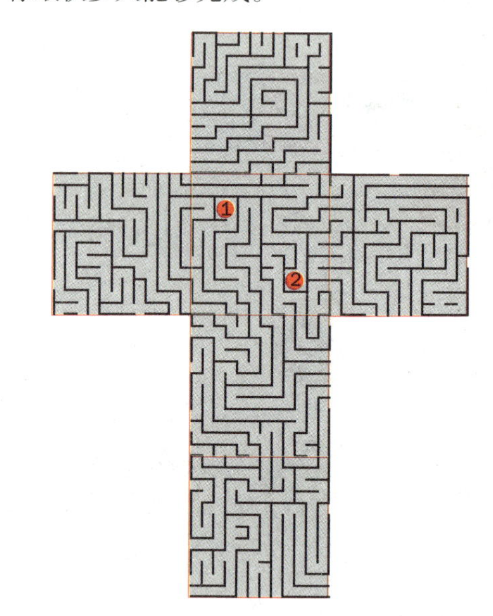

028 六格拼板

六格拼板是包含6个格子的多格拼板。

六格拼板一共有35个，它们可以覆盖一个15×15的正方形，中间留下一个3×5的矩形。

你能将所给出的12个六格拼板填入下面的拼图中，将拼图补充完整吗？

029 六格三角形

与五格拼板一样，六格三角形也有12个（图形的镜像不计算在内）。

图1中已经放入了3个六格三角形，你的任务就是将剩下的9个六格三角形放进去，将图补充完整（可以旋转六格三角形）。

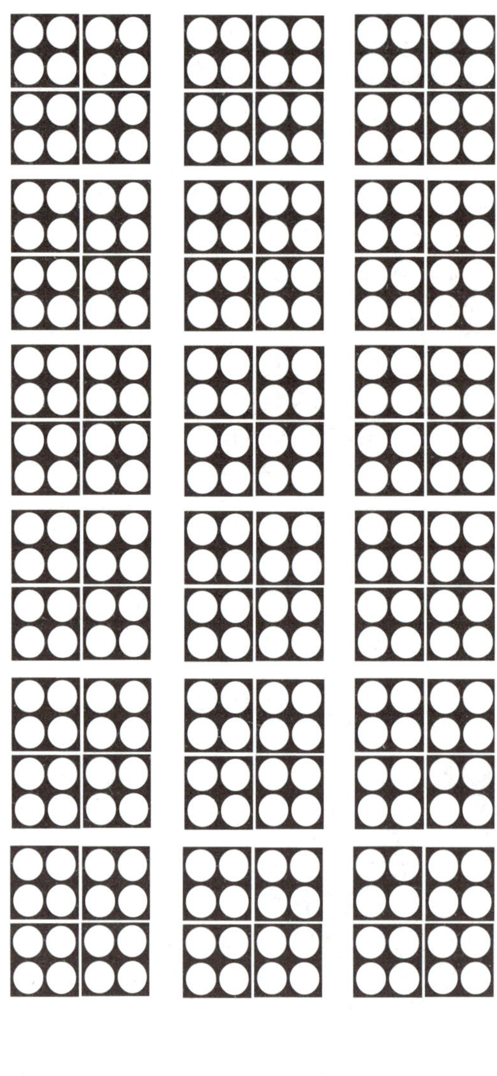

030 排列组合

有多少种分配方法将4个上了色的物体放在4个没有标记的碟子上？

031 五格六边形

一共有22个五格六边形，其中的一部分组成了大图形。

你能说出右边的4个五格六边形中哪些在大图形中没有用到吗？

032 三面折纸游戏

我们习惯了一张纸只有2个面。怎样剪一张纸可以使它有3个面？

这样的纸我们称为三面折纸。

将上面这个图复制并剪下来，上下对折，然后用胶水粘起来。如图折叠，将折叠的部分用透明胶带粘住（确保粘贴的时候不要粘到下面一层）。将它分别折叠和展开，就可以得到如图所示的3只动物。

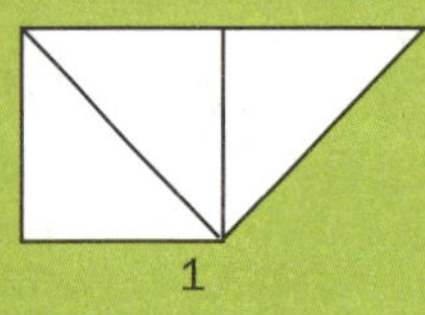
1

033 隐藏的图形

图形1和图形2分别如左图所示，请问在上图中你能够找到几个图形1和几个图形2？其中图形1和2上面允许有其他的线段穿过。

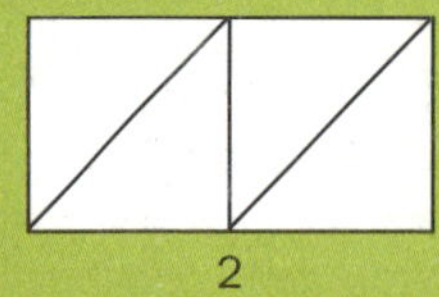
2

034 折叠6张邮票

如图所示，6张邮票组成了一个2×3的长方形。沿着邮票的边缘（锯齿）处折叠可以折出很多种上下组合。

这里给出了4种组合，请问其中哪一种是不可能折成的？

最后折出来邮票朝上朝下都没有关系。

035 折叠8张邮票

你能否将这8张邮票沿着锯齿处折叠，使邮票折叠以后从上到下的顺序是图中的1～8？最后折出来的邮票朝上朝下都没有关系。

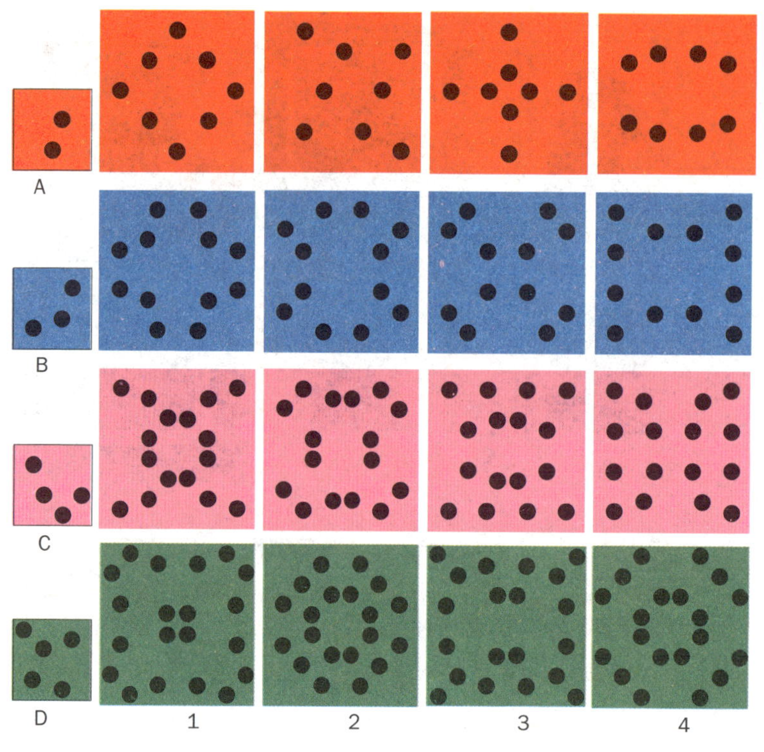

036 折叠正方形（1）

将一个大正方形两边对折，折成它1/4大小的小正方形，然后用打孔器在小正方形上打孔，见每行最左边的小正方形。

将小正方形展开，会得到一个对称图形。

你能说出4个小正方形对应的展开图分别是哪个吗？

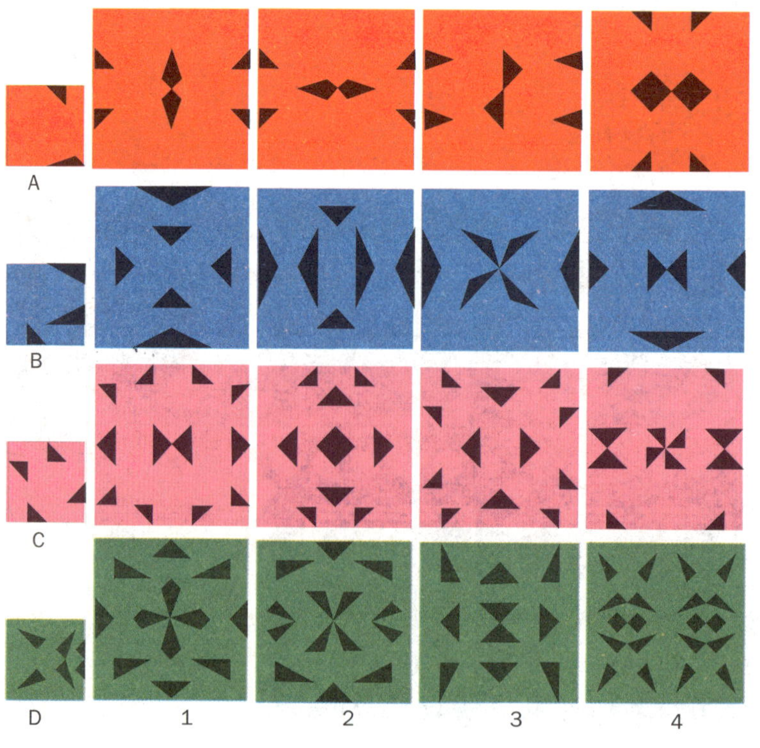

037 折叠正方形（2）

将一个大正方形两边对折，折成它1/4大小的小正方形，然后在小正方形上打洞，如图所示。

将小正方形展开，会得到一个对称图形。

你能说出4个小正方形对应的展开图分别是哪个吗？

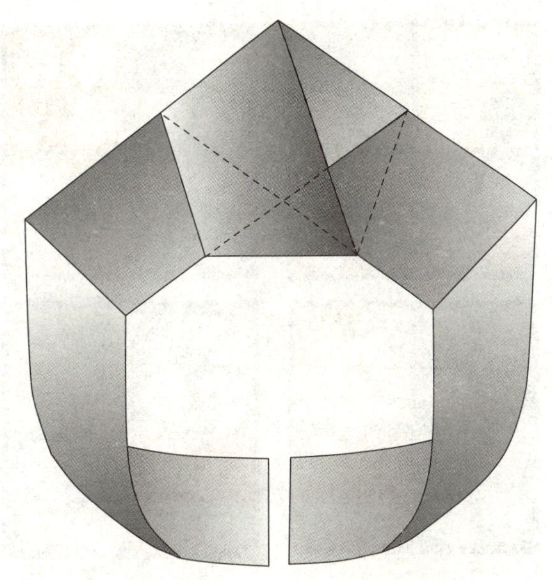

038 纸条构成的五边形

如图所示，将一张小纸条打一个结，打结处形成了一个正五边形。

如果将纸条的两端粘合起来，就形成了一个闭合的表面。请问这个表面有几个面和几条边？

039 埃拉托色尼的筛网法

在前100个自然数中一共有多少个质数？

埃拉托色尼发明了一种他称之为“筛”的方法来找出给定范围内的所有质数。当给定的数非常大的时候，使用这种方法会非常困难，不过就像我们所看到的，如果只是找出100以内的质数，这种方法还是非常方便和有效的。除了1（数学家一般都不把1看作质数），从2开始，2是质数，用删掉所有2的倍数的方法来“摇一下这个筛子”，如图所示。然后再删掉所有3的倍数，依此类推。

1	2	3	4	5	6	7	8	9	10
11	12	13	14	15	16	17	18	19	20
21	22	23	24	25	26	27	28	29	30
31	32	33	34	35	36	37	38	39	40
41	42	43	44	45	46	47	48	49	50
51	52	53	54	55	56	57	58	59	60
61	62	63	64	65	66	67	68	69	70
71	72	73	74	75	76	77	78	79	80
81	82	83	84	85	86	87	88	89	90
91	92	93	94	95	96	97	98	99	100

我们的问题是：在100以内一共需要删掉几个质数的倍数？

040 穿孔卡片游戏

将这4张正方形的穿孔卡片复印并剪下来，然后把卡片上的白色部分挖空，作为“窗户”。

请你将这4张卡片重叠起来，并且使卡片上每一个小正方形的4个圆圈分别呈现出4种不同的颜色。试试看，应该怎么做呢？

041 方块塔

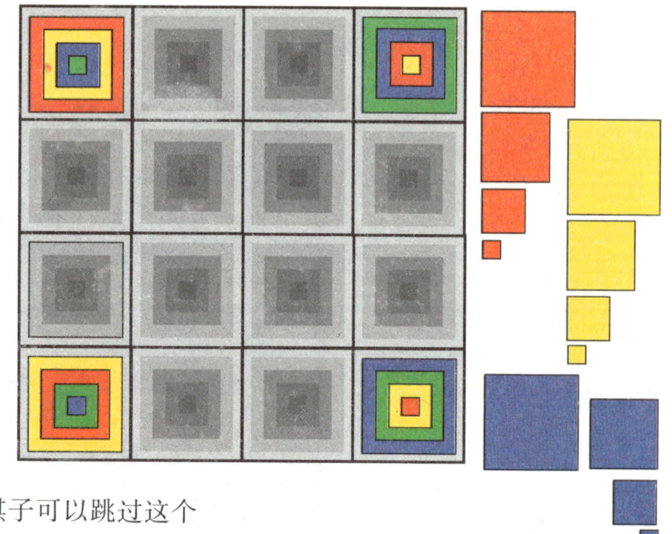

这个游戏里面一共有16个棋子，刚开始它们的摆放顺序如图所示。共4个玩家，每个人选择一种颜色的棋子，轮流走棋。他们必须遵循以下规则：

1.玩家可以将最上面最小的那个棋子移动到相邻一步的任何方向的空格中，或与它同色但比它大一号的棋子上。

2.当相邻的格子内所放的是比该棋子小一号的棋子时，该棋子可以跳过这个格子到另一个空格中，或与它同色但比它大一号的棋子上。

3.允许连跳。连跳最后要落到空格中或是与该棋同色但是比它大一号的棋子上。

4.当跳过比该棋子小一号且与它同色的棋子时，可以把这个小一号的棋子捡起来，放到该棋子的上面，与该棋子组成一个整体一起移动（这也就形成了我们所要的方块塔的一部分）。

5.棋子不可以跳过比它大的棋子。

6.方块塔的一部分可以作为一个整体一起移动。

最先组成一个完整的方块塔（即将同色的棋子按从下往上、从大到小的顺序叠放在一起）的玩家获胜。

042 方块里的图形

所有黑色方块里的图形都能在与它同一横行或者竖行的灰色方框内找到一个与它一模一样的图形。

某一个灰色方块内少了一个图形，你能把它找出来吗？

第 1 次分割 1，1…

第 2 次分割 1，1，2…

第 3 次分割 1，1，2，3…

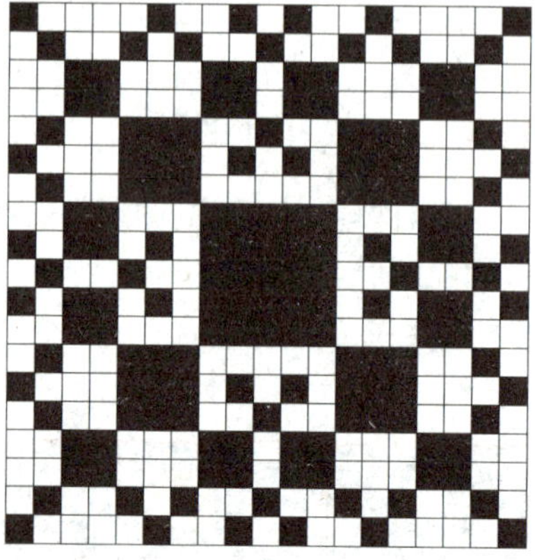

第 4 次分割 1，1，2，3，5…

下面的题目是以斐波纳契序列为基础的。斐波纳契序列是以发明它的意大利数学家李奥纳多·斐波纳契（1170~1250）的名字命名的，它是一个无限数列，且数列中的后一个数字是前两个数字之和，如0，1，1，2，3，5，8…

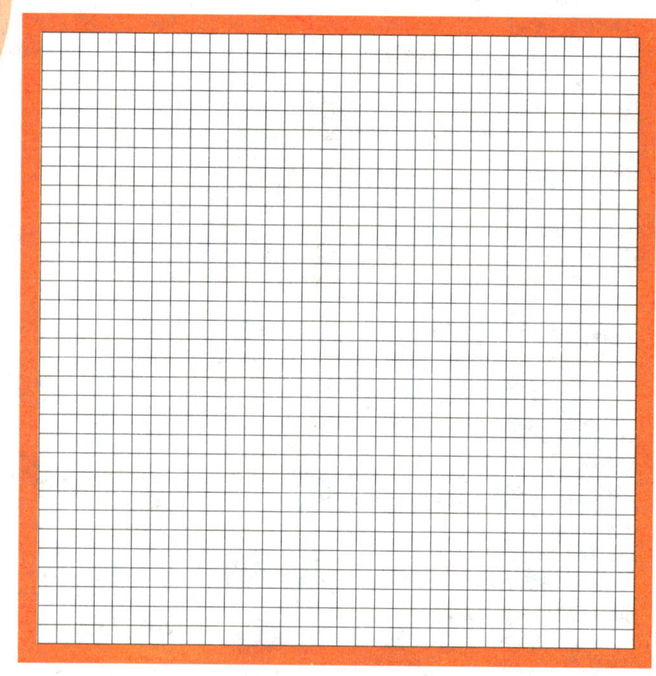

第 5 次分割

043 斐波纳契正方形（1）

已经画出了斐波纳契正方形的前4次分割。

按照同样的规律，你能不能画出第5次分割之后的图形？

044 斐波纳契正方形（2）

你能否算出第5次分割后黑色部分与整个大正方形的面积之比？

045 酒店的门

酒店的10扇门都关着，它们分别被标上1～10这10个序号。

一个清洁工走过来，将所有序号能被2整除的门都打开。

一个修理工走过来，将所有序号能被3整除的门打开或者关上（如果门是关着的就把它打开，如果门是打开的就把它关上）。

一个服务生走过来，将所有序号能被4整除的门都打开或关上。依此类推，直到所有门的状态都不能再被改变为止。

最后哪几扇门是关着的？

046 青蛙和王子

一个4×4的游戏板上随机放了16个双面方块。这些方块一面是青蛙，一面是王子。

这个游戏的目标就是使所有的方块都显示为同一面，即要么全部是青蛙，要么全部是王子。

翻动方块时要遵循一个简单的规则：每一次必须翻动一整横行、竖行或者斜行的方块（斜行也可以是很短的，比如游戏板一角的一个方块也可算作一个斜行）。

已经给出了两个游戏板，请问它们都可解吗？有没有简单的方法来确定一种结构是不是可解的呢？

题 1

题 2

047 色子家族

一个色子家族正在举行宴会，并且把它们祖先的照片挂在了墙上。来参加宴会的色子中，有一位是这个家族的客人，你能把它找出来吗？

如图所示的彩虹的连接方式是错误的

048 弯曲的彩虹

上图是18个2×1的长方形。

我们的任务是把这些长方形拼成一个完整的6×6的正方形，并且这个正方形中彩虹的4种颜色是连贯的。

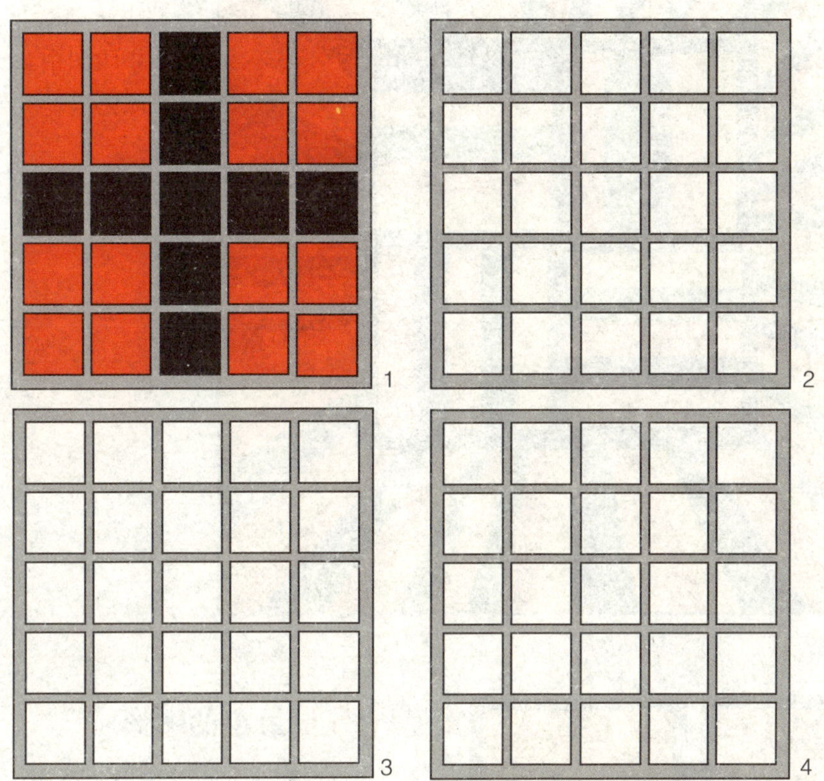

049 细胞变色

图案的变色遵循这样的规律：每次变色，每个格子的颜色都是由与它横向与纵向相邻的格子的颜色决定的。

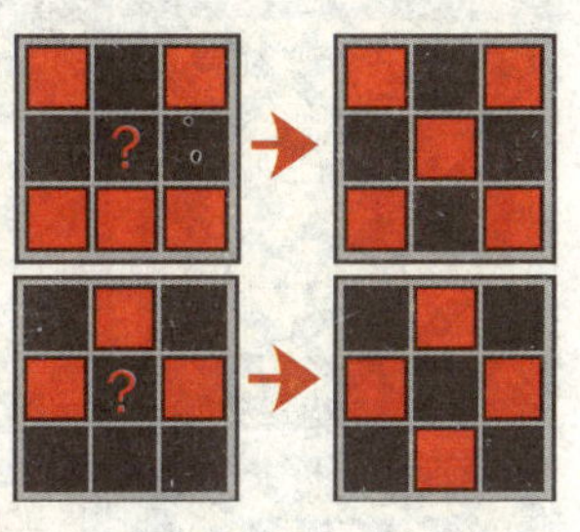

对于一个黑色格子来说，与它相邻的格子中黑色多于红色，那么这个格子将会变成红色；而如果与它相邻的格子中红色多于黑色，那么这个格子依旧保持黑色不变。对于一个红色格子来说，情况则完全相反，如果与它相邻的格子中红色格子居多，那么它将改变颜色；如果黑色居多，则颜色不变。对于相邻的格子红色和黑色相等的情况，这2种颜色的格子都分别保持原来的颜色不变。见所给出的示范。

上面的图形经过多少次变色之后就会重新变回到第2次变色之后的图形？

050 第一感觉

仅凭你的第一感觉，迅速找出外环的射线中跟图中4个正方形内的颜色顺序相同之处。

第一眼看上去很简单的题目实际上往往并不那么容易。

051 最小的图形

马蒂是一个艺术家，他的作品因能给人的视觉带来多样性而备受推崇。

请问马蒂在这6幅图中使用了多少种基本图形？

最复杂的图案往往是由最简单的图形所组成的。下次你看到一个看起来很复杂的图案时数数里面所用到的图形的个数，你肯定会对结果感到无比惊奇的。

052 八皇后问题

在棋盘上摆放8个皇后，而且这些皇后不能相互攻击（即这8个皇后中的任意两个不能在同一行、同一列或同一对角线上），请问应该如何摆放？

与国际象棋的摆放有关的问题多年以来一直是喜欢研究难题的人的最爱。八皇后问题就是这类问题中的一个经典。

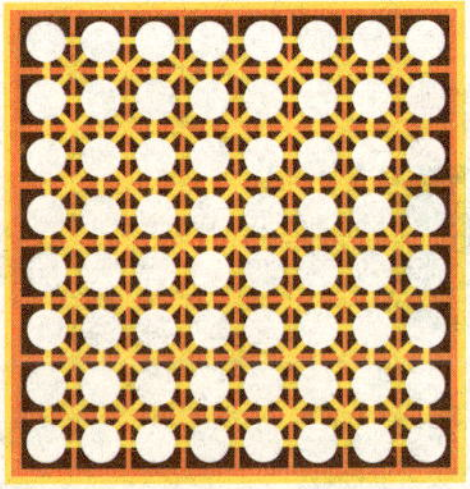

一共有12种不同的摆放方法。你能找出几种？

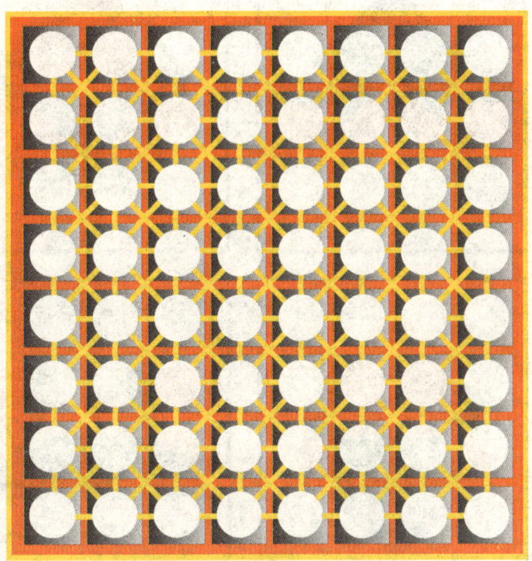

1 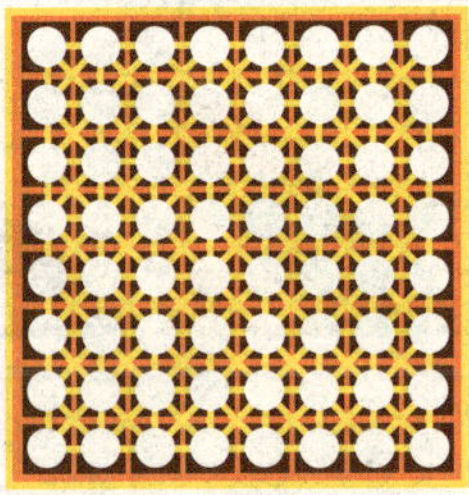 2 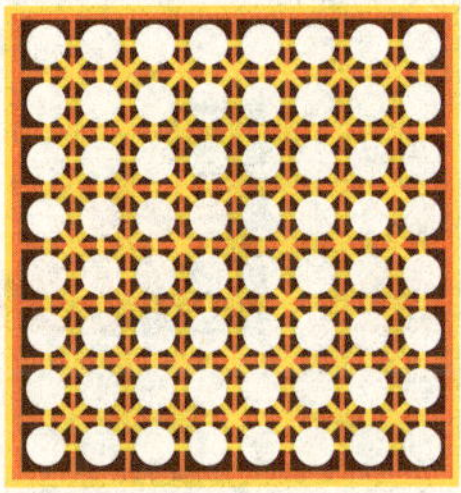 3

4  5  6

7 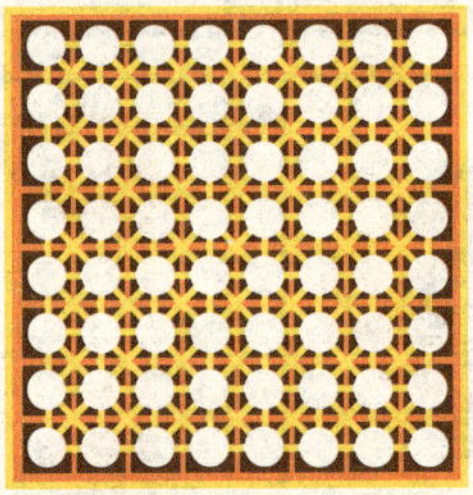 8  9

10 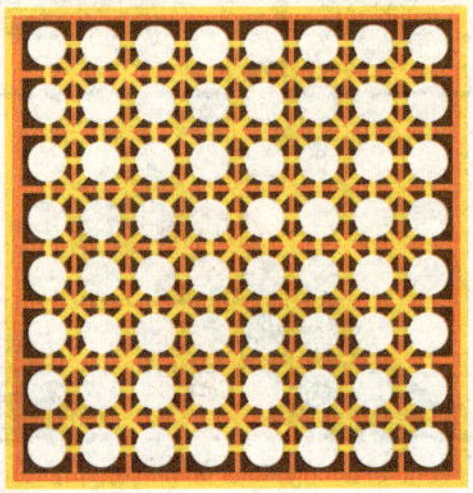 11 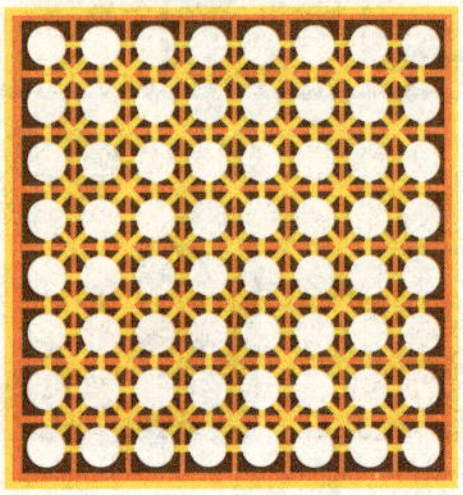 12

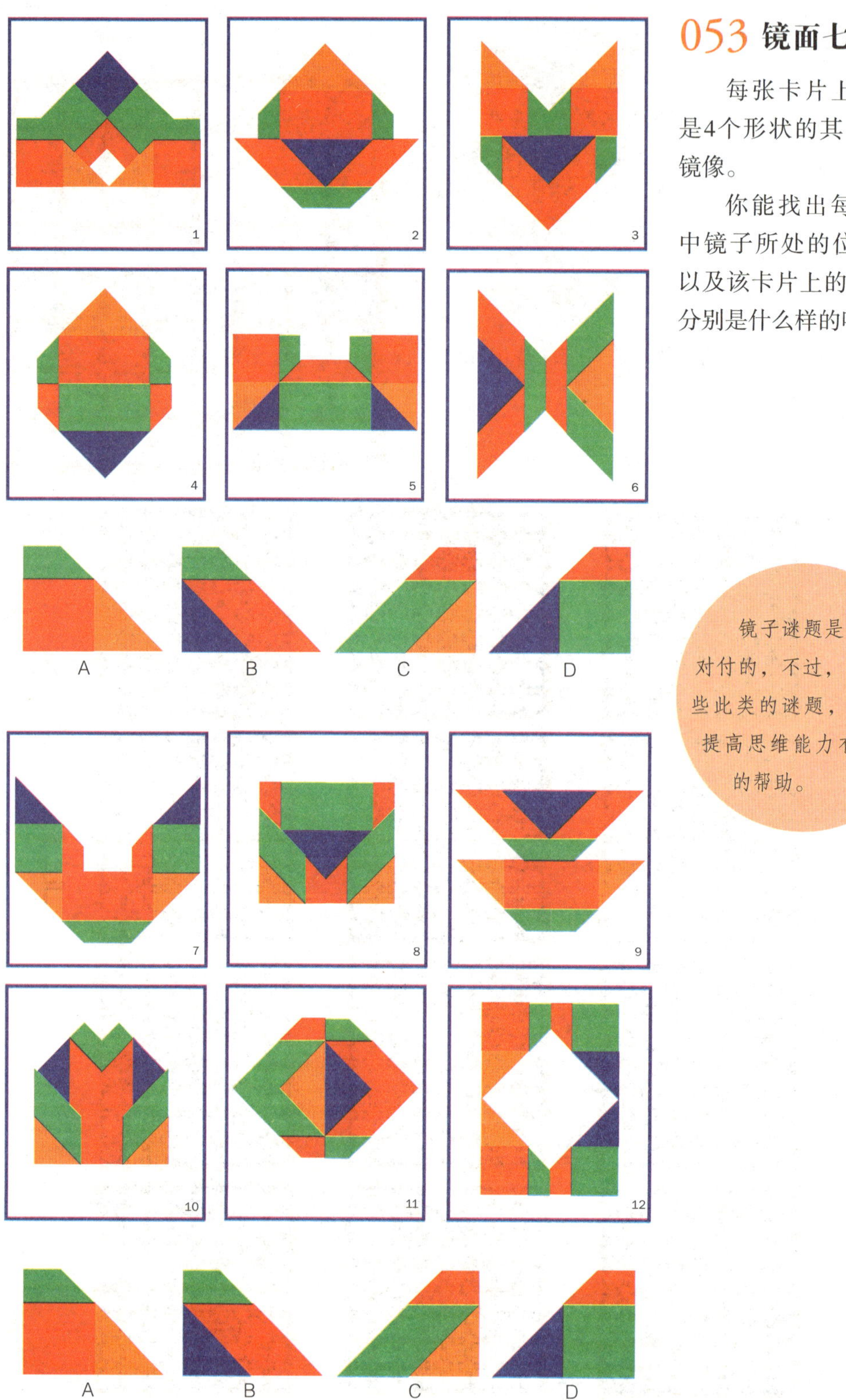

053 镜面七巧板

每张卡片上描绘的是4个形状的其中2个的镜像。

你能找出每张卡片中镜子所处的位置吗？以及该卡片上的2个形状分别是什么样的吗？

镜子谜题是够难对付的，不过，多做一些此类的谜题，将对你提高思维能力有很大的帮助。

054 锯齿形彩路

这8个棋子的每一条边都包含6种颜色。你能分辨出棋子经过旋转后（不改变它们在游戏板上的位置），哪种颜色能形成一条封闭的环形线路？

055 三角形片

只要由相同数量的等腰直角三角形所组成的多边形，若其形状一致就视为一种多边形。

单个等腰直角三角形只能组成1种多边形，2个等腰直角三角形则能组成3种多边形，3个等腰直角三角形能组成4种多边形（如下图所示）。

你能算出由4个等腰直角三角形组成的多边形有几种吗？

056 三阶拉丁方

你能将这些色块分配到网格中并使得每一种颜色在任何一行或列中仅仅出现一次吗？有12种不同的三阶拉丁方。你能把它们都找出来吗？

1 2 3 4 5

6 7 8 9 10

11 12 13 14 15

16 17 18 19 20

21 22 23 24 25

26 27 28 29 30

057 图案速配

试试看，用最快的速度从下一页上分别找出与本页的30幅图完全相同的图案。

1	2	3	4	5
6	7	8	9	10
11	12	13	14	15
16	17	18	19	20
21	22	23	24	25
26	27	28	29	30

058 等积异型魔方（1）

复制并裁下所给出的6个图片。将它们重新组合成一个魔方，每一行、列都有6种不同的颜色。想要尝试更大的挑战吗？那就不要将图片裁下，尝试心算解题。

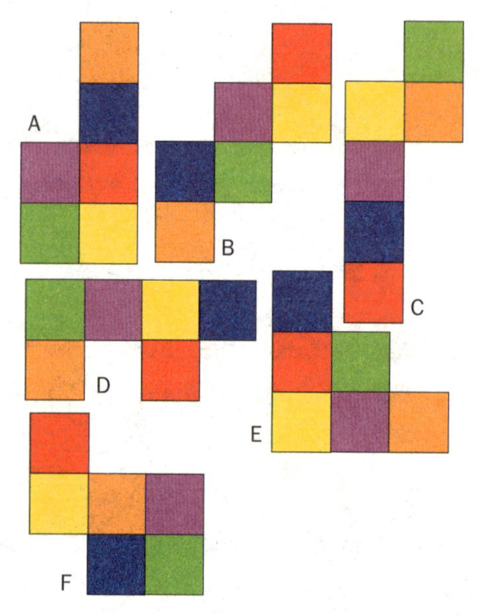

059 等积异型魔方（2）

你能将这7个图片重新组合成一个魔方，每一行、列都有7种不同的颜色吗？

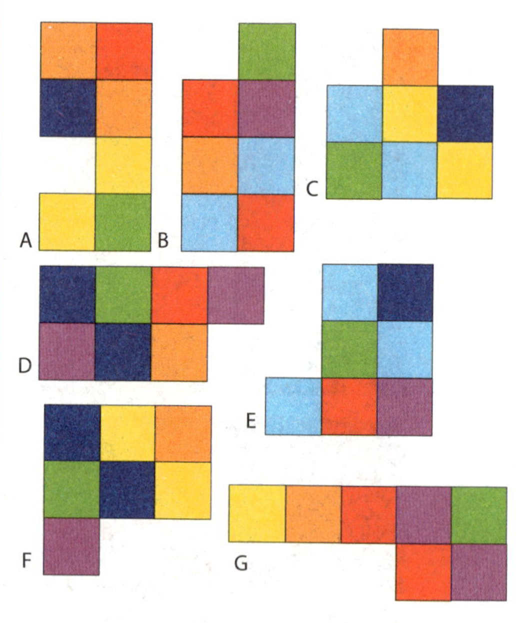

060 不完整正方形的个数

右图是若干个全等正方形不规则地排列在白色的桌面上，但是在这些正方形上面铺了一张有镂空图案的白色桌布，把很多正方形都部分地覆盖住了。

现在看着这幅图，请问你还能数出桌子上正方形的个数吗？

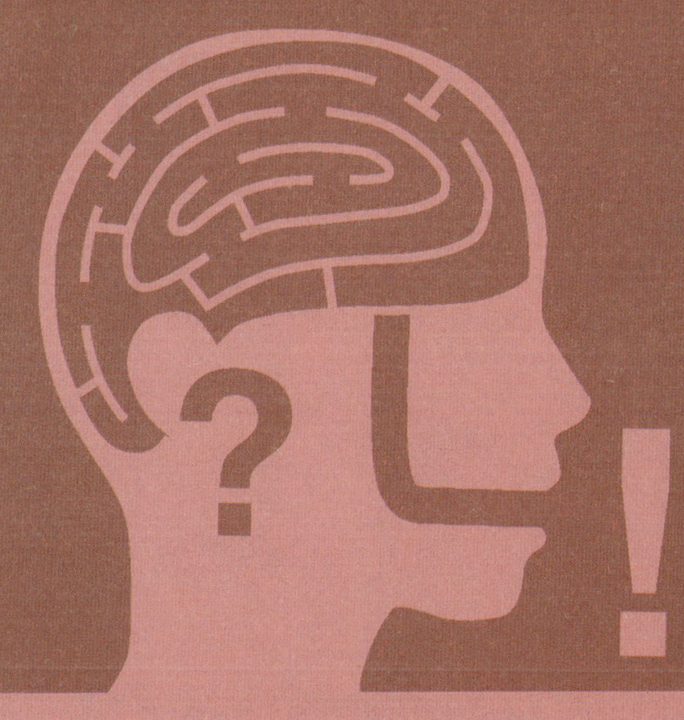

第四章 增强逻辑力

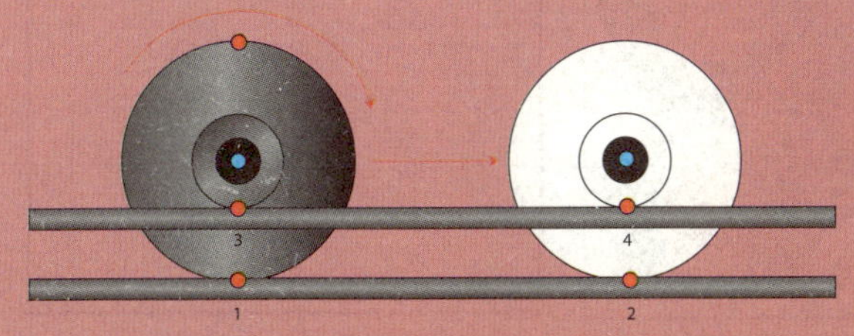

001 4个“4”

游戏的规则是将数字4使用4次，通过简单的加减乘除将尽可能多的数展开。允许使用括号。

例如：

1 = 44/44

2 = 4/4 + 4/4

用这种方式可以将数字1～10都展开。

如果允许使用平方根，你可以将数字11～20都展开，这中间只有一个无解。

很多有趣和具有挑战性的思维游戏所运用的都是最简单的加减乘除，这道题就是如此。

1 = 44/44
2 = 4/4 + 4/4
3 =
4 =
5 =
6 =
7 =
8 =
9 =
10 =
11 =
12 =
13 =
14 =
15 =
16 =
17 =
18 =
19 =
20 =

002 半规则的正多边形镶嵌

半规则的正多边形镶嵌指的是这样的镶嵌：两种或多种正多边形被用来铺满一个平面，使得同一种图形包围另一种图形的顶点，用数学术语来说，即使得每一个顶角都相等。

你知道有多少种半规则的正多边形镶嵌吗？

这可以用一种简单的符号来表示。如图所示，这里的{3，3，3，3，6}是指在每一个顶点处有4个三角形和1个六边形按照顺时针方向排列。

要回答上面的问题需要进行一个系统的分析。我们必须找出哪几种正多边形的组合正好填满一个顶点周围的360°（请参照右边的表格），能够这样结合的角的组合称为“顶点图”。这是组成任何多边形镶嵌的基本条件，但是仅仅只有它是不够的。这其中只有一些组合可以被用来铺满整个平面。

这里已经给出了1种情况。你能找出另外7种吗？

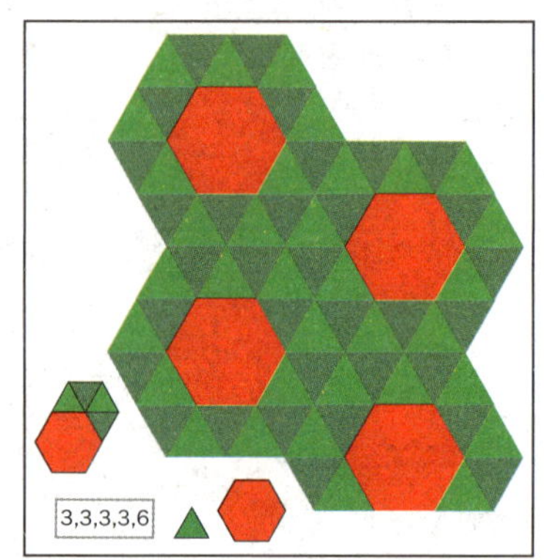

多面体的内角

正多面体的内角等于（单位为度）：

$$180(n-2)/n$$

多面体的边数	内角度数
3	60
4	90
5	108
6	120
7	128.57
8	135
9	140
10	144
12	150
15	156
18	160
20	162
24	165
42	171.43

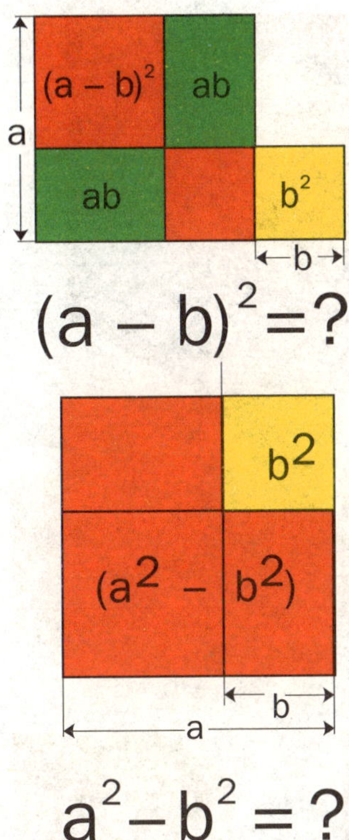

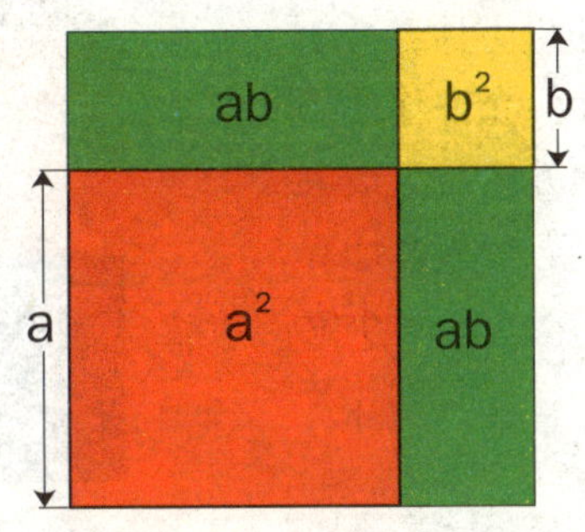

$(a+b)^2=?$

003 代数学

我们通常认为代数就是很抽象的，但是不要忘了数学的起源是有着非常实际和直接的原因的——例如划分土地。

你能否通过上面的几何图形解出这几个简单的代数式？

004 对角线的长度（1）

这个小男孩在玩4个全等的大立方体。

他只用一个直尺，能否量出立方体对角线的长度？

005 对角线的长度（2）

你能否算出一个由8个小立方体黏合而成的大立方体的对角线长度？允许你使用单独的小立方体（每个小立方体与组成大立方体的小立方体大小相等）作为计算的辅助工具。你需要多少个这样的小立方体？

006 机会平衡

如图所示，请问有多少种方法可以将这5个重物放在天平上，并且保证天平处于平衡状态？

记住：一个重物离天平的支点越远，它对天平施加的力就越大。因此在图中标号2处的重物对天平施加的力是图中标号1处的2倍。

如果你将这5个重物随机地放在天平上，天平正好保持平衡的概率是多少？

007 加减

从下面的竖式里去掉9个数字，使得该竖式的结果为1111。

应该去掉哪9个数字呢？

008 类似的数列

一个有趣的数列的前8个数如下图所示。

请问你能否写出该数列的第9个数和第10个数？

序数	数
1	1
2	11
3	21
4	1211
5	111221
6	312211
7	13112221
8	1113213211
9	?
10	?

009 立方体上色

8个小立方体组成了一个2×2×2的大立方体。

请你给这个大立方体表面的24个小正方形上色，使得每两个共一条边的小正方形的颜色都不相同。

最少需要多少种颜色？

010 连续整数（1）

天平上放着3个重物，这3个重物的重量为3个连续的整数，它们的总和为54克。问这3个重物分别重多少？

011 连续整数（2）

天平上放着4个重物，这4个重物的重量为4个连续的整数，它们的总和为90克。问这4个重物分别重多少？

012 数学式子

只凭直觉，你能否将黑板上的7个数学式子按照从大到小的顺序排列？

013 整除（1）

可以被下面的所有数整除的最小的数是多少?

1 2 3 4 5 6 7 8 9

348926128

845386720

457873804

567467334

895623724

014 整除（2）

只看一眼，你能否告诉我们左边的这5个数哪些可以被4和8整除?

015 总数游戏（1）

两个游戏者轮流将从1开始的连续整数写在两栏中的任意一栏。

每次放进某一栏的数字不能等于这一栏中已经有的两个数字之和。不能继续放数字的游戏者为输家。

在这盘示范游戏中，游戏者2（红色数字代表的）为输家，因为他不能把8放进任意一栏。

栏数 1	栏数 2
1	3
2	5
4	6
7	

在第1栏中：1+7=8；

在第2栏中：3+5=8。

你能否找到一种方法使得其中一个游戏者每次都赢?

016 总数游戏（2）

这个游戏最长可以进行到数字几?

017 3×3立方体的组合问题

有许多关于三维空间的难题：把相同的积木放进指定的空间内。

这是三维空间问题中最简单的一个关于不相同的积木的问题，如图所示。要求把这些积木拼成一个3×3立方体。这看起来简单，但是答案却是很难找的，会使你有挫败感。

用纸板或胶合层木（一种建筑材料）拼成一个满足题目要求的立方体很容易。我们的努力将会很值得，因为这个难题一定会成为我们的谈资。

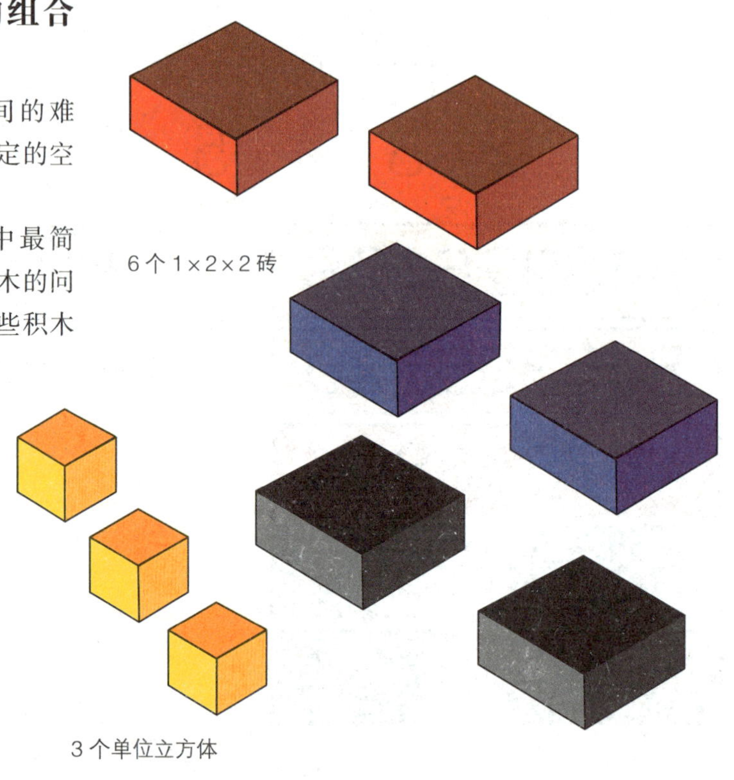

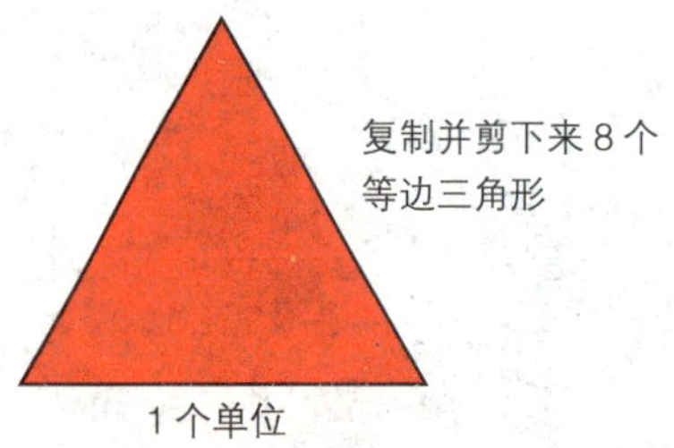

018 把三角形放进正方形（1）

可以放入5个等边三角形（边长为1个单位长度）的最小正方形的边长是多少？

019 把三角形放进正方形（2）

可以放入7个等边三角形（边长为1个单位长度）的最小正方形的边长是多少？

020 把三角形放进正方形（3）

可以放入8个等边三角形（边长为1个单位长度）的最小正方形的边长是多少？

021 被拴起来的狗

菲多被人用一条长绳拴在了树上。拴它的绳子可以到达距离树10米远的地方。

它的骨头离它所在的地方有22米。当它饿了，就可以轻松地吃到骨头。

它是怎么做到的？

也许最复杂的组合问题是把一个打碎的玻璃碎片重新拼起来。然而，这里的组合问题一定会更有趣（而且不危险）。

022 毕达哥拉斯正方形

你可以把这12个图形重新拼成一个完整的正方形吗？

023 消失的正方形（1）

把这17个部分复制下来，并沿着黑色的线剪下来。

你把所有图片都拼在下一题的黑框里以后，把这道题拆开，并扔掉由绿色和黄色组成的正方形。

024 消失的正方形（2）

把剩下的部分重新拼在这个相同的黑框中，使它成为一个完整的正方形。

这听起来似乎不可能——但是它是可能的。

那个本来属于小正方形的空间去哪里了？

025 3个色子

掷3个色子可以有多少种方式？

3个色子的总点数可以从3到18。那么你能算出总点数为7和10的概率吗？

很久以来，人们都认为掷3个色子只有56种方法。人们没有意识到组合与排列之间的区别，他们只数了这3个色子的组合方法，却没有意识到要计算精确的概率必须要考虑到3个色子的不同排列。

026 色子

现在来解决我们在前面提到的色子问题：

1. 掷1个色子，掷4次，至少掷到一次“6”的概率是多少？

2. 掷2个色子，掷24次，至少掷到一个双“6”的概率是多少？

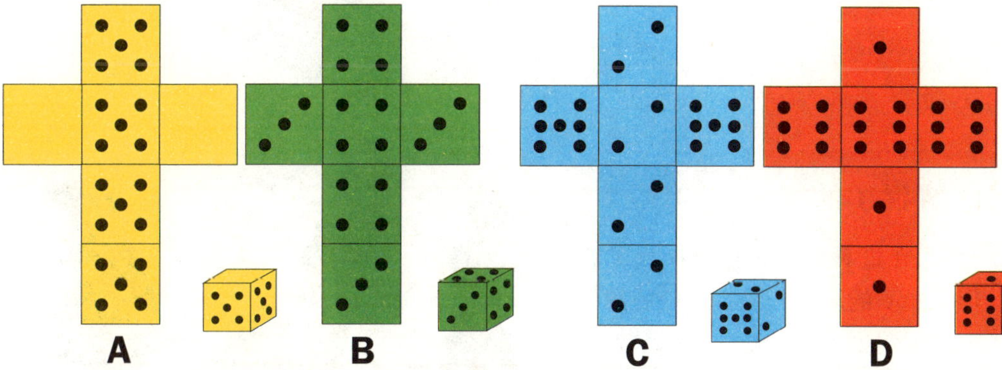

---

4 个非传递的色子的平面展开图

027 非传递的色子

一组4个色子如图所示。

让你的同伴选择其中一个，你选择另一个。两人轮流掷色子，掷到点数高的一方获胜。

那么要怎样选择色子，才能在玩很多轮的情况下保证赢的次数最多呢？

028 灌铅色子

怎样才能迅速地辨别灌铅色子呢？

029 滚动色子

使色子的一面与棋盘格的大小相等，然后将色子滚动到邻近的棋盘格，那么每移动一次，色子朝上那一面的数字就会变化。

如图所示，一个色子放在棋盘格的中央，要求滚动6次色子，每次滚动一面，使得它最后落在图中红色的格子里，并且色子的“6”朝上。

030 弄混了的帽子（1）

3个人在进餐馆时将帽子存在了衣帽间，但是粗心的工作人员将他们的号牌弄混了。等他们出来时，至少有一个人拿到的是自己的帽子的概率是多少？

031 弄混了的帽子（2）

条件同030题，如果是6个人呢？

032 色子的总点数（1）

当被问到应该怎样计算掷一对色子正好掷到一个规定的总点数的概率时，很多人根本不知道应该怎么做。如果想象这两个色子是不同颜色的，这道题可能会更容易一些。

伟大的数学家和哲学家莱布尼茨认为，掷一对色子总点数掷到11和掷到12的概率应该是相等的，因为他认为这2个数都只有一种组合方法（5和6组成11，一对6组成12）。你能说出他错在哪里吗？

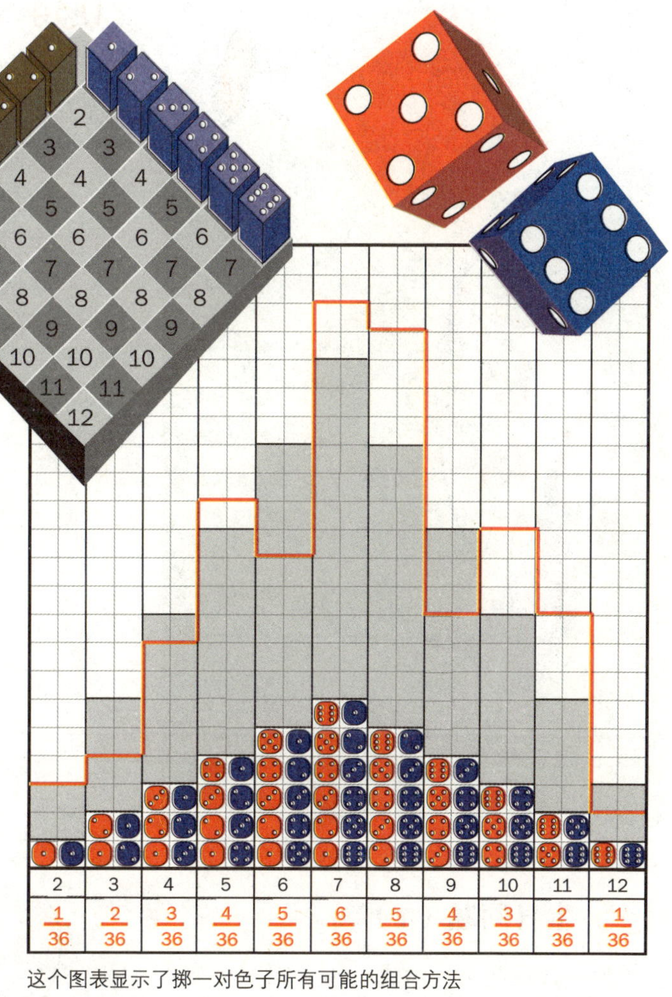

这个图表显示了掷一对色子所有可能的组合方法

033 色子的总点数（2）

掷一对色子。掷到总点数为偶数的概率为多少？掷到总点数为偶数和奇数的概率相等吗？

我们知道总点数可以是2到12这几个数字。根据所给出的图表，你能算出掷到总点数为偶数和奇数分别有多少种情况吗？

总点数从2到12，这2个色子不同的组合可以全部表示在一张图表里面。这个结果所显示的分布情况接近于著名的正态分布，或者叫高斯曲线。

我们知道某种事件发生的概率为50对50，也就是说，一半的情况它会发生。但是很少有人会意识到平均接近于50%，这是在大量的事件的基础上才得到的。

这个事件要发生多少次，其结果才会接近概率学的预测呢？

你可以自己动手来做一个小小的实验（这需要耐心）。

将一对色子掷108次（3 × 36），然后将你得到的结果与图表中的概率预测进行比较：其中内侧的图（色子所在的部分）是掷36次得到的结果，外侧的图是掷108次得到的结果。

每掷完一次就将相应柱形图里的格子涂色。你会发现即使是这样一个相对小的次数，其结果还是接近于概率论的预测。图表中红色实线部分是作者自己实验后的结果。

034 射击

3个射手轮流射一个靶。但他们可不是什么射击能手。

艾丽丝射5次会中2次。

鲍勃射5次会中2次。

卡门射10次会中3次。

请问在一轮中他们至少有一个人射中靶子的概率是多少？

035 生日问题（1）

随机选择几个人组成一组，问至少要多少人，才可以使这个组里面至少有2个人生日相同的概率大于50%？

036 生日问题（2）

选择一些人与你组成一组，问至少需要多少人，才可以使他们中至少有1个人跟你的生日相同的概率大于50%？

有些人在思考的时候喜欢走来走去，希望这个题目不要让你团团转哦。

037 随机走步

反复掷一枚硬币。

如果出现的是正面，上图中的人就向右走一格；如果是反面，则向左走一格。

掷硬币很多次以后，比如36次之后，你能够猜到这个人离起点多远吗？

你能说出这个人最后会回到起点的概率（假设他一直走）吗？

038 幸运的嘉年华转盘

玩这个游戏先要交10美元，然后选择一个转盘，转动指针，指针指向的数字就是你赢到的钱数。

最好选择哪个转盘呢？

039 掷3枚硬币

掷3枚硬币，它们全部为正面或者全部为反面的概率是多少呢？下面的分析对吗？

掷3枚硬币，至少有2枚的结果一定会相同，因此也就取决于第3枚的结果，第3枚不是正面就是反面，因此这道题的答案应该是1/2，对吗？

040 掷色子

你的朋友掷1次色子，然后你再掷1次。

你掷的点数比你的朋友高的概率是多少？

041 掷硬币

图中的这位女士将一枚硬币连掷5次，一共会出现多少种可能的结果？

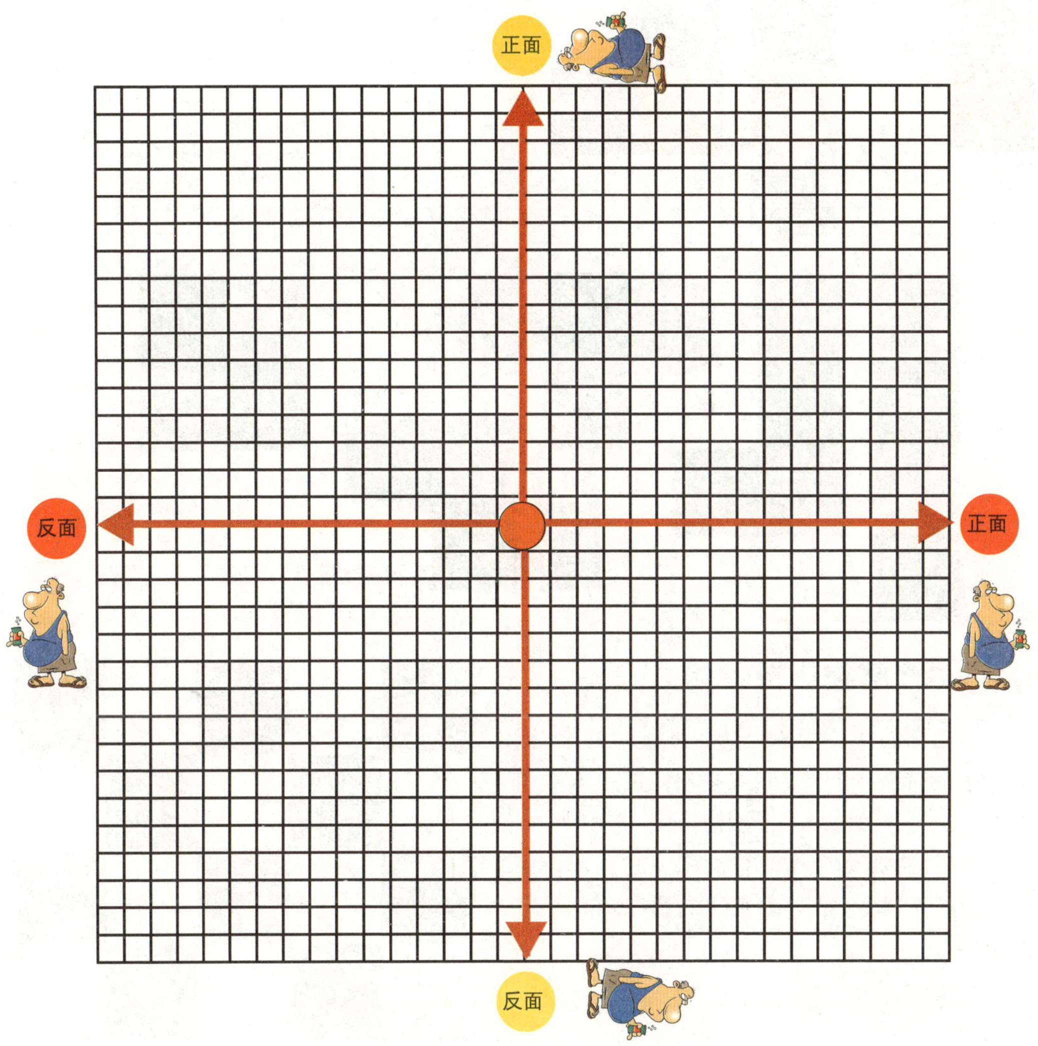

042 醉汉走步

如图所示，以上面这个矩形方阵的中心作为起点，掷2枚硬币（1枚红色1枚黄色）来决定醉汉的走步。每掷一次，醉汉向上或向下走一步，然后向左或向右走一步。

这是最简单的无规则运动，与布朗运动（液体或气体分子受到其他方向分子的撞击而不停地做无规则运动）的解释非常类似。

请问掷这两枚硬币100次以后，这个醉汉的位置在哪里呢？

你能否同时猜一下醉汉回到起点的概率？

醉汉只能在这个矩形方阵里面走步，不能走到外面去。如果走到了边缘，忽视所有使他向外走的投币，重新掷硬币，直到他可以重新向里走为止。

043 8个多格拼板（1）

如上图所示，有8个多格拼板，其中有1个多米诺拼板（即由2个大小相同的正方形组成）、2个三格拼板和5个四格拼板。

这后5个四格拼板的总面积为20个单位面积。请问你能将它们正好放进右边 4×5的长方形中吗？

4 × 5 长方形

4 ×7 长方形

044 8个多格拼板（2）

8个多格拼板的总面积为28个单位面积。请问你能将它们正好放进这个4×7的长方形中吗？

滑行方块游戏起源于日本，这个游戏有很多种变体。

045 滑行方块

上图是一个大型仓库的平面图。仓库里的货物箱用红色方块表示，仓库里的工作人员用蓝色方块表示。

我们的任务是要将所有的货物箱都推到图中最顶上的储物区。工作人员只能自己来推动箱子，可以横向或者纵向推动箱子，但是不能斜向推动。一次只能推动一个箱子。推一次看作一步，不管这一步有多远。如例子所示，右边工作人员推一个箱子用了2步。

解决这个问题一共需要多少步？

046 棋盘正方形

在一个象棋棋盘上一共有多少个正方形？你可能会想当然地说是64个。不要忘了，除了小的棋盘格以外，还有比它大的正方形。

你能说出这个棋盘上正方形的总数吗？

你能找到一种计算大正方形（边长包含n个单位正方形）里所含的所有正方形的个数的公式吗？

047 棋子

将16枚棋子放入游戏板中，使水平、竖直和斜向上均没有3枚棋子连成直线，你能做到吗？

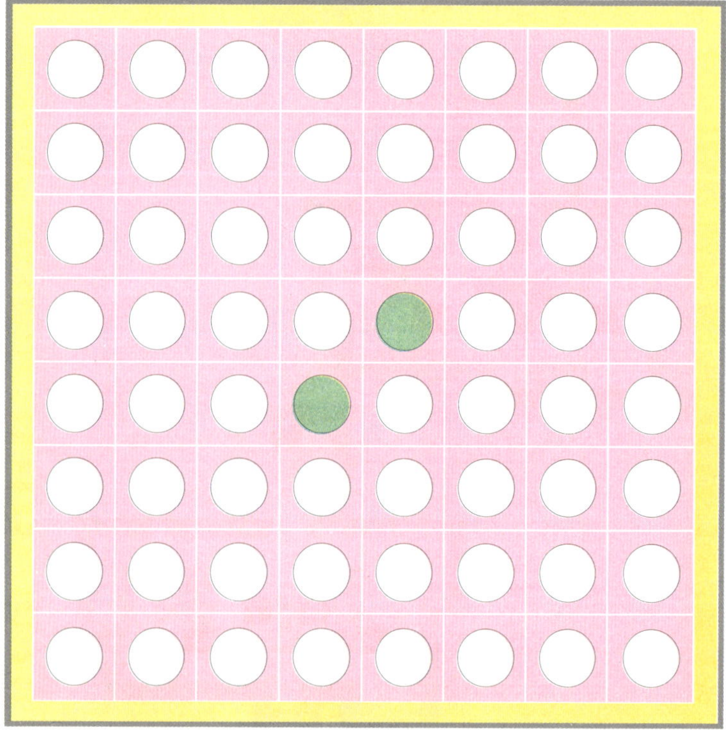

048 五格六边形（1）

5格正六边形有22种组合方法，如图所示。

你能否将这22个五格六边形全部放进下面的游戏板中去?

049 五格六边形（2）

2个玩家可以轮流将这些五格六边形放进游戏板里，最先不能放进去的玩家即为输家。

五格六边形游戏板

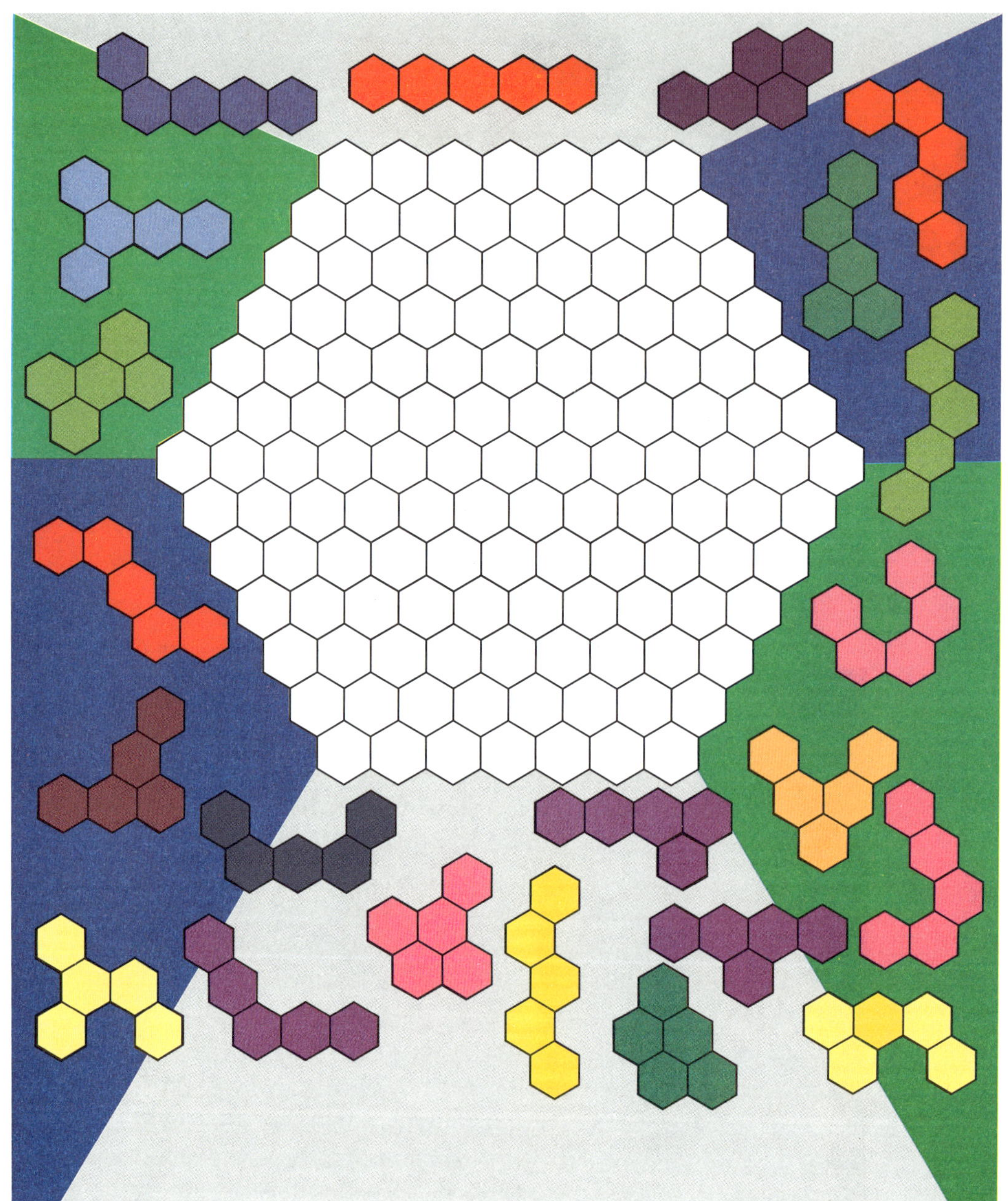

050 五格六边形（3）

2个玩家将22个五格六边形轮流放到一个六边形的游戏板上面——这个游戏是根据皮埃特·海因的著名的Hex游戏设计的。

2个玩家轮流在游戏板上放一个五格六边形，游戏目标是要用这些五格六边形将游戏板上颜色相同的2个区域连接起来。比如，把2个绿色或者2个蓝色区域连接起来。最先完成的玩家获胜。

051 多米诺骨牌

有人在砌一堵墙。你能替他完成这项工作，把剩下的7张多米诺骨牌插入相应的位置吗？但是要记住，每一行中要包括6组不同的点数，而且这些点数相加的和要与每行右侧的数值相等；每一列也要包括3组不同的点数，且这些点数相加的和也要与底部的数值相等。

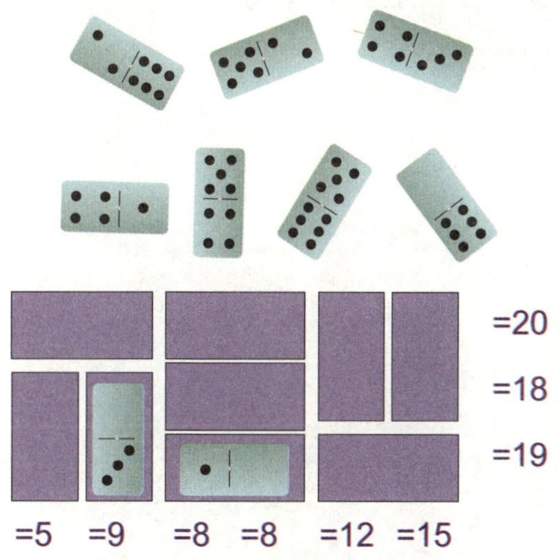

052 父亲和儿子

父亲和儿子的年龄个位和十位上的数字正好颠倒，而且他们之间相差27岁。

请问父亲和儿子分别多大？

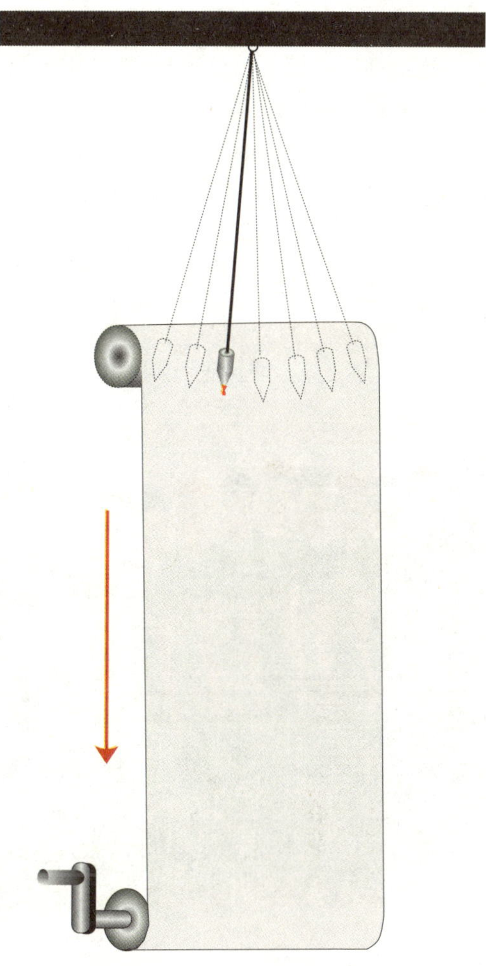

053 简谐运动

如图所示，在一个摆锤上安装一支笔，使其在摆动过程中在前进的纸上画出它的运动轨迹。最终我们将会得到一条曲线。

你能够在结果出来之前就说出这条曲线是什么样子的吗？

054 睡莲

一个小池塘里的睡莲每天以2倍的速度增长。如果池塘里只有1朵睡莲，那么需要60天睡莲才会长满一池塘。

按照这个速度，如果池塘里有2朵睡莲，那么多少天之后睡莲会长满池塘？

055 战俘的帽子

第二次世界大战中，一个战俘营里有100名战俘。战俘营的看守准备将他们全部枪毙，司令官同意了，但是他又增加了一个条件：他将向这些战俘提一个问题，答不出来的将被枪毙，答出来的则可以幸免。

他把所有的战俘集合起来，说：

“我本来想把你们全部枪毙，不过为了公平起见，我准备给你们最后一次机会。一会儿你们会被带到食堂。我在一个箱子里为你们准备了相同数量的红色帽子和黑色帽子。你们一个接一个地走出去，出去的时候会有人随机给你们每人戴上一顶帽子，但是你们谁都看不到自己帽子的颜色，只能看到其他人的，你们要站成一列，然后每一个人都要说出自己戴的帽子是什么颜色。答对的人将会被释放，答错了，就要被枪毙。”

之后，每一个战俘都戴上了帽子，现在请问，战俘们怎样做才能逃脱这场灾难呢？

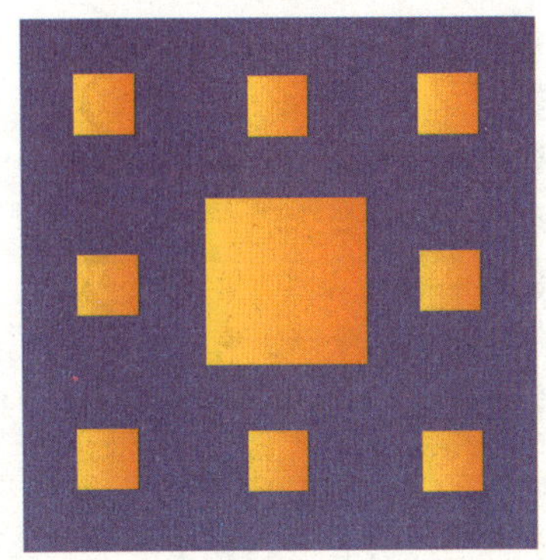

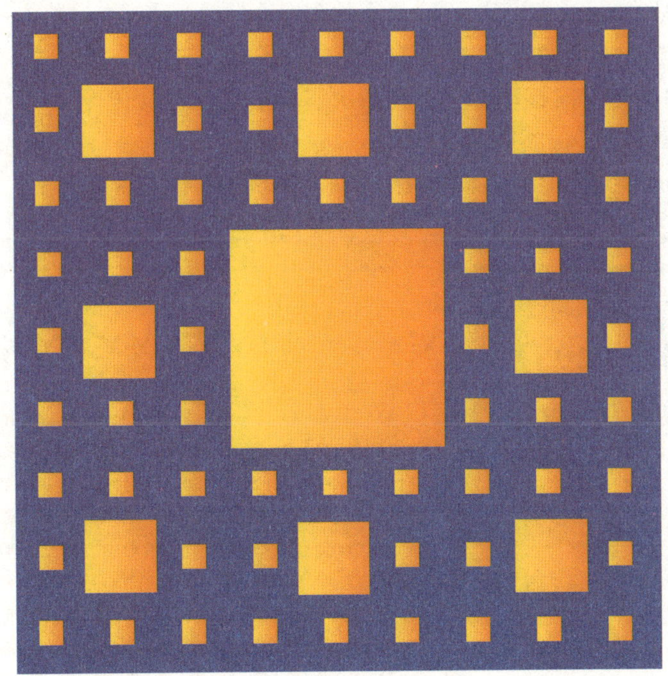

056 正方形里的正方形

将一个正方形的每条边都三等分，就可以得到9个小正方形，如图所示。将最中间的小正方形涂成黄色。接下来将剩余的8个蓝色小正方形用同样的方法分别分成9个更小的正方形，将中间的小正方形也分别涂成黄色。

如果无限重复这个过程，最后黄色部分的面积与最初的蓝色正方形的面积之间有怎样的关系？

终点
4
3
2
1
起点

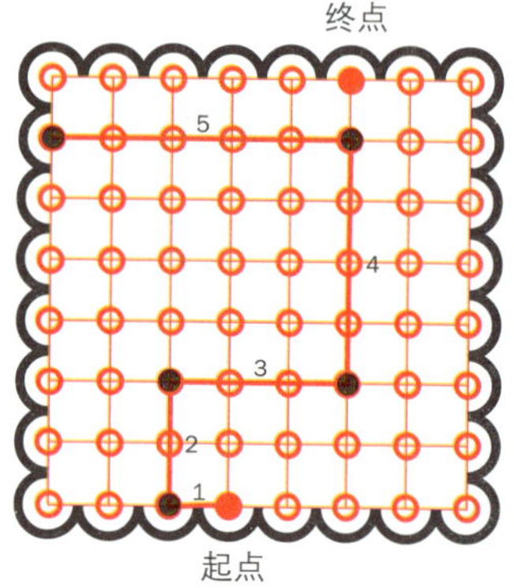

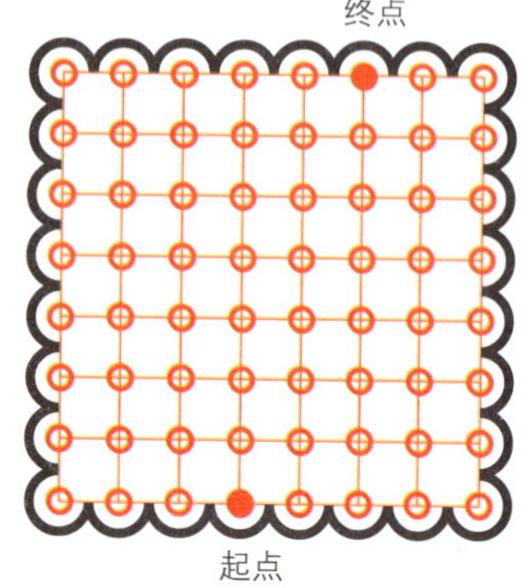

057 最长路线（1）

在这个游戏里，需要通过连续的移动从起点到达终点，移动时按照每次移动1，2，3，4，5，…个格子的顺序，最后一步必须正好到达终点。

必须是横向或是纵向移动，只有在两次移动中间才可以转弯，路线不可以交叉。

上面分别是连续走完4步和5步之后到达终点的例子。你能做出右上角的题吗?

很多路线游戏都必须经过很多次的回旋才能最后到达终点。你能够根据题目要求完成任务吗?

058 最长路线（2）

条件同057题，你能做出这道题吗?

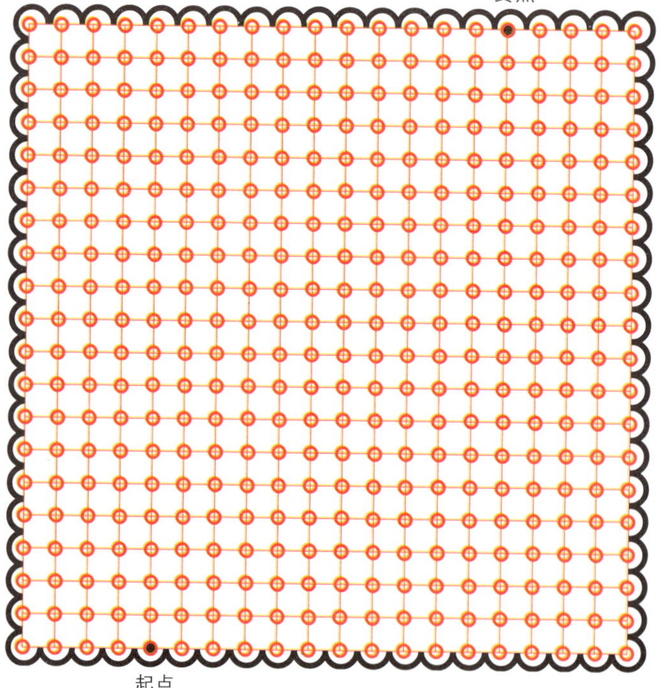

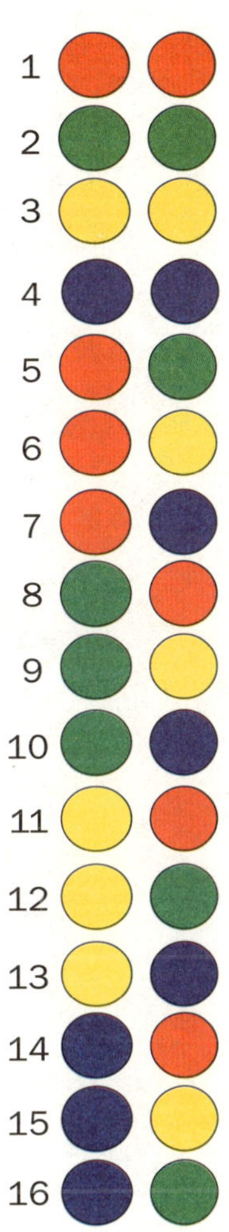

059 成对的珠子

现在你有4种颜色的珠子，要求你将这些珠子串成一条项链，使你无论沿着顺时针方向还是逆时针方向，右图所示的16种珠子组合都会在项链上出现一次。

上图的项链是由32颗珠子组成的，但是你会发现在这条项链上16对珠子组合中的好几对都出现了不止一次。现在的问题是，满足条件的项链最少应该由多少颗珠子组成？

060 二进制图形

如右图所示，4×4的正方形分别被涂上了黑色和白色。

现在的任务是通过下面的规则将正方形中所有黑色的格子都变成白色：

你每次可以选择任一横行或者竖行，将该行的所有格子都变色（全部变成黑色格子或全部变成白色格子），不限次数。

1 2 3 4

1
2
3
4

请问用这种方法将所有黑色格子全部变成白色格子最少需要变多少次？

061 皇后进攻（1）

请问在一个8×8的棋盘上最少需要摆放几个皇后，才能使每一个棋盘格都能够至少被一个皇后一步进入（包括摆放皇后的那几个棋盘格）？

如果棋盘上只有一个皇后，那么它的各种走法你绝对不会忘记。而如果有多个皇后分散在棋盘上呢？情况就开始变得越来越复杂了。

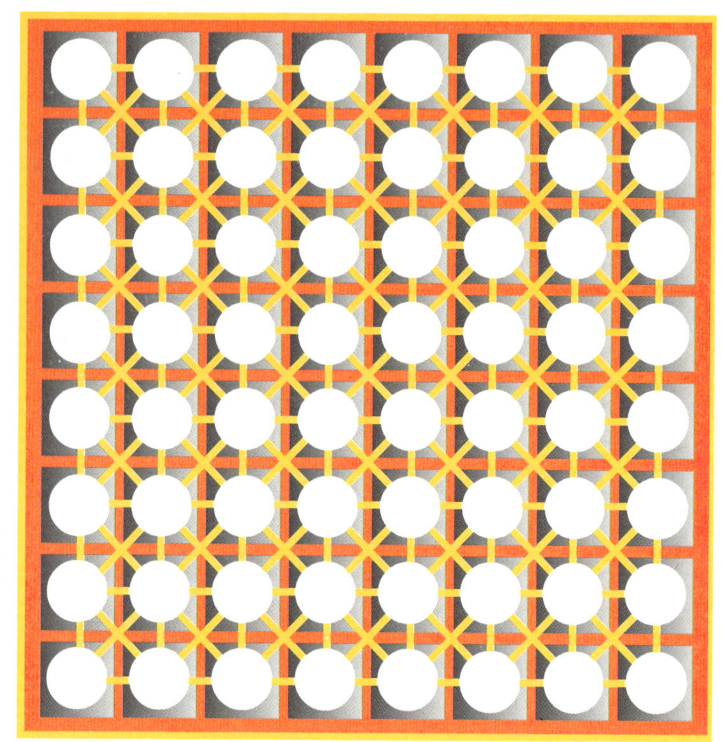

062 皇后进攻（2）

请问在一个11×11的棋盘上最少需要摆放多少个皇后，才能使每一个棋盘格都能够至少被一个皇后一步进入（不包括摆放皇后的那几个棋盘格）？

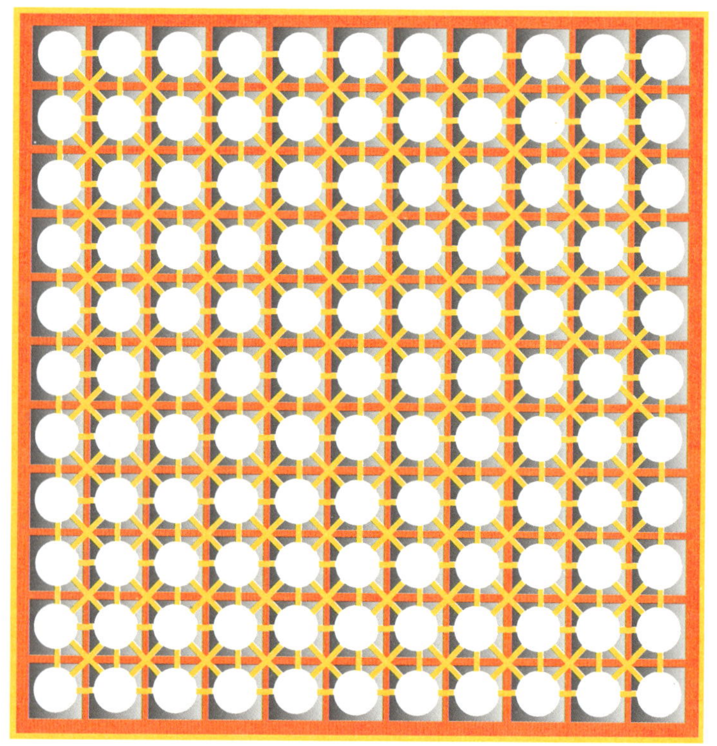

063 数字分拆

高德弗里·哈代和锡里尼哇沙·拉玛奴江共同研究了数字分拆问题，即将正整数n分拆成几个正整数一共有多少种方法？

比如，数字5就有7种不同的分拆方法，如下图所示。

现在请问你：数字6和10分别有多少种分拆方法？

5	=	5								
5	=	4	+	1						
5	=	3	+	2						
5	=	3	+	1	+	1				
5	=	2	+	2	+	1				
5	=	2	+	1	+	1	+	1		
5	=	1	+	1	+	1	+	1	+	1

064 象的共存

在右图的棋盘上最多可以摆放多少个象，使任意两个象之间都不能互吃？

上面的棋盘上摆放了12个象，请问你还能摆放更多的象吗？

065 3个小正方形网格

你能否将右边的格子图划分成8组，每组由3个小正方形组成，并且每组中3个数字的和相等？

9	5	1	6	8
1	3	5	4	8
5	7		3	4
8	2	7	6	2
5	6	4	2	9

加入颜色及花样可以说是一种增加魔方难度的方法。看你能否运用你的识图能力和数字技巧找到这个题目的解决方法。

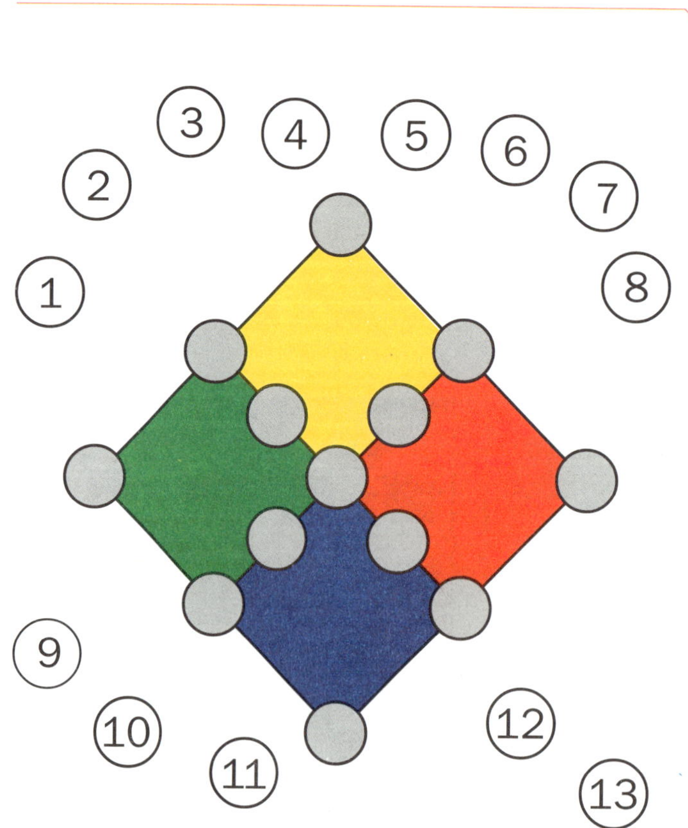

066 贝克魔方

你能将数字1到13填入图中的灰色圆圈中，使得每组围绕彩色方块的6个圆圈之和相等吗？

067 九宫图

将编号从1到9的棋子按一定的方式填入游戏中的9个小格中，使得每一行、每一列以及两条对角线上的和都分别相等。

1 2 3 4 5 6 7 8 9

魔方可能让你陷入魔力方块中不能自拔，而魔轮将会带你走进圆圈的迷雾。

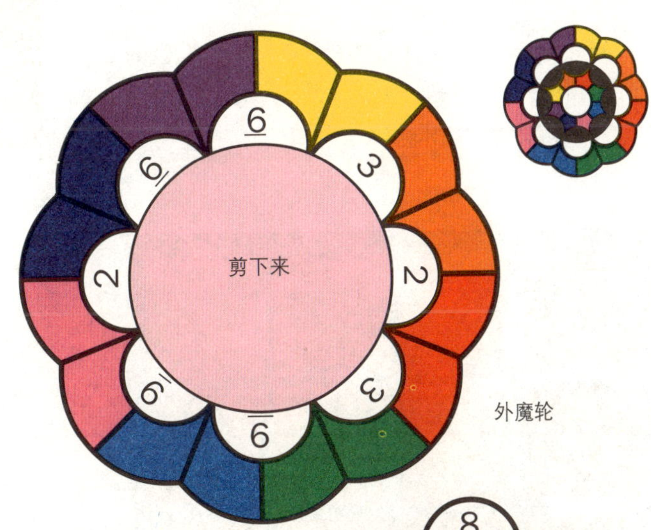

外魔轮

068 魔轮

谜题的目标是将2个魔轮以同心圆的方式咬合（结果如右上图）——必要时可以转动魔轮——使得任何一条直径上的数字和都相等。

复制这个图，将魔轮的2个部分（指2个较大的魔轮）剪出，并将内魔轮放在外魔轮上面；然后将内魔轮带数字的半圆纸片上下翻动并按要求计算，直到找到正确答案为止。

你也可以尝试用心算的方法解决。

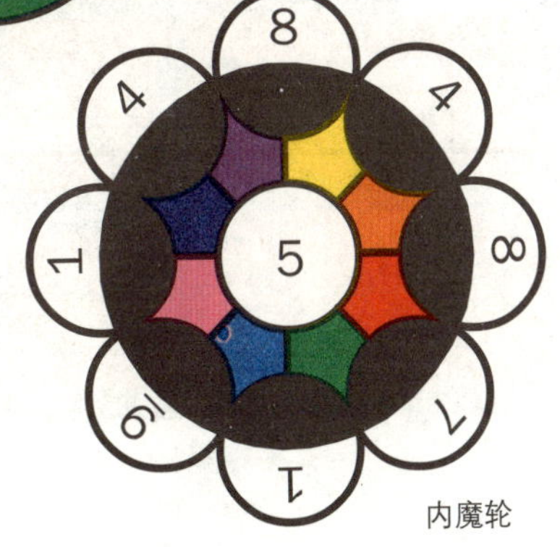

内魔轮

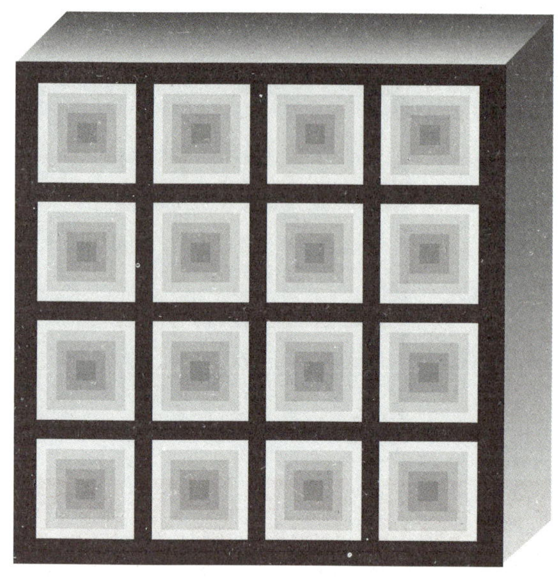

069 四阶魔方

将这些编号从1到16的棋子填入游戏纸板的16个方格内，使得每一行、列以及两条对角线上的和相等，且和（即魔数）为34。

070 沿铰链转动的双层魔方

沿着铰链翻动标有数字的方片会覆盖某些数字并翻出其他数字：每个方片背面的数字是和正面一样的，而在每个方片下面（即第2层魔方）的数字则是该方片原始数字的2倍。

如果要得到一个使得所有水平方向的行、垂直方向的列以及两条对角线上的和分别都等于总魔数的魔方，需要翻动多少方片和哪些方片？

双层魔方展现的是另一种思考数学问题的方法。但它同时也需要你双倍的努力来解决问题。

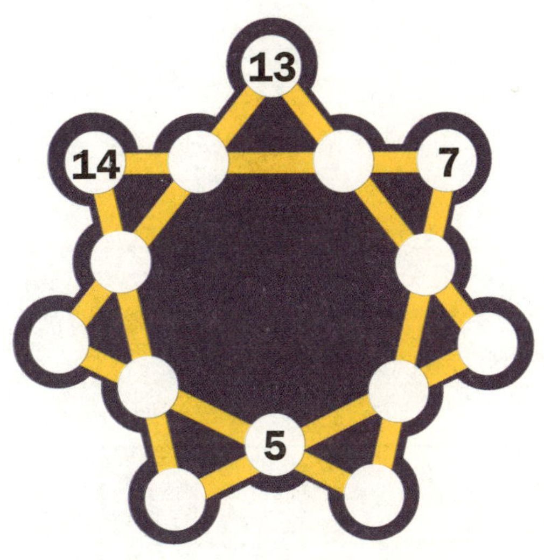

071 七角星魔方

你能将数字1到14填入上图的七角星圆圈内，使得每条直线上的数字之和为30吗？

52		4		20		36	
14	3	62	51	46	35	30	19
53		5		21		37	
11	6	59	54	43	38	27	22
55		7		23		39	
9	8	57	56	41	40	25	24
50		2		18		34	
16	1	64	49	48	33	32	17

072 八阶魔方

八阶魔方诞生于1750年，包含了从1到64的所有数字，并以每行、每列的和为260的方式进行排列。

你能填出缺失的数字吗？

> 当物体运动或者思想流动的过程产生连锁反应时，“多米诺效应”就出现了——只要推动一块多米诺骨牌，使它推倒下一块，再下一块，再下一块，再下一块……

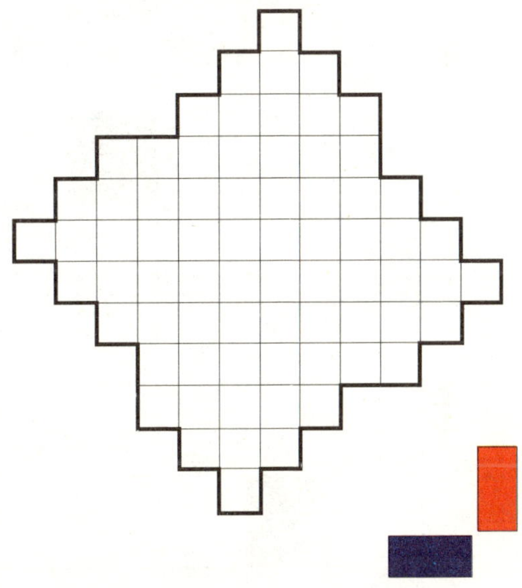

073 多米诺覆盖（1）

用1×2的长方形多米诺骨牌，你能完全覆盖上图的网格吗？

二人游戏

一个游戏者使用垂直的（红色）多米诺骨牌，另一个用水平的（蓝色）多米诺。玩家轮流在上图的网格上放置多米诺骨牌，谁无法放进骨牌谁就算输。

074 多米诺覆盖（2）

10×10的棋盘中有5个方块被删掉了。用1×2的长方形多米诺骨牌，你能完全覆盖右图所有没被删掉的网格吗？如果不能，你能完成多少？

二人游戏

一个游戏者使用垂直的（红色）多米诺骨牌，另一个用水平的（蓝色）多米诺骨牌。玩家轮流在上图的网格上放置多米诺骨牌，谁无法放进骨牌谁就算输。

075 彩色多米诺魔方

从一组28块多米诺骨牌中选出18块，创造一个六阶拉丁方。

要求在每一水平的行上和每一垂直的列上有6种不同的颜色（图中一共给出7种颜色）。

076 彩色多米诺环

你能用魔方中的28种颜色的骨牌制造出一个彩色多米诺环吗？必须要遵循传统多米诺骨牌的规则（也就是说，任意两个骨牌相邻的一端颜色必须相同）。

077 买彩票

在买彩票的时候，买彩票者需要在1到54这些数字中任意选出6个数字，这6个数字可以以任何顺序排列。

请问有多少种选择？

078 排队

看右边的图示，5个人排成一行（5个人中男孩和女孩各自的人数不确定），问有多少种排列方法，可以使每个女孩旁边至少有一个女孩？

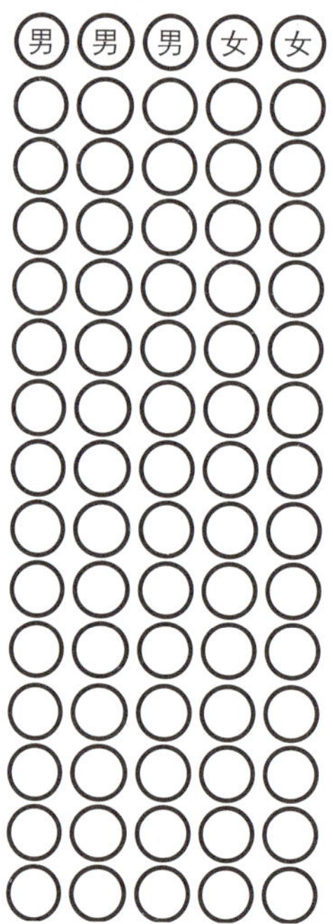

079 字母填空

仔细找一找，哪个选项可以完成这道难题？

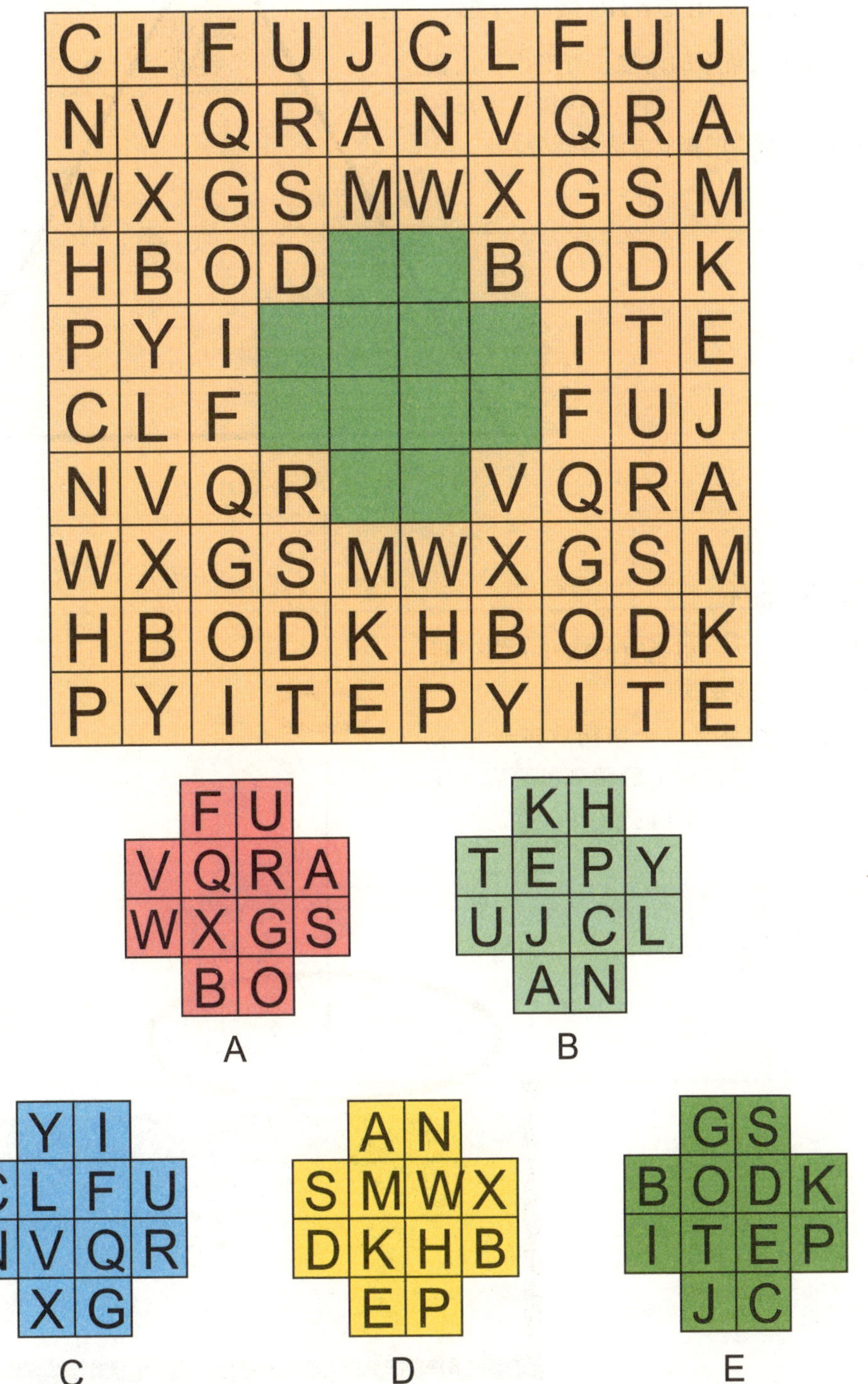

080 等边三角形的内接正方形

在等边三角形的内接正方形中，面积最大的是多少？最大面积的内接正方形在该等边三角形中的摆放方法有几种？

081 肥皂环

如图所示，一根垂直的铁丝上绑了两个相互平行的铁丝环。

请问：如果将这个结构放进肥皂水中，附着在这个结构上的肥皂膜的最小表面积的表面是什么样子的？

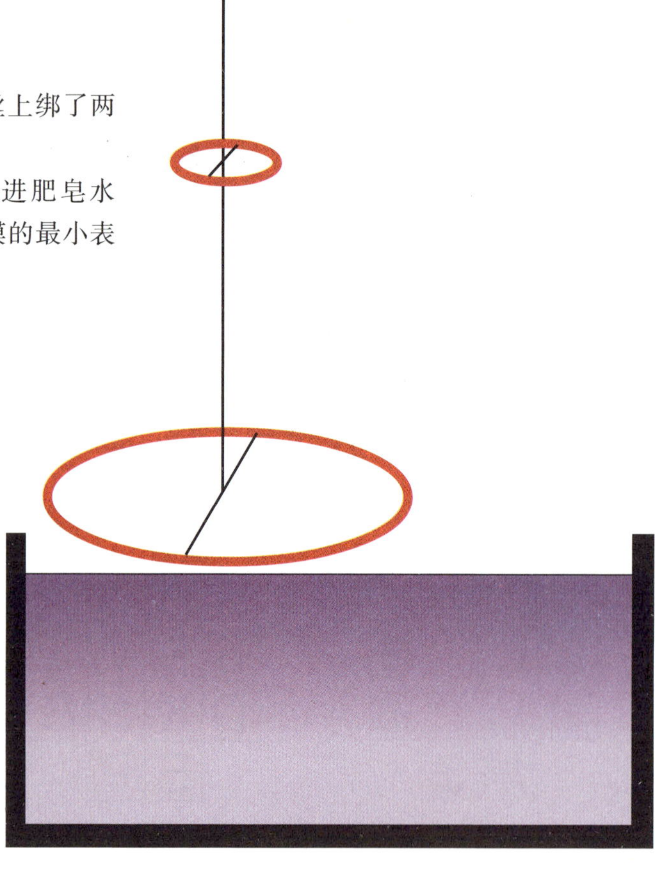

082 富兰克林的细胞自动机

富兰克林的细胞自动机是最早的自动复制的机器之一。这个被复制的图案的原型如图1。在图1的基础上每一步将会按照下面的规则增加或减少细胞：

如果细胞横向或纵向相邻的红色细胞数是偶数，那么该细胞下一步变为黄色；如果细胞横向或纵向相邻的红色细胞数是奇数，那么该细胞下一步变为红色（下面的图中直观地展现了这一规则）。

请问要使原来的图形被复制成4份至少需要几步？

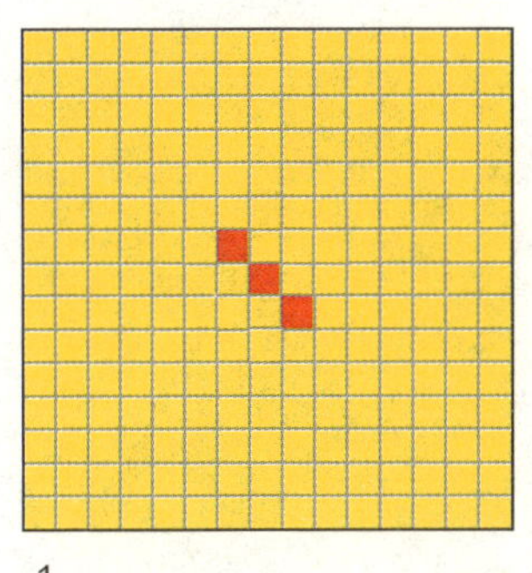

1

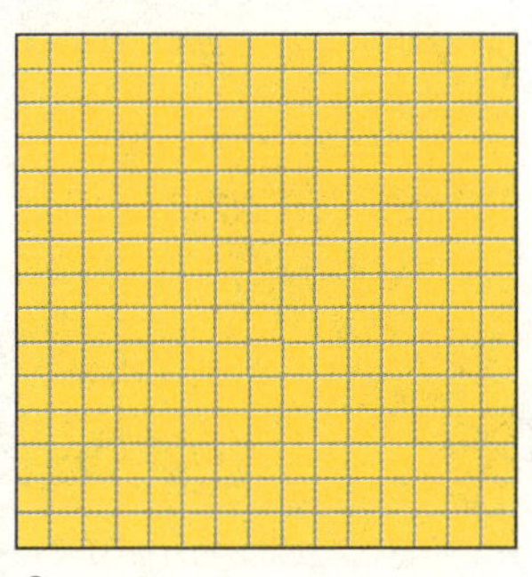

2

3

复制图案的机器可以用来制作衣服或者地毯。如果将一个思维游戏印在你的毛衣上是不是很好玩？

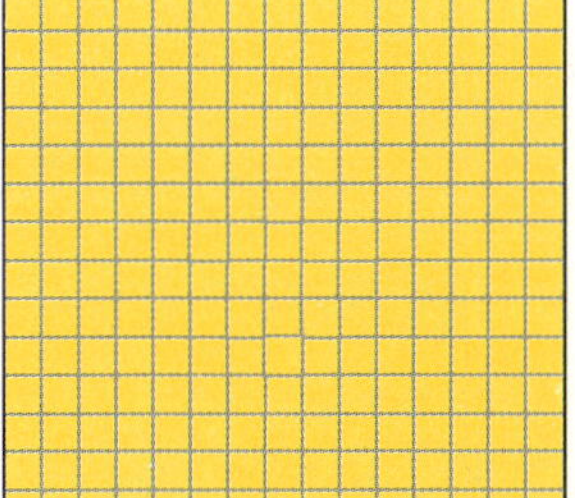

4

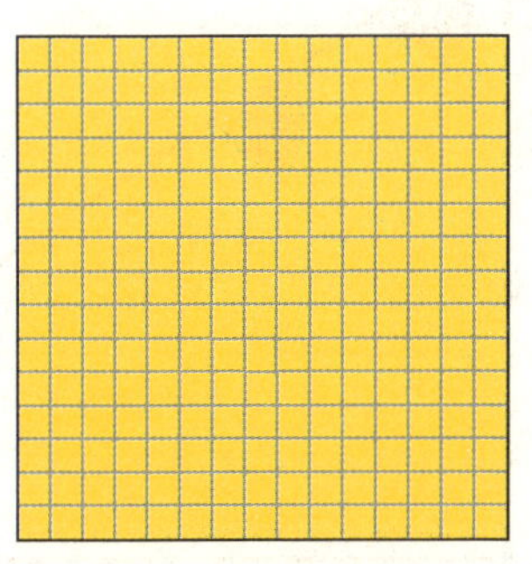

5

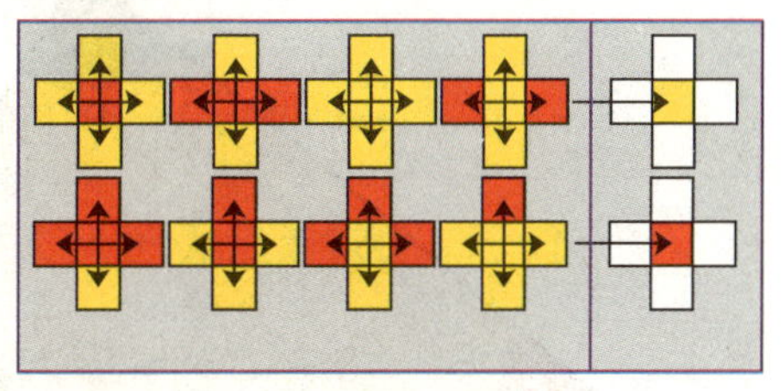

083 最短的距离

我有10个朋友住在同一条街上，如图所示。现在我想在这条街上找一个点，使这一点到这10个朋友家的距离最近。

请问这一点应该在哪里呢？

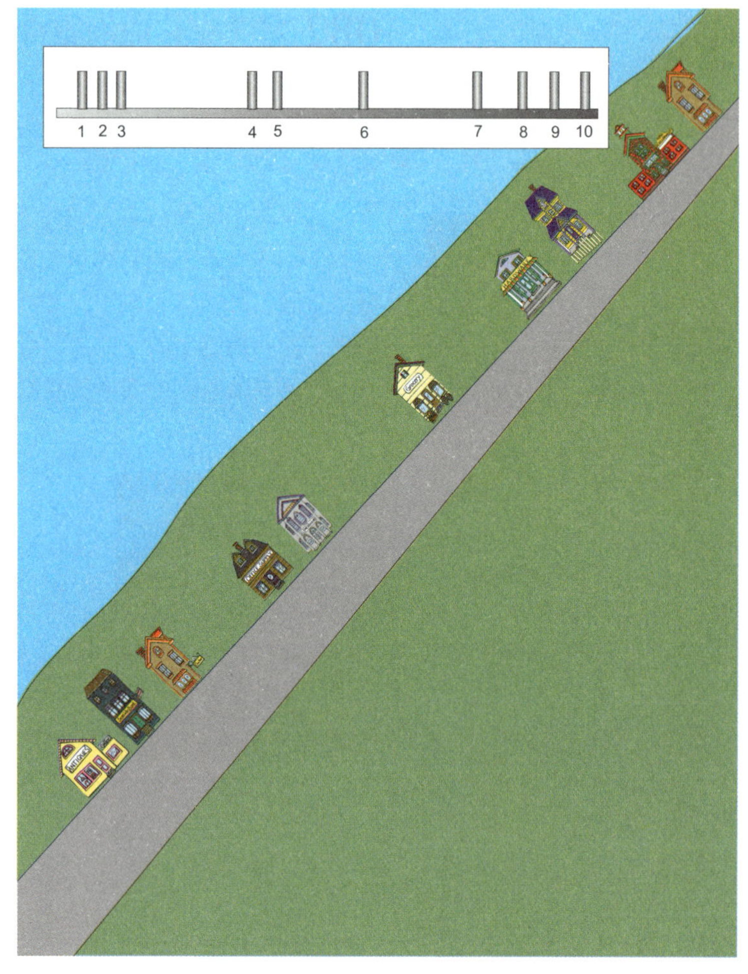

084 三角形的内角

请问你能不能用折纸的方式来证明欧几里得平面里的三角形内角和等于180°？

有没有这样的平面，在该平面上三角形的内角和大于或是小于180°？我认为这样的平面在现实生活中是存在的。

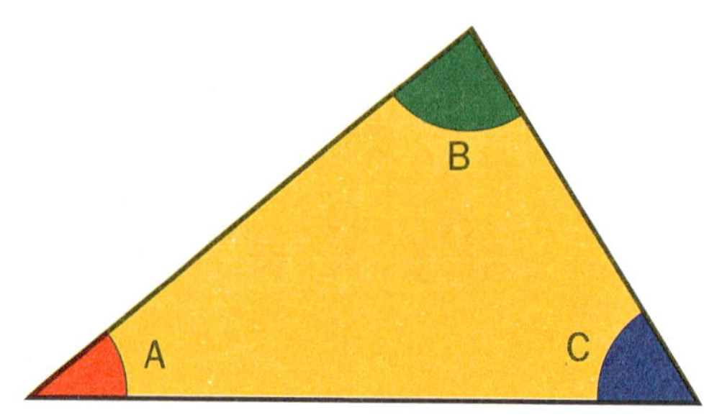

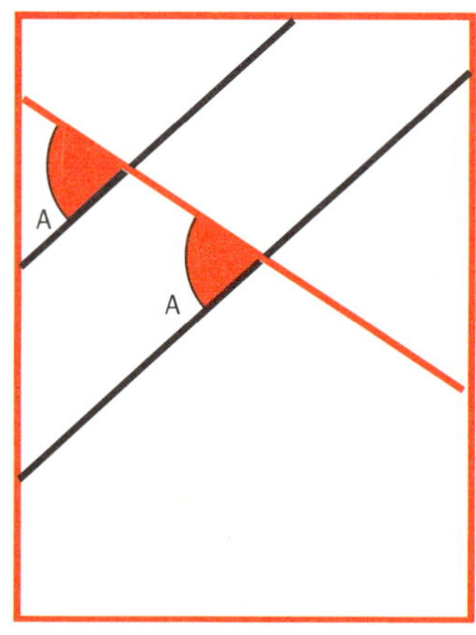

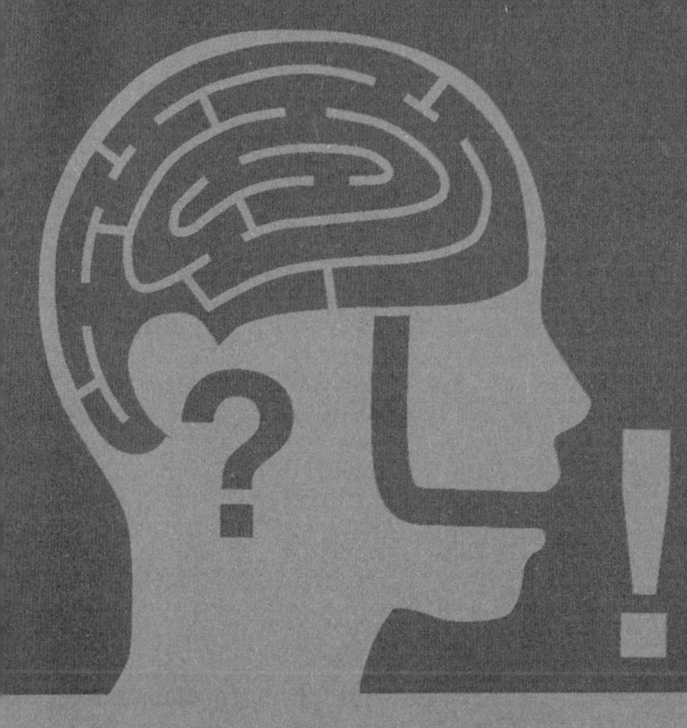

第五章

提升判断力

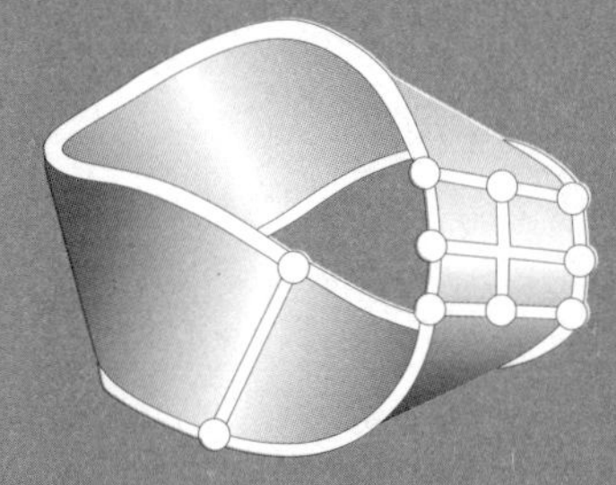

001 轨道错觉

开普勒（1571～1630）发现了行星围绕太阳运转的轨道是椭圆形的。请问图中的这个轨道是椭圆形的吗？

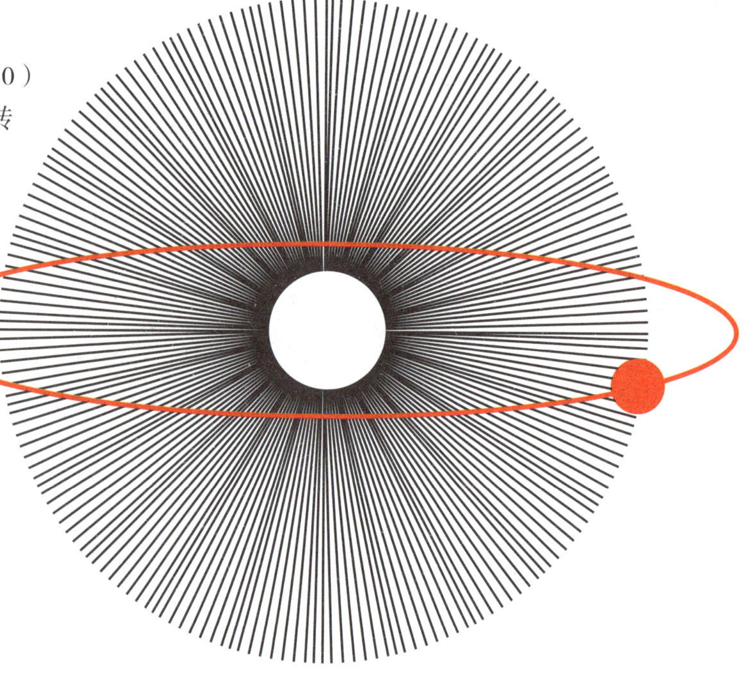

002 立方体朝向

一个立方体可以有24种不同的摆放方式（即不同的朝向）。请你在图中的空白处画上正确的颜色。

003 举起自己

如果这个女孩将绳子向下拉，她能否令自己坐着的这端向上升？

004 木板上升

如果这个男孩使劲拉绳子，他能否把自己和他所站的木板都拉起来？

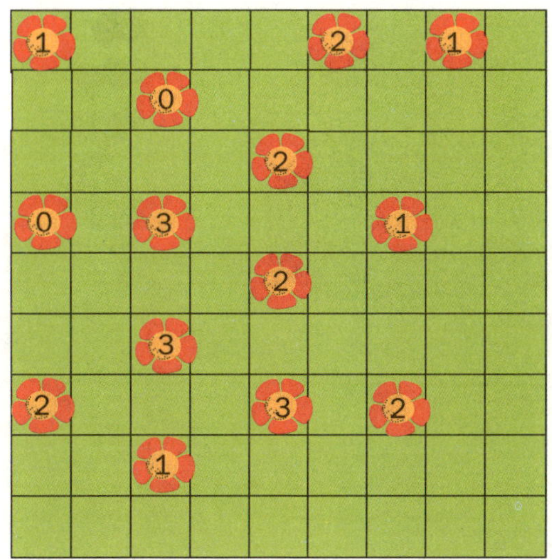

005 瓢虫花园

在图中的格子里一共藏有13只瓢虫，请你把它们都找出来。

方框里的每朵花上面都写有一个数字，这个数字表示的是它周围的8个格子里所隐藏的瓢虫的总数。见例子。

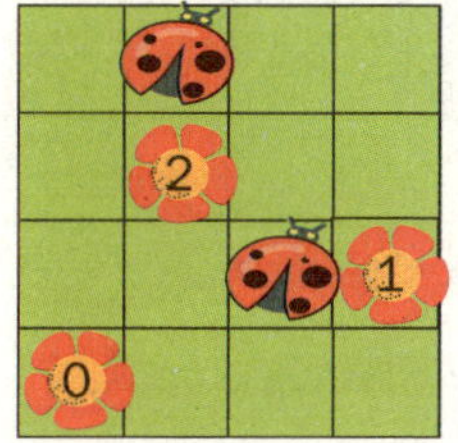

有花的格子里没有藏瓢虫。

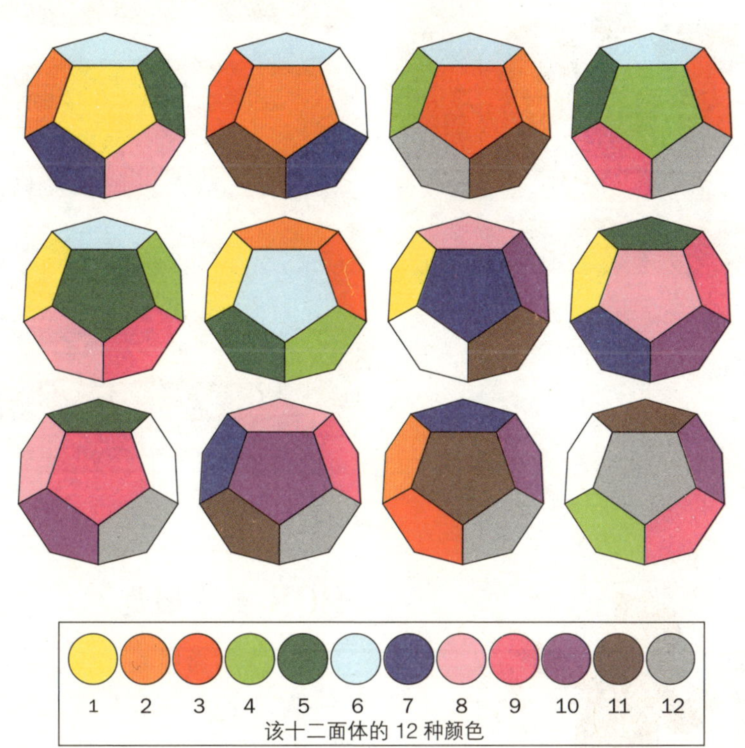

006 十二面体的朝向（1）

把一个十二面体放在桌上一共有多少种方式（每次与桌面的接触面面积相等）？

007 十二面体的朝向（2）

一个十二面体的不同摆放方式如上图所示，请你在图中的空白处画上正确的颜色？

008 数字展览

对于古希腊人来说，数字就是一切。在我们今天的艺术展览中，数字就是艺术。

有些艺术家喜欢偶数，另外一些则喜欢奇数。

看上面的这几幅作品，不通过计算，仅凭直觉，你能否说出哪些是偶数，哪些是奇数？

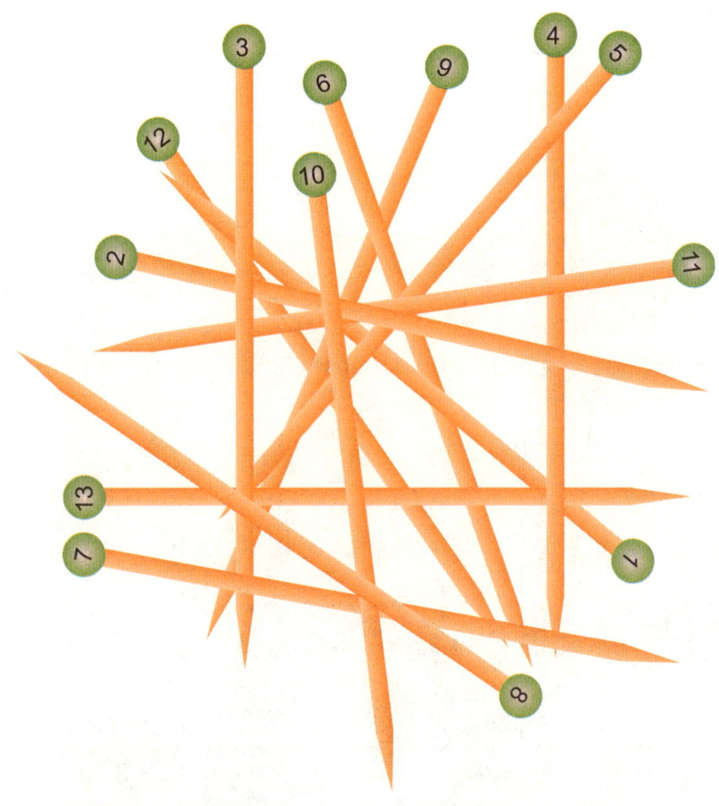

009 第 12 根木棍

木棍摆成如图所示的图案，按怎样的顺序将它们拿开才能最终“解放”第12根棍子？记住：每根木棍被拿掉时上面不能压着别的木棍。

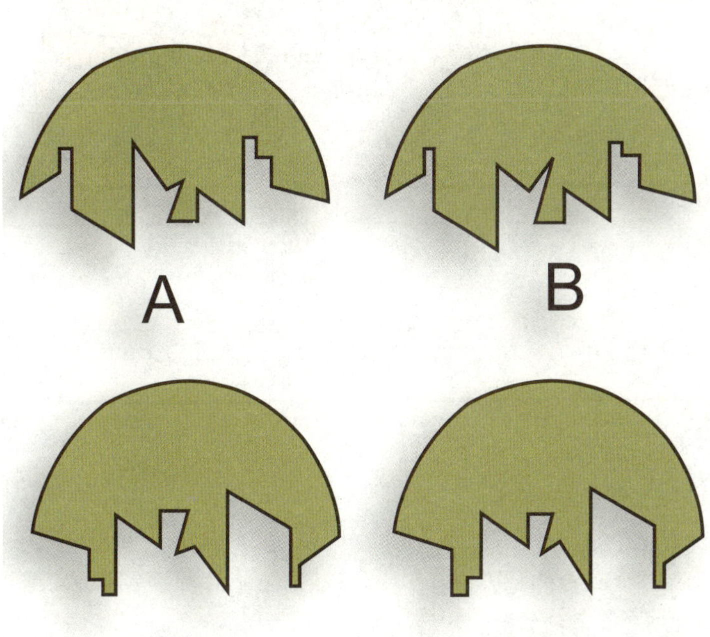

010 拼整圆

4幅图中只有2幅能够恰好拼成一个整圆，是哪两幅呢？

011 2个孩子的家庭

一个女人和一个男人各自有2个孩子。

女人的孩子中至少有一个是男孩。

男人的孩子中那个年纪大一点的是男孩。

请问女人和男人各自有2个男孩的概率相等吗?

012 丢掉的袜子

假设你有10双袜子，丢掉了其中2只。请问下面这2种情况哪个可能性更高：

1. 最好的情况：你丢掉的2只正好是1双，因此你还有9双完整的袜子。

2. 最差的情况：你丢掉的2只都是单只，因此你只剩下了8双完整的袜子和2只单独的袜子。

这2种情况哪个更可能发生呢？

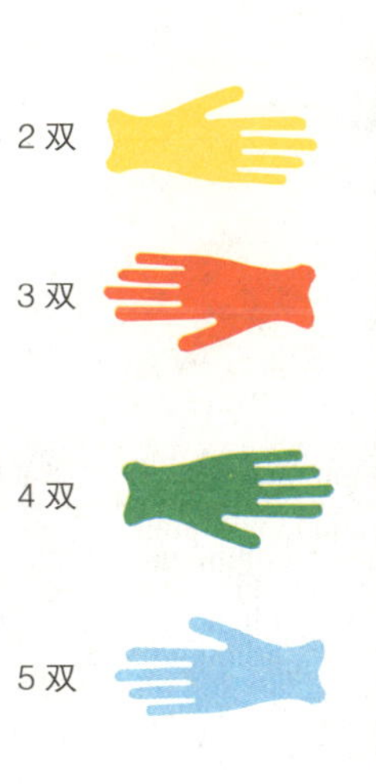

013 黑暗中的手套

抽屉里面一共放了2双黄色手套、3双红色手套、4双绿色手套以及5双蓝色手套。这些手套都杂乱地摆放着。

现在要在黑暗中从抽屉里拿出手套，要求至少拿到一双相同颜色的手套，并且左右手配套。请问至少需要从抽屉里拿出多少只手套才能完成任务？

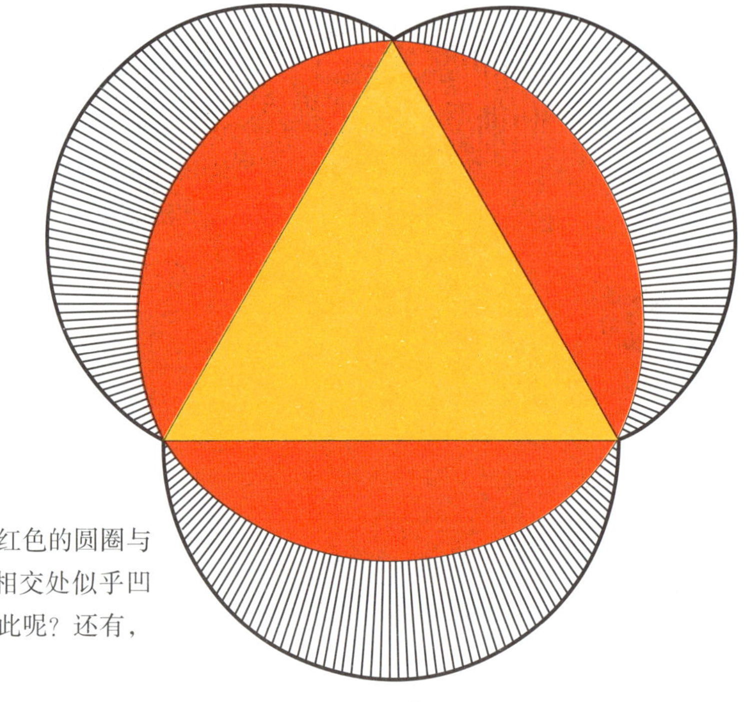

014 红色圆圈

在这幅视错觉图中，红色的圆圈与黄色三角形的3个顶点的相交处似乎凹下去了，事实上是不是如此呢？还有，它是个标准的圆吗？

015 看进管子里

这个人是在管子的左边还是右边？

016 有几个结

如图所示，如果这2只狗朝着相反的方向拉这根绳子，绳子将会被拉直。

问拉直后的绳子上面有没有结，如果有的话，有几个？

017 质数加倍

在任意一个数字和它的2倍之间是否总是可以找到一个质数？

2 3 4 5 6 7

8 9 10 11 12 13 14

15 16 17 18 19 20 21…

018 对称轴

这5个图案中哪几个图案的对称轴不是8条？

019 六角星

你能否用12个六格三角形中的8个把这个六角星填满？必要的话可以旋转六格三角形。

020 蚂蚁队列

纽约大学的计算机专家丹尼斯·E.莎莎定义了一种“令人惊讶的”符号序列：对于每一对“符号”X和Y，以及每一个距离D，最多只有一对X比Y领先D的距离。

在我们这道题中，“符号”就是背着彩蛋的蚂蚁。你能说出上面这6个队列哪些是“令人惊讶的”，哪些不是吗？

021 迷宫

迷宫是一种古代的建筑。传说最早的迷宫是代达罗斯为克里特岛上的迈诺斯国王修建的，迷宫里面关着牛头人身的怪物。特修斯进入迷宫，杀掉了怪物，并且找到了回来的路，因为他在进入迷宫的时候将一个金色线团的一端留在了入口处，最后沿着金线走出了迷宫。

从数学的角度看，迷宫是一个拓扑学的问题。在一张纸上通过去掉所有的死胡同可以很快找到迷宫的出口。但是如果你没有这个迷宫的地图，而且现在就在迷宫里面，仍然有一些规则可以帮助你走出迷宫。例如，在走的过程中把你的手放在一边的墙上，留下印记。这样做，最终一定会走出迷宫，尽管你走的并不一定是最短路线。但是如果迷宫的墙有些是闭合的，那么这个方法就不管用了。

没有闭合的墙的迷宫是简单连接的，也就是说，它们没有隔离墙；而有隔离墙的迷宫的墙一定是闭合的，被称为复杂连接。如下图所示。

有没有一种方法可以帮助你走出任何一个迷宫？

这个图形迷宫是最古老的迷宫图案之一

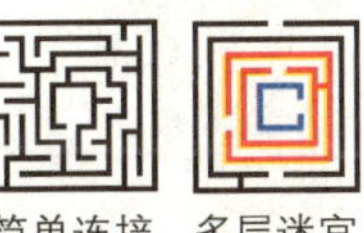

简单连接的迷宫　多层迷宫

022 平行线

佐勒错觉是一个经典的视错觉游戏，它是由心理学家约翰·佐勒（1834～1882）发明的。在这个视错觉中，所有的平行线上都加上了许多与平行线呈锐角（10°～30°）的短平行线，因此使这些平行线看上去似乎不平行了。

如图所示，我们的这道题与佐勒的原题有一点小小的区别。有些线是平行的，有些不是。你能够区分它们吗？

有时候，外部的事物并不是你所看到的那个样子。大脑有时也会欺骗眼睛，使我们产生错觉。

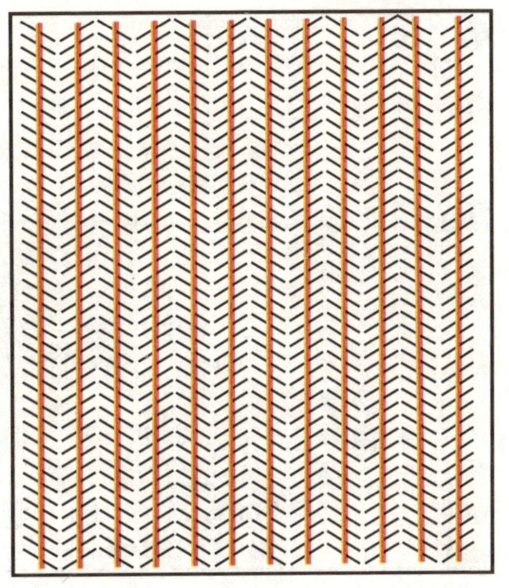

023 缺少的图形

5个选项中哪一个可以放在空白处？

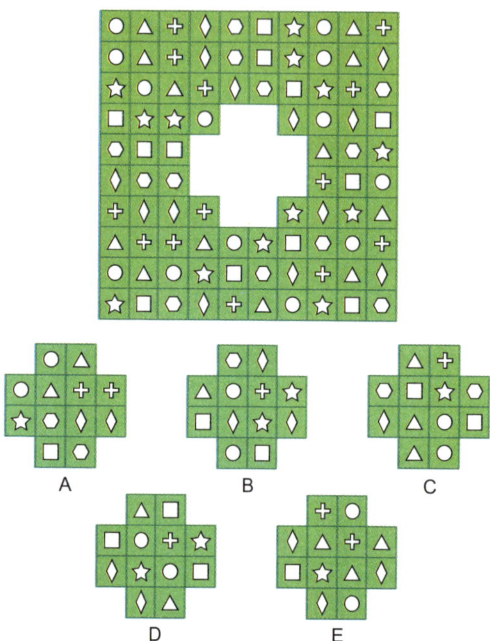

024 数一数（1）

请你数出下图中有多少个点，你需要多少时间？

你能在30秒之内完成这个任务吗？

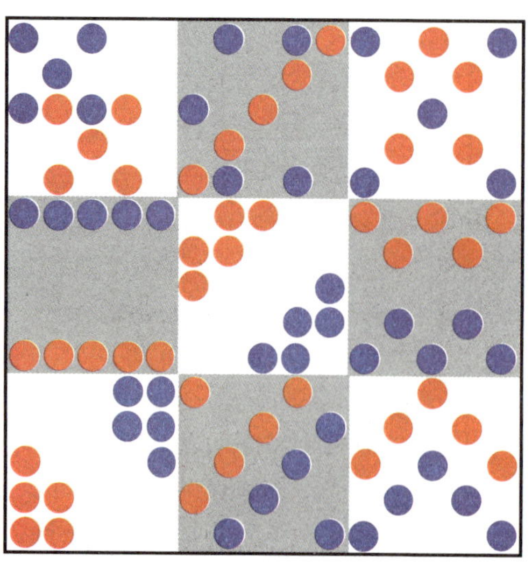

025 数一数（2）

请你以最快的速度数出图中有多少个点？

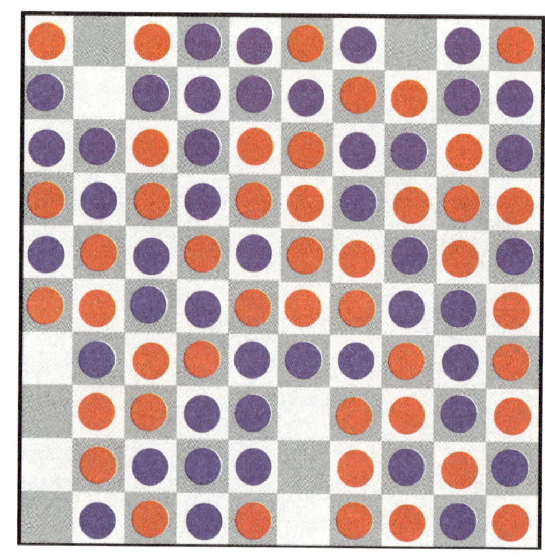

026 组合正方形

下面的图形中有 3 个组合在一起正好可以组成一个正方形，是哪3个？

1. A B C
2. B D E
3. B C D
4. A D E
5. A C D

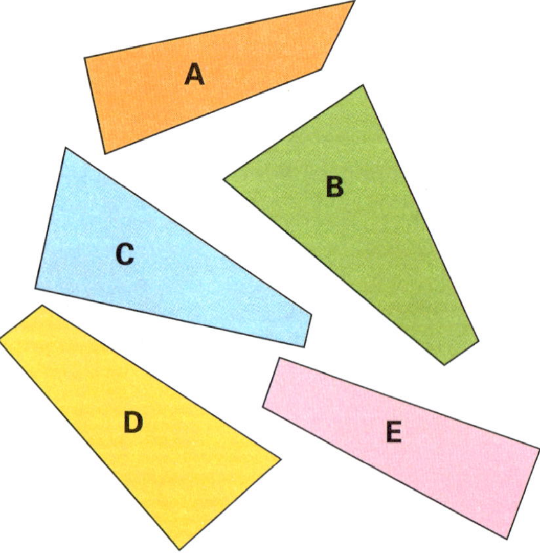

027 玻璃杯

如图所示，10个玻璃杯放在桌子上，5个正放，5个倒放。每次拿任意2个杯子，并将它们翻转过来。不断重复这个过程。

你能否让所有的杯子全部正过来？

028 打喷嚏

人们在打喷嚏的时候通常会把眼睛闭上半秒钟。想象一下，如果你正在以每小时65千米的速度驾驶时突然打了一个喷嚏，这时你前面大约10米处的一辆汽车为避免撞到一只横穿马路的猫突然刹车。

当你睁开眼睛准备刹车时，你的车已经行驶了多远？

这场事故可以避免吗？

029 遛狗

9个女孩每天都带着她们各自的宠物狗出去散步。她们每次分3组，每组3个人，4天之中，她们中的任意2个女孩都只有一次被分到同一组。请问应该怎样给她们分组呢？

030 猫和老鼠

3只猫和3只老鼠想要过河，但是只有一条船，一次只能容纳2只动物。无论在河的哪一边，猫的数量都不能多于老鼠的数量。

它们可以全部安全过河吗？

船最少需要航行几次才能将它们全都带过河？

031 帽子的颜色（1）

如图所示，马戏团里的4个小丑前后站成一排。他们中有2个人戴着红色的帽子，另外2个人戴着绿色的帽子。这一点每个观众都知道，但是小丑自己并不知道自己头上帽子的颜色，同时他们都不允许转头向后看。

哪一个小丑最先知道自己帽子的颜色？注意：其他小丑看不见小丑D，因为他身后的海报挡住了他们的视线。

032 帽子的颜色（2）

如图所示，马戏团的5个小丑中有2个人戴蓝色的帽子，3个人戴红色的帽子。这一点每个观众都知道，但是他们自己却不知道。跟帽子的颜色（1）的条件一样，他们都不能往后看。

此外，小丑E只能被小丑D看到，而不能被其他小丑看到。例如小丑A就不知道他自己帽子的颜色，也不知道小丑E帽子的颜色。

哪一个小丑将最先知道小丑A帽子的颜色？

033 摩尔人的图案

摩尔国王以前的宫殿非常具有数学美感，下面这个复杂的图案就是有关几何的设计之一。

这个图案是由一个闭合的图形组成的，还是由数个闭合的图形组成的？如果是后一种情况，具体是多少个呢？

034 哪一句是真的

下面哪一句话是真的？

1. 12句话中有1句是假的。
2. 12句话中有2句是假的。
3. 12句话中有3句是假的。
4. 12句话中有4句是假的。
5. 12句话中有5句是假的。
6. 12句话中有6句是假的。
7. 12句话中有7句是假的。
8. 12句话中有8句是假的。
9. 12句话中有9句是假的。
10. 12句话中有10句是假的。
11. 12句话中有11句是假的。
12. 12句话中有12句是假的。

035 升旗与降旗

如果最下面的齿轮按逆时针方向旋转，那么最上方的旗子是会上升还是会下降呢？

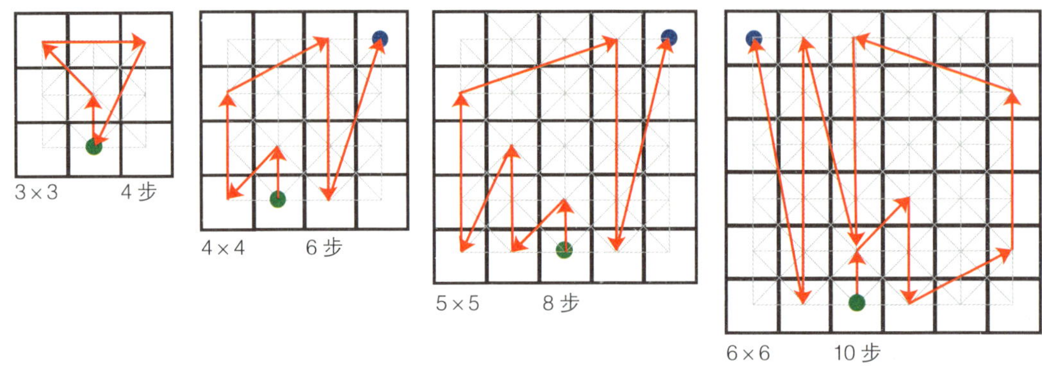

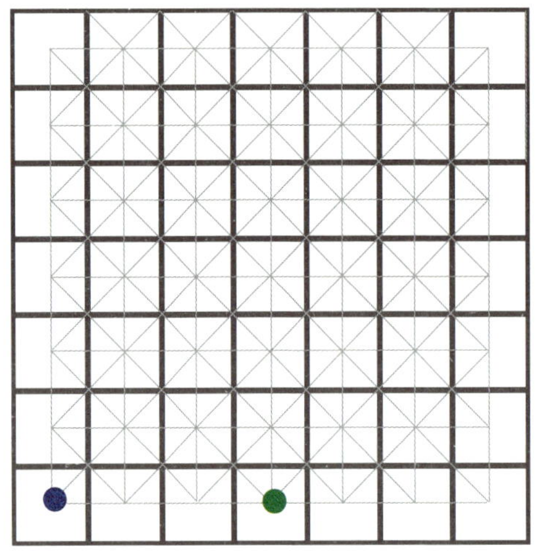

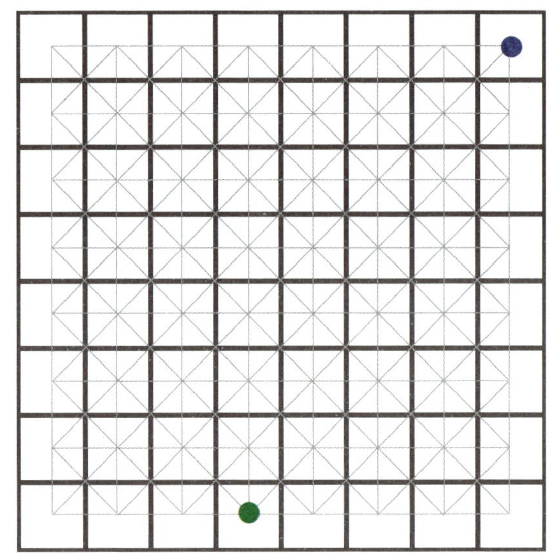

036 细胞路线

这个游戏的目标是从起点（图中绿色的点）出发，连续地从一个正方形移动到另一个正方形。将起点所在的正方形作为长方形的一端或一角，每次移动到长方形的另一端或其对角。每次移动的长方形的大小按照如下的顺序：1×2，2×2，1×3，2×3，1×4，2×4，1×5，2×5，1×6，2×6，依此类推。

所有的路线不能交叉，但是可以多次经过同一点。

最上面的4幅图分别画出了前4种大小正方形里满足条件的最长路线。在边长为7和8的正方形里，最多可以走多少步呢?

利用齿轮来拉动重物是一种比较省力的方法，几乎所有的机器设备都或多或少地使用到了这种简单的装置。下面的这个题目就要考考你关于齿轮的知识。

037 向上还是向下

如果将左下角的红色齿轮逆时针转动，图中的4个重物将分别怎样移动？哪2个向上，哪2个向下？

038 雪花曲线

图2所示的是“雪花分形”的前4步，由等边三角形开始，然后把三角形的每条边三等分，并在每条边三分后的中段向外作新的等边三角形，但要去掉与原三角形叠合的边。对每个等边三角形继续上述过程，不断重复，便产生了雪花曲线。

图1显示的则是反雪花曲线。依然是从等边三角形开始，但我们画的小三角形是向内而不是向外的，并将画出的小三角形去掉，如此进行到第5步，就得到了黄色区域所显示的图形。

那么，随着这个过程的无限反复，雪花曲线的周长和面积的极限是多少？

图 1

图 2

039 找不同

你能找出这8个数里面与众不同的那一个吗?

31
331
3331
33331
333331
3333331
33333331
333333331

040 真理与婚姻

国王有2个女儿，一个叫艾米莉亚，一个叫莱拉。她们中有一个已经结婚了，另一个还没有。艾米莉亚总是说真话，莱拉总是说假话。一个年轻人要向国王的2个女儿中的一个提一个问题，来分辨出谁是已经结婚了的那个。如果答对的话，国王就会将还没有结婚的女儿嫁给他。

他应该怎样问才能娶到公主呢?

041 纸风车图案

如图所示，每一横行或每一竖行都有6个纸风车，每个纸风车都包含有4种颜色。

你能找出这些图案的规律，并给图中的6个白色纸风车涂上正确的颜色吗?

042 质数

这几个数中哪个（些）是质数?

2　117
539

043 整数长方形

如图所示，一个大长方形被分成很多个小长方形。每个小长方形或者高是整数，或者宽是整数。绿色的小长方形宽为整数，高不是整数。橘红色的长方形高是整数，宽不是整数。

那么这个大长方形的高和宽都是整数吗？还是都不是整数？

摩托车手和飞行员都必须要在极短的时间内迅速对紧急情况做出判断和反应，同样，迅速反应能力在日常生活中也是非常重要的。现在就和你的朋友一起来做做下面这道题，测测你们的反应能力吧。

044 直尺下落

用一只手握住直尺的顶端，另一只手的食指和拇指放在直尺下端，但不能碰到直尺，如图所示。

松开握住直尺顶端的手，让直尺下落，你会发现在它下落的过程中，你可以毫不费力地用处于直尺下端的手指捏住直尺。和你的朋友们一起做这个实验，你松开直尺的同时让他们去抓，试试看，你会发现，对他们来说捏住直尺并不是一件容易的事情。

为什么呢？

045 不可思议的鸠尾接合

请问你能将左图这个看上去不可能得到的鸠尾接合分开吗？

与普通的鸠尾接合不同，这个模型四面都是一样的。

这个鸠尾接合的四面

046 金鱼

你从鱼缸的上面向下看，所看到的金鱼位置和金鱼在鱼缸里的实际位置是一致的吗？

047 中心点

如左图，这6个红色的圆点中哪一个是这个大圆的圆心？

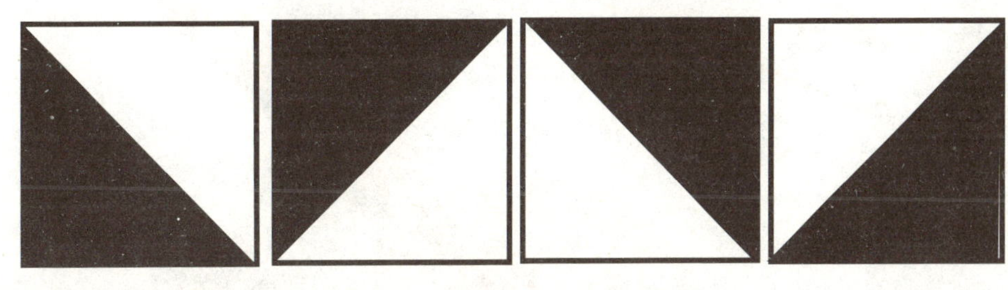

048 最小的排列

已知图形是一个被对角线分成2个三角形的正方形，这2个三角形分别为黑色和白色，而且这个正方形可以通过旋转得到4种不同的图案，如上图所示。

现在把3个这样的正方形排成一行，请问一共有多少种排列方法？

049 吉他弦

如图所示，一根吉他弦两端分别固定在1和7两处，从1到7每两点之间的距离相等。

在4、5、6处分别放上3个折叠的小纸片。

用手捏住琴弦的3处，然后拨动2处。

纸片会有什么反应？

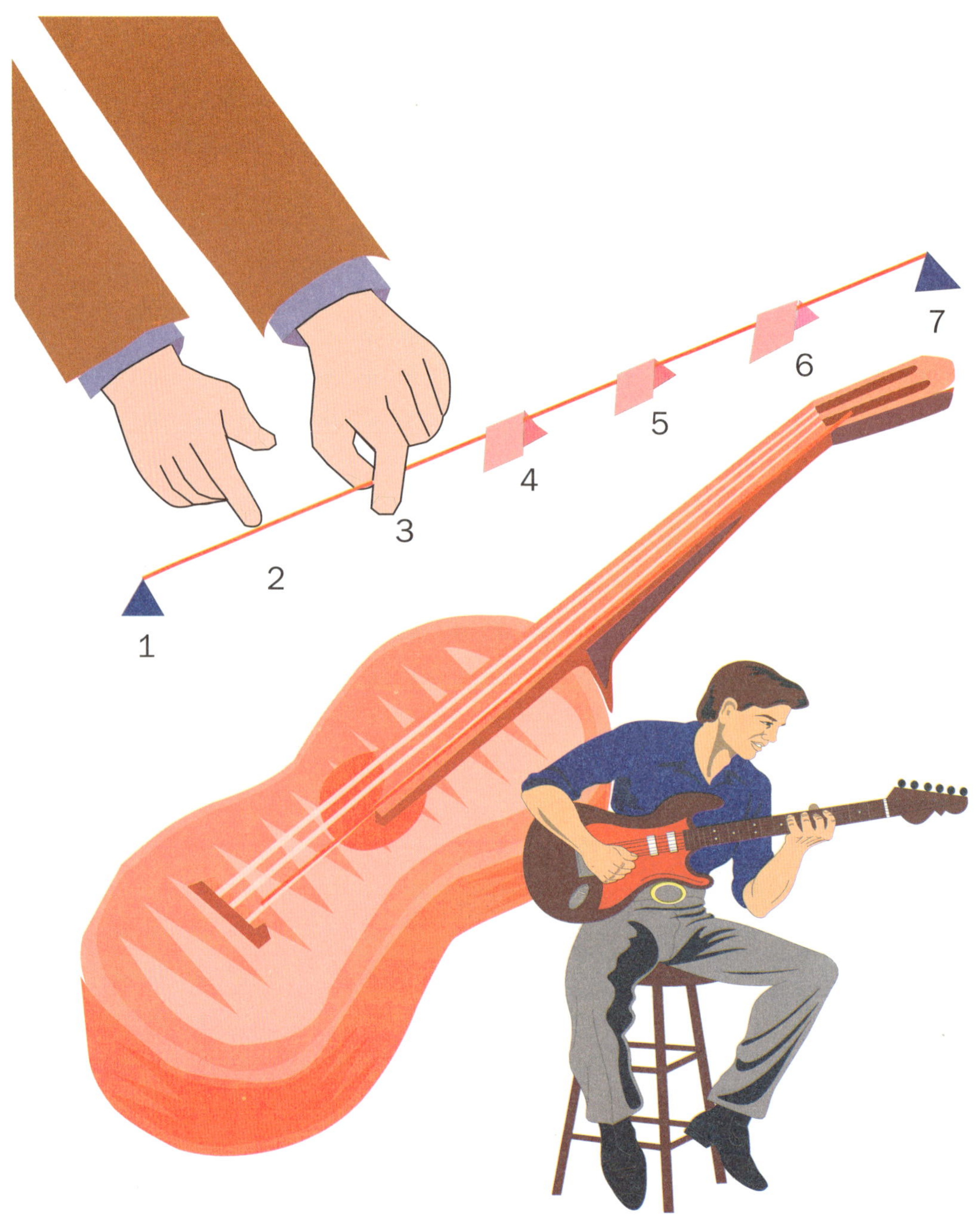

050 精确的底片

如图所示，左边红色方框里有3对图案，其中的每对图案中，右边的图案是左边图案的底片，也就是说每一对的2个图案应该是相互反色的。

现在把蓝色方框里A，B，C图案中的1个覆盖在红色方框每对图案中右边的图案上，都能够使红色方框里的图案满足上面的条件，即每一对的2个图案相互反色。

问应该是A，B，C中的哪一个？

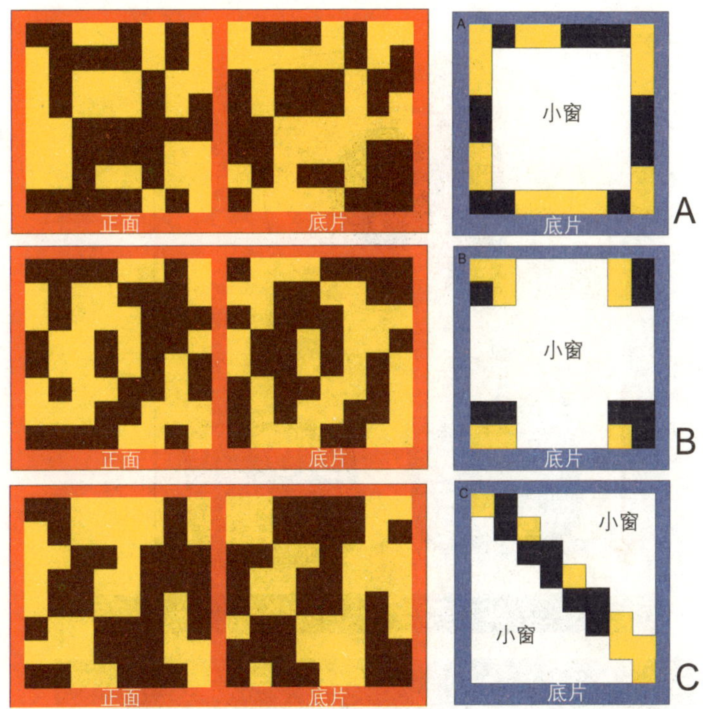

051 聚集太阳光

如图所示，平行的太阳光分别通过4个不同的透镜射到一张白纸上。

请问哪一个透镜下的白纸会着火？如果引起着火的不止有一个透镜，那么哪个透镜下面的火着得更厉害？

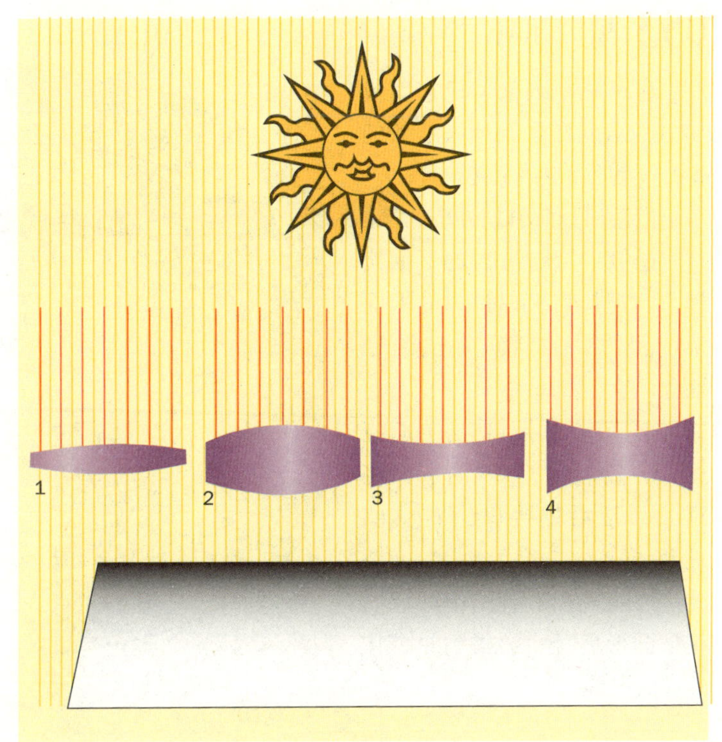

052 链条平衡

如图所示，天平一端的盘里装了一条链子，这条链子绕过一个滑轮被固定在天平另一端的盘子上。

如果现在把天平翘起的空盘的这端往下压，会出现什么情况？

053 黏合纸环

拿出一个纸条，把它剪成如图所示的样子，那么纸条的每一段就分别有3个接口处。

把接口1和接口4黏合。

把接口2从接口1的下面绕过去，把接口5从接口4的上面绕过去，然后把接口2与接口5黏合。

把接口6从接口5的上面绕过去，然后从接口4的下面绕过去，最后把接口6和接口3黏合。

请问现在沿着图中红色的线把图形剪开，会得到一个什么样的图形？

054 蜈蚣

如右图，这条“蜈蚣”中间所有横线都等长吗？

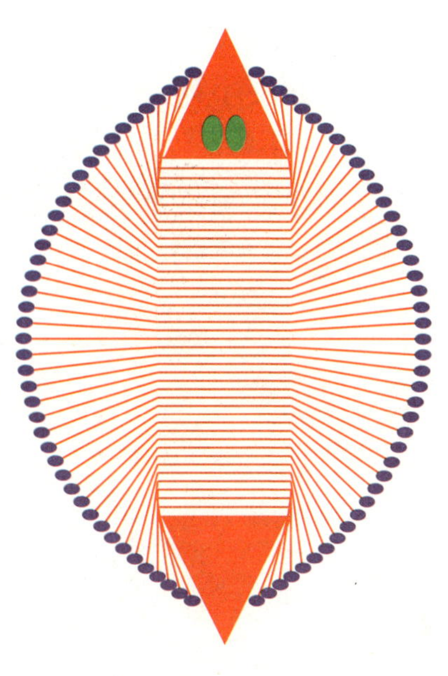

055 各有所爱——蜜蜂也不例外

蜂群总数的一半的平方根飞去了一丛茉莉花中，8/9的蜂群也紧跟着飞去了；只有2只蜜蜂留下来。

你能说出整个蜂群里一共有多少只蜜蜂吗？

056 立方块序列

你能从30种彩色立方块中挑选出6种，按照如图所示的序列摆放，使得在这个大长方体的4个面上所有6种颜色都出现，且内部相邻接触面颜色相同？

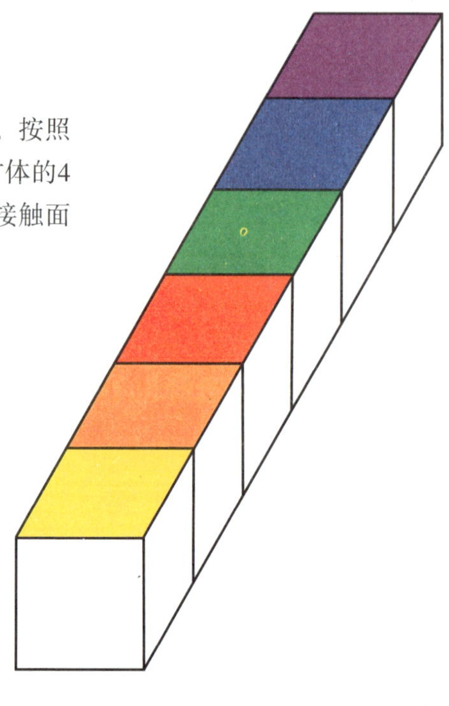

057 楼号

街的一边上的大厦从1开始按顺序编号，直到街尾，然后从对面街上的大厦开始往回继续编号，到编号为1的大厦对面结束。每栋大厦都与对面的大厦恰好相对。

若编号为121的大厦在编号为294的大厦对面，这条街两边共有多少栋大厦？

058 三阶反魔方

在三阶反魔方中，每一行、列以及两条对角线上的和全都不一样。

三阶反魔方可能存在吗？

魔方的变体也包括它的对立形式—反魔方。简单—你可能会这么想。但这并不仅仅是填充数字那么简单，你很快就会发现这一点。

059 阿基米德的镜子

镜子可以在科学、魔术以及日常生活中创造不可思议的功绩。

伟大的古希腊数学家阿基米德富于想象力地将镜子用于许多创造发明中。根据古代著作，他最杰出的功绩就是在公元前214年罗马舰队围攻西西里岛城市叙拉古时，他用镜子将太阳光集中反射到罗马船只上并使其着火。

我们可能永远都无法得知阿基米德是否成功地用镜子保卫叙拉古免受侵略。但是，他有可能办到这件事吗？

060 瓷砖图案

上图和右图是给出的两个瓷砖图案，请问最少需要几种图形来构成这两个图案？

每个人都喜欢去动物园玩，但是你有没有想过，其实饲养动物并不是一件容易的事情，饲养员要做的不仅仅是给小动物喂食那么简单。

061 动物园的围栏

这3个围栏的面积相同，请问制作哪个围栏所用的材料最少？

062 面积和周长

有8个图形，其中有2个圆、2个六边形、2个正方形和2个三角形。这些图形中有4个图形面积相等，4个图形周长相等。

请你分别把它们找出来。

063 拇指结

有3个相交之处的拇指结是最简单的结（如图所示），它也是其他很多种复杂的结的基础。

在我们的题目中，拇指结绳子的末端在绳子上再次绕了两下。请问：现在拉一下绳子的末端，这个结会被打开吗？

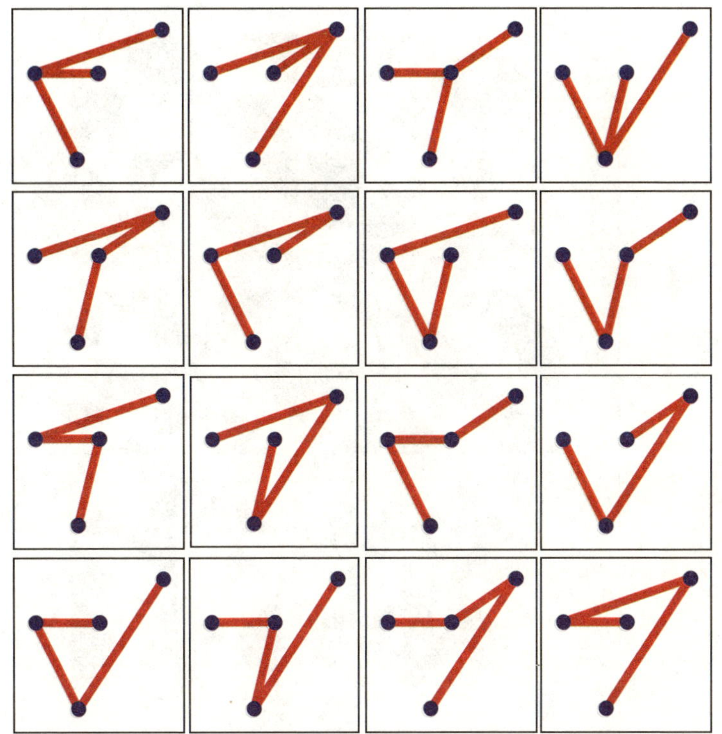

064 四点生成树

如图所示，图中的4个点分别是4个城市的位置，红色的线段是城市之间的公路。

问这16幅图中哪幅图的公路总长度最短？

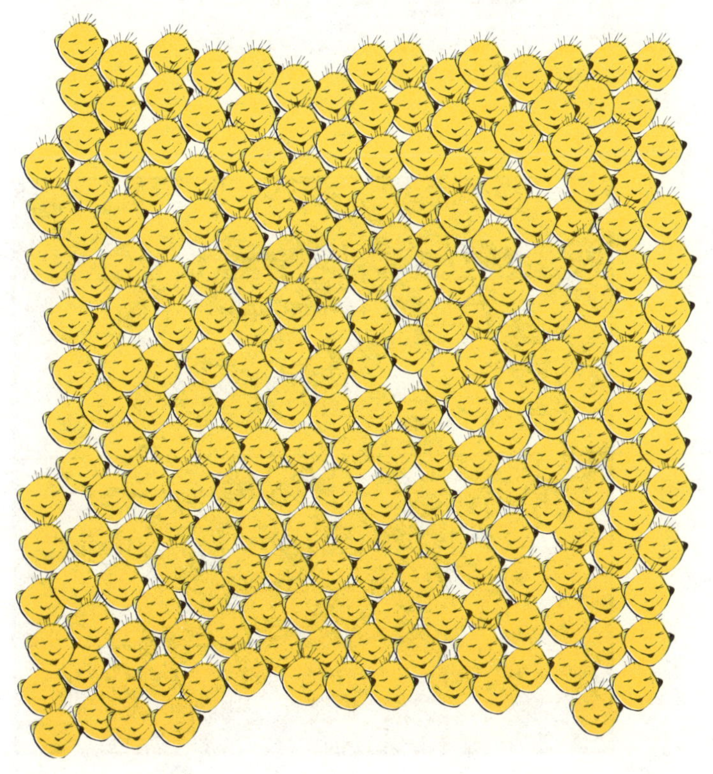

065 找面具

在左边的一组面具中有一个带有生气表情的面具，看看你多久能够找出来。

066 图案和图形

下面的小图形中哪一个不是上面众多图案的组成部分？

说明：上图图案中没有图形被覆盖住。

生活中不乏各种各样漂亮的图案，有时候我们会有意地去观察它们，而有些时候则是在不经意间发现它们的存在。一些重要的科学发现就跟漂亮的图案有着密切的联系。

067 土地裂缝

如图所示的是一块泥地，泥地上有很多裂缝，只用眼睛看，你能够说出这众多裂缝中哪一条是最先出现的吗？

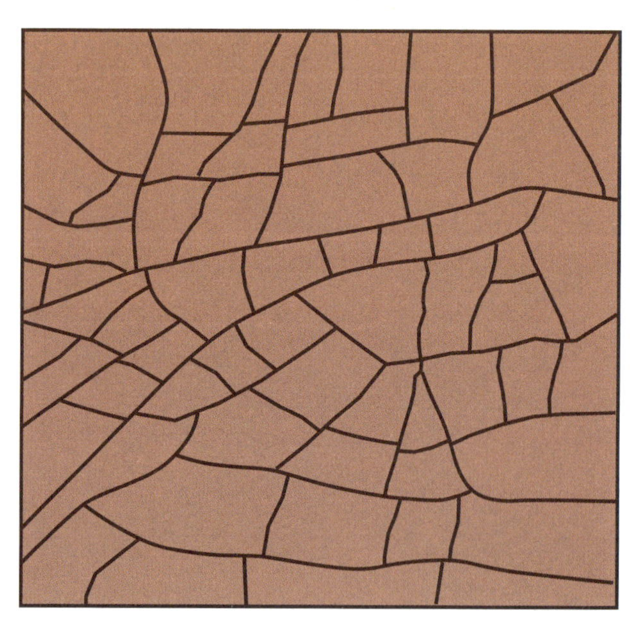

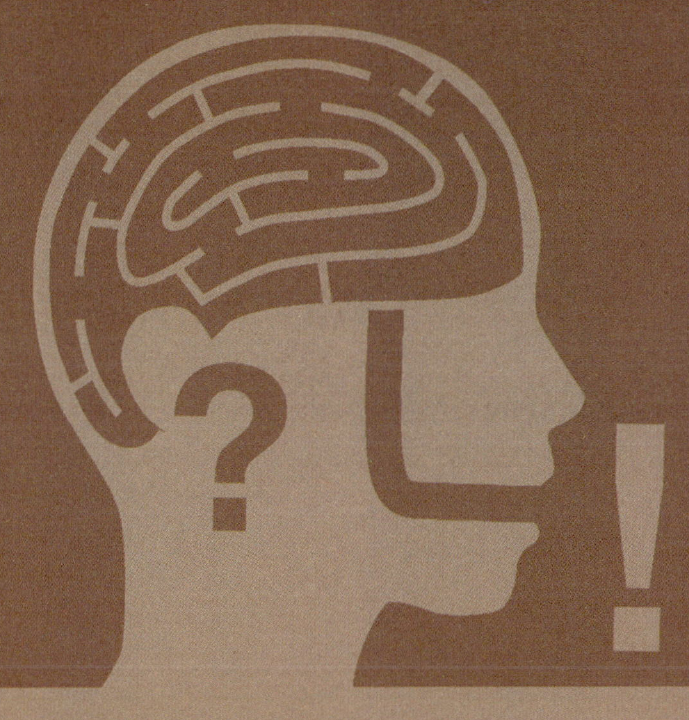

第六章

提高思考力

001 冰雹数

随便想一个数。如果是一个奇数，就将它乘以3再加上1；如果是一个偶数，就除以2。

重复这个过程。例如：

1，4，2，1，4，2，1，4，2，1，4，2…

2，1，4，2，1，4，2，1，4，2…

3，10，5，16，8，4，2，1，4，2…

我们可以看到，上面的这些数列后面的部分都变成一样的了。

那么是不是不管开头是什么数，到后面都会变成同一串数呢？

试试用7开头，然后再看答案。

8
8
8
8
8
8
8
+ 8
1000

002 8个“8”

将8个“8”用正确的方式排列，使得它们的总和最后等于1000。

003 二项式立方体

这个立方体的边长为（a+b），它被分成了很多部分，如图所示。所有这些部分的总体积是（a+b）^{3}。

每个部分都被涂上了不同的颜色，你能否计算出各个部分的体积？

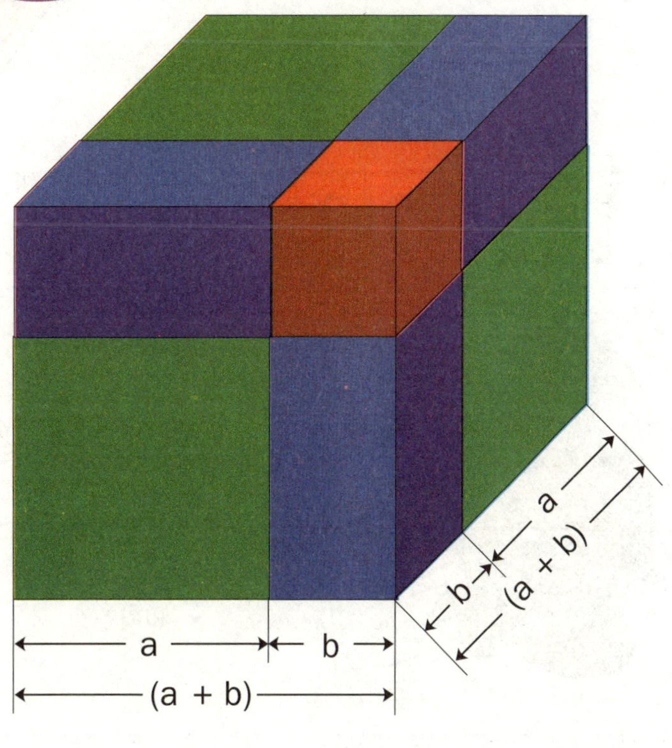

$$(a + b)^3 = ?$$

004 风车三角形与超级切片

对于具有伸缩对称性质的图形来说，最基本的要求就是多个全等的这种图形可以组成一个与它本身形状相同但是面积更大的图形（超级切片）。组成一个风车图案的基本图形是风车三角形，即两个直角边长度分别为1和2的直角三角形。

5个这样的三角形可以组成一个超级切片（如图所示），我们称它为5单位的风车三角形。

这里已经给出了一个25单位的风车三角形。请问你能否创造一个125单位的风车三角形，或者625单位的风车三角形呢？

1 单位的风车三角形

5 单位的风车三角形

25 单位的风车三角形

005 和与差

你能否将上面的10个数排列成一行，使得这行里的每一个数（除了第一个和最后一个）都等于与它相邻的左右两个数的和或差？

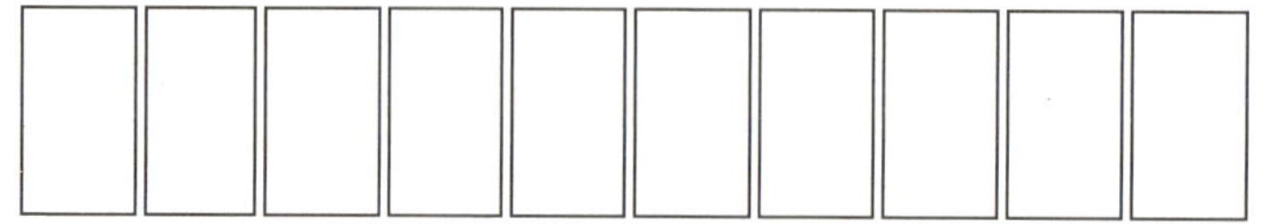

006 数字 1 到 9

将数字1，2，3，4，5，6，7，8，9分别填到等式的两边，使等号前面的数乘以6等于后面的数。

007 数字卡片

这里有黄红两组数字卡片。请你把它们粘到上面的数字板上，使得横向相邻的两种不同颜色的卡片数字相同。

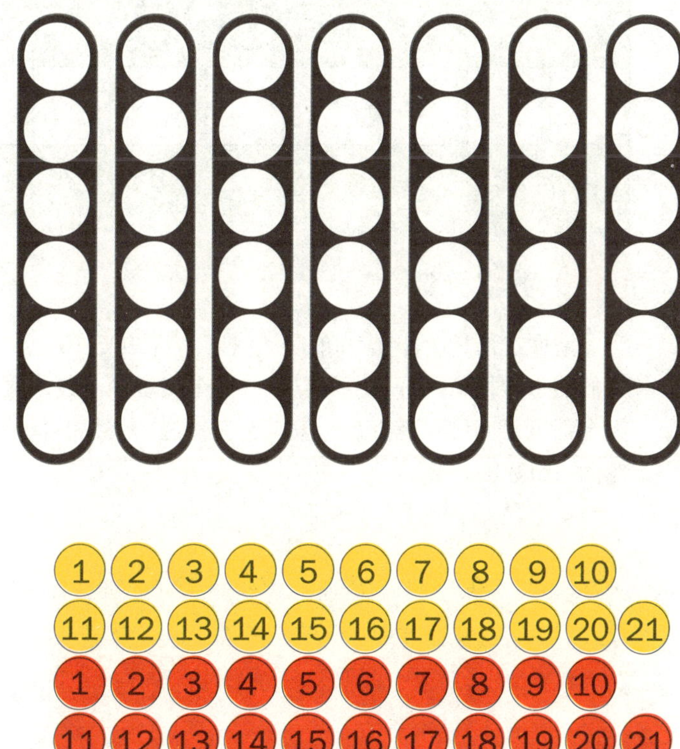

008 数字迷宫

数字迷宫是在一个每一边包含n个格子的正方形里面填上从1 到n^2的自然数。填的时候按照横向或纵向移动，在相邻的格子里填上连续的数，每一个格子里只能填入一个数。这次要求填上的数字是1到100。

有几个数字已经填入方格了，你能够将它补充完整吗？

	100							69	
	87				77				
13		29							60
							23		
								38	
	46								
							1		

009 数字筛选

请你选出10个小于100的正整数。然后从这10个数中选出两组数，使得它们的总和相等。每一组可以包含一个或者多个数，但是同一个数不能在两组中都出现。请问是否无论怎样选择，这10个数中总是可以找到数字之和相等的两组数呢？

下面是一个例子：

1 2 4 6 11 24 30 38 69 99

2 + 30 + 38 = 70

1 + 69 = 70

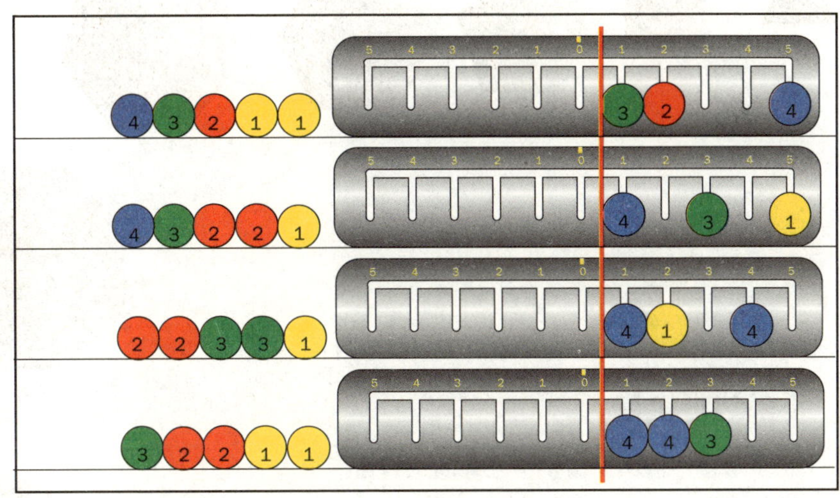

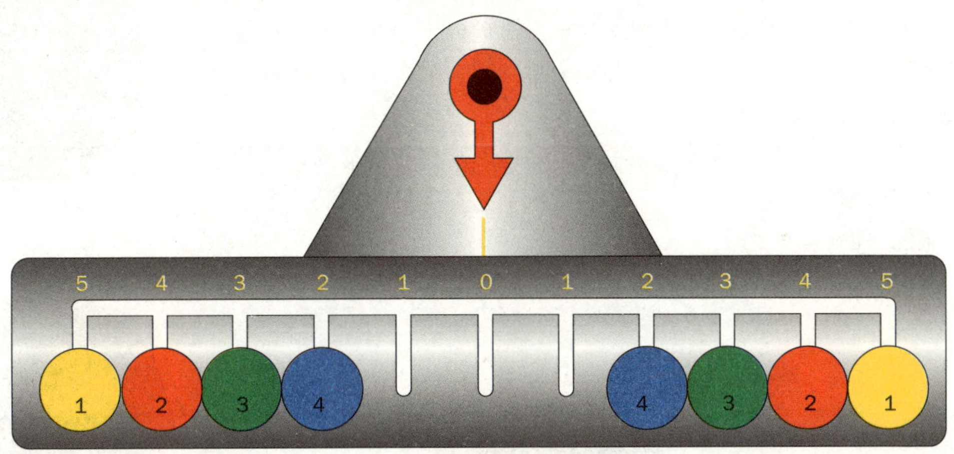

010 小球平衡

如图所示，8个可以滑行的小球悬在一个横框下面，它们可以滑行到11个齿的任何一个下面。一共有4种不同重量的小球：

黄色小球：1单位重量

红色小球：2单位重量

绿色小球：3单位重量

蓝色小球：4单位重量

在上面的4个问题中，横框的右边已经分别悬了3个小球。请你将左边的5个小球悬到横框的左边（包括横框中间的齿），使横框保持平衡。红色实线右边不允许再悬挂小球。

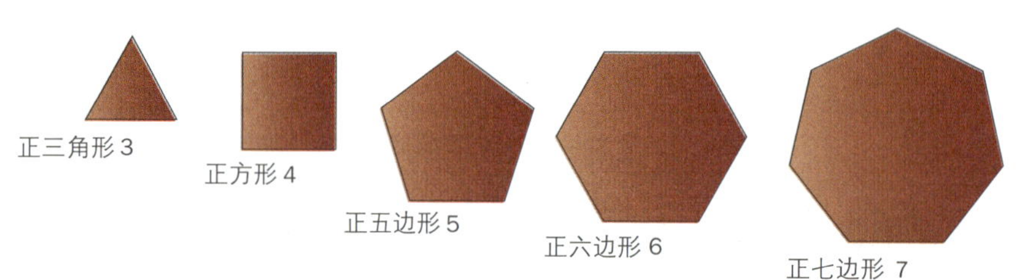

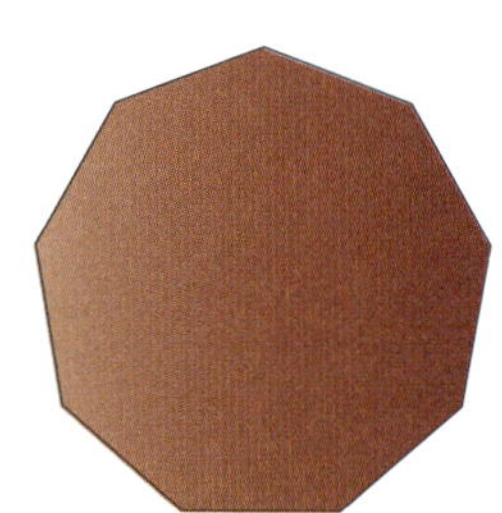

011 正多边形镶嵌

一个正多边形镶嵌图是由多个全等的正多边形组成的，这些正多边形组合起来可以覆盖整个表面。有无数种正多边形：正三角形、正方形、正五边形、正六边形、正七边形、正八边形、正九边形、正十边形等等，一直到圆，圆可以被看作有无数条边的正多边形。

假设有无数个全等的某一种正多边形。你能否猜到哪几种正多边形具有这样的性质，即用无数个它本身可以铺满一个无限的平面？

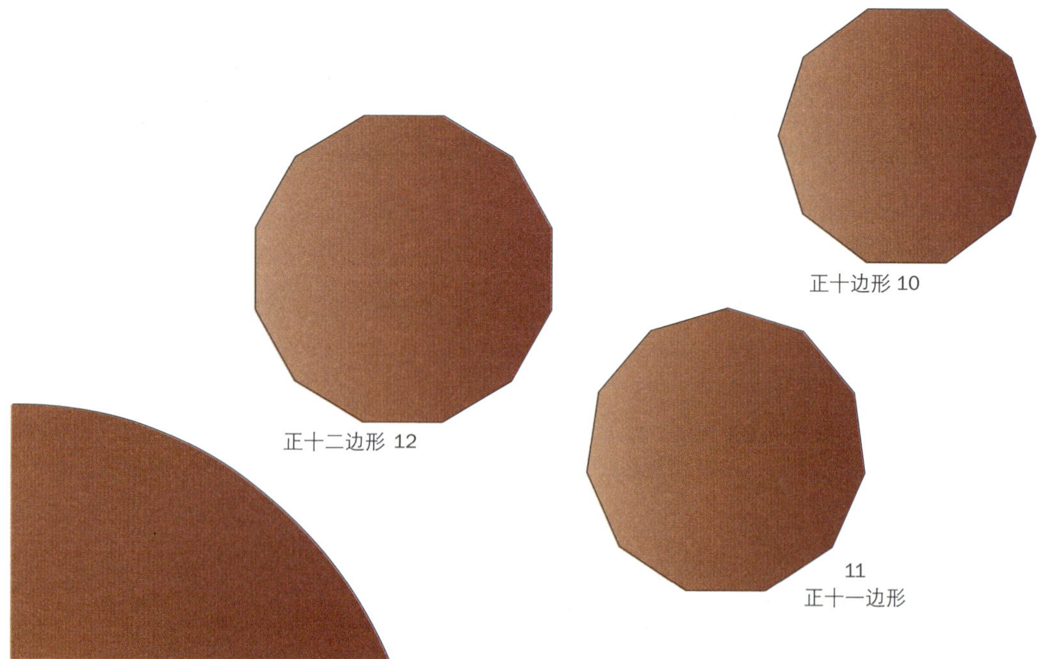

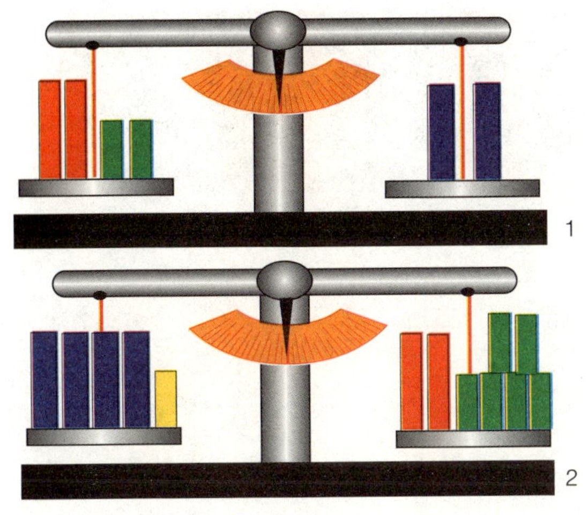

012 重物平衡（1）

最上面的2个天平都处于平衡状态。

在第3个天平的右边需要放多少个蓝色重物才能使天平平衡?

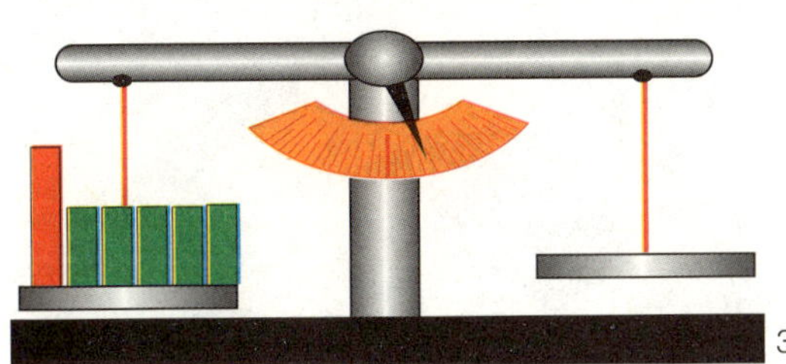

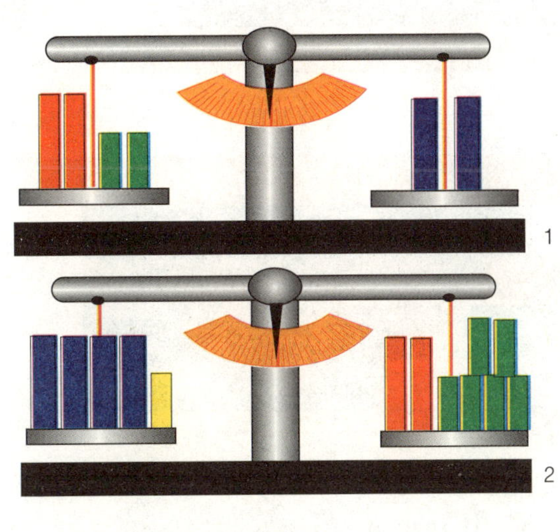

013 重物平衡（2）

最上面的2个天平都处于平衡状态。

在第3个天平的右边需要放多少个蓝色和黄色重物才能使天平平衡?

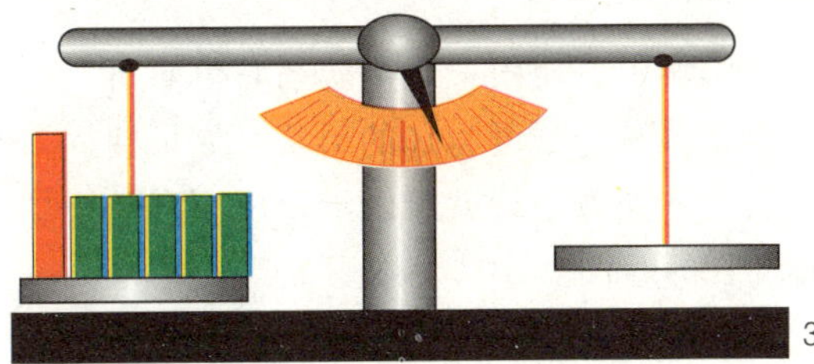

7 3 5 6 4 3 2 6 3 3 1 8 3 7 4 1

014 总和为 15

请问上面的这行数中有多少组连续的数字相加和为15？

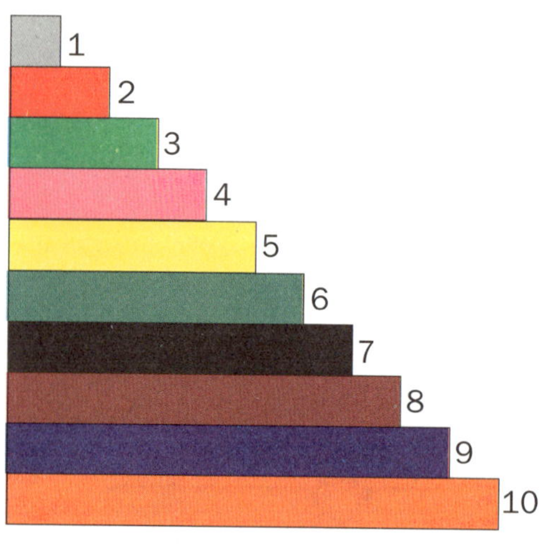

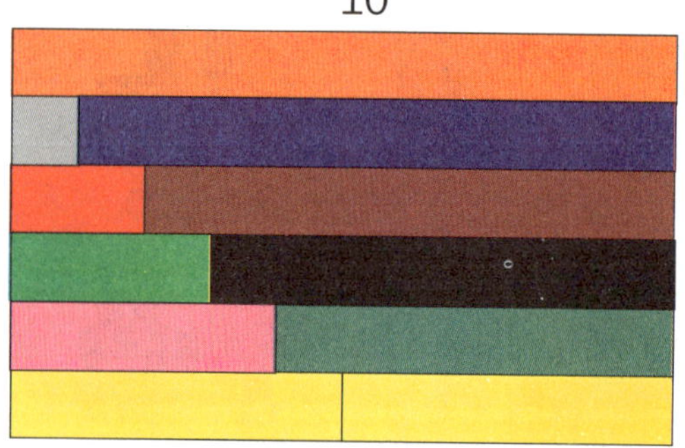

015 总长度为 10

如图所示，使用一套奎茨奈颜色棒可以组合出几种总长度为10的形状。如果使用多套奎茨奈颜色棒就可以组合出更多总长度为10的形状。

请问可以组合出多少套呢？

016 足球

如果这个足球的重量等于50克加上它重量的3/4，那么这个足球的重量是多少？

017 组合单位正方形（1）

把11个相同的红色单位正方形放进黄色的正方形区域。规则如下：

1.正方形必须在黄色区域内。

2.不允许出现重叠的正方形。

拼 11 个单位的正方形

拼 17 个单位的正方形

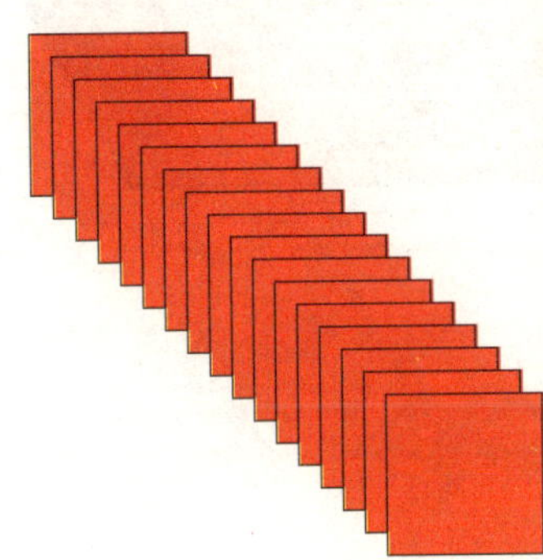

018 组合单位正方形（2）

把17个相同的正方形放进黄色的正方形区域。

规则同017题。

019 按顺序排列的西瓜

7个大西瓜的重量（以整千克计算）是依次递增的，平均重量是7千克。

最重的西瓜有多少千克?

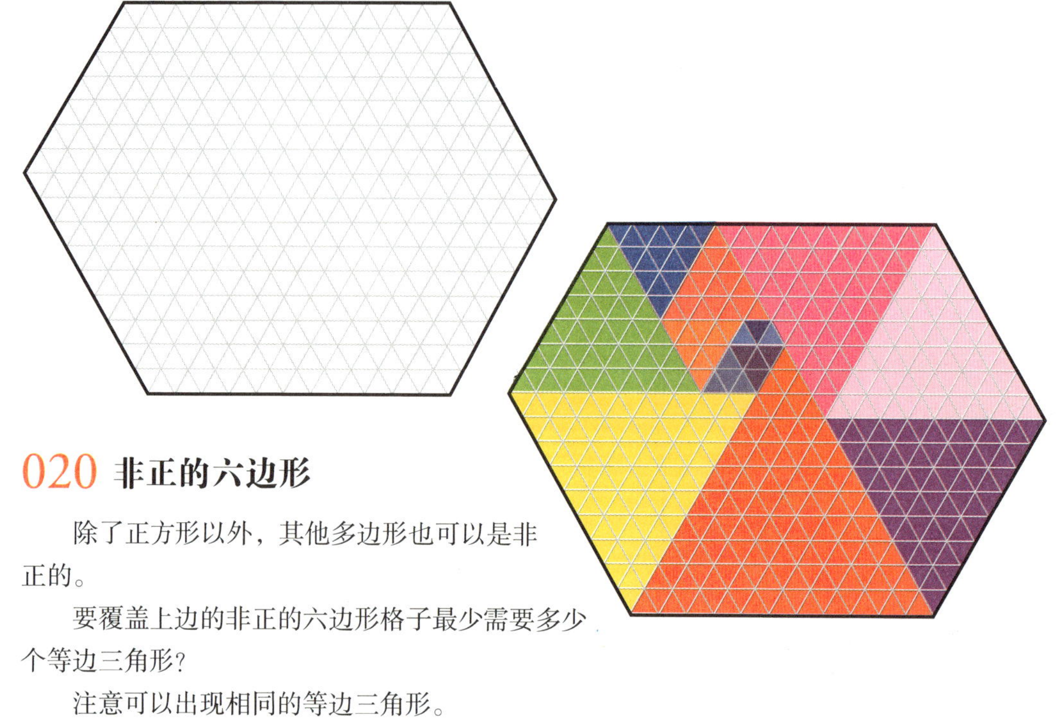

020 非正的六边形

除了正方形以外，其他多边形也可以是非正的。

要覆盖上边的非正的六边形格子最少需要多少个等边三角形？

注意可以出现相同的等边三角形。

相同的六边形被没有重叠地分成了14个等边三角形。

你能做得更好吗？

021 分割非正的正方形

你可以把这个有22部分的非正的正方形重新拼成两个更小的正方形吗？

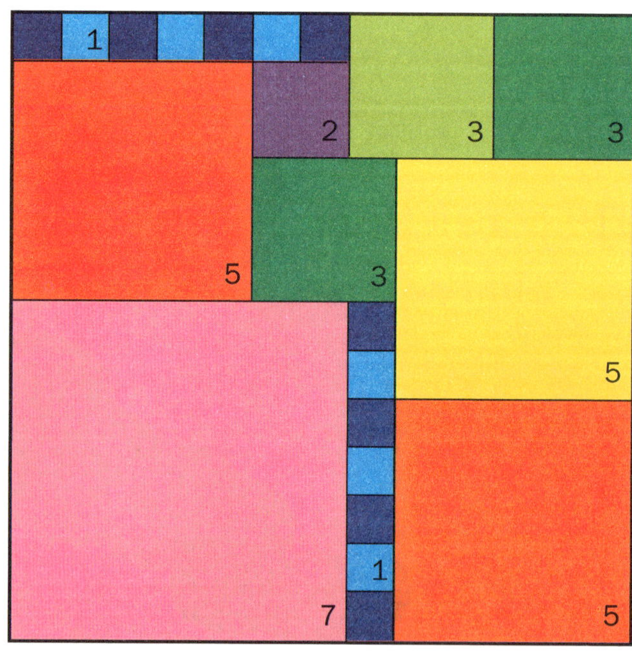

022 给重物分组

给如图所示的单位为千克的重物分组，把它们分成3组，使它们的总重量尽可能相等。

如果是3个2千克重的物体和2个3千克重的物体，答案就简单了。但是有9个物体，问题就麻烦了。你可以完成吗？

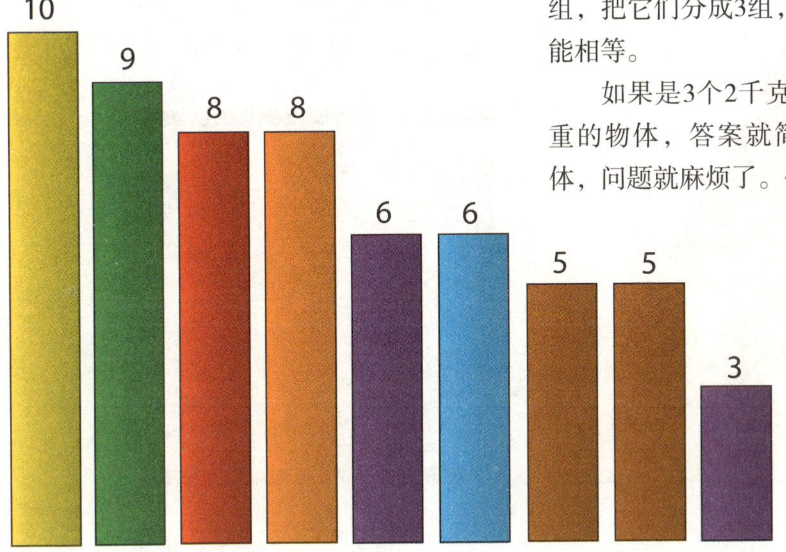

023 连续的唯一数字

题1：有多少个两位的阿拉伯数字，它们的十位和个位上的数字不是连续数字？

题2：有多少个两位的阿拉伯数字，它们的十位和个位上的数字不相同？

题3：举个例子，用一个有连续数字的三位数，如234，把它倒过来得到的数字是432，用它减去原来的数字得到198。这对于符合同样规律的三位数都成立。

把上面的一组四位数按照同样的程序运算，并制出一个表格，你需要多长时间？

你可以在1分钟之内做完吗？

024 帕瑞嘉的正方形

把这个被截去一角的三角形复制并分割成8块，然后把它们重新拼成一个完整的正方形。

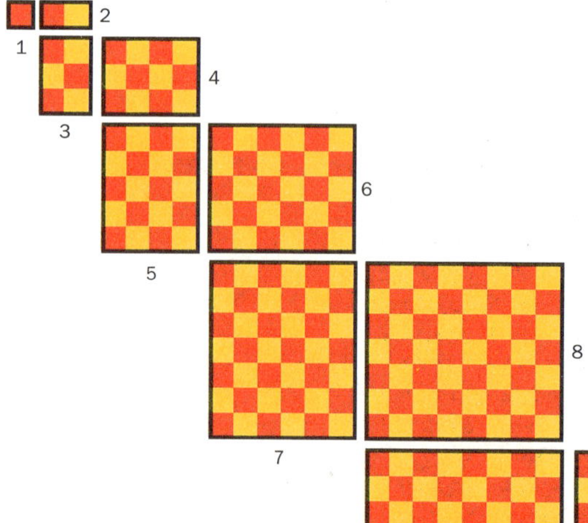

025 拼长方形

这些长方形由1个单位正方形开始，并且按照一定的逻辑规则无限增长变化。

这一系列的长方形中的前11个已经给出了。

你能找到用这11个长方形可以拼成的最小的正方形吗？

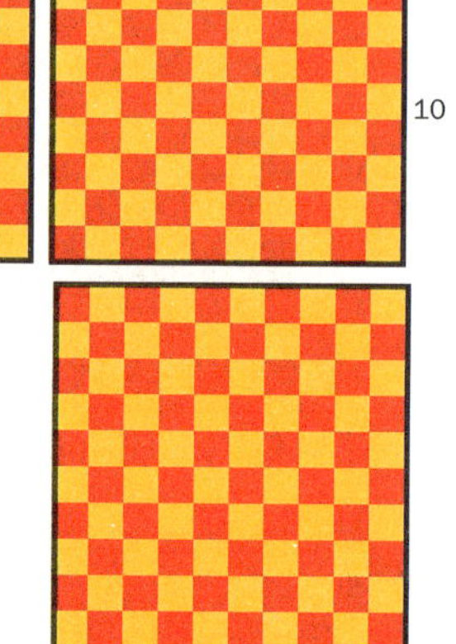

11

026 十二边形锯齿

将此图复制并剪下来，分成15个部分，把它们重新排列拼成一个十二边形，使十二边形表面上形成一条闭合的、曲折的线。

027 四边形组成的十二边形

一个十二边形可以被分割成12个相同的四边形，每个四边形都是由一个等边三角形和一个正方形的一半组成。

你能用这12个四边形重新组成一个十二边形吗?

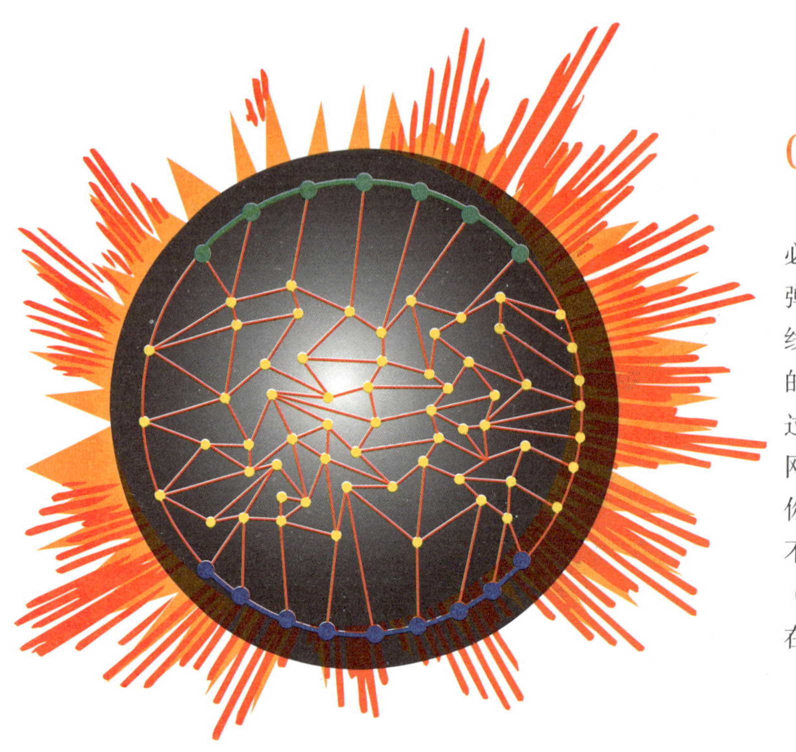

028 炸弹拆除专家

时钟在滴答作响，你必须在它爆炸之前拆除炸弹的引信，可以把它的线剪成两部分，即从底部的蓝线到顶部的绿线，穿过中间错综复杂的红色线网，剪尽可能少的次数。你可以剪断这些线，但是不要剪到中间的连接结点（黄色的圆点）。快点，在炸弹爆炸之前！

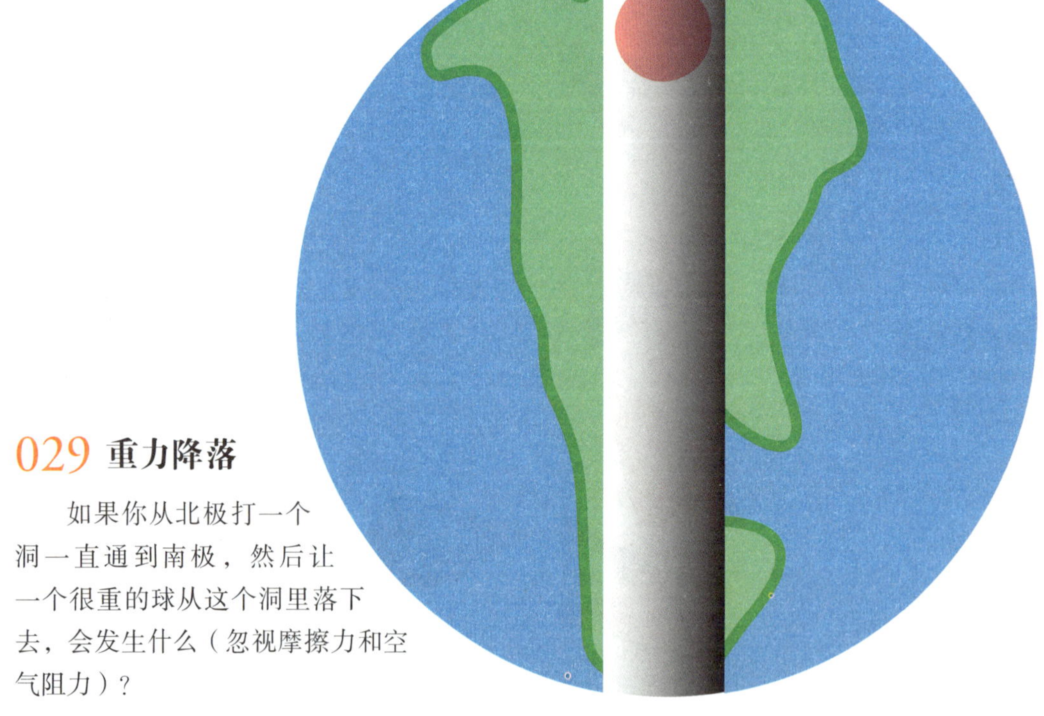

029 重力降落

如果你从北极打一个洞一直通到南极，然后让一个很重的球从这个洞里落下去，会发生什么（忽视摩擦力和空气阻力）？

拼 19 个单位的正方形

030 组合单位正方形（3）

把19个相同的正方形放进黄色的正方形区域。

规则如下：

1.正方形必须在黄色区域内。

2.不允许出现重叠的正方形。

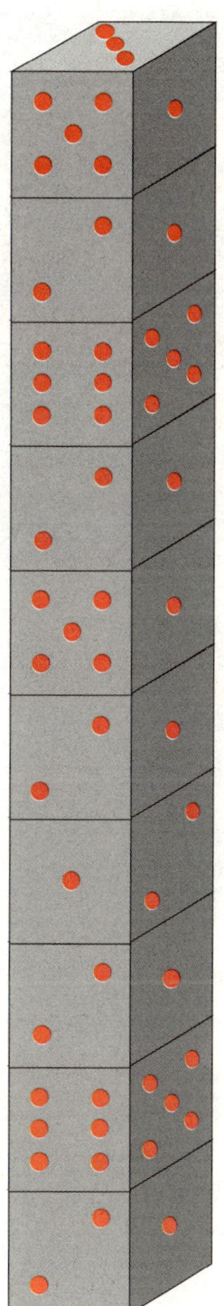

031 堆色子

你能计算出这10个色子没有画出来的那些面的总点数吗？

这些色子所有的接触面的点数都相同。

7 只红色

7 只黄色

7 只绿色

与前面的题目一样，假设抽屉里的袜子都是随意放置的。试试下面的题目，看看你能不能找到配对的袜子。

032 黑暗中的袜子（1）

在抽屉里放了7只红色、7只黄色以及7只绿色的袜子。

在黑暗中，必须要拿多少只袜子才能拿到一双左右脚配套的袜子（任意颜色的都可以）？

033 黑暗中的袜子（2）

条件同032题，问要拿多少只袜子才能每种颜色的袜子各拿到一双？

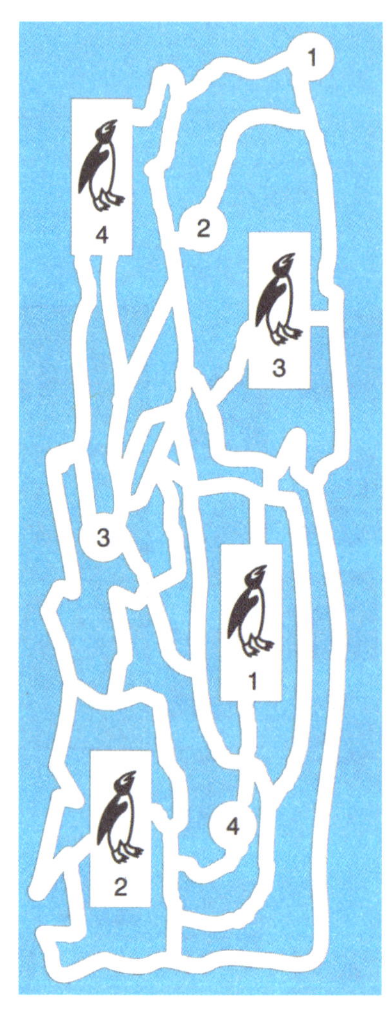

034 迷路的企鹅

不横过这些道路，你能让企鹅都回到它们自己的家吗？

035 奇怪的电梯

一栋19层的大厦，只安装了一部奇怪的电梯，上面只有“上楼”和“下楼”两个按钮。“上楼”按钮可以把乘梯者带上8个楼层（如果上面不够8个楼层则原地不动），“下楼”的按钮可以把乘梯者带下11个楼层（如果下面不够11个楼层则原地不动）。用这样的电梯能走遍所有的楼层吗？

从一楼开始，你需要按多少次按钮才能走完所有的楼层呢？走完这些楼层的顺序又是什么呢？

036 玩具头

玩具头是一种玩具，它展示了统计学的“通过一部分样本来推导整体”的方法。

一个玩具头（如图所示）里面装了60个小球，分别是绿、黄、蓝、红4种颜色。我们不知道各种颜色的小球分别有多少个。

转动一下玩具头，它就会旋转，里面的小球也会重新混合。每次转动停下来时，它的眼睛、鼻子和嘴巴所显示的都是不同的10个小球的组合。

右上角是6次转动玩具头后所得到的结果。

你能够由此推导出里面各种颜色的小球分别有多少个吗？

统计学是收集和研究数据的科学，很多问题都能够用统计学来解决。

037 隐藏的图形

在每一行或列的旁边有一些数字，这些数字会告诉你在这一行或列中将有几个黑色的方格。

举一个例子，2，3，5这几个数字就是告诉你，从左到右（或从上到下）将依次出现一组2格的黑色方格，然后有一组3格的黑色方格，最后还有一组5格的。

虽然在每一组黑色方格的前后可能（或不可能）出现白格，但在同一行（或同一列）内，每一组黑格与其他组之间最少夹有一个白格。你能看出这道题里所隐藏着的东西吗？

																1			
							1	1		1	1		1	1	2	1	3	1	
						2	1	1	1	1	1	1	3	2	1	2	3	2	2
					9	5	1	3	6	1	1	1	1	1	3	3	1	5	9
			1	1															
				5															
				1															
				15															
			2	2															
			1	1															
1	5	1	1	1															
1	1	1	1	1															
1	1	2	2	1															
	1	1	3	1															
	2	1	1	2															
				15															
	1	1	1	1															
	1	1	1	1															
			1	1															

038 掷6次

如果你连掷一个色子6次，6种点数每种分别掷到1次的概率为多少？

039 多形组拉丁拼板（1）

试着将这6个拼板重新组合成一个大正方形，使这个正方形每一行和每一列的6个小正方形颜色都不同。这个大正方形叫作拉丁正方形。

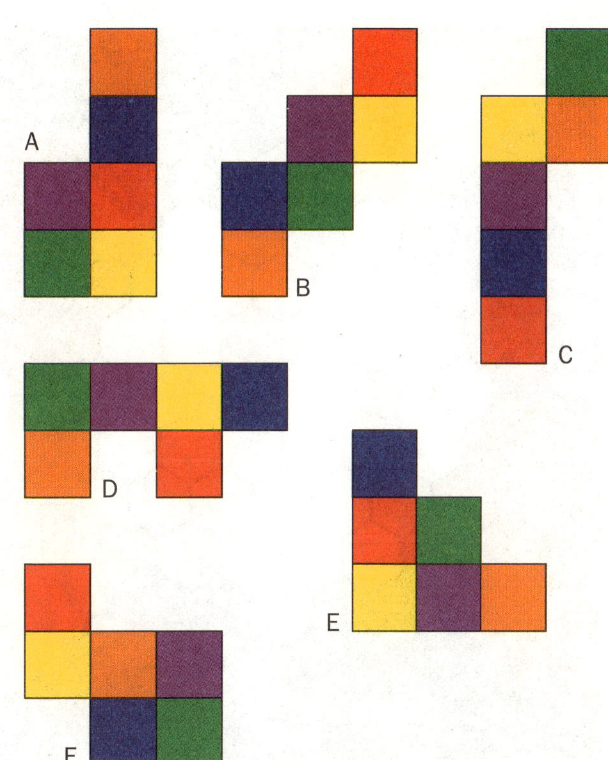

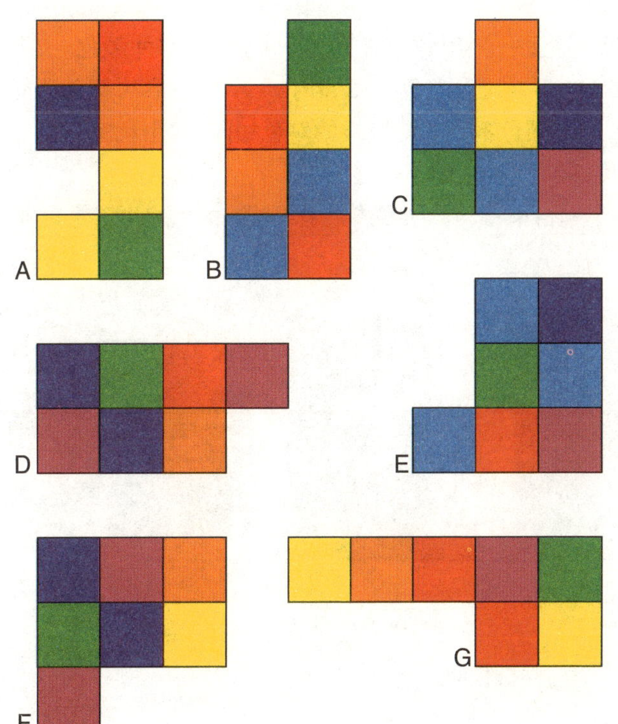

040 多形组拉丁拼板（2）

试着将这7个拼板重新组合成一个大正方形，使这个正方形每一行和每一列的7个小正方形颜色都不同。

041 四色六边形游戏

这是一个双人上色游戏，这里一共用到的有黄、绿、蓝、红4种颜色。2个人轮流选择颜色，给上面的1个小六边形上色。相邻的2个小六边形的颜色不能相同，同时最外圈的小六边形的颜色不能与游戏板的颜色相同。2个玩家轮流上色，不能再上色的玩家即为输家。

如果将这个游戏作为一个题目来看，你能不能把上面所有的六边形都上色?

042 五格拼板的 1/3

你能在上面4个图形里面分别画上3个五格拼板吗?

12个五格拼板中每个只能使用1次。

043 渔网

你能将外面的18条“鱼”全部放进中间的“渔网”中吗?

044 折叠4张邮票(1)

如图所示,这一套邮票共4张。你能说出一共有多少种折叠方法吗?只能沿着邮票的边缘(锯齿)处折叠,最后必须折成4张上下放置。邮票朝上朝下都没有关系。

4种颜色有24种排列方法。可以折出其中的几种?

045 折叠4张邮票（2）

如图所示，4张邮票组成了一个正方形。你能说出一共有多少种折叠方法吗？

只能沿着邮票的边缘（锯齿）处折叠，最后必须折成4张上下放置。

邮票朝上朝下都没有关系。

4种颜色有24种排列方法。

可以折出其中的几种？

046 1吨重的摆

图中是一个非常结实的重达1吨的摆，然而这个男孩只用一块小小的磁铁就让这个摆开始摆动。你知道他是怎么做到的吗？

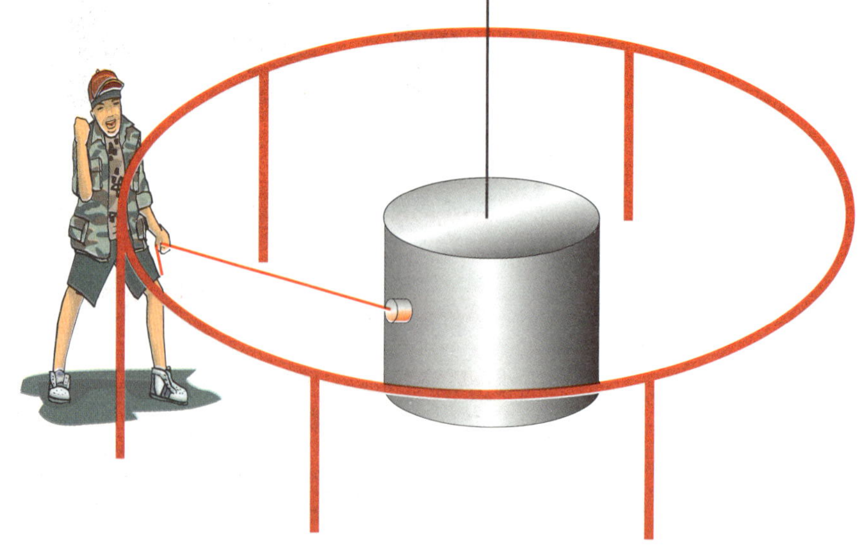

047 磬折形的面积

你能够根据勾股定理的公式$a^2+b^2=c^2$求出图中红色图形的面积吗?

048 动物散步

图中的问号处应该分别填上什么动物?

049 “量子比特”方格

“量子比特”单人游戏一共有50种不同的解决方法，下边展示的是其中一种，你还能找出多少种？

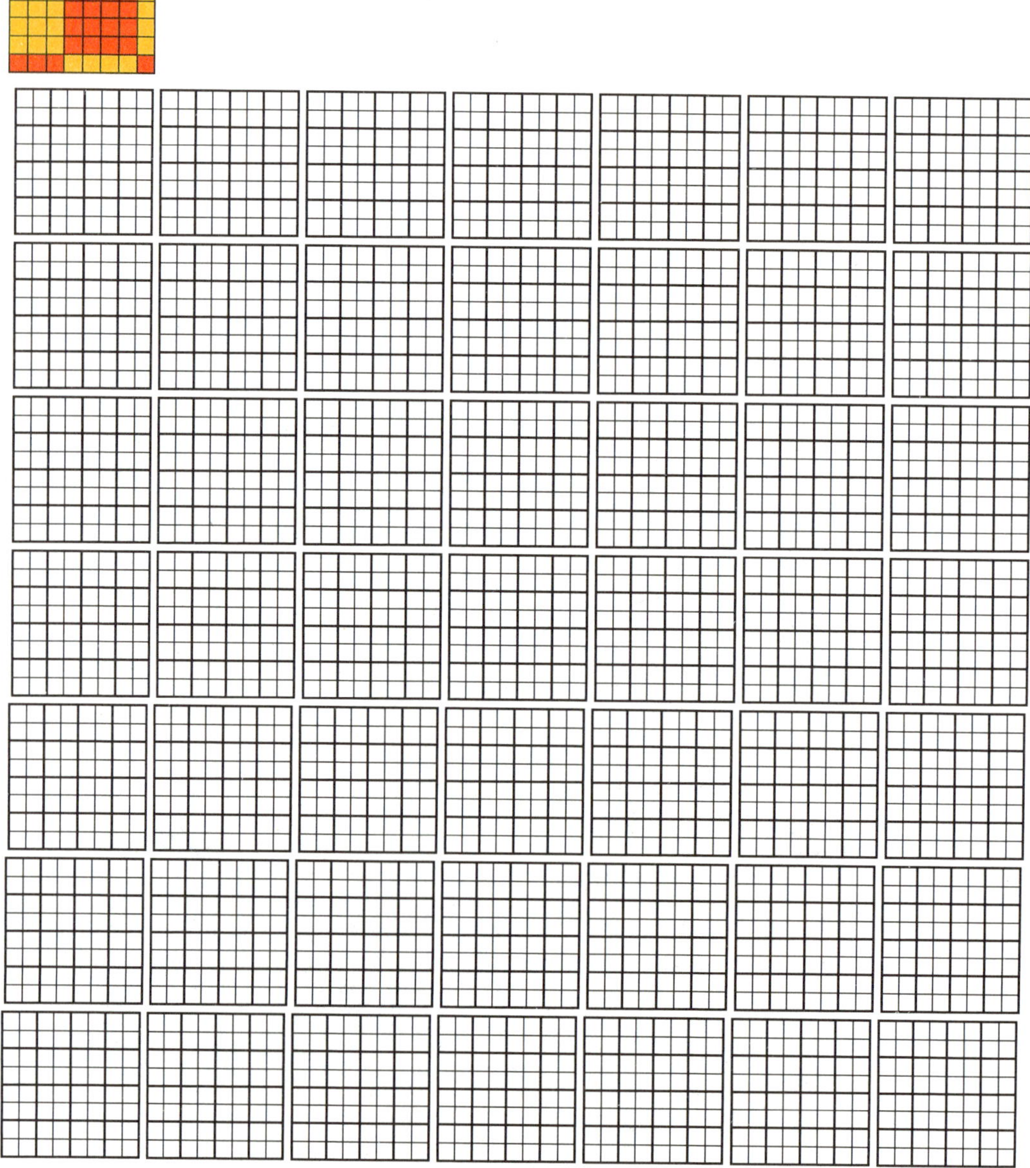

1 2 3 4 5 6 7 8 …
1 4 9 16 25 36 49 64 …

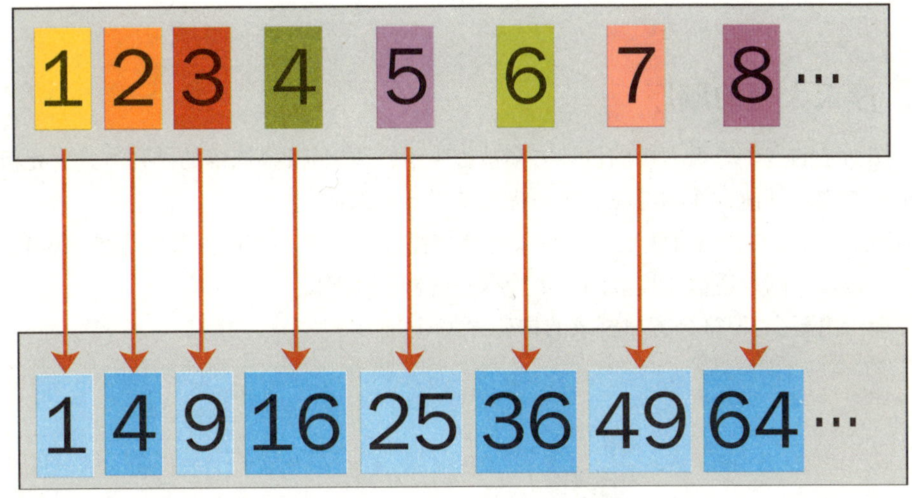

050 伽利略的诡论

每一个整数都有一个平方数。那么平方数的数量与整数的数量是否相等？

051 伽利略的斜面实验

将一个小球沿着斜面滚落，标出1秒钟后球在斜面上的位置。我们将斜面的总长度分成如图所示的多个等份，你能够在上面分别标出2秒、3秒、4秒、5秒、6秒、7秒、8秒、9秒后小球的位置吗？

伽利略的斜面实验是他的著名的自由落体实验的延伸，因为在斜面上滚落的物体和做自由落体运动的物体是相似的（除了斜面上的物体由于受到斜面的摩擦力的作用速度会减慢，这一点很容易观察或者测量出来）。

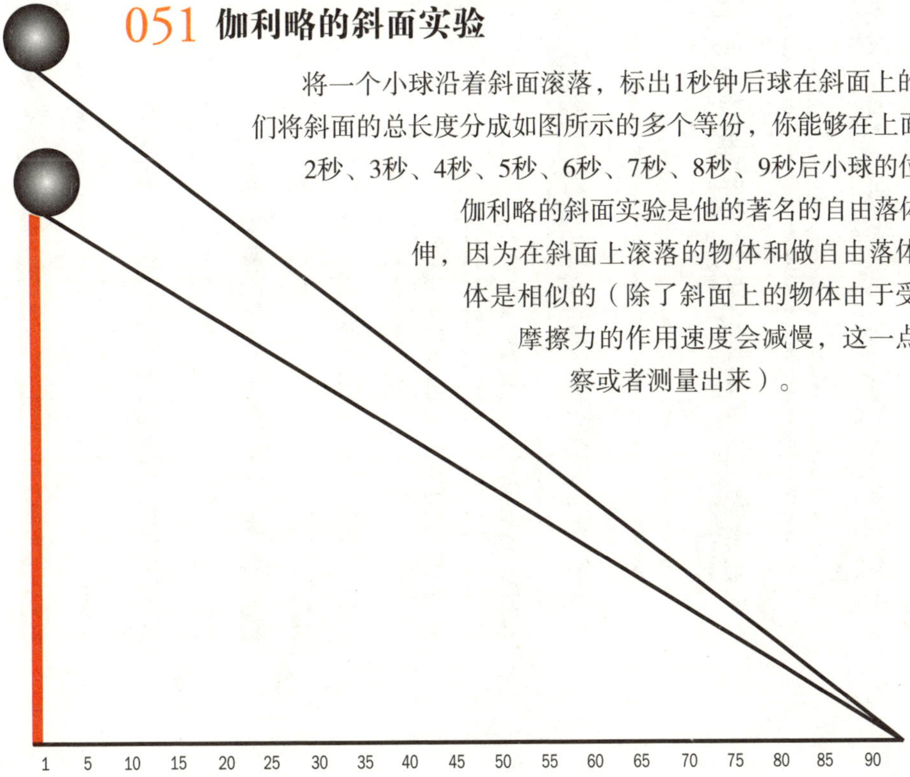
1 5 10 15 20 25 30 35 40 45 50 55 60 65 70 75 80 85 90

052 摩天大楼的顺序

如图所示的这个摩天大楼的设计方案被否决了，原因是这9栋楼的排列方式太死板了。

出于美观及其他方面的考虑，客户提出了以下要求：

9栋楼必须在同一条直线上，而且每栋楼的高度必须各不相同。其中不能有3栋以上的楼的序号是从左到右递增或递减的，不管这3栋楼是否相邻。

你能给出至少2种符合客户要求的排列方式吗？

053 木头人

这是一个很经典的脑筋急转弯。

一个老座钟上立着一个木头人。每当他听到钟响1次，他就会跳2次。座钟每到整点就响，响的次数与时刻数相等。

那么一天24小时，这个木头人一共会跳多少次？

054 赛跑

每个参赛选手都必须匀速跑完100米的距离，最先到达终点的选手获胜。

选手A抵达终点时选手B还差10米跑完；选手B抵达终点时选手C还差10米跑完。

请问选手A领先选手C多少米？

055 小学生的日程安排

15个小学生3人一组去上学，连续7天。

他们的分组情况必须要满足一个条件：在7天中任意2个小学生只有1次被分到同一组。

为了方便起见，我们将这15个小学生分别标上序号1～15，你能根据所给出的条件填写分组表格吗？

一共有7种解法，你能找出其中的一种吗？

分组情况															
第1天															
第2天															
第3天															
第4天															
第5天															
第6天															
第7天															

056 游泳池

一个游泳池长10米、宽5米、深1米，你一生中所喝的水的总量能不能把这个游泳池装满？

用你所学过的数学知识来解答下面这两道题。结果一定会让你惊奇不已。

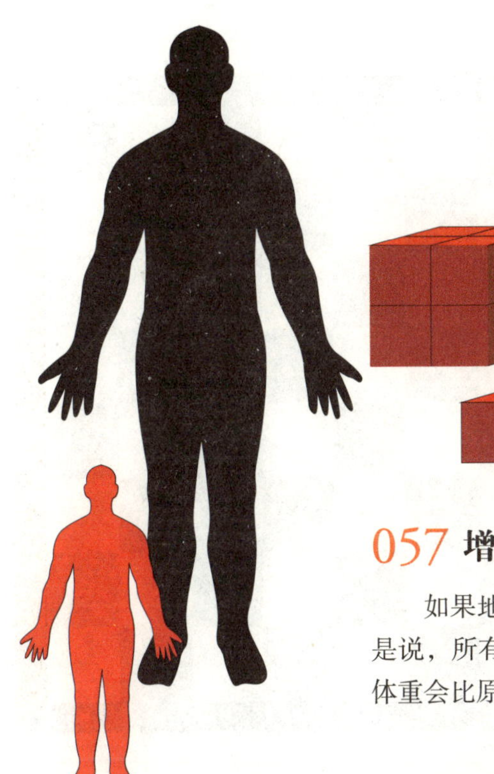

057 增大体积

如果地球上的所有东西的长度都变成原来的2倍（也就是说，所有测量长度的工具都变成原来的2倍），那么你的体重会比原来重多少？

058 字母的逻辑

把这7个蓝色的字母分别放入3个圆圈中，使每个圆圈内的字母都满足一个拓扑学的规则。

另外，每个圆圈内均有1个不符合规则的字母，请把它找出来。

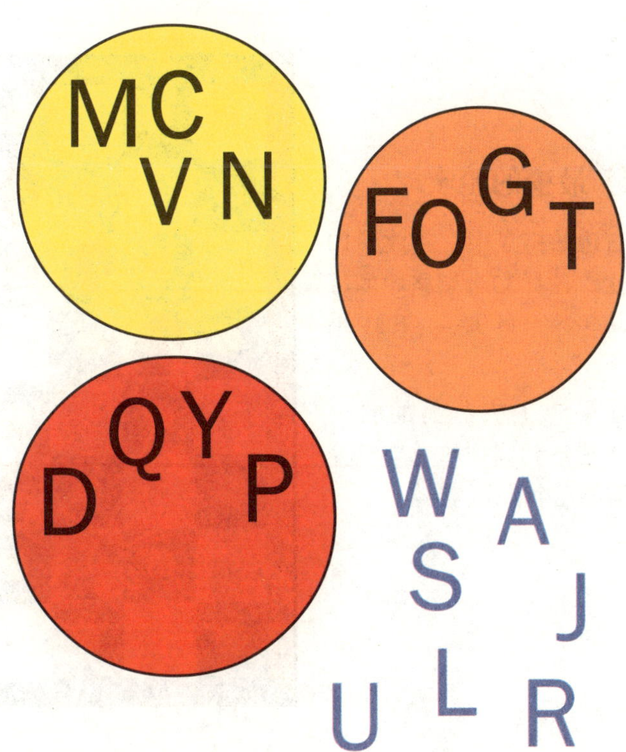

059 最多的骑士

问右边的棋盘上最多可以放多少个骑士，才能使每2个骑士之间都不能互吃？

060 最少的骑士

右边的棋盘中一共放了10个骑士，这样32个黑格中的每个都至少能够被一个骑士进入。

如果减少棋盘上的骑士数，还能达到同样的效果吗？最少需要几个骑士？

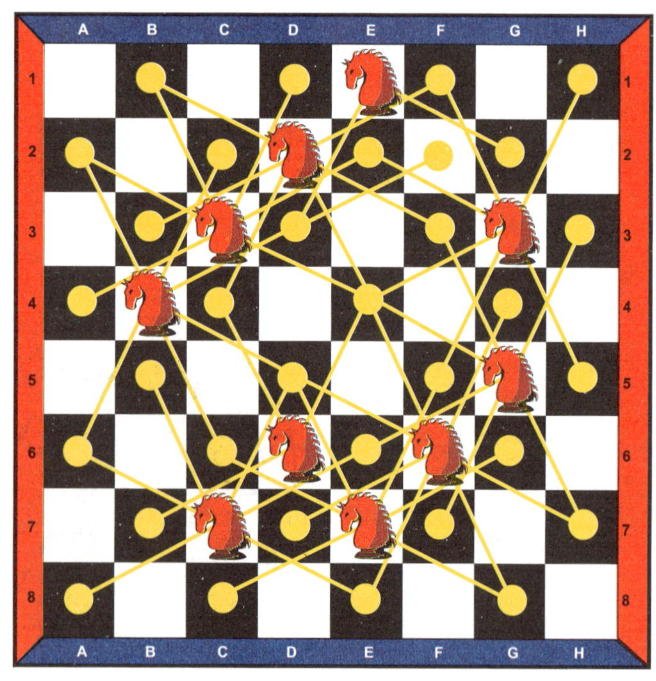

拓扑学所研究的是立体的图形，不论它是“硬”的几何图形还是看上去更柔软的图形。

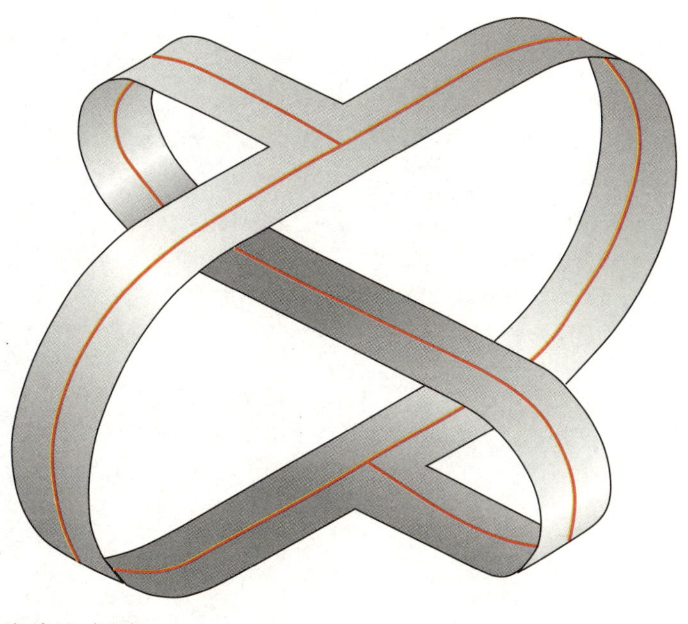

061 等价还是不等价

密苏里州欧罗拉的约西亚·曼宁把这个图形寄给马丁·加德纳，然后加德纳拿着这个图形问他的读者：该图形是否与一个麦比乌斯圈拓扑等价。

现在请你沿着图中红色的线将这个图形剪开，并告诉我们它与一个麦比乌斯圈是否等价。

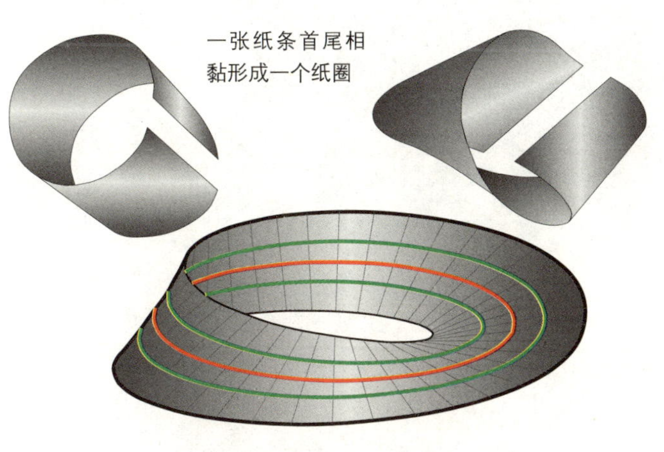

一张纸条首尾相黏形成一个纸圈

将纸条的一端旋转 180° 之后再首尾相黏，就形成了一个麦比乌斯圈

内侧和外侧是一组我们最常见的反义词，但是如何让这对反义词之间的界线变得模糊呢，比如说在麦比乌斯圈中？

062 二分麦比乌斯圈

如上图，红色的线是平分麦比乌斯圈的线，沿着这条线剪开，会得到什么结果？

063 莱昂纳多的结

此图是莱昂纳多创造的一个复杂的拓扑学结构，请问这个结构里面一共用了多少根绳子？莱昂纳多关于结的众多猜想为现代拓扑学和其他学科里的打结问题奠定了基础。

什么时候一个结不是真正的结？看上去一片混乱就一定是真正的结吗？希望你不用绳子，仅仅通过想象也能解决有关结的各种问题。

064 蛇鲨

请你给下面这4幅图里的曲线上色，使每两条在图中灰色的节点相接的曲线颜色都不同。请问最少需要用多少种颜色来上色？

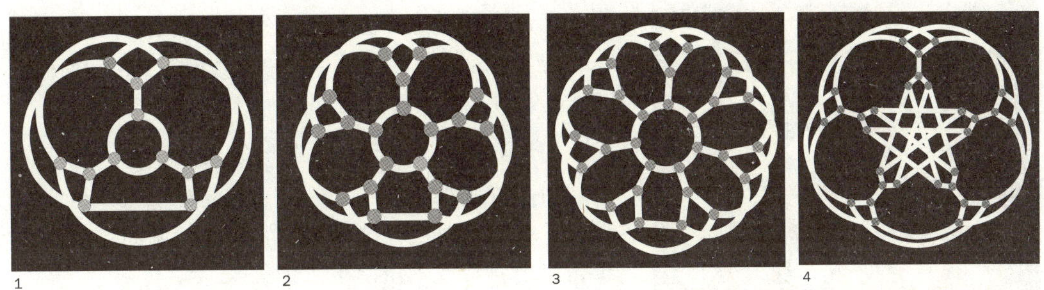

065 花朵上的瓢虫

3只分别为红色、绿色和蓝色的瓢虫，住在一个有5朵花的花园里。

如果每朵花的颜色都不一样（也就是说，有“标记”），那么瓢虫落在花朵上的方式有多少种？如果有必要的话瓢虫们可以分享花朵。

066 跳跳棋

跳跳棋是一种二人游戏，游戏双方需要将自己的棋子移动和跳动到对方领地，先到者胜出。

如左图所示，每个玩家有3种颜色的共6个棋子，一方棋子为圆形，另一方为方形。

游戏开始时，棋子的位置分别是在棋盘的两端。

游戏规则如下：

1.走子规则：直接向邻近的空位上挪动一步；或者也可以跳过一个棋子走一步。

2.移动或跳动时方向可以是前后、左右，或者斜向移动；但是如果是跳过一个棋子走步，那么落在棋盘上的格子颜色必须与该跳动的棋子颜色相同。

3.允许连跳几步，但是最终落在棋盘上的格子颜色与该跳动的棋子颜色必须相同（连跳中间落的棋盘不算）。

现在是2个玩家的棋盘格局（如右图所示），下一步该圆形棋子的这一方走，谁会赢？

28		3		35	
	18		24		1
7		12		22	
	13		19		29
5		15		25	
	33		6		9

067 六阶魔方

用数字1到36填入缺失数字的方格中，使得每一行、每一列及两条对角线上的6个数之和分别都等于111。

068 十二边形模型

如图所示的十二边形被分割成20块色块，并且这些色块被重新排列成不同的模型。这4个模型中哪1个是不可能由这些色块组合而成的？

1
2
3
4
5
6
7

069 七阶拉丁方

用7种不同的颜色将这个7×7的魔方填满，使得每一行、每一列包含各种颜色且每种颜色只能出现一次。（可以有多种解法。）

颜色已经被标号，你可以用数字填入魔方中。

070 五阶对角线拉丁方

如上图所示，你能填满这2个魔方网格，使得每种颜色在每一行、列以及两条对角线上都只出现1次吗?

071 忧郁狭条

你能不能把这个图案分成85条由4个不同数字组成的狭条，使得每个狭条上的魔数都等于34?

用数字1到16组成和为34的4数组合共有86种，这个网格图中只出现了85条。你能把缺失的1条找出来吗?

1	4	14	15	1	3	5	12	14	14	4	7	11	12	3	13	2
12	13	4	5	6	10	16	3	5	7	2	16	9	7	6	8	10
11	8	1	14	12	16	5	2	11	9	1	7	12	14	10	3	7
10	9	13	2	15	5	6	16	7	4	2	9	11	12	15	10	15
13	6	3	15	8	9	2	3	2	6	3	3	7	8	16	4	1
7	11	7	4	16	8	6	8	5	7	6	13	16	1	4	7	6
8	9	9	2	5	12	15	9	13	10	11	12	1	3	8	10	11
6	8	15	16	6	10	2	14	14	11	14	1	10	9	14	13	16
2	8	11	13	4	11	7	1	15	4	2	1	3	2	6	11	15
6	7	9	12	9	15	3	14	2	6	7	5	9	5	7	9	13
3	7	11	13	10	1	16	10	7	9	11	13	10	1	3	14	16
3	7	10	14	11	2	8	10	14	15	14	15	12	5	8	9	12
3	4	14	2	5	6	10	13	4	3	4	7	2	6	12	14	5
8	13	6	7	2	3	13	16	5	6	11	8	13	9	11	1	8
11	9	10	12	3	5	11	15	11	12	6	9	14	6	13	1	10
12	8	4	13	1	2	15	16	14	13	13	10	5	6	9	14	11
4	16	12	2	12	4	8	1	14	3	13	4	5	5	6	8	15
3	4	11	16	5	12	1	16	4	15	12	3	7	2	4	13	15
12	11	1	10	1	8	10	9	10	5	4	15	8	5	7	10	12
16	3	9	6	16	10	15	8	6	11	5	12	14	4	5	9	16

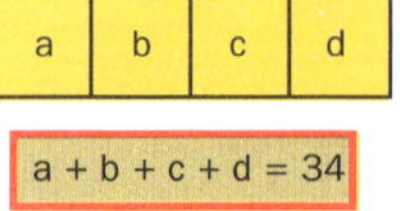

072 八角星魔方

你能将数字1到16填入下图的八角星圆圈内，使得每条直线上数字之和为34吗？

073 杜勒幻方

杜勒著名的蚀刻画《忧郁》（如左下图所示）包含了一个四阶的魔方，关于这个魔方还有一系列的书。它只是许多四阶魔方中的一个，但是因为它比魔方定义所要求的更加“魔幻”，所以它经常被叫作恶魔魔方。这幅蚀刻画创作的年份——1514，显示在魔方底行中心的2个方块中。

除了魔方基本定义中的几组数字模式之外，你还能在这个恶魔魔方当中找出几组不同的模式，使其魔数为34？

16	3	2	13
5	10	11	8
9	6	7	12
4	15	14	1

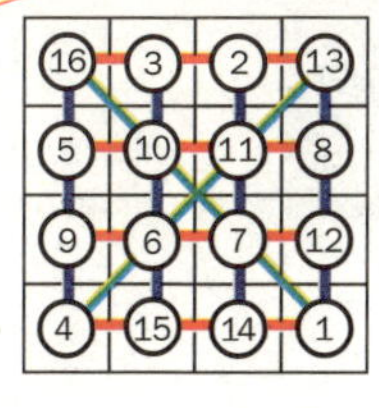

074 积木冲击

将这8个八边形复制并裁下。

你能以同样布局安排这些八边形，并且使八边形之间相邻的一边的颜色一致吗？

075 六边形填色题（1）

每个六边形被分成6个三角形，其中3个为黑色。

用所给6种颜色中的3种进行颜色填充，你能创造出多少个不同的六边形？

旋转后得到的六边形不被算作是不同的；镜面反射则算作不同。

076 六边形填色题（2）

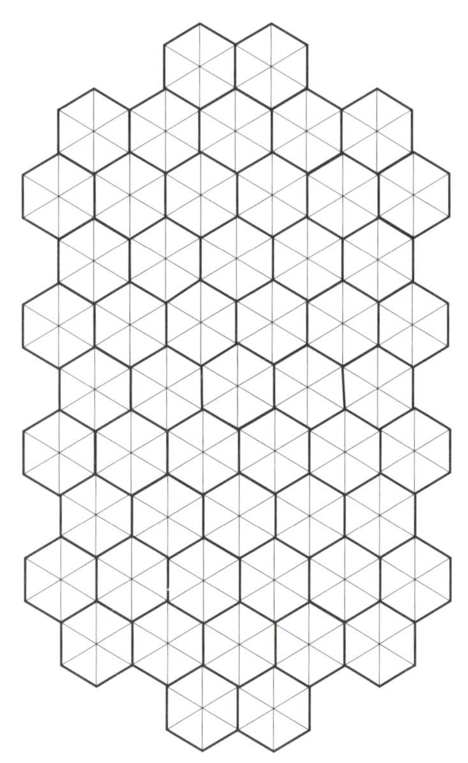

复制并裁下这40个六边形（参照上题的答案），将它们尽可能多地放到游戏板上。

要求这些六边形放在板上之后，相邻的边的颜色要相同，黑色块不能碰到其他色块。

你能摆放在上图游戏板上的最大数目是多少？

生活中我们总会遇到各种各样的选择，无论是在餐厅里点菜，或是你兴致勃勃地准备去买彩票。在最后作出决定之前你总是需要好好地考虑一下。

077 3道菜

从菜单给出的3组菜中分别选出1道菜，即一共要选出3道菜，请问一共有多少种选择方法？

078 动物转盘

如图，这个转盘的外环有11种动物。请在转盘的内环也分别填上这11种动物，使这个转盘能满足下列条件：无论转盘怎么转动，只可能有一条半径上出现一对相同的动物，而其他的半径上全部是不同的动物。问满足这种条件的排序一共有多少种？

把事物按照一定的顺序排列好并不是一件容易的事情。有时候运气好你可能一下子就把问题解决了，但是大多数时候你需要静静地坐下来，好好动一下脑筋。

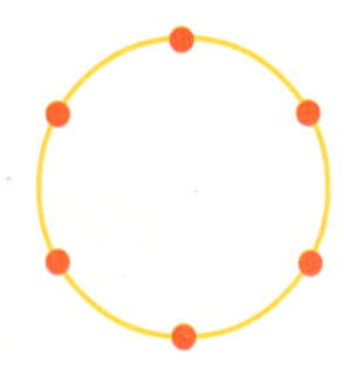

079 六边形的图案

如上图所示，在圆上取6个等距离的点。这6个点用不同的连线方式可以画出不同的图案，如左图所示。

请问：你能找出上图众多图案中与众不同的那一个吗？

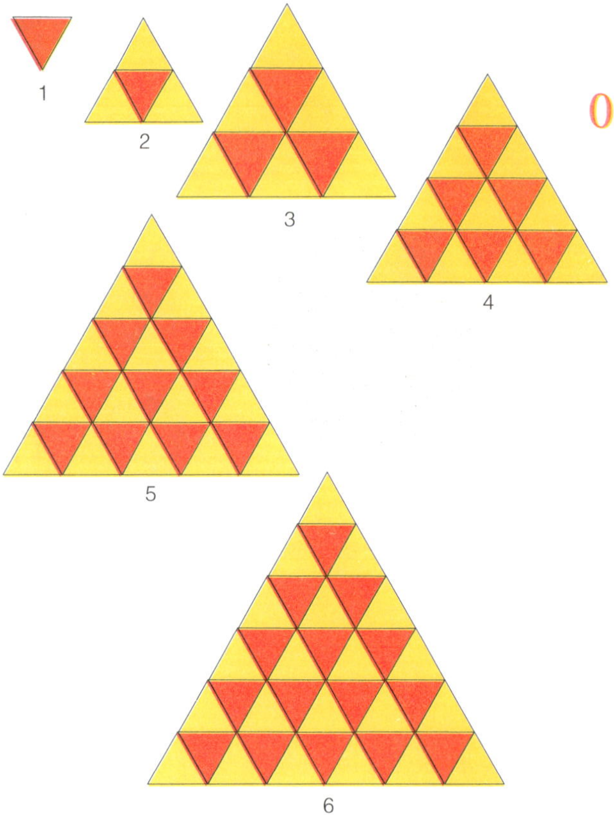

080 多少个三角形

这6幅图中分别有多少个三角形？

081 夫妻圆桌

有3对夫妻围坐在圆桌边，他们的座位顺序需满足下面的条件：

1.男人必须和女人相邻；

2.每个男人都不能跟自己的妻子相邻。

请问满足这两个条件的排序方法一共有多少种？

082 萨瓦达美术馆

这个形状奇怪的美术馆里一共有24堵墙，在美术馆里的任何一个角落都可以安放监视器。在左图中，一共安放了11台监视器。

但是，监视器的安装和维护都非常昂贵，因此美术馆希望安放最少的监视器，同时它们的监视范围能够覆盖到美术馆的每一个角落。问最少需要安放几台？

083 双色珠子串

你有红色和蓝色两种颜色的珠子，每种珠子各10颗。将这些珠子串成一串，这一串的第一颗珠子是红色的。

现在我们把这一串中连续的几颗珠子称为一个“连珠”。连珠的长度取决于它所包含的珠子的颗数。

含2颗珠子的连珠我们称为“二连珠”。问可能有多少种二连珠？

含3颗珠子的连珠我们称为“三连珠”。问可能出现多少种三连珠？

含4颗珠子的连珠我们称为“四连珠”；含5颗珠子的就是“五连珠”，依此类推。也就是说，含n颗珠子的连珠我们称为“n连珠”。

如果要求一串珠子全部由二连珠组成，且整串珠子中不能出现两个一模一样的二连珠，问这串珠子最长有几颗珠子？

如果要求一串珠子全部由三连珠组成，且整串珠子中不能出现两个一模一样的三连珠，问这串珠子最长有几颗珠子？

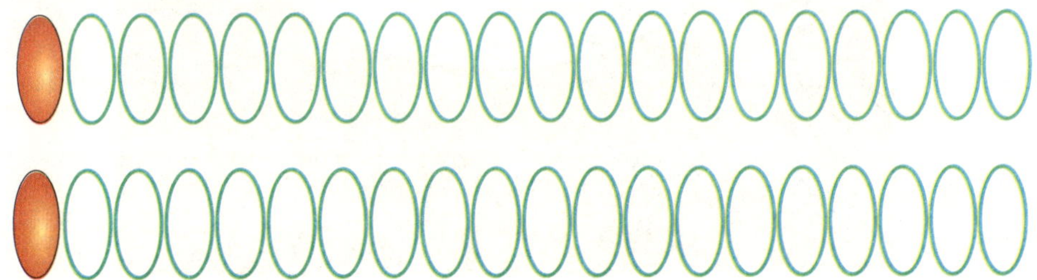

084 卡利颂的包装盒

卡利颂是一种有名的法国糖果，它的形状是由两个正三角形所组成的菱形，卡利颂通常用漂亮的纸盒包装起来。

我们的题目就与它的包装有关。

我们用三角形格子的纸盒来装卡利颂，由于每个卡利颂要占两个三角形的位置，那么一般说来纸盒里三角形的格子数必须是偶数。

但是是不是这样就够了呢？是不是所有含三角形的格子数为偶数的纸盒都可以装满卡利颂，而没有一个格子空出来呢？

如图所示，你能够用3种颜色的卡利颂糖果填满星形的包装盒吗？

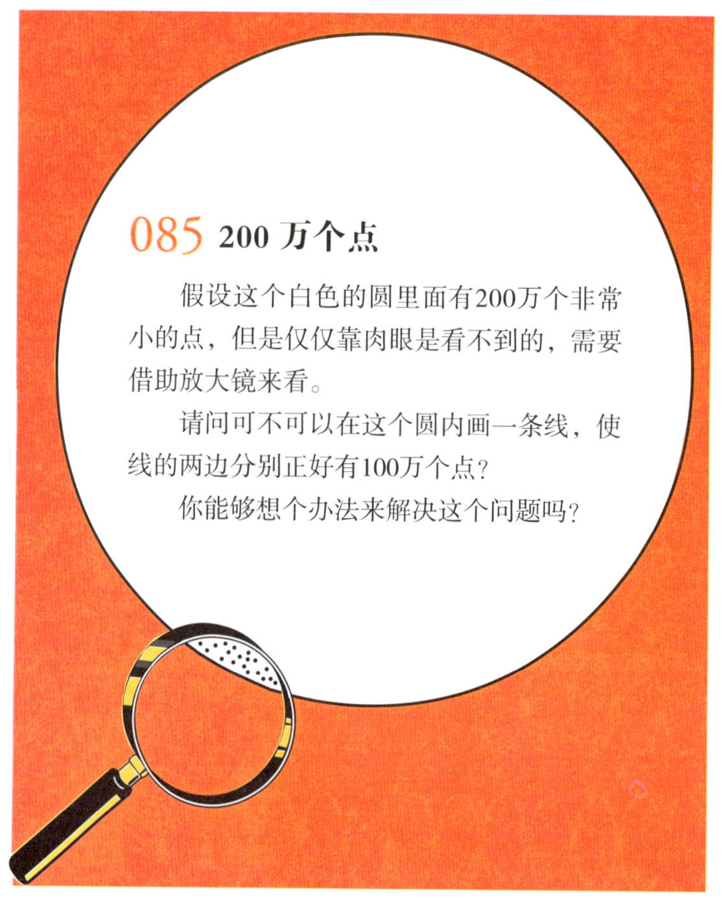

085 200万个点

假设这个白色的圆里面有200万个非常小的点，但是仅仅靠肉眼是看不到的，需要借助放大镜来看。

请问可不可以在这个圆内画一条线，使线的两边分别正好有100万个点？

你能够想个办法来解决这个问题吗？

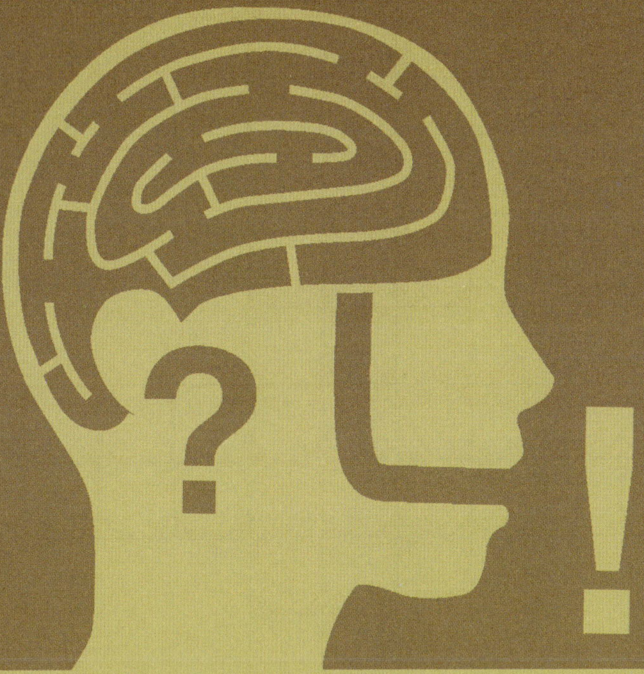

第七章

激活推理力

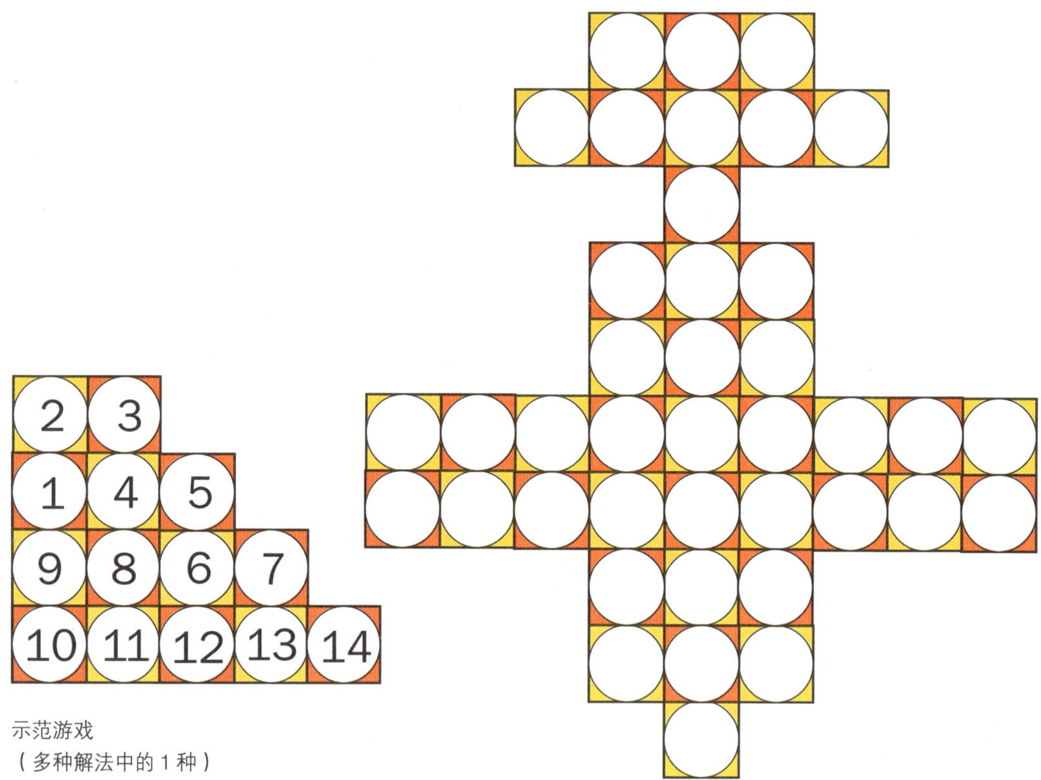

示范游戏
（多种解法中的1种）

001 投石问路

这个游戏源于14世纪的日本，当时的游戏是将很多石块排成相互垂直的形状，然后再按照一定的规则一块一块地移走石块。这个游戏也可以用纸和笔进行，将从1开始的连续多个自然数填入给定的图案中，见左边的示范游戏。

游戏规则是从选定的圆圈开始，在给定的图案里面填上连续的自然数。填数的时候遵循以下规则：

1.当你写下一个数之后，你可以在与这个圆圈横向或者纵向相邻的圆圈里写下下一个数；

2.写数的时候不能跳过一个空的圆圈，但是可以跳过一个已经写上了数的圆圈；

3.不许停在以前到过的圆圈处。

根据这些规则，你能完成这道题吗？

002 齿轮带

如图所示，每个齿轮中间的数字代表这个齿轮有多少个齿。左下方的红色小齿轮顺时针旋转一圈需要12分钟。2个齿轮带可以通过移动打开2个开关。问这2个开关分别需要多久才能打开？

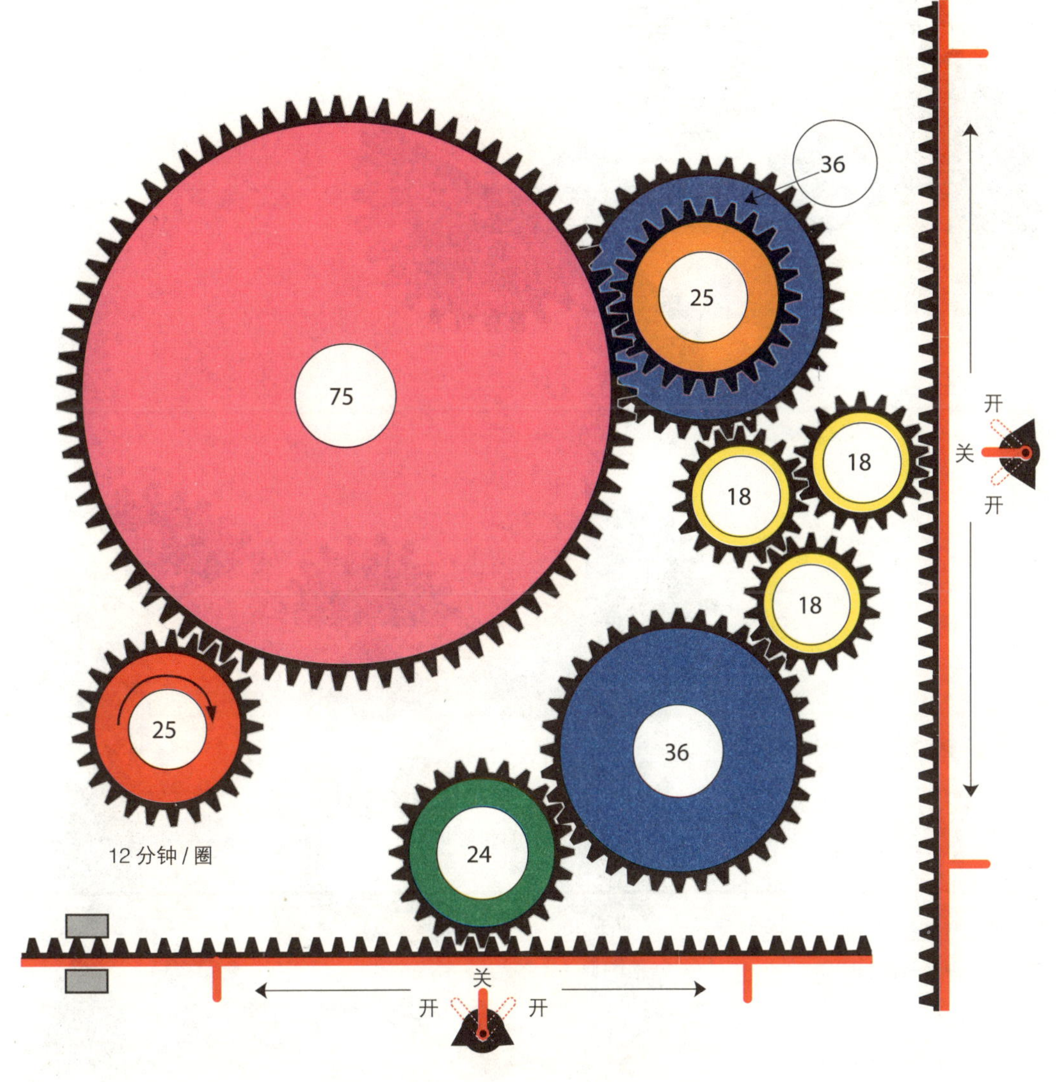

003 齿轮六边形

左图为6个相互契合的齿轮，转动其中的一个大齿轮多少圈，可以使这6个齿轮形成如图中间所示的样子，即齿轮中间形成一个黑色的六边形？

图中的大齿轮都是30个齿，小齿轮都是20个齿。

004 齿轮正方形

右图为8个相互契合的齿轮，转动其中的一个小齿轮多少圈，可以使这8个齿轮形成如图中间所示的样子，即齿轮中间形成一个黑色的正方形？

图中的小齿轮都是20个齿，大齿轮都是30个齿。

005 齿轮转圈

如图所示，4个齿轮构成了一个闭合装置。4个齿轮分别有14，13，12和11个齿。

问最大的那个齿轮转多少圈，可以使所有的齿轮都回到原来的位置（也就是各个标记的齿和图中的黑色三角形再次一一相对）？

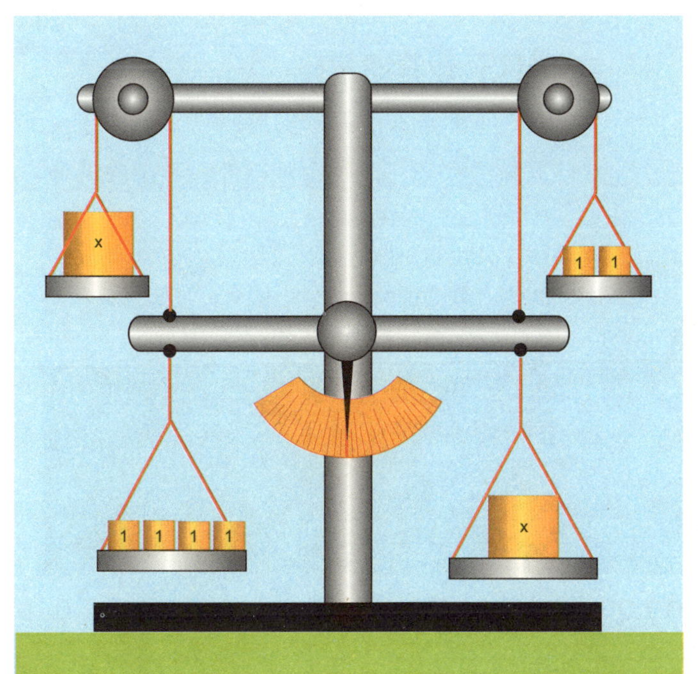

006 等式平衡

一个等式就好比一个天平。英国教师罗伯特·柯勤设计了一个天平，即在一个常规天平上加一个滑轮，如图所示。由此也就引入了“负数重物”的概念。

根据左边的图，你能否确定x的值？

007 滚筒原理

世界上不同地区的先人们独立地发现了滚筒能够帮助运输重物的特性。没有这个发现，金字塔、神庙以及巨型石碑就不可能建成。

如上图所示，两个滚筒的周长分别是1米。如果滚筒旋转一周，那么它所承载的木头移动了多远？

008 计算器故障

计算器总是可信的。但是我的计算器上除了1，2，3这3个键以外，其余的键都坏了。

只用这3个键，可以组成多少个一位、两位或者三位的数？

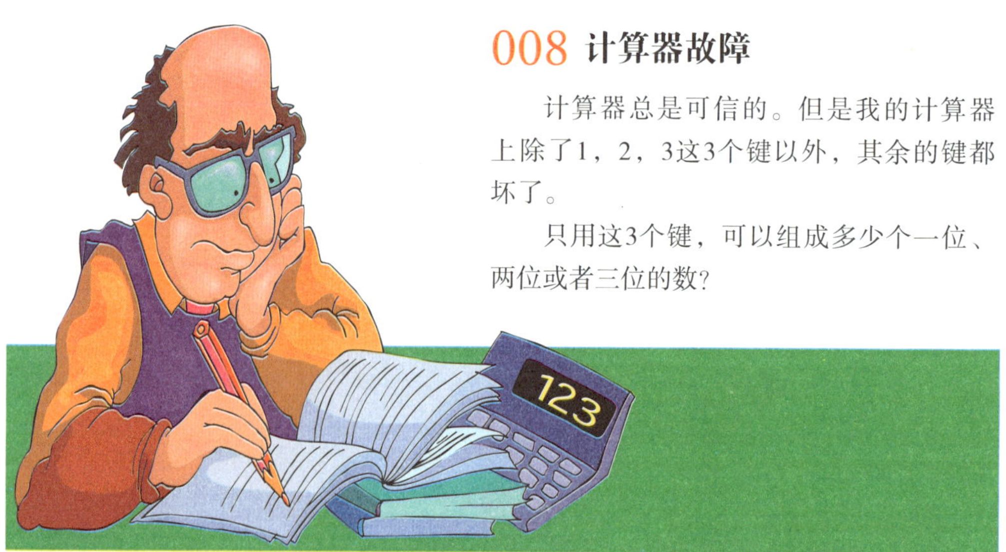

0,1,2,3,4,5,6,7,8,9,11,22,33,44,55,66,77,88,99,101,111,121,…?

009 卢卡数列

找一个朋友在左图2个红色方框内分别写上2个数字（例如3和2），并且不能让你看到。然后从第3个方框开始，每个方框里面的数等于前2个方框里的数之和，依此类推，一直写到第10个方框。

他们只给你看绿色方框里的数，其他方框里的数你都不知道。

要求你写出这10个数的和。在他们还没有写完这10个数时，你就可以将它们的和（图中为341）写出来了。

怎样可以提前知道答案呢?

010 扑克牌

如图所示，15张扑克牌摆成一个圆形，其中两张已经被翻过来了。

这15张牌中每相邻3张牌的数字总和都是21。

你能否由此推出每张牌上的数字?

011 绳子上的猴子

这是路易斯·卡罗尔的一个经典的思维游戏：

如图所示，现在猴子和绳子另一端的香蕉处于平衡状态。

如果这只猴子现在开始沿着绳子往上爬，左边的香蕉将会怎样移动？

012 数列（1）

你能否找出这个数列的规律，并写出它接下来的几项吗？

013 缺失的数

左边的数是按照一定的顺序排列的，你能否在画有问号的方框内填上一个恰当的数？

如果你做到了，左边图中缺少的那块蛋糕就是你的了！

014 数字迷宫

数字迷宫是在一个每一边包含n个格子的正方形里面填上从1到n^2的自然数。填的时候按照横向或纵向移动，在相邻的格子里填上连续的数，每一个格子里只能填入一个数。这里给出了一个例子。

在5×5和6×6的方框中，有几个格子里已经填上了数字，你能否将剩余的数字补充完整？

6	7	8	9
5	4	3	10
16	1	2	11
15	14	13	12

5			24	
				20
	9	16		14

15					
					1
			10		
	20				
				32	

015 21个重物

你有21个相同的盒子，它们中的一个比其他的稍微重一点。用一架天平，你需要称几次就可以找出那个比较重的盒子？

016 中心六边形数（1）

上面分别是前5个中心六边形数。之所以叫中心六边形数，是因为它们都是从中心向外扩展的。

你能否算出第6个中心六边形数？

017 中心六边形数（2）

你能否算出前6个中心六边形数的总和？

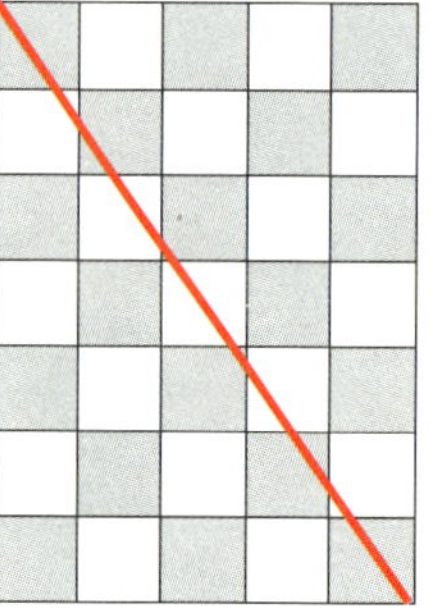

3×4 长 方 形：
穿过 6 个正方形

5×7 长方形：穿过 11 个正方形

10×14 长方形：?

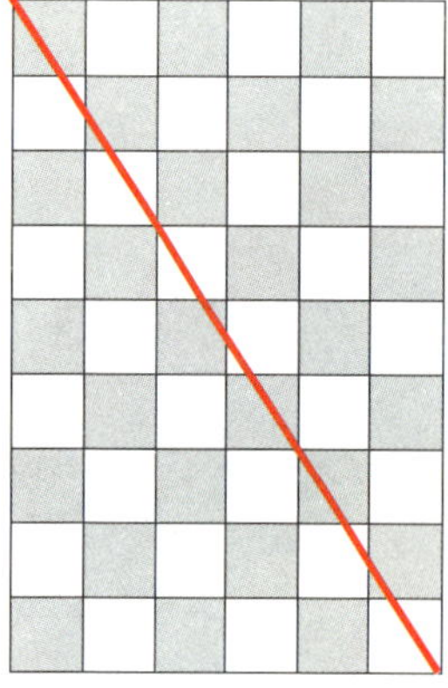

6×9 长方形：穿过 12 个正方形

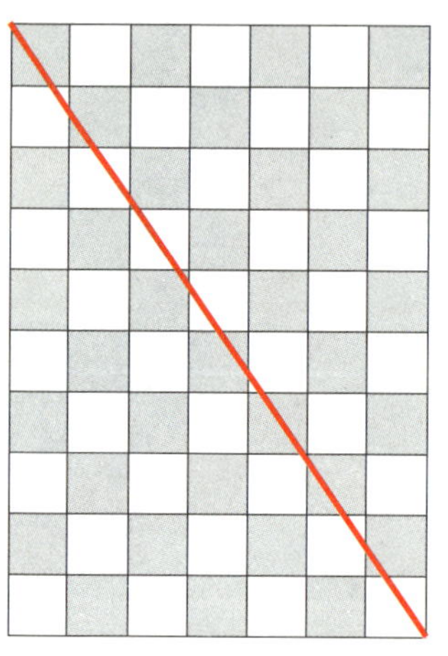

7×10 长方形：穿过 16 个正方形

不管把1个四边形分成2个三角形还是分成6个三角形，我们总是能通过这些编出一个难题。

018 对角线问题

在长方形的格子里画出对角线。

对角线穿过每个格子中几个小正方形?

在10×14长方形中，对角线穿过了几个小正方形?

你可以概括这个问题，并且总结出对于任何长方形都成立的规则吗?

019 多边形七巧板的放置游戏（1）

你最多能在下面的这个11×11的正方形里放几个多边形？

020 多边形七巧板的放置游戏（2）

你最多可以在下面的11×12的长方形里放几个多边形？

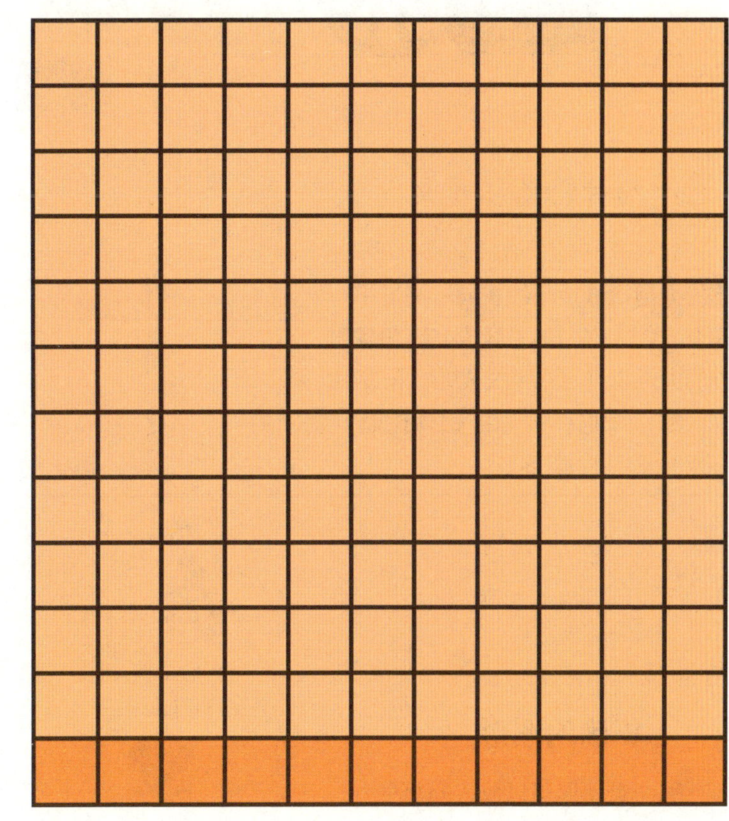

浅色的小正方形：11×11正方形

深色的小正方形：11×12正方形

021 炮弹降落和开火

如果这3门大炮在同一时间开火。最上方的大炮沿着地平线在同一高度平行发射，左下方的大炮与地平线成45° 角发射，右下方的大炮垂直与水平线成90° 角发射。

哪一个炮弹最先接触到地面？剩下的将以什么顺序降落？

A

B

C

022 正确的图形

哪一个图形可以放入问号处？

D

E

F

023 2个帽子游戏

在一个小一点的桌子上再玩帽子游戏，将41个小球放在上图这2个帽子中。各个帽子中小球的数量如上图所示。

从哪个帽子中抽到红色小球的可能性更大？

024 4个帽子游戏

在计算两三个单独的小组组合之后的总和和百分比的时候，我们非常容易犯错误，因此尤其要注意。

人们总是认为数据越大，结果也就更可信。辛普森悖论所研究的就是与这种假设完全不符的结果。有的时候数据越大结果反而越不好。

4个帽子游戏就向你介绍一下这种悖论。

将41个小球放进如图所示的4个帽子中，其中23个小球为红色，18个小球为蓝色。每个帽子中的小球数量如图所示。

从每组中（A和B为一组，C和D为一组）抽出一个小球。在这2次中如果你抽到红色小球就算你赢。请问在哪个帽子中抽到红色小球的可能性最大？

025 8个金币

一共有8个金币，其中1个是假币，其余的7个重量都相等，只有假币比其他的都要轻。

请问用天平最少几步能够把假币找出来？称重量的时候只能使用这8个金币，不能使用其他砝码。

026 彩票

一种奖品为高级小轿车的彩票一共发行了120张。

有一对情侣非常渴望得到这辆车，因此购买了90张彩票。

请问他们不能赢到这辆车的概率是多少？

概率机

概率论是最有用的数学工具之一，它使通过一部分样本来预测整体成为可能，同时它还能帮助科学家有效地计算可靠性和误差。

027 概率机

在如图所示的概率机中，将黄色的阀门打开，上面的红色小球就会向下落。每一个小球在下落中有两种可能性：向左或者向右。

中间障碍物上面的数字表示通向它们各有多少条路径。它们所构成的图形是著名的帕斯卡三角形。

如果放非常多的小球，将这个实验做很多遍，那么落到下面每个凹槽中的小球数量与通向该凹槽的路径数量有直接的关系。而另一方面，它们中某一个特定小球的路径是完全随机和不可预测的。

在我们的概率机中，一共有64个小球。那么根据概率论，最后下面的7个凹槽中各自会有多少个小球落进去？

028 7只小鸟

7只小鸟住在同一个鸟巢中。它们的生活非常有规律，每一天都有3只小鸟出去觅食。

7天之后，任意2只小鸟都在同一天出去觅食过。

将7只小鸟分别标上序号1～7，请你将它们这7天的觅食安排详细地填在表格中。

时　间	觅食的小鸟序号
第1天	
第2天	
第3天	
第4天	
第5天	
第6天	
第7天	

029 数学家座谈会

在一个座谈会中共有7位著名数学家出席，其中3位有胡子。这7位数学家将沿着一个长桌子的一边坐成一条线。

请问3位留胡子的数学家正好相邻坐着的概率为多少？

030 西瓜

一辆卡车将总重量为1000千克的西瓜运往一个超级市场，西瓜的含水量达到99%。

由于天气炎热，路途遥远，当卡车到达超级市场时，西瓜的含水量已经下降到了98%。

不用纸笔计算，仅凭直觉，你能说出到超级市场时西瓜的总重量是多少吗？

031 真假难辨（1）

这些人分别来自托特和弗尔斯家。托特家的人总是讲真话，而弗尔斯家的人总是讲假话。

这些人分别是谁家的，请在他们脚下的方框里填上恰当的字母。

032 真假难辨（2）

条件同031题，说出本页内的这些人分别是谁家的，在他们脚下的方框里添上恰当的字母。

033 掷4枚硬币

这里是将4枚硬币掷100次之后的数据统计结果。根据记录下来的每次投掷硬币正面出现的数量，制作了一张频率图，可以拿它与概率论理论上的结果进行比较。

如果投掷更多次，得出的曲线会更加接近理论曲线。但是即使只投了100次，其结果仍然很接近由帕斯卡三角形第4行所得到的概率。

你可以自己来做这个实验。

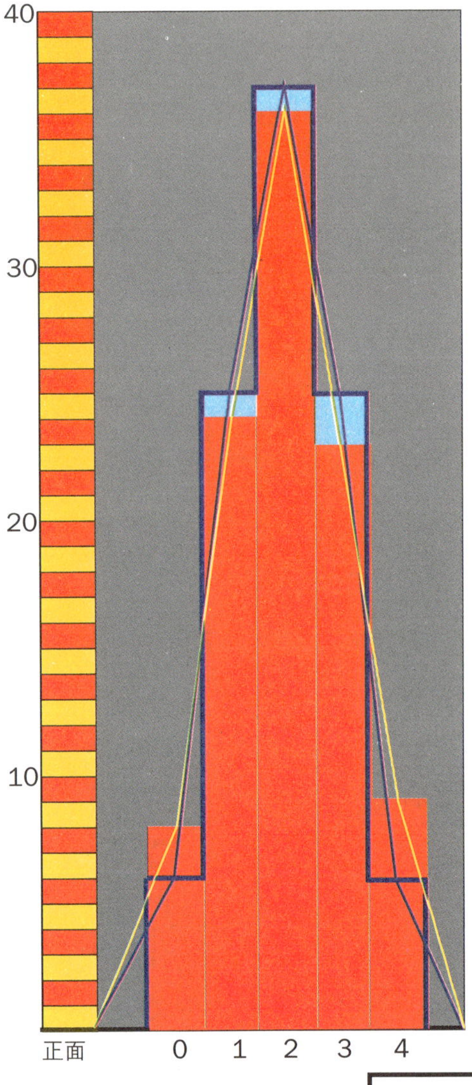

40
30
20
10
正面 0 1 2 3 4

红色图像：统计结果
蓝色实线：通过帕斯卡三角形所得到的概率

2	1	3	1	1	2	2	2	1	1
1	0	4	2	2	2	2	1	2	1
1	2	3	2	2	4	3	0	2	1
2	2	1	1	0	2	0	2	1	2
1	1	1	3	2	2	1	2	2	2
2	3	2	4	2	2	0	1	3	2
1	1	0	3	3	2	3	3	3	2
1	1	1	1	0	4	0	4	4	2
3	4	3	4	2	3	2	3	3	2
3	4	3	3	3	3	3	3	2	2

作者的实验

掷到正面的个数	次数	频率	根据帕斯卡三角形所得到的概率
0	8	8%	6%
1	24	24%	25%
2	36	36%	37%
3	23	23%	25%
4	9	9%	6%

034 掷到“6”

如果你连掷一个色子6次，其中至少有一次掷到“6”的概率为多少？

035 巴都万螺旋三角形

图中巴都万数列中的下一项是什么？

036 不可能的多米诺桥

这是一个看上去不可能完成的结构，你知道它是怎么搭起来的吗？

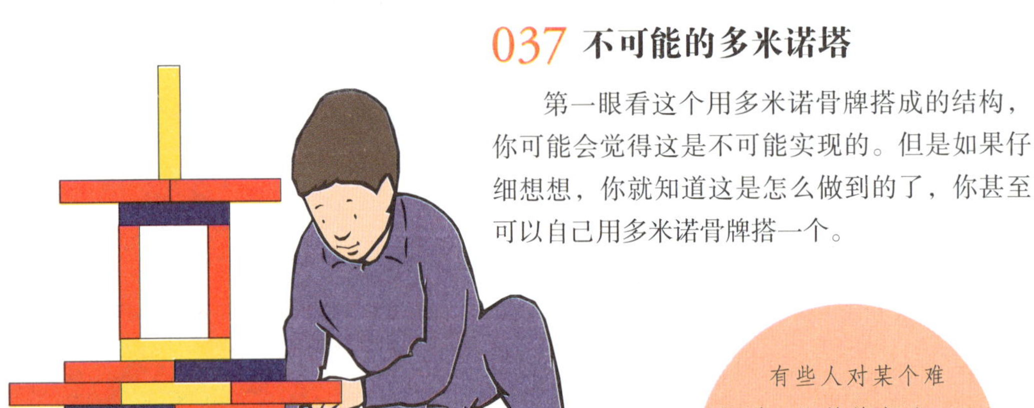

037 不可能的多米诺塔

第一眼看这个用多米诺骨牌搭成的结构，你可能会觉得这是不可能实现的。但是如果仔细想想，你就知道这是怎么做到的了，你甚至可以自己用多米诺骨牌搭一个。

有些人对某个难题看一眼就放弃了，而另外一些坚持不懈的人则非要到把难题解出来。你是哪一种人呢？

038 六边形

你能否用12个六格三角形中的8个把这个六边形填满？必要的话可以旋转六格三角形。

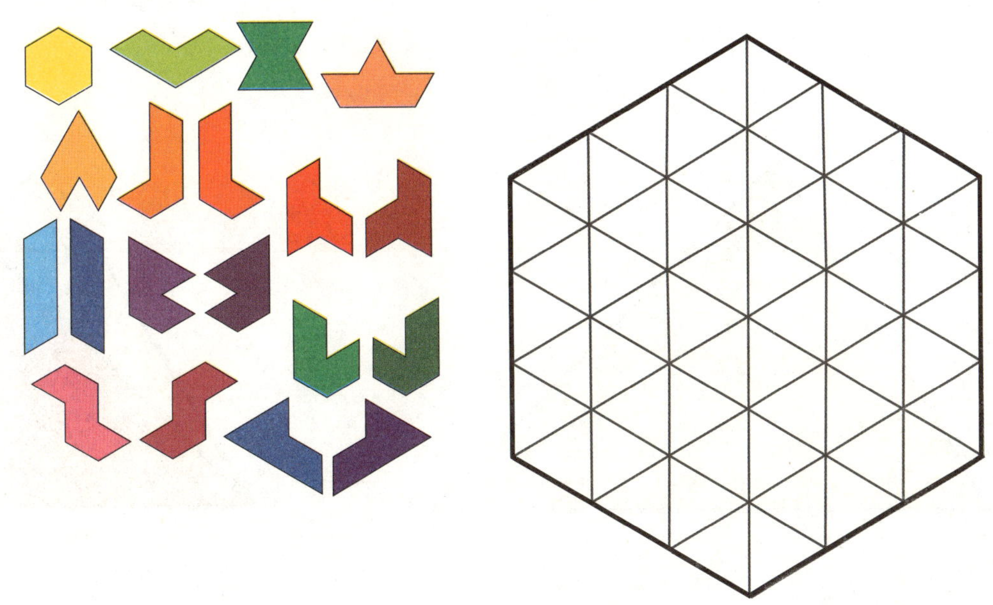

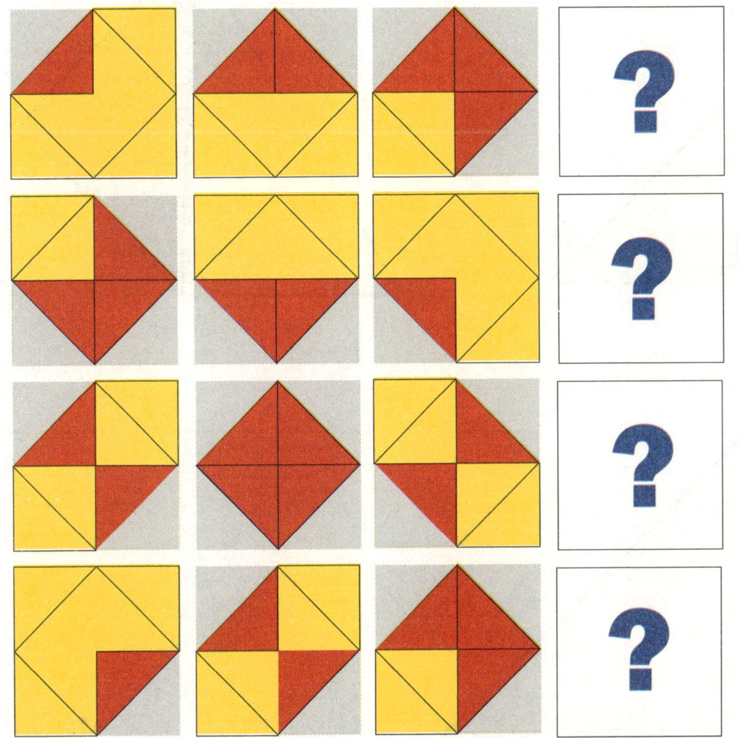

039 缺失的正方形

你能否找出规律，将图中每一横行缺失的正方形补充完整？

040 神奇的折叠

有一个三角形，一面为黄色，另一面为红色。将三角形的一个角与另一个角对折，如图所示，你会发现这3条折叠线交于一点。

是不是所有的三角形都具有这样的特性呢？

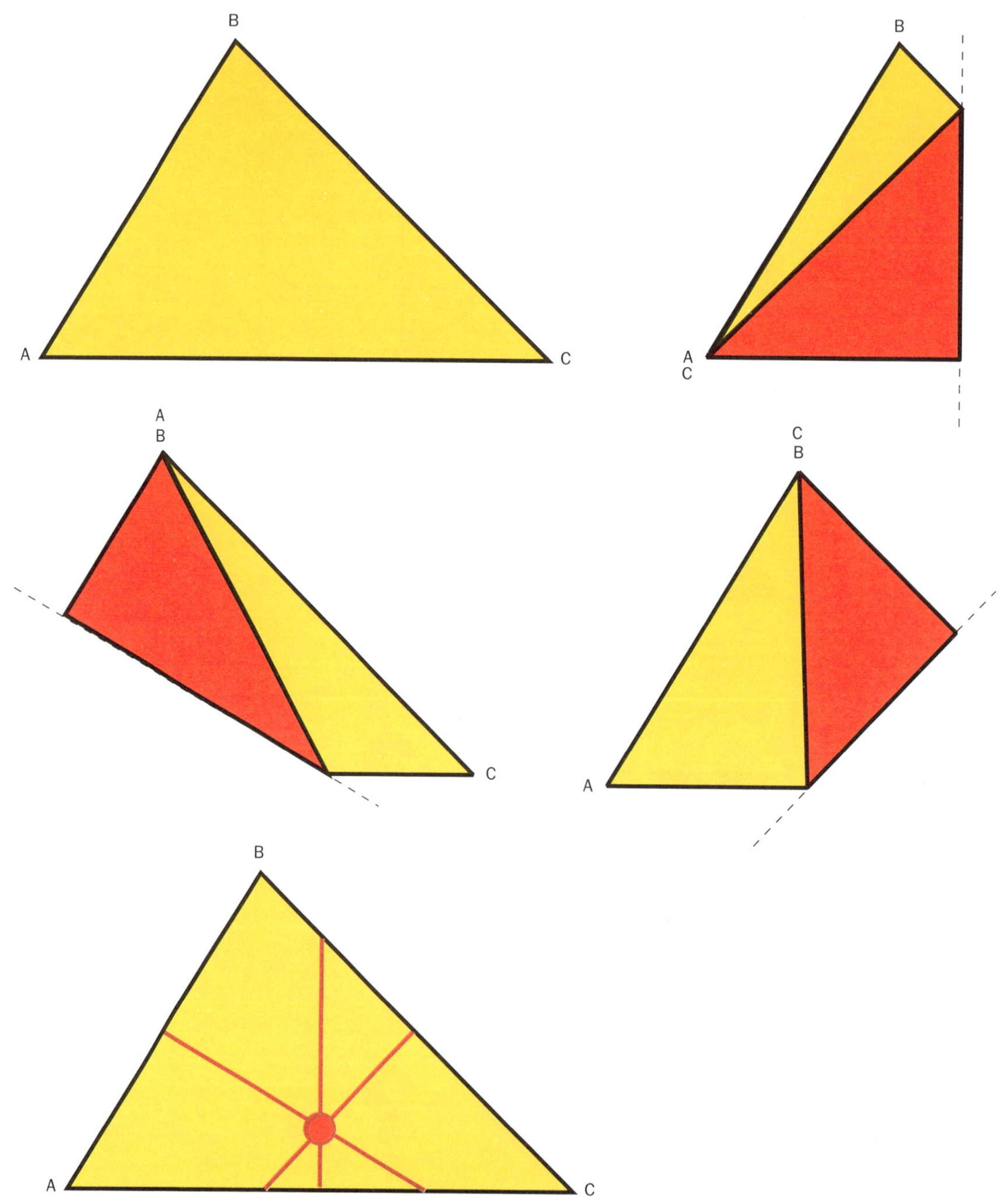

041 图形接力

问号处应该填入哪一个图形？

042 正方形里的三角形

如图所示，16个边长分别为1和2的直角三角形组成了一个4×4的正方形。

你能否用20个这样的三角形组成一个正方形？80个三角形呢？

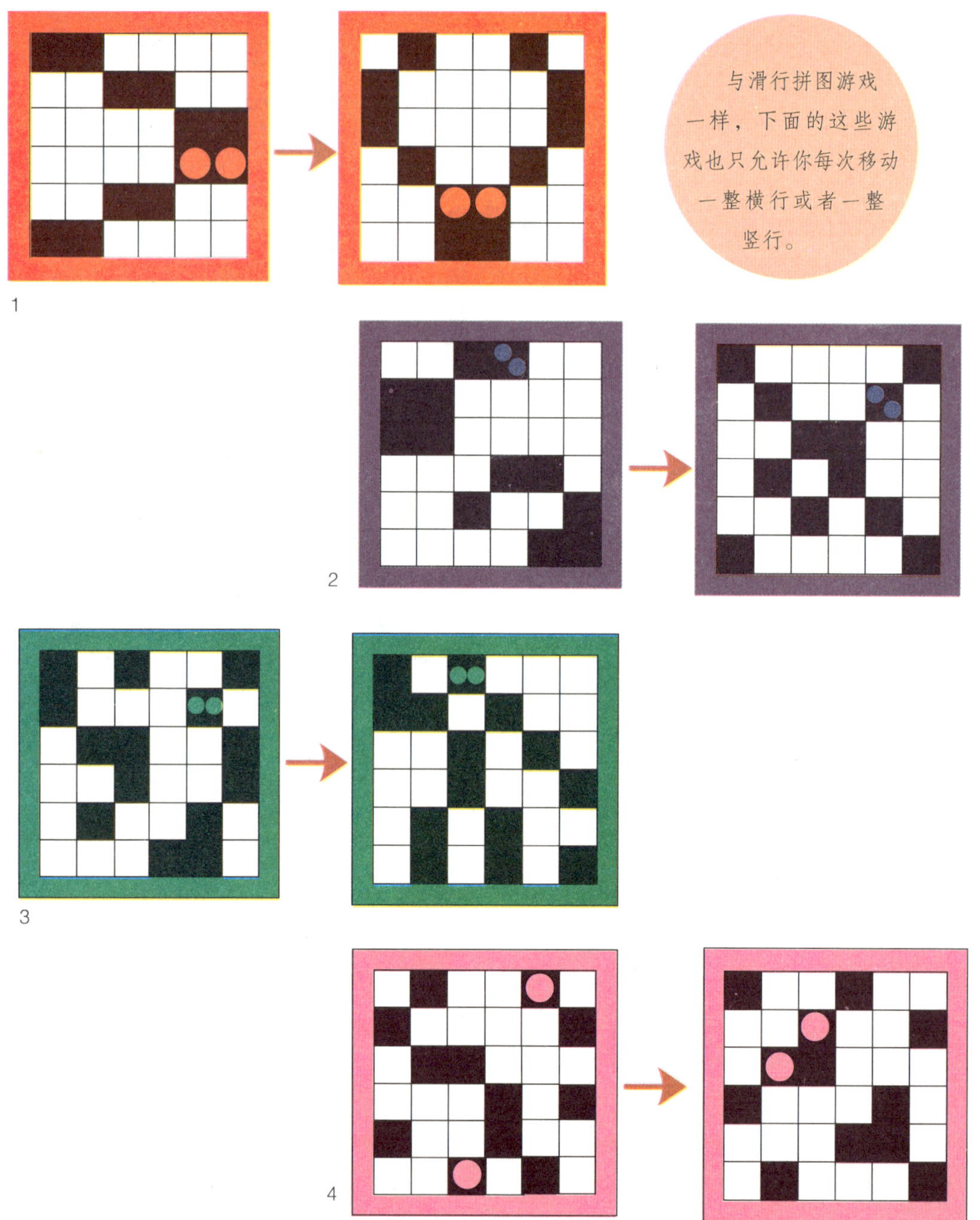

043 变形

在这4个变形中，目标是由第1个图形变到第2个图形，规则是将原来图形的整个横行以及竖行顺序打乱。

你能找出系统地解决这类游戏的方法吗？

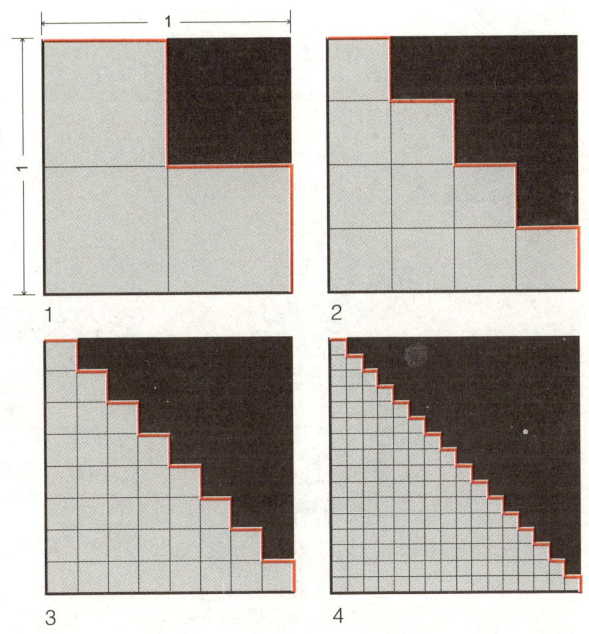

044 “楼梯”悖论

如果我们将正方形如图所示无限地分割下去，这个“楼梯”的长度（图中红线标出部分）最终等于多少？

到第10 代时一共会有多少级“楼梯”？

下面这个游戏适合一个或多个玩家，试试这个游戏，看看你能够找到多少种解法。

045 “量子比特”游戏（1）

这是一个双人游戏。将所有方块有颜色的那一面朝下混合放置。两个玩家轮流从方块中选出一块并正面朝上放到游戏板上，它必须正好覆盖游戏板上一个方格的位置。在放置之前允许旋转方块。如果两个方块相邻，相邻部分的颜色必须完全相同。不能够在游戏板中再放入方块的玩家为输家。

这个游戏最多可以走16步，那么最少需要走几步呢（即最少走几步就使得这个游戏板上不可能再放入其他的方块了）？

046 “量子比特”游戏（2）

这是一个单人游戏。

要求把16个方块放入游戏板中，使每2个方块相邻部分的颜色都相同。

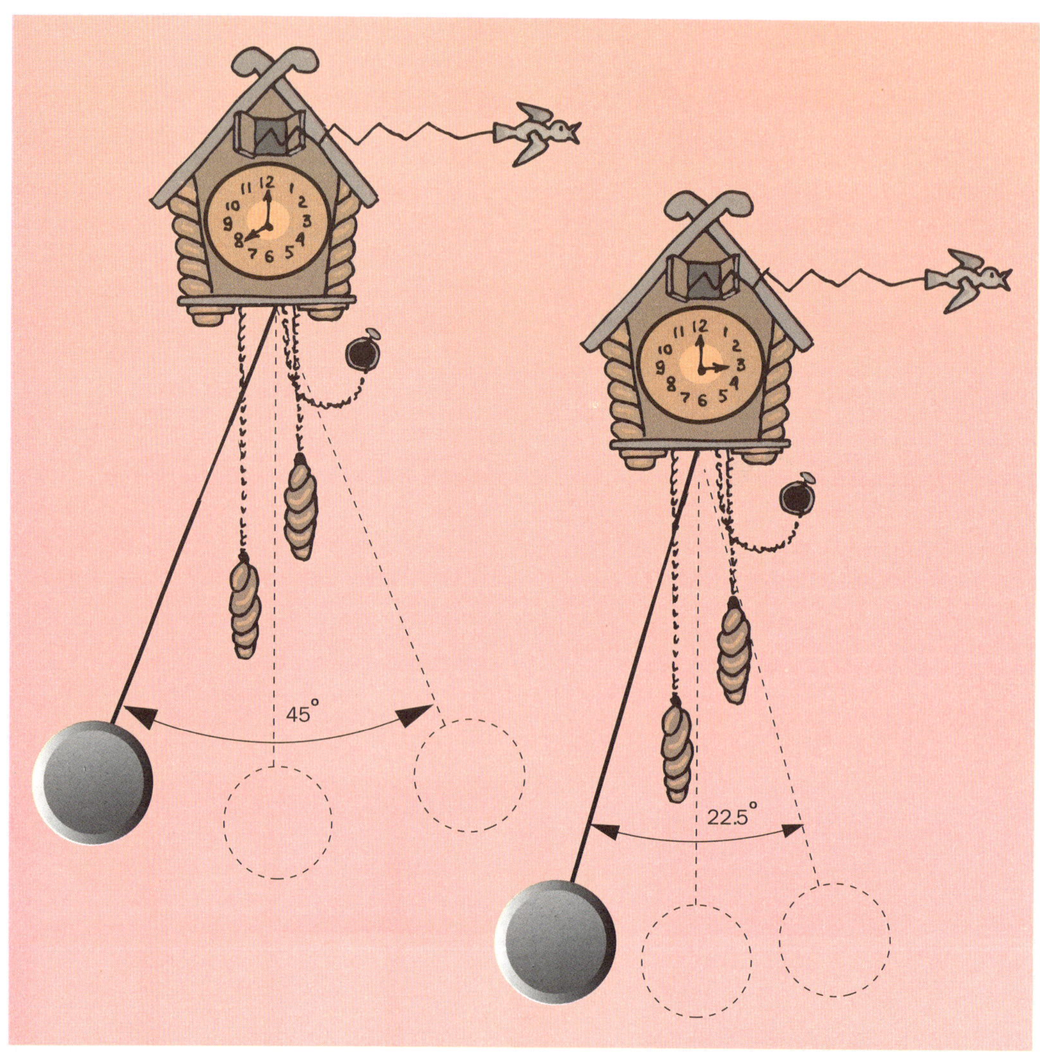

047 摆的摆动（1）

图中左边钟摆的全摆幅是45°，每做一次摆动（即从左边摆到右边，再从右边摆回左边）需要的时间是5秒。而图中右边钟摆的全摆幅只有22.5°，那么这样摆动一次需要的时间是多长呢？

048 摆的摆动（2）

你发现047题在题目设计上有哪些问题吗？

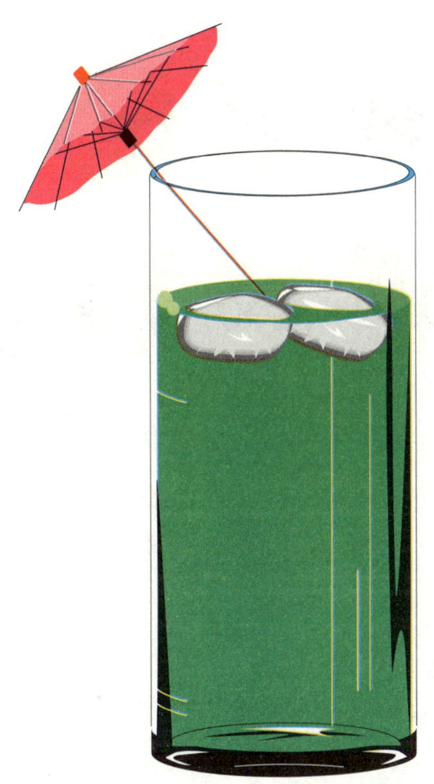

049 大杯鸡尾酒

左图的鸡尾酒杯杯口的周长和杯身的高度哪个更长？

050 弹子球

詹妮和杰迈玛本来有相同数量的弹子球，后来詹妮又买了35颗，而杰迈玛丢掉了15颗，这时他们两人弹子球的总数是100。

请问刚开始时詹妮和杰迈玛分别有多少颗弹子球？

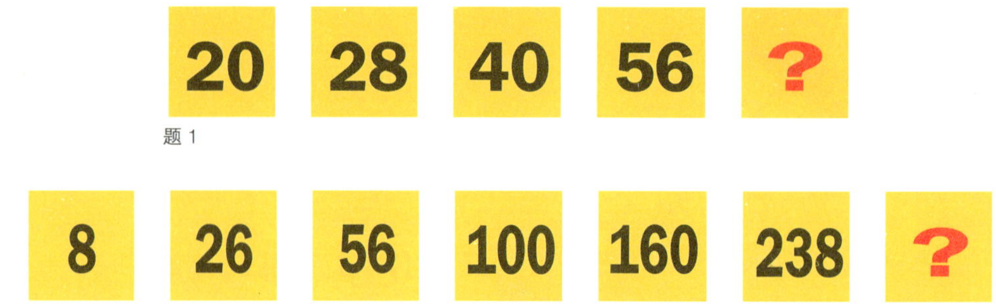

题 1

题 2

051 等差级数

如果一个级数的每一项减去它前面的一项所得的差都相等，这个级数就叫作等差级数。

如：

2 4 6 8 0阶

2 2 2 1阶

就是一个等差级数，我们很容易看出等差为2。

但是在等差级数中，并不是所有的等差都这么容易看出来，尤其是在高阶等差级数中，需要进行多阶分析。

根据这些知识，你能否判断出题1和题2中问号处各应该填上什么数？

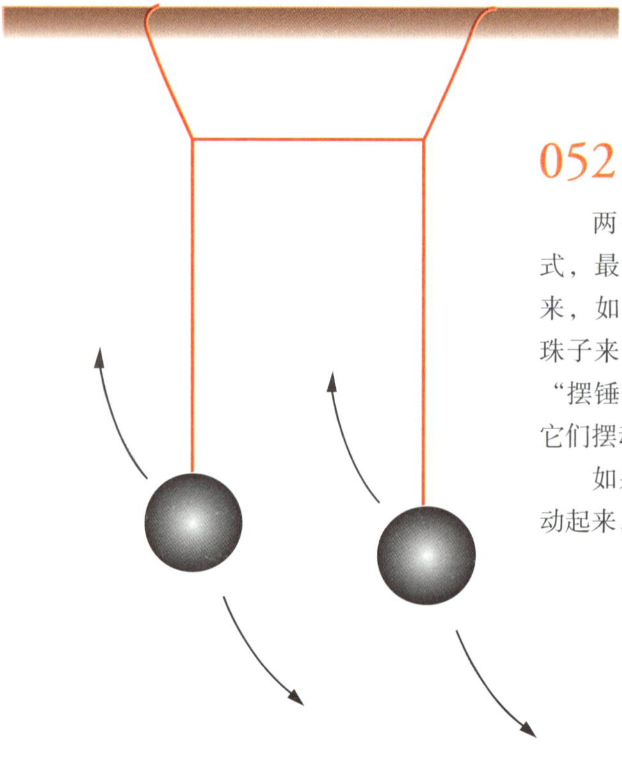

052 共振摆

两个摆可以有很多种不同的组合方式，最简单的方法就是把它们用绳子挂起来，如图所示。你可以用一支铅笔和两颗珠子来制作这个装置。分别用绳子将两个“摆锤”系在起连接作用的绳子上，这样它们摆动的时候就正好与这根绳子垂直。

如果你用手拉动其中一颗珠子让其运动起来，那么这个装置会发生什么变化？

053 孩子的年龄

一个父亲说："如果将我的4个小孩的年龄相乘，结果将会是39。"

请问他的4个孩子分别是多大？

054 理发师费加诺

小城里唯一的一位理发师名叫费加诺。在所有有胡子的居民中，费加诺给所有自己不刮胡子的人刮胡子，他从来不给那些自己刮胡子的人刮胡子。也就是说，一个人要么自己刮胡子，要么让费加诺给他刮胡子，没有人2种方法都使用。我们的问题是，费加诺自己有没有胡子？

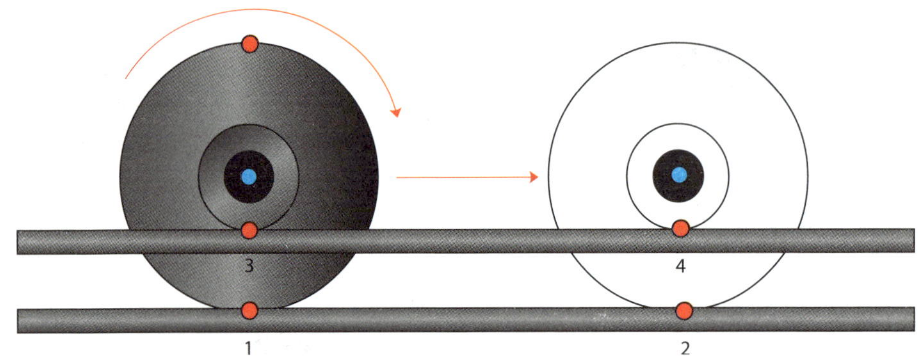

055 轮子问题（1）

一个轮子可能会有非常多互相矛盾的性质。轮子轮缘上不同的点在转动时的地面速度是不同的，问轮子上哪一点的速度最大，哪一点的速度最小呢？

056 轮子问题（2）

轮子的悖论最早出现在亚里士多德的著作《工具论》中。这个悖论的内容如下：

如上图所示，这是2个同轴但半径不同的轮子，大轮子的半径是小轮子的2倍。当大轮子从1点滑动到2点时，小轮子从3点滑动到4点。如果这两个轮子都沿着画出来的轨道转动，很显然它们不可能同时在这两条轨道上很平稳地转动。假设这两个轮子转动得非常平稳，那么就意味着在每一个时刻这个大轮子上的一点都可以在小轮子上找到与它一一对应的点，这样看上去好像小轮子的周长等于大轮子的周长，而这与前面的条件是矛盾的。

应该如何解释这个悖论呢？

057 男孩的特征

一个班有20个男孩，其中有14个人是蓝眼睛，12个人是黑头发，11个人体重超重，10个人非常高。

请问一共有多少个男孩同时具备这4个特征？

058 数字图案

你能发现表格中数字的规律，并在空白处填上恰当的数字吗?

	2	5	6	
3	4	7	8	11
10	11		15	18
12	13	16	17	20
	20	23	24	

059 谁是谁

汤姆总是说真话；狄克有时候说真话，有时候说假话；亨利总是说假话。

请问图中的3个人分别是谁?

1	11	21	31	41	51	61	71	81	91
2	12	22	32	42	52	62	72	82	92
3	13	23	33	43	53	63	73	83	93
4	14	24	34	44	54	64	74	84	94
5	15	25	35	45	55	65	75	85	95
6	16	26	36	46	56	66	76	86	96
7	17	27	37	47	57	67	77	87	97
8	18	28	38	48	58	68	78	88	98
9	19	29	39	49	59	69	79	89	99
10	20	30	40	50	60	70	80	90	100

060 所有含“9”的数

在前10个自然数中，数字9只出现了1次（10%）。

在前100（10^2）个自然数中，如图所示，一共有19个数都含有数字9，占19%，或者说将近1/5。

对于前1000（10^3）个自然数，这个比例又会发生什么样的变化呢？如果是前10^{64}个自然数呢，你能猜猜这个比例是多少吗？

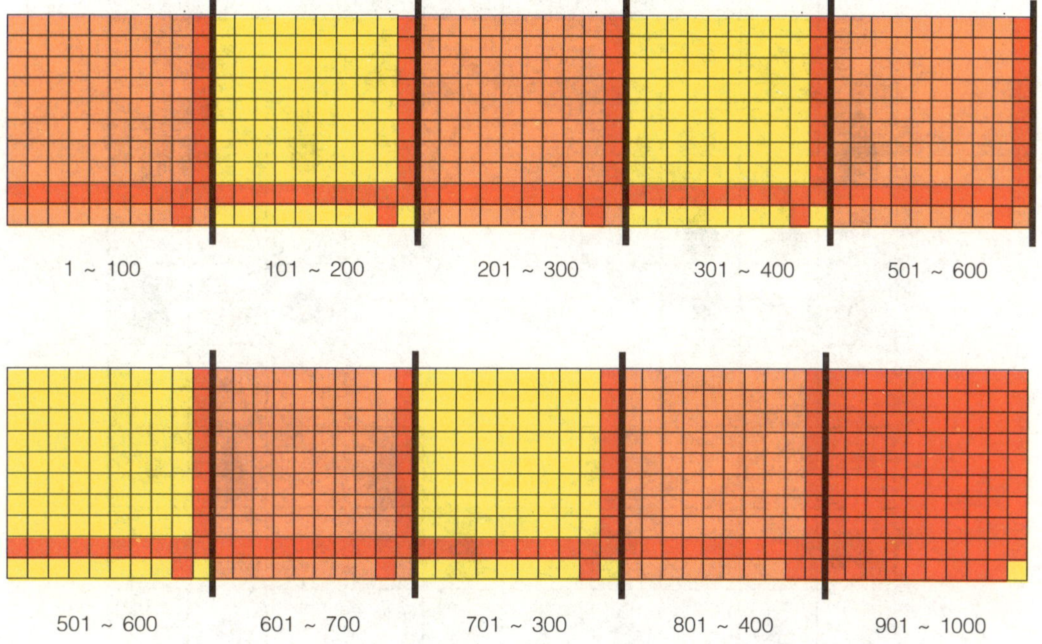

$$10 = 10\%$$

$$100 = 19\%$$

$$1000 = ?$$

$$10^{64} = ?$$

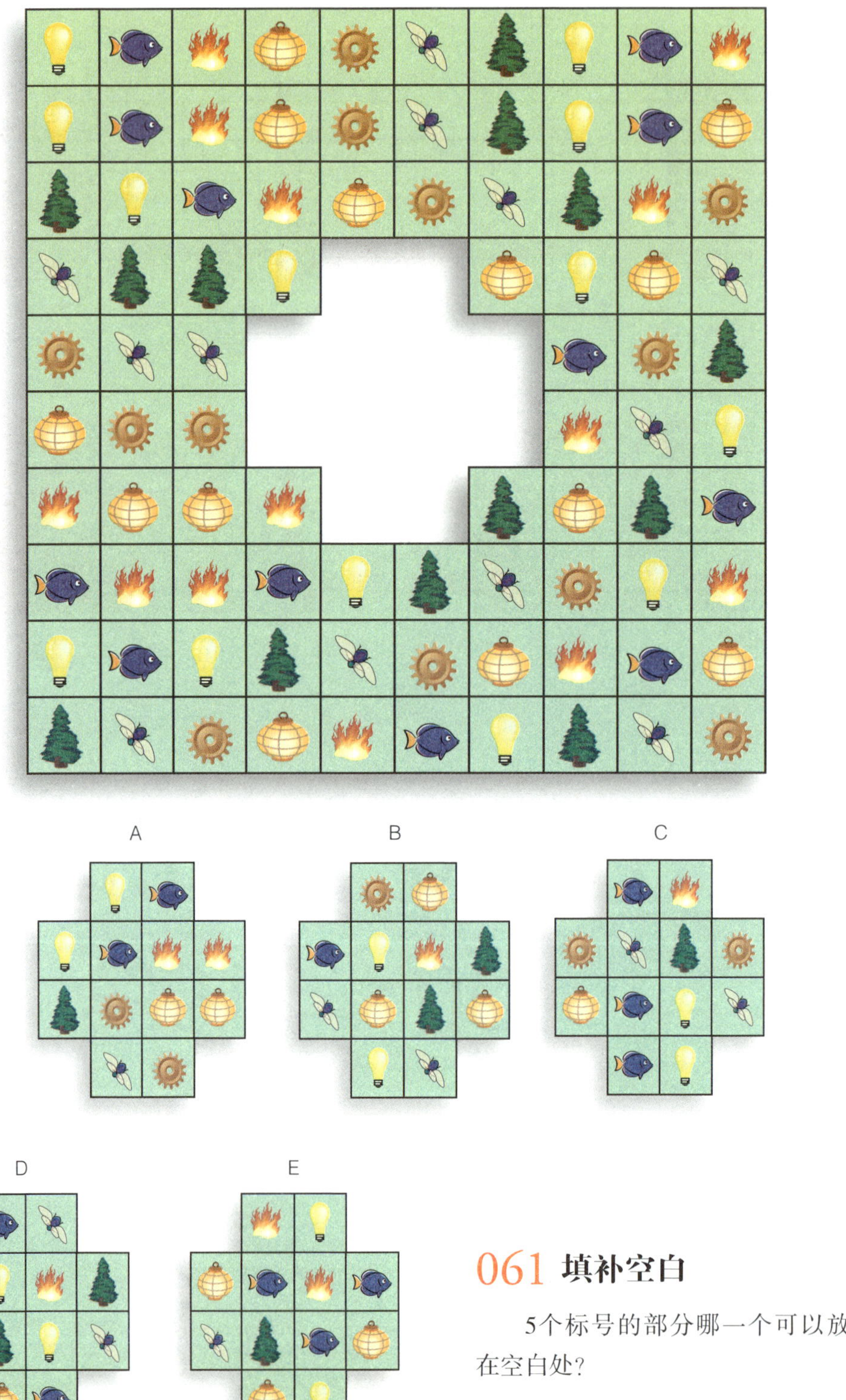

061 填补空白

5个标号的部分哪一个可以放在空白处？

自从接触到“无限”这个概念，它就让我们困惑不已。究竟什么是无限？我们又该怎样认识它？试着做一下这个题，看它们能否给你一些提示。

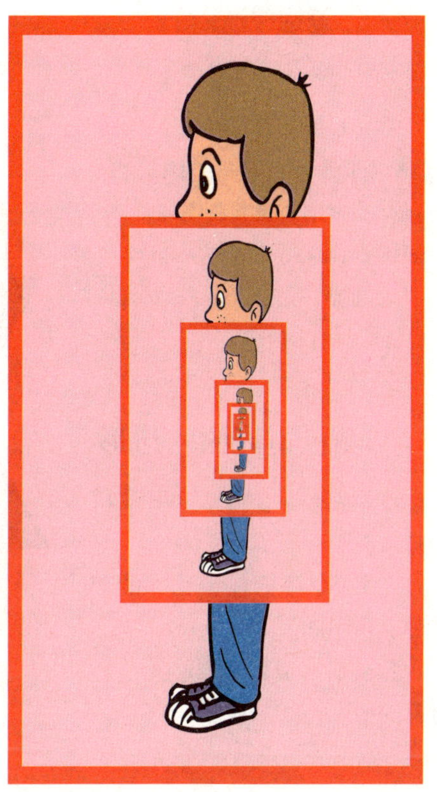

062 无限与极限

如图所示，每一个方框里面的图的宽与高分别是这个图的一半。可以想象一下，这样划分下去会有无数幅图。如果把这些图从下到上一个接一个地挂在墙上，最终会有多高呢？

在这些图片里有无数个小男孩，如果他们每个人站在另一个人的头上，这样依次站上去组成一个“塔”，那么这个“塔”最终会有多高呢？

063 落水的铅球

如图所示，水池的边上有一个铅球，这个铅球有可能直接掉到池里，也有可能掉到池中的汽船里。

问掉到池里和掉到汽船里哪一种情况下水池的水面上升得更高一些？

我们无论在给浴室贴瓷砖或是黏墙纸时，都常常会选择对称的图案。当然，你也可以直接粉刷墙面，但是，谁愿意对着一面颜色单一、毫无生气的墙呢？

064 颜色不同的六边形

将7块瓷砖按照如下要求拼接起来：

1. 每2个图形任意相邻的两部分颜色不同。

2. 最后拼成的图形必须是轴对称图形。

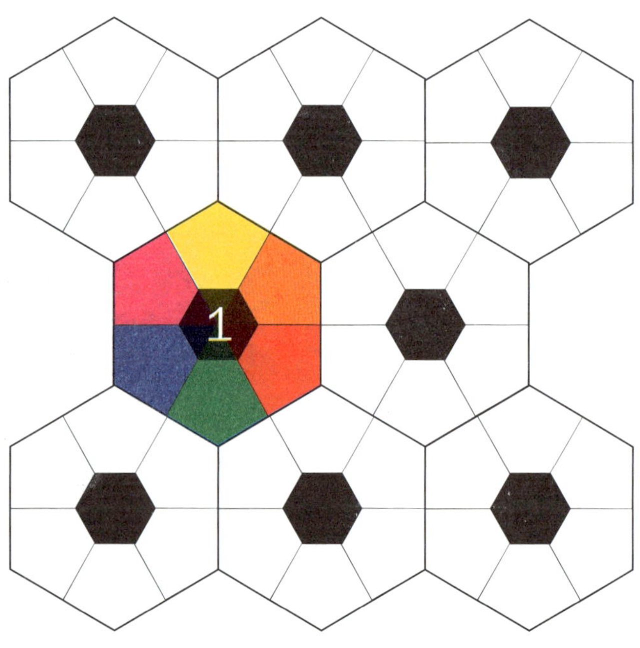

065 颜色相同的六边形

右图是一个蜂巢式的结构，蜂巢中的每一个六边形都用如图所示的6种颜色上色，六边形的6个顶点颜色相互都不同。

现在要求将整个图形上色，使每2个相接的六边形的顶点的颜色都相同。请问有多少种不同的六边形的上色方法？

同一图形的旋转和镜像只算作一种上色方法。

题 1 和题 2

066 车的巡游

车的巡游是指车走遍棋盘上所有的格子，但每个格子只能进入一次。

车可以横走和竖走，格数不限，不能斜走。

在下面的这几种情况下请问车最少走几步或最多走几步才能完成巡游？

题1和题2：图中从A1到H7车走了30步。请问最少走几步和最多走几步才能完成这次巡游？

题3和题4：图中从A1到A8车走了31步。问你最少走几步和最多走几步才能完成这次巡游？

题5和题6：图中车用20步完成了一次回到起点的巡游。问你最少走几步和最多走几步才能完成这次巡游？

题 3 和题 4

题 5 和题 6

1	11	95	33	59	58	28	54	13	100	
38	36	18	69	98	49	17	16	41	96	
60	32	40	4	67	9	92	23	30	15	
57	19	2	39	3	85	29	55	34	47	
52	27	22	76	42	62	7	43	99	93	
91	51	48	21	77	80	72	50	79	45	
89	20	75	46	35	31	44	94	56	84	
61	8	6	90	74	25	10	64	78	86	
73	87	101	88	83	82	26	81	97	71	
63	37	68	12	70	53	66	24	14	65	5

数列在我们的生活中无处不在，它是我们理解世界的一个重要工具。试想如果没有数列，我们还能不能准确地找到一条街道的地址，或者我们是不是得耐着性子挨个地数着羊群里有多少只羊呢？

067 数列（2）

左上图是1到101这101个整数，请问你能否将这些整数在左边的方框中这样排列，使其不可能出现11个数的递增或递减的数列（从左上方开始，每一横行沿着从左到右的顺序）？

这11个数不必相连，在方框中的位置可以是分散的。

左上图中并没有达到题目的要求，我们可以找到很多组11个数递增或递减的数列，用红色标示出来的就是其中一组递增的数列。

现在，我们把整数的数量减少到100，即整数1到100，条件不变，仍然是让你排列，使右边的方框不可能出现11个数的递增或递减的数列。

这次你能做出来吗？

试着从最下面一行的左边开始排列数字

题 1

3×3 棋盘

题 2

4×4 棋盘

题 3

5×5 棋盘

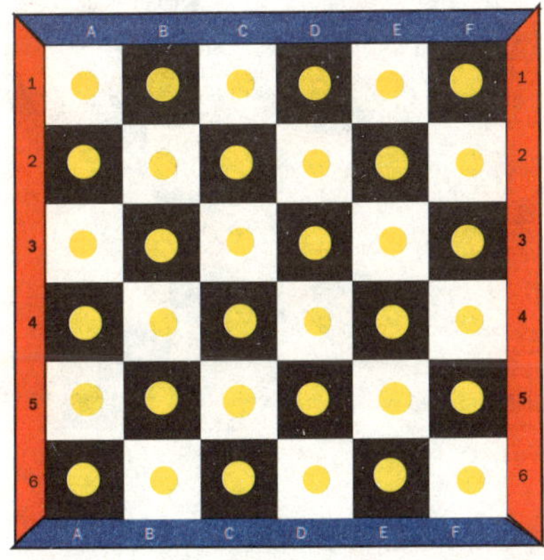

题 4

6×6 棋盘

题 5

7×7 棋盘

题 6

8×8 棋盘

068 相交的骑士巡游路线

在这些棋盘上你能够找到多少个完整的骑士巡游路线？其中移动的路线相互之间可以相交。

069 镜像射线

假设你有一面平面镜，将镜子置于其中一条标有数字的线条上面，并放到原始模型上。每一次操作你都会得到由原始模型未被遮盖的部分和镜面反射产生的镜像组成的对称模型，镜子起着对称轴的作用。

方框里的10个模型就是由5条对称线按这一方法得到的。

你能辨别出制造每个模型的线条分别是什么吗？

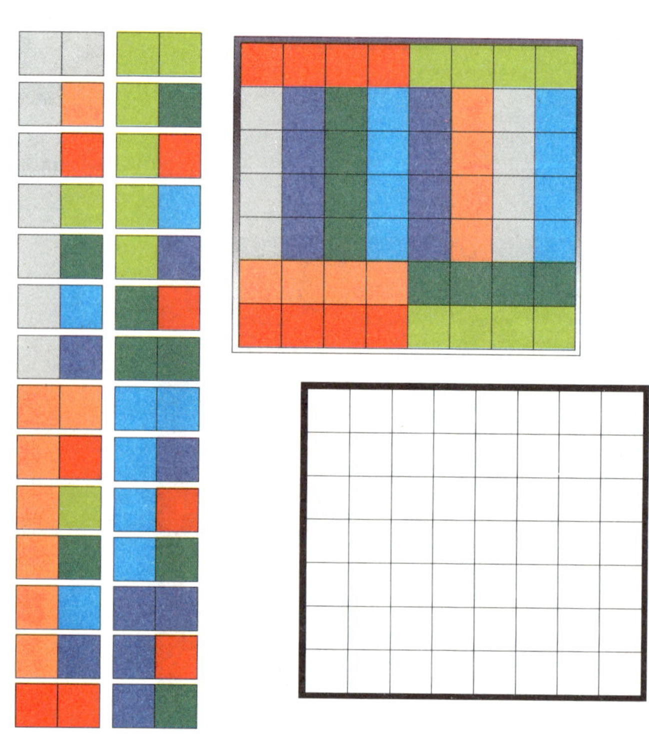

070 彩色多米诺

将28块彩色多米诺骨牌放入7×8的游戏板中，要求是以4个相同颜色的方块为一排填充。右上图提供了一种解法（有多种完全不同的解法）。你能在这个解法当中嵌入多米诺骨牌的轮廓吗（即找出其骨牌原型）？

你能否在游戏板上给出另一种解法？

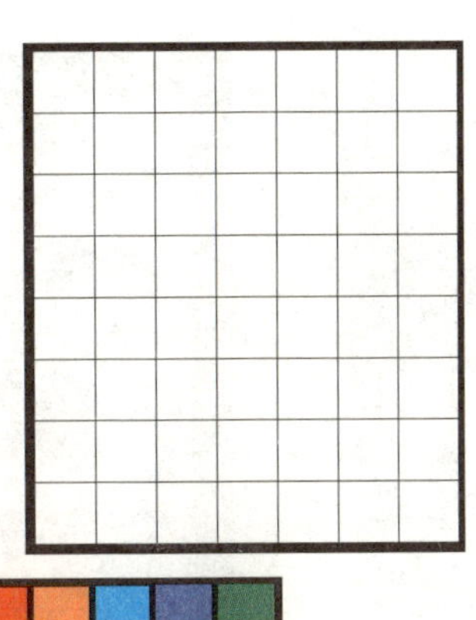

071 彩色多米诺比赛

这是一个双人游戏。

28块多米诺骨牌被打乱并且正面朝下放置。

游戏者轮流将随意抽取的多米诺骨牌紧挨着放在较早前摆放好的骨牌旁。每一水平行必须由7种不同颜色组成（如图所示）。

在同一行中出现重复颜色的游戏者算输。如果这个游戏能够完成，游戏的结局如图所示（最下面的图）。

072 彩色多米诺条

你能以多少种方式用如图所示的14条彩色多米诺条完全覆盖这个7×8的游戏板？

其中一种可能的解法如右上图所示。在不变动多米诺条位置的情况下，仅对颜色进行置换不算作新的解法。

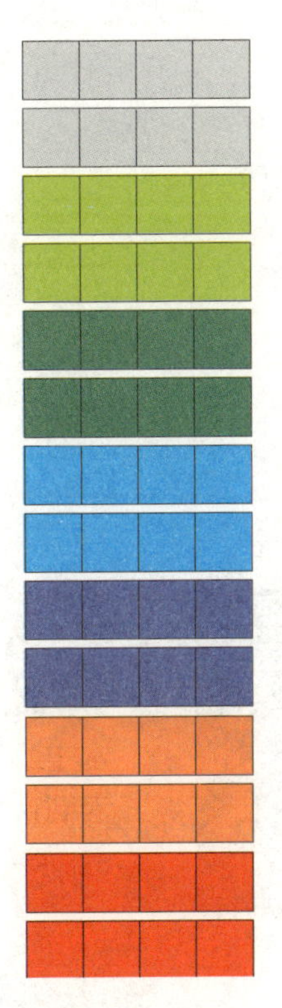

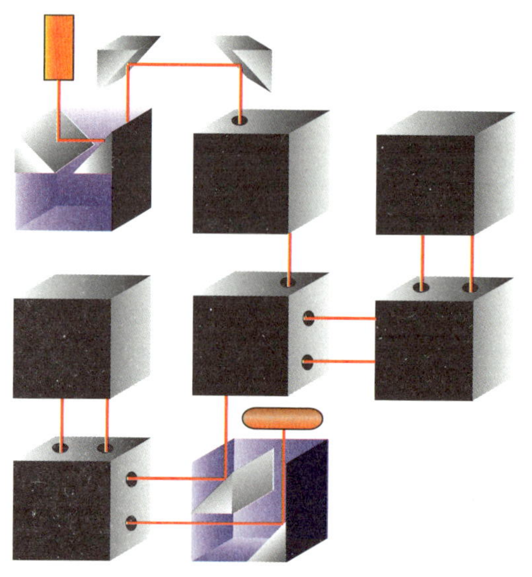

073 激光束

如上图所示，在全息摄影环境中，一束激光从左上方发出，并在右下方被吸收。它穿越过8个“暗箱”。

在每个暗箱中激光都被两面成45°角的棱镜反射，如图中两个被剖开的箱子所示。

激光的路线用红色标记。

通过对激光束可见部分的观察以及你的推演能力，你能重新构建出激光束在暗箱中的连续路径吗？

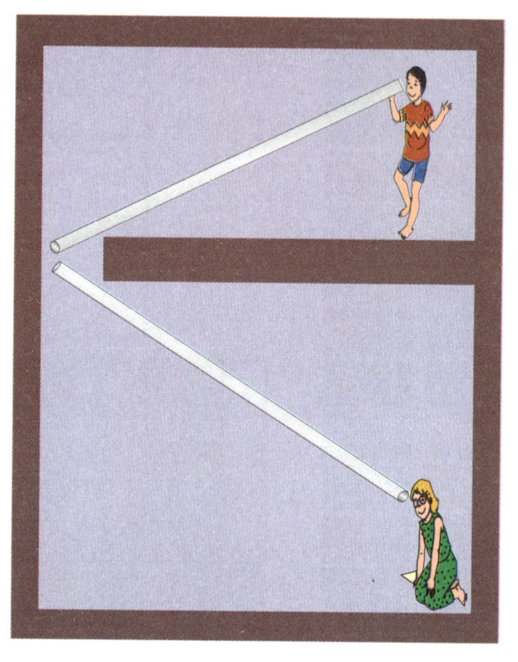

074 传音管

图中的两个小孩离得很远，而且他们中间还隔着一堵厚厚的墙。他们试着通过两根长长的管子来通话，如图所示。请问在哪种情况下他们能够通过管子听到对方讲话？

075 红色的水滴

将一滴水染上红色，然后滴入一碗水中。当它落入水中之后，你还能再次看到这个红色的水滴吗？

076 燃烧的蜡烛

如图所示，把一根点燃的蜡烛放在一个装有水的容器里，再在蜡烛上面罩上一个玻璃瓶。

你能预测一下，这个实验最终会出现什么结果吗？

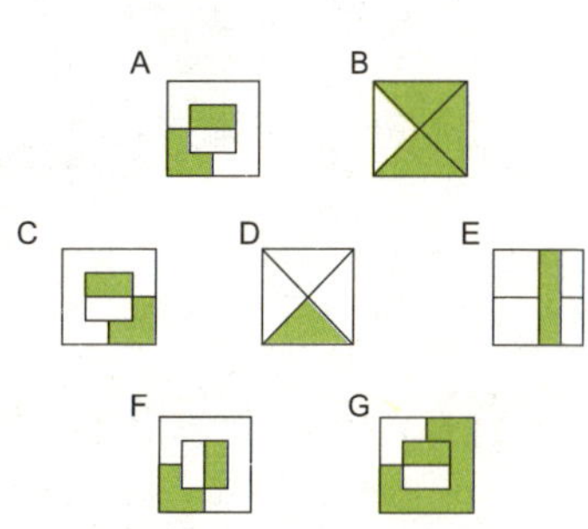

077 图形填空

问号所在位置应该是选项中哪个图形？

078 正方形的内接三角形

在边长为1的正方形的内接正三角形中，面积最小的是多少？面积最大的又是多少呢？

拼图其实并不难，因为我们总是很快就能看出图形与图形之间的联系。

079 三色环

如图所示，大圆半径是小圆半径的2倍，请问红色、蓝色和绿色部分的面积之间有什么关系？

080 密码

一位男士在银行新开了一个账户，他需要为这个账户设定一组密码。按照银行的规定，密码一共有5位，前3位由字母组成，后2位由数字组成：

组合——这个词使我们的各种密码变得很复杂，但同时合理地组合有利于多种资源的整合。

问：按照下面3个不同的条件，密码的设定分别有多少种可能性？

1.可以使用所有的字母和所有的数字。

2.字母和数字都不能重复。

3.密码的开头字母必须是T，且字母和数字都不能重复。

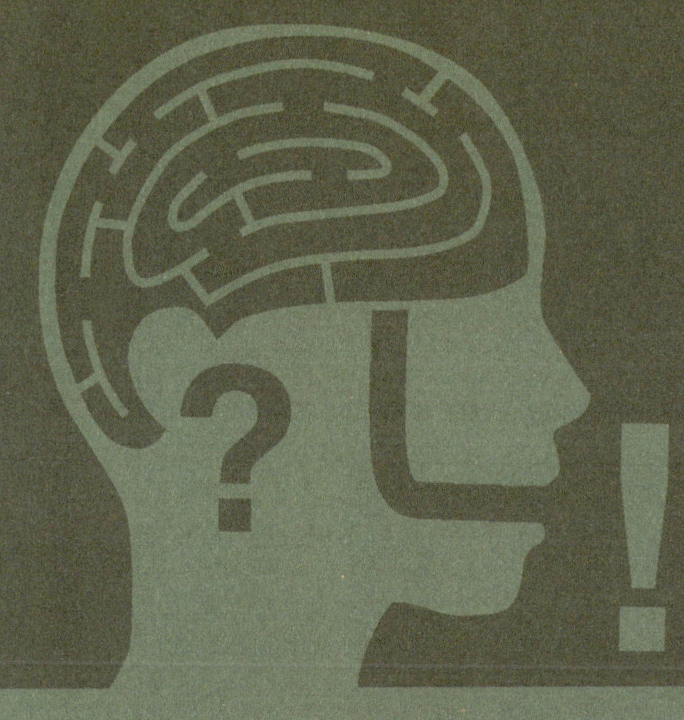

第八章 拓展想象力

001 加一条线

在下面这个等式中加一条线，使等式成立。

5+5+5=550

002 立方体结构

用16个全等的小立方体分别做成上面的4个图形，请问哪一个图形的表面积最大？

003 三维形数

四面体数

三维形数是平面形数的三维类似体。小球堆成三边锥形组成四面体数；堆成四边锥形组成正方锥数。

四面体数分别是：1，4，10…

两个四面体数之间的差是三角形数。

正方锥数分别是：1，5，14…

两个正方锥数之间的差是四边形数。

上面已经分别给出了四面体数和正方锥数的前3个数。你能否将它们的前7个数都算出来？

四面体是用大小相同的小球堆成的，请问它的最底层（第10层）有多少个小球？整个四面体由多少个小球构成？

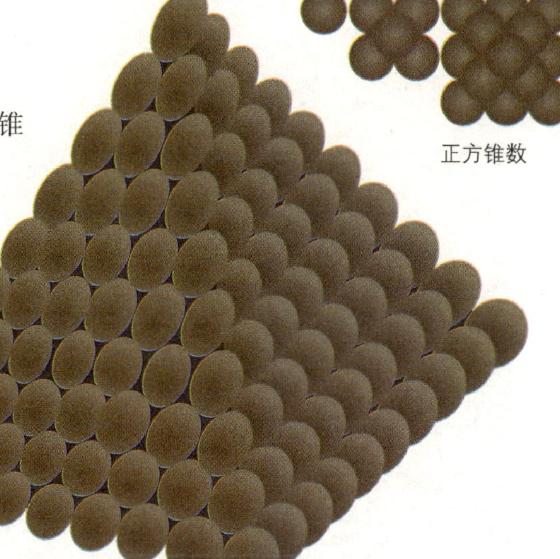

正方锥数

004 平衡游戏板

常常可以在儿童游乐场看到平衡游戏板，它非常有趣。我们这里的思维游戏就和它有关。

相等的重物（这里用红色圆圈表示）放在游戏板上的某些空白处（用白色圆圈表示）。

请问如果该游戏板的支点在它的中心（图中黑色圆点处），那么还需要在游戏板的哪些空白处增加多少个重物才能使它保持平衡？

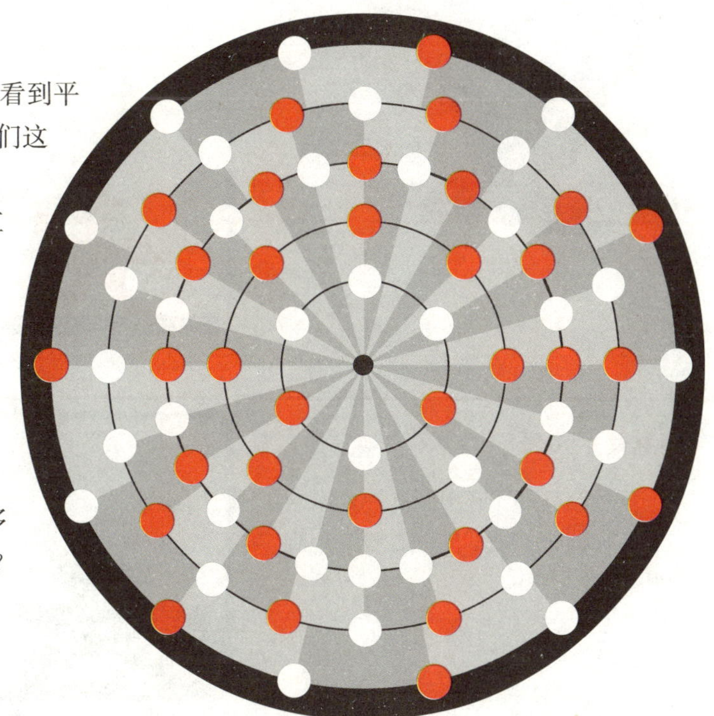

005 想一个数

随便想一个数。
加上10。
乘以2。
减去6。
除以2。
然后再减去你最开始想的那个数。
结果一定是7。为什么？

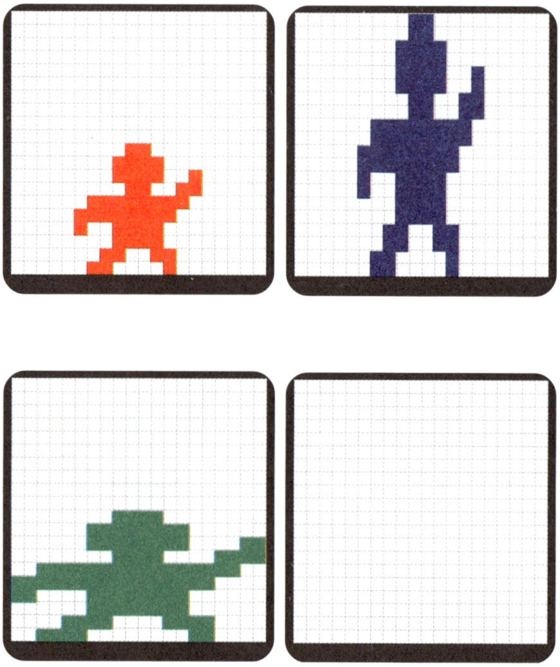

006 突变

4张卡片上的3幅图已经画出来了，你能把第4张卡片上的图也画出来吗？

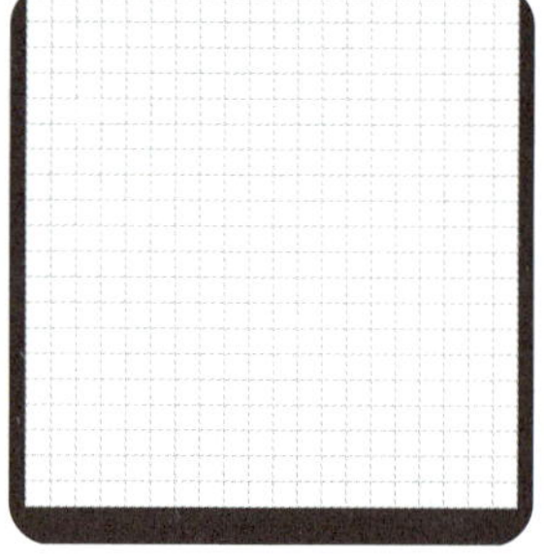

007 重叠镶嵌

左图的彩色镶嵌图形里面包含了很多非正的三角形、五边形、六边形、七边形和八边形。但实际上，这个镶嵌图案只是由一个基本图形构成的。

你知道是什么基本图形吗？

008 彩色铅笔

打开你的绘画盒，拿出35支彩色铅笔，按图中所示摆成回形。现在，移动其中的4支铅笔，组成3个正方形。如果手边没有足够的彩色铅笔，你也可以用牙签或者其他一些合适的物体代替。

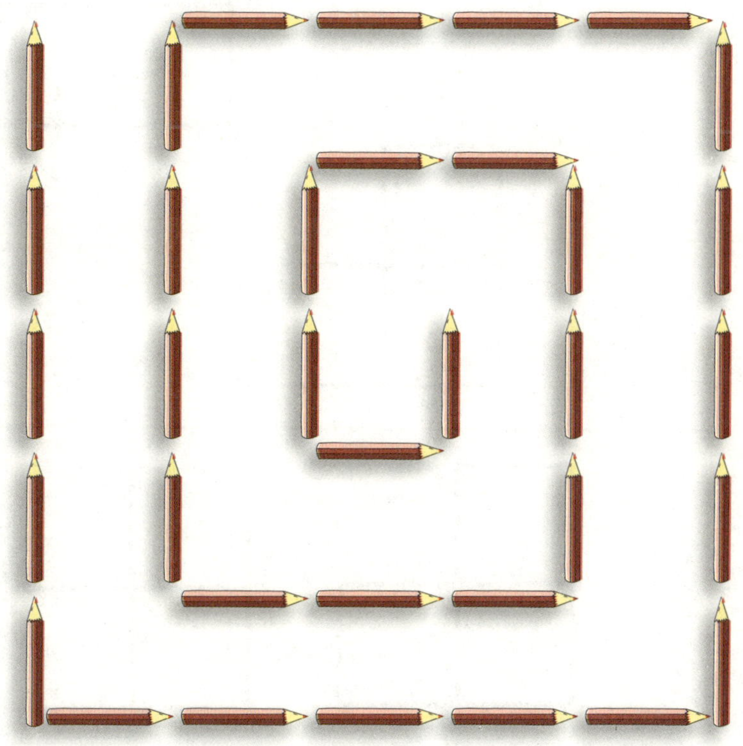

009 L形结构的分割问题

1990年福瑞斯·高波尔提出了这个问题：由3个小正方形组成的L形结构可以被分成不同份数的形状相同、面积相等的部分吗？

依据给出的数字，你可以将它平均分成与数字相等的份数吗？

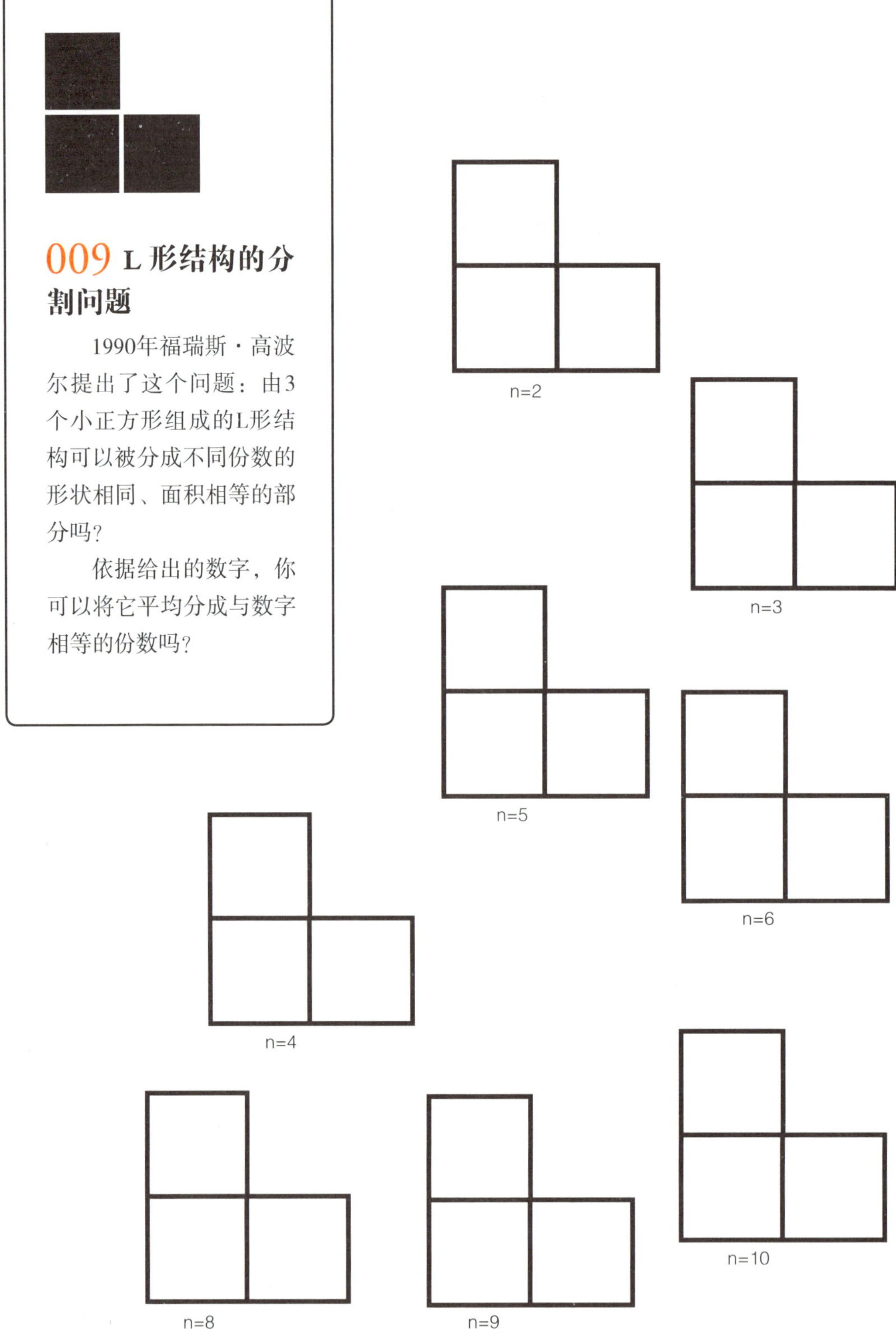

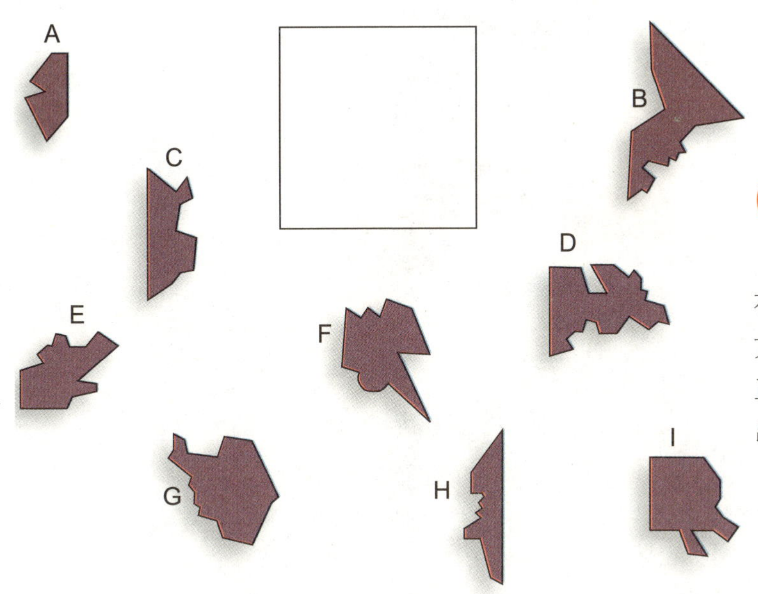

010 多余的图片

除了一块图片，将所有其他图片正确地摆放回方格中，它们将组成一个正方形。你能找出这块多出来的图片吗？

分割图形或图案是一回事，整理结果又完全是另外一回事。有时它只需要普通的感觉，但是更多时候需要仔细地分析和高明的解题技巧。

011 分割空间

假设一个四面体的4个顶点都在一个球体内部（顶点不接触球体的边）。

这个球体被沿着四面体4个面的平面分割成了几部分？是哪几部分呢？

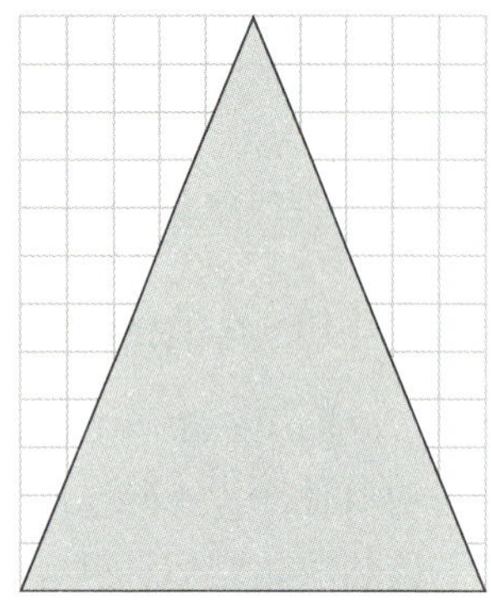

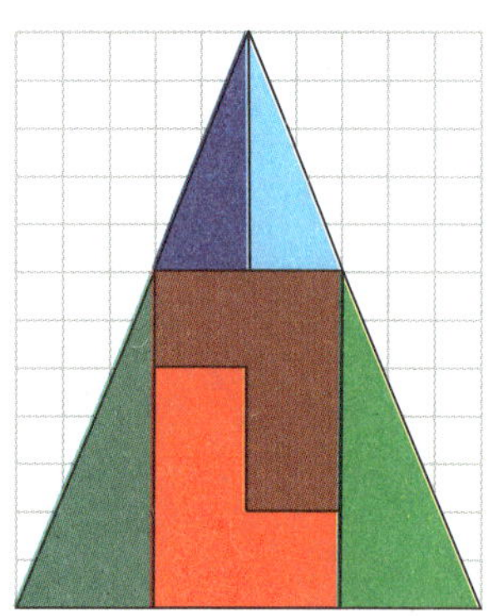

012 加力的三角形

这个灰色的三角形面积是60个单位正方形。

这6个图片的总面积也是60个单位正方形，并且它们可以覆盖这个三角形，如图所示。

你可以把这些图片重新排列并覆盖这个灰色的三角形，但是要在中间留出一个小长方形的空隙吗？

013 加力的正方形

保尔·加力是纽约的一位业余魔术师，他在1953年发明了这道题。把这个正方形分成如图所示的6部分。将黑色的小正方形拿走，然后把剩下的部分重新拼在一个相同的正方形的轮廓里，把它完全覆盖。

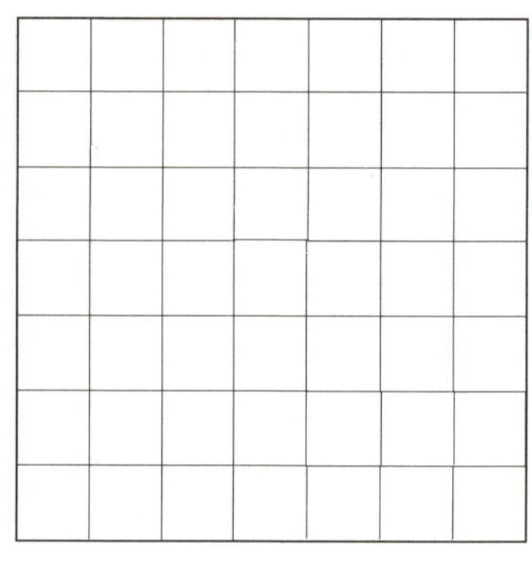

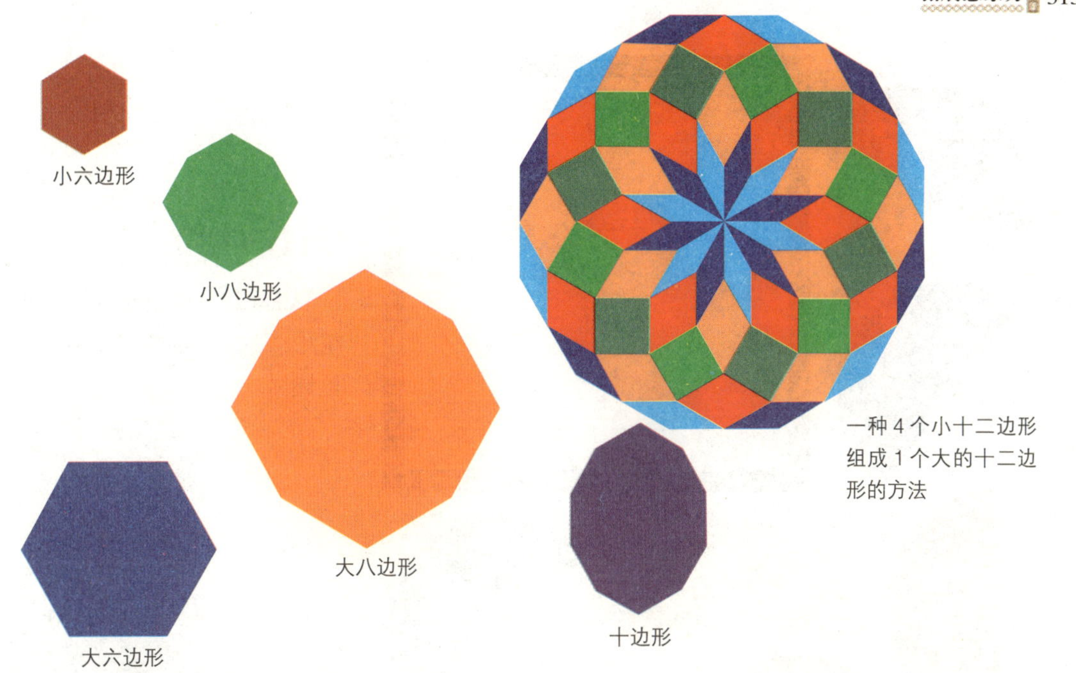

一种4个小十二边形组成1个大的十二边形的方法

014 菱形组成的多边形

3类菱形用不同的组合方法可以拼成许多图形。你可以拼出如图所示的这些多边形吗（这个题的关键是决定使用哪种菱形和使用多少个）？

015 六边形的分割

如图所示，一个正六边形被平均分成了8部分。这是两种可能的分法之一。你能找出另一种吗？

提示：右边的格子会对你有帮助。

每一个规则的多边形都可以用不同的方式分成相等的部分。试一下你怎么处理这个六边形。

016 拼半圆

把6个半圆拼进正方形边框中。这6个半圆必须在白色区域内。

017 五边形的变换

如图所示，把1个五角星和4个正五边形分成10部分，它们可以被重新拼成两个大的相同的正五边形。

你知道怎么拼吗？

018 小丑表演

右下角的小丑正在拉绳子。对于挂在绳子上的7个杂技演员来说，会发生什么事？他们当中哪些会上升，哪些会下降？

要解决关于小丑的问题，仔细思考将会对你大有帮助。

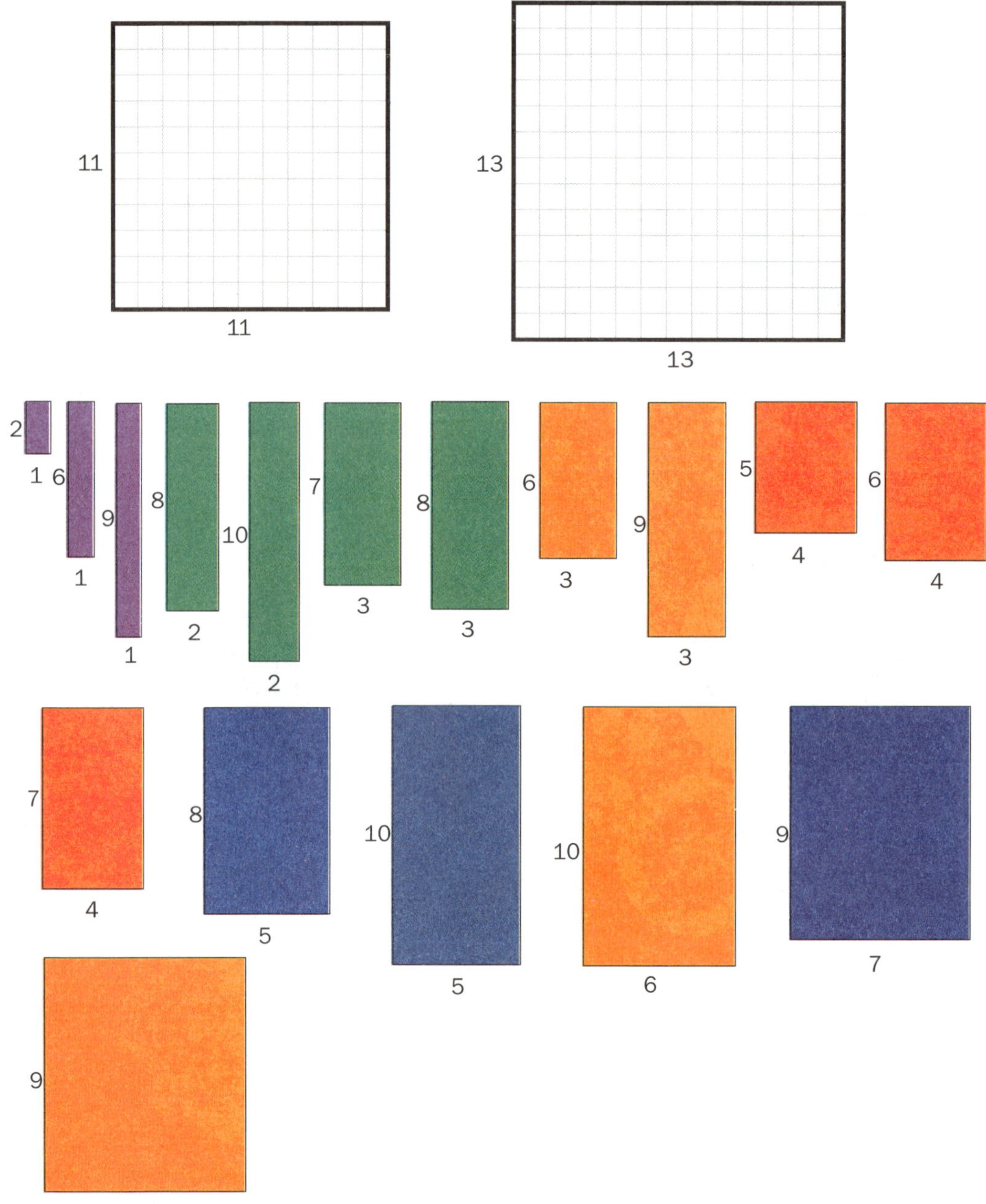

019 用连续的长方形拼起来的正方形

从给出的一组长方形中做出选择，拼出 4 个正方形，两个边长为11，两个边长为13（长方形可以重复使用）。

这4个正方形中的每一个都必须由这样的长方形组成：这些长方形的边长从1到10，每个数字各出现一次。

020 密码

你能看出如图所示的是哪几个英文字母吗？

021 凸形还是凹形

右边有6个凸形，3个凹形。当你把这页倒过来时，会出现什么效果呢？

光幻觉是体现视觉和认识之间差别的一个很好的例子。我们的大脑受到混合的外部刺激，并由此创造了感觉，我们对事物的期望是建立在过去经验的基础之上的。

过去的经验告诉我们，光总是从上面投下来的，因此我们看到了凸形和凹形。

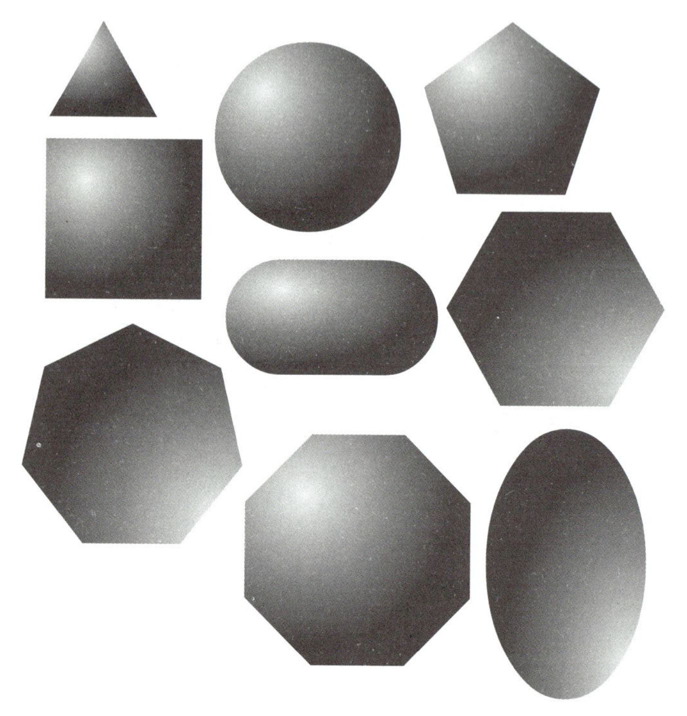

多年以来，人们一直对幻觉十分感兴趣。看看下面这道题，从二维的平面可以看出三维的立体图形。

022 顶点的正方形

有些三维幻觉在平面上也会出现。

在所给出的这幅图中，你看到了什么？一个小正方形在一个大正方形的一角外面？一个小正方形在一个大正方形的一角里面？还是一个大正方形的一角被挖去了一个小正方形？

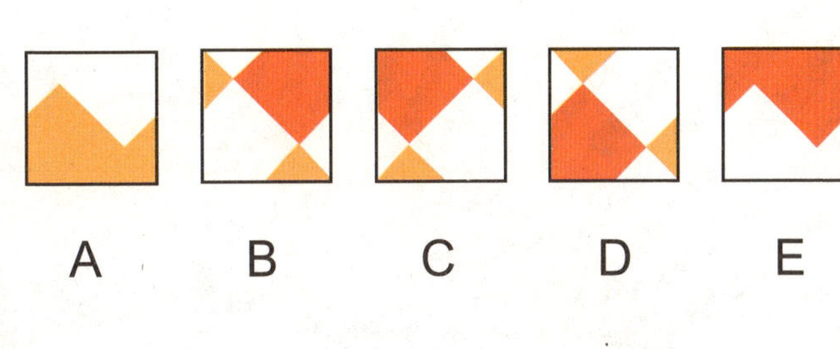

023 想象图形

图中缺少的那块地板应该是哪种样子？

024 旋转的窗户

将给出的窗户和鸟复制或剪下来，用胶水粘成上图的样子。在粘之前用一个夹子将小鸟夹在窗户上，如图所示。

将粘好的窗户和小鸟挂在一根绳子上，让它慢慢旋转。然后站得远一点，闭上一只眼睛看这个结构。

几秒钟后你会看到什么呢？你一定会大吃一惊的。

025 旋转的圆圈

这张视错觉图是巴黎一位著名艺术家受到视幻艺术的启发所创作的。

如果你盯着这些同心圆看，你会看到什么？

大脑有时候会欺骗眼睛，让我们看到本来不存在的现象，产生幻觉。

026 中空的立方体（1）

想象你从6个不同的角度和方向看进一个中空的立方体。这个立方体内有一个图案，每次你从一个角度看进这个立方体时，你只能够看到这个图案的一部分。最后从 6 种不同的角度，你会看出整个图案，请你将完整的图案画到右边7×7的格子里。

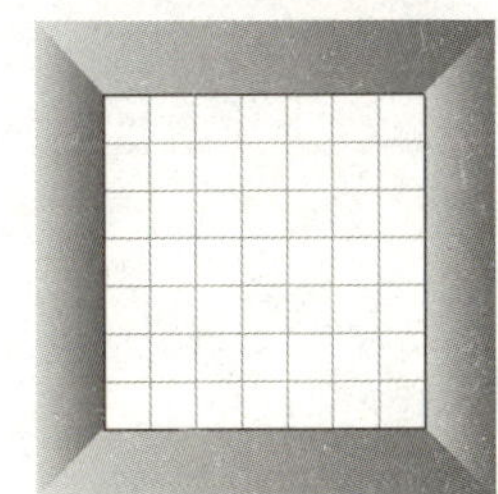

027 中空的立方体（2）

一个立方体的底被分成了6×6格子，格子有黑白两种颜色。

通过从4种不同的角度看进这个立方体，你能够把完整的格子图案画进空白格子里吗？

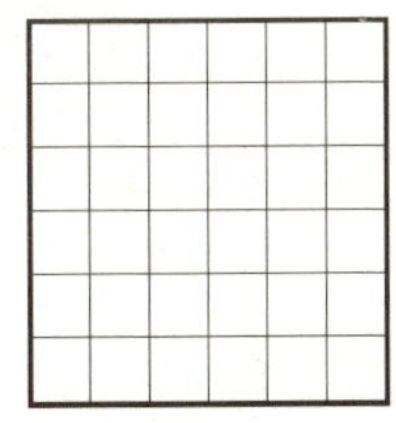

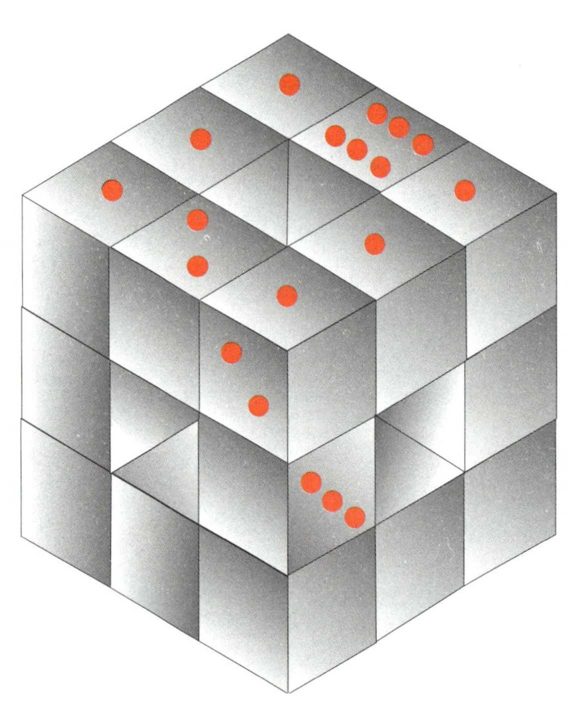

028 有洞的色子立方

20个规则的色子组成了一个大立方体，如图所示。在大立方体每一面的中间都有一个洞。

你能否分别写出这3个我们看得见的洞四面的色子点数？

我们看不见的那3个洞呢？

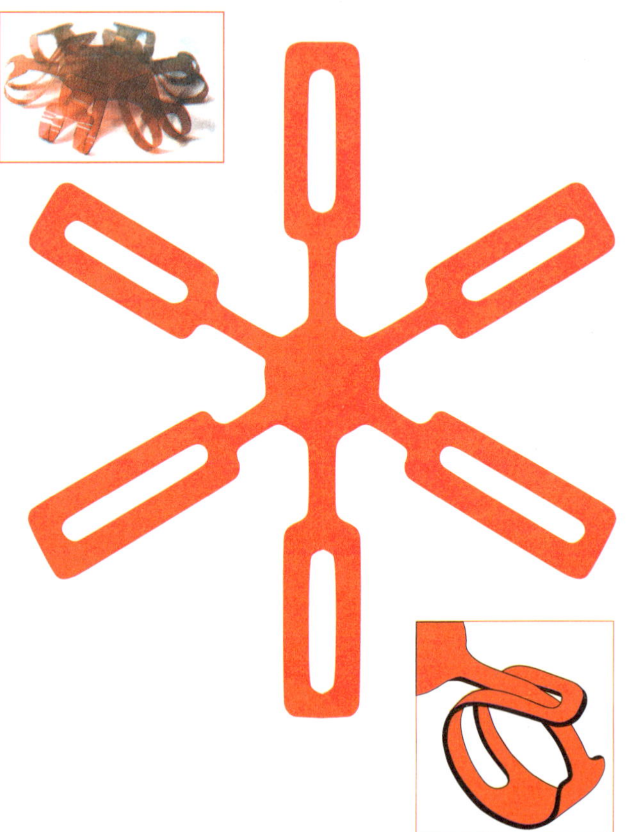

029 不可能的结构

将右边的大图复制并剪下来。

你能否将这个大图折成左上角的立体图？仔细观察右下角的细节图，完成这个结构其实很简单，应该怎么做呢？

注意：不准剪切或者黏合。

030 12个五格拼板

这里有12个五格拼板，你能否将它们正好放进下面的表格中，只留下中间4个黑色的格子？允许旋转拼板。

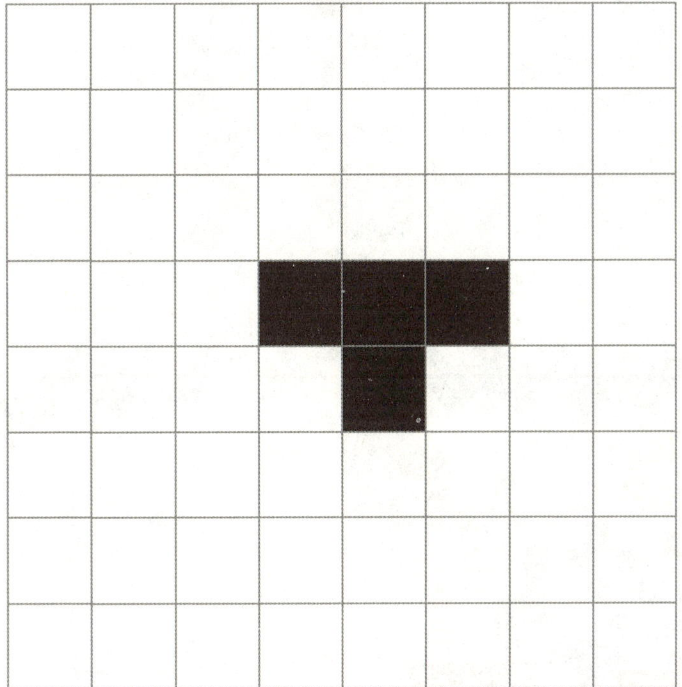

031 多格拼板矩形

大卫·克拉纳对多格拼板的序号是这样定义的：最少用几个这样的多格拼板可以组成一个矩形，这个个数就是该多格拼板的序号。允许旋转拼板。

根据上面的定义，序号为1的多格拼板本身就是一个矩形。

你能否找出下面4个多格拼板的序号？

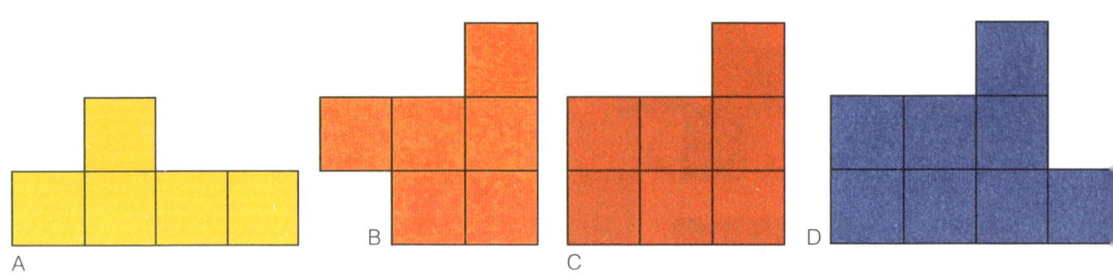

032 锯齿状的五格拼板（1）

这里有一个锯齿状的游戏板，你能否将12个五格拼板全部放进该游戏板里面去（每个游戏板上最后会留有一个空格）？

033 锯齿状的五格拼板（2）

这里有一个锯齿状的游戏板，你能否将12个五格拼板全部放进该游戏板里面去（每个游戏板上最后会留有一个空格）？

034 七格三角形

七格三角形是由7个全等三角形组合而成的，一共有24个。

托马斯·欧贝恩提出了一个问题：这24个七格三角形中有多少个可以用来铺地板（也就是说，无数个这一图形可以无限地铺下去，每2块之间都不留缝隙）。格里高利主教证明了只有1个不可以。

你能把这1个找出来吗?

035 五格拼板游戏

你能否将12个五格拼板放进这6个表格中，只留下黑色格子的部分？允许旋转拼板。

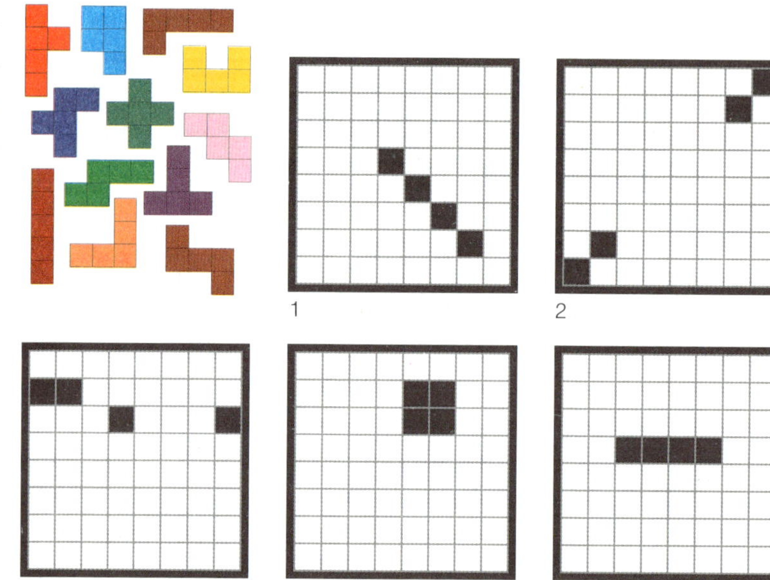

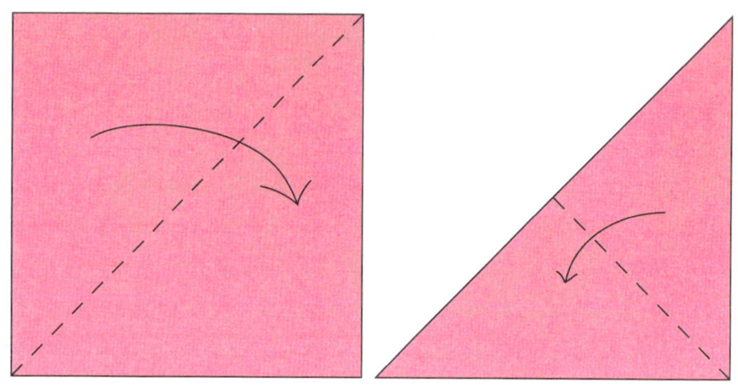

036 想象正方形

将一张正方形的纸进行折叠，然后如图所示，在完成折叠的最后一个步骤之后，用剪刀剪下所折成图形的一角。如果将纸张打开，所得到的正方形将会与哪一个选项类似呢？

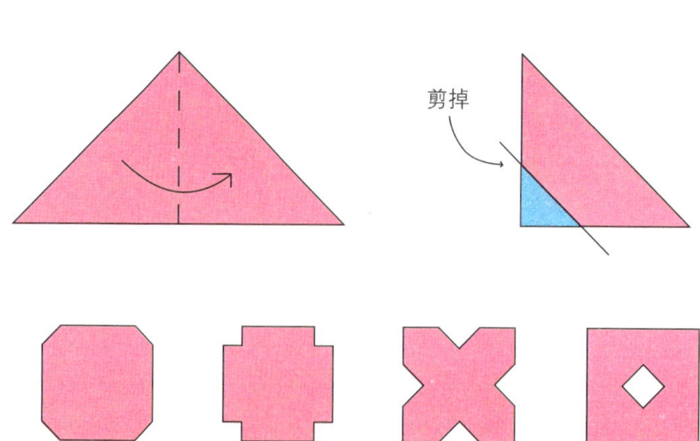

037 移走木框

上面的这些木框可以一个一个地移走，并且它们之间互不干扰。

请问应该按照什么顺序移走这些木框？

如果你答对了这道题，那么这些木框上的字母将会组成一个英文单词（按照你移走木框的顺序）。

038 折叠报纸

将一张报纸对折，你认为最多可以连续对折多少次？

5次？8次？还是更多？

亲自动手试试！

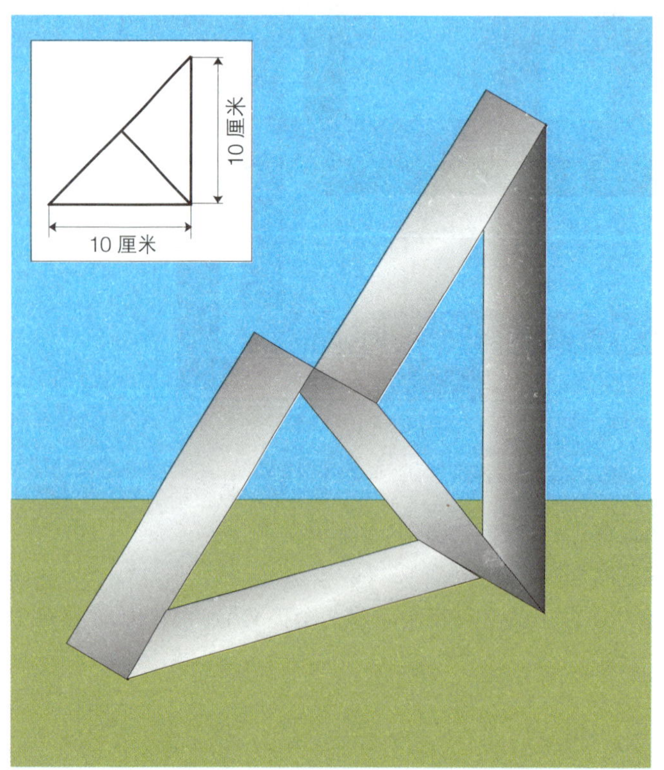

039 纸条艺术

你能否用一张纸条折成如图所示的形状？这张纸条至少需要多长？

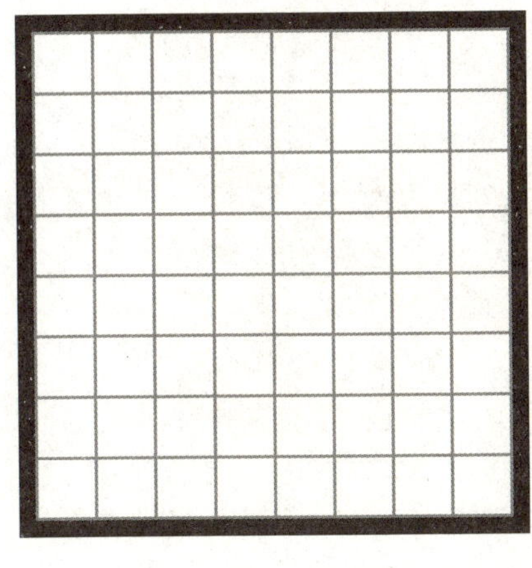

040 最少的五格拼板

在一个8×8的表格中，最少放入多少个五格拼板之后，就不能再放入其他的五格拼板了？

041 共振摆

一根水平的横杆上悬挂着3对摆，如图所示。每对摆（2个颜色相同的摆）摆长也相同。

将6个摆中的任意1个摆摆动起来，横杆可以将这种摆动传递到其他5个摆上去。想象一下，最后会出现什么结果？

在解决一个问题时，如果一开始没有成功，大多数人会选择再试一次。可是很多人宁可流汗，也不愿意靠灵感。事实上很多时候突如其来的灵感会给你很多帮助，不信看看下面的题目。

042 虹吸管

在左图所示的一个密封的模型中，液体被储存在最下面的空厢里。

请问如果把整个模型倒过来会出现什么样的情况？

043 结的上色

图1所示的结已经被上色了，现在要求你根据下面的条件，将剩下的5个结也分别上色。

如图所示，每个节中每一个线与线的交叉点处都有3个部分需要上色：

1. 穿过这个交叉点的上面的线；

2. 穿过这个交叉点的下面的线的一边；

3. 穿过这个交叉点的下面的线的另一边。

每个交叉点处的线需要分别涂上3种不同的颜色，也就是说，给一个结上色至少需要3种不同的颜色。

图1用了4种颜色上色，问给其余的5个结上色分别最少需要多少种颜色？

要解开那些复杂的结可不是一件容易的事情，它需要仔细地观察和足够的耐心。看看这个题，看你能否应付得了？

044 给更多结上色

根据043题的规则，给上面的这些结上色分别最少需要多少种颜色？

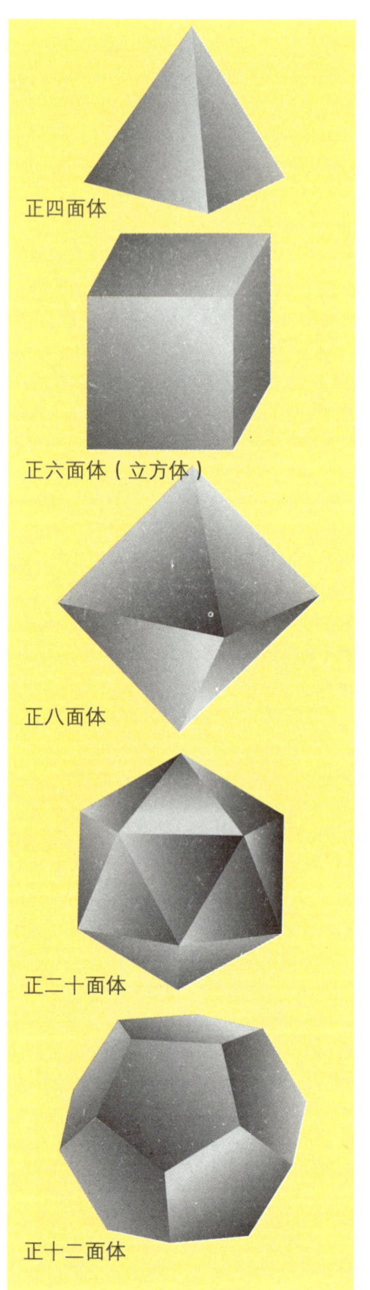

045 正多面体环

8个正八面体可以组成一个多面体的环，如上图所示。

请问其他的几种正多面体用同样的方法能否组成这样的多面体环？

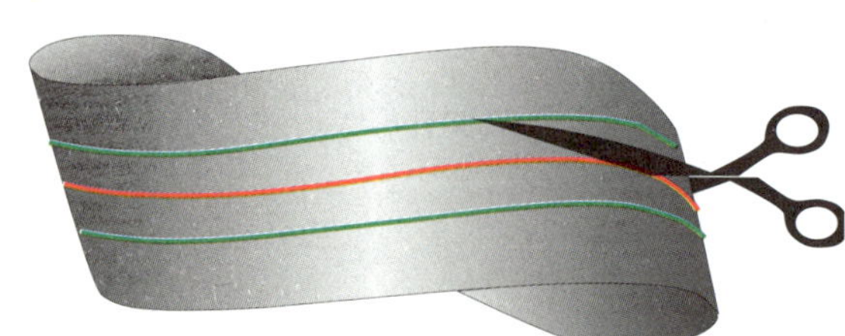

046 三分麦比乌斯圈

图中的2条绿色的线将麦比乌斯圈分成3等份，沿着这2条线剪开，会得到什么结果？

047 暹罗的麦比乌斯圈

左图是一张纸条，沿着纸条两端黑色的粗线把纸条剪开，把上面的部分黏合成一个麦比乌斯圈，使A与A相连，B与B相连。

下面的部分也用相同的方法相连，使A`与A`相连，B`与B`相连，但是下面部分纸条的旋转方向应该与上面的部分相反。

所得到的图形就是最上面的图形。

现在请问你，如果沿着图形中红色的线剪开，会得到一个什么样的图形？

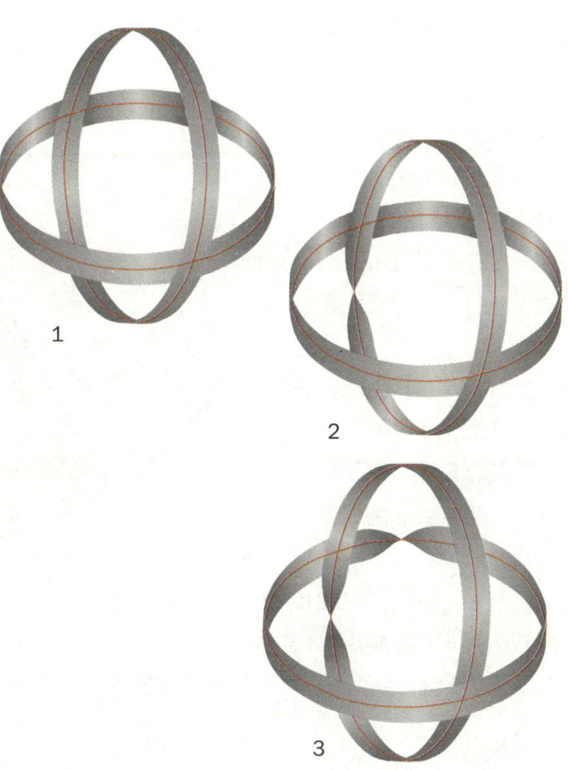

048 相缠绕的麦比乌斯圈

这3组图形分别都是由2个纸环黏合而成的，其中一个纸环是水平的，另一个是垂直的，2个圆环成90° 黏合，3组图形分别有以下特点：

第1组：2个简单纸环黏合；

第2组：1个简单纸环和1个麦比乌斯圈黏合；

第3组：2个麦比乌斯圈黏合。

请问如果沿着图中红色的线将这3组图形分别剪开，会得到什么样的图形？

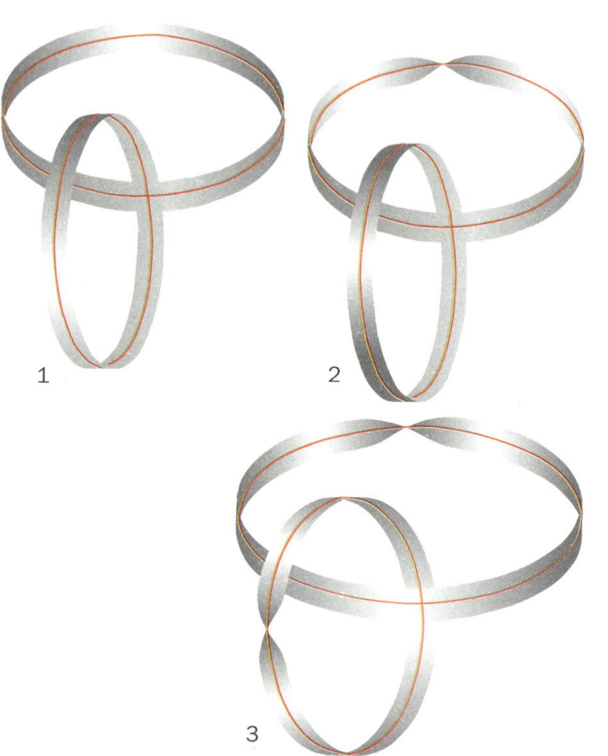

049 相黏合的麦比乌斯圈

这3组图形分别都是由2个纸环黏合而成的，其中一个是水平的，另一个是垂直的，2个圆环成90° 黏合，3组图形分别有以下特点：

第1组：2个简单纸环黏合；

第2组：1个简单纸环和1个麦比乌斯圈黏合；

第3组：2个麦比乌斯圈黏合。

请问如果沿着图中红色的线将这3组图形分别剪开，会得到什么样的图形？

050 成角度的镜子

假设有2面以铰链衔接的平面镜，以成对的彩线所成的角度摆放。

这个铰链衔接的镜子有3个值得注意的效果。

首先，通常的左右互换现象消失了。

其次，你只需要一个很小的东西就能制造出一个万花筒。

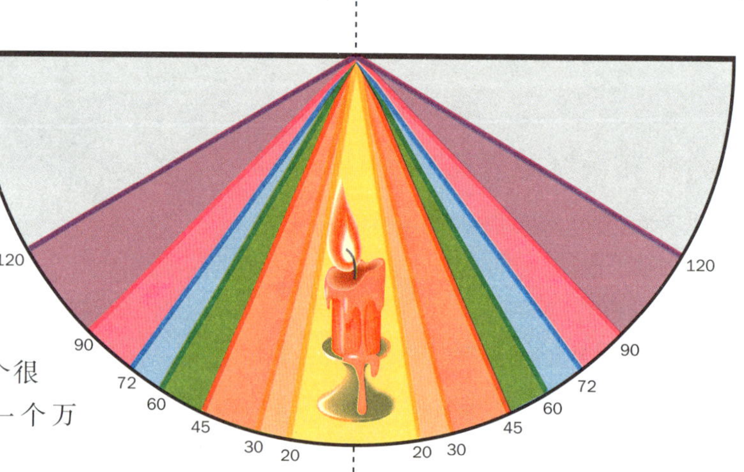

最后，通过改变2面镜子之间的角度，你能使被反射的物象加倍并且增多。

你能从不同角度找到多少个燃烧的蜡烛的像（包括原物像）？

051 海市蜃楼

你可能见过用2面凹面镜组成的“海市蜃楼之碗”。

放在“碗”的底部的一枚硬币或者其他小物体会被反射，并且如图所示被观察到在顶部漂浮。

这个令人难忘的视错觉是由反射产生的，那么有几次反射呢？

如果你住在一间布满镜子的屋子里，你就会在确定自己来去方向时遇到困难。你甚至会遇到一个最棘手的问题：你没办法找到门在哪里！

052 火柴光

想象这个布局中的3个房间的墙上（包括地板和房顶）都铺满镜子。房间里一片漆黑。

一个人在最上面的房间里划了一根火柴。那么在房间里吸烟的人能看到火柴燃烧的映像吗？

053 麦克马洪的彩色三角形

一组24个三角形可以按照多米诺骨牌颜色匹配原则（即相邻一边颜色相同）形成许多种多边形，像正六边形和蝴蝶谜题。从麦克马洪开始，便有马丁·加德纳、约翰·肯维以及其他人为浩如烟海的关于广义多米诺的资料作出了贡献，他们提供了新的难题和挑战。

用4种颜色给等边三角形的3个边缘上色，你能得到24个可能的不同颜色的三角形吗？

注意：旋转后得到的三角形不被算作是不同的；镜面反射则算作不同。

054 曲面镜

如图所示，男孩看左边的凸面镜发现自己是上下颠倒的。然后将镜子翻转90° 。这时候男孩看到的自己是什么样子的呢？

055 四阶拉丁方

你能将这些色块分配到网格中并使得每一种颜色在任何一行或列中仅仅出现一次吗？

056 转角镜

如图所示，一个男孩分别从1面平面镜和2面以90°角相接的镜子中观察自己。

男孩的脸在2种镜子中所成的像是一样的吗？

057 爱的立方问题

这道题的目标是让所有4种颜色（以任何排列顺序）出现在长方体的每一面上，并且在所有4个面上都能拼出“LOVE”这个单词。

复制并裁下制作4个LOVE立方块所需要的图式，解决这道难题。

图式上已预留空白处，所以没必要用胶水粘出一个僵硬的三维立方块。制成的立方体很容易就能被打开，变成便于存放的平面模式。

没有任何东西是你制造不出来的；没有任何事情是你不能解决的。

这非常简单！你所需要的只是爱……还有一些立方块……也许需要一些纸板，还有一把剪刀……

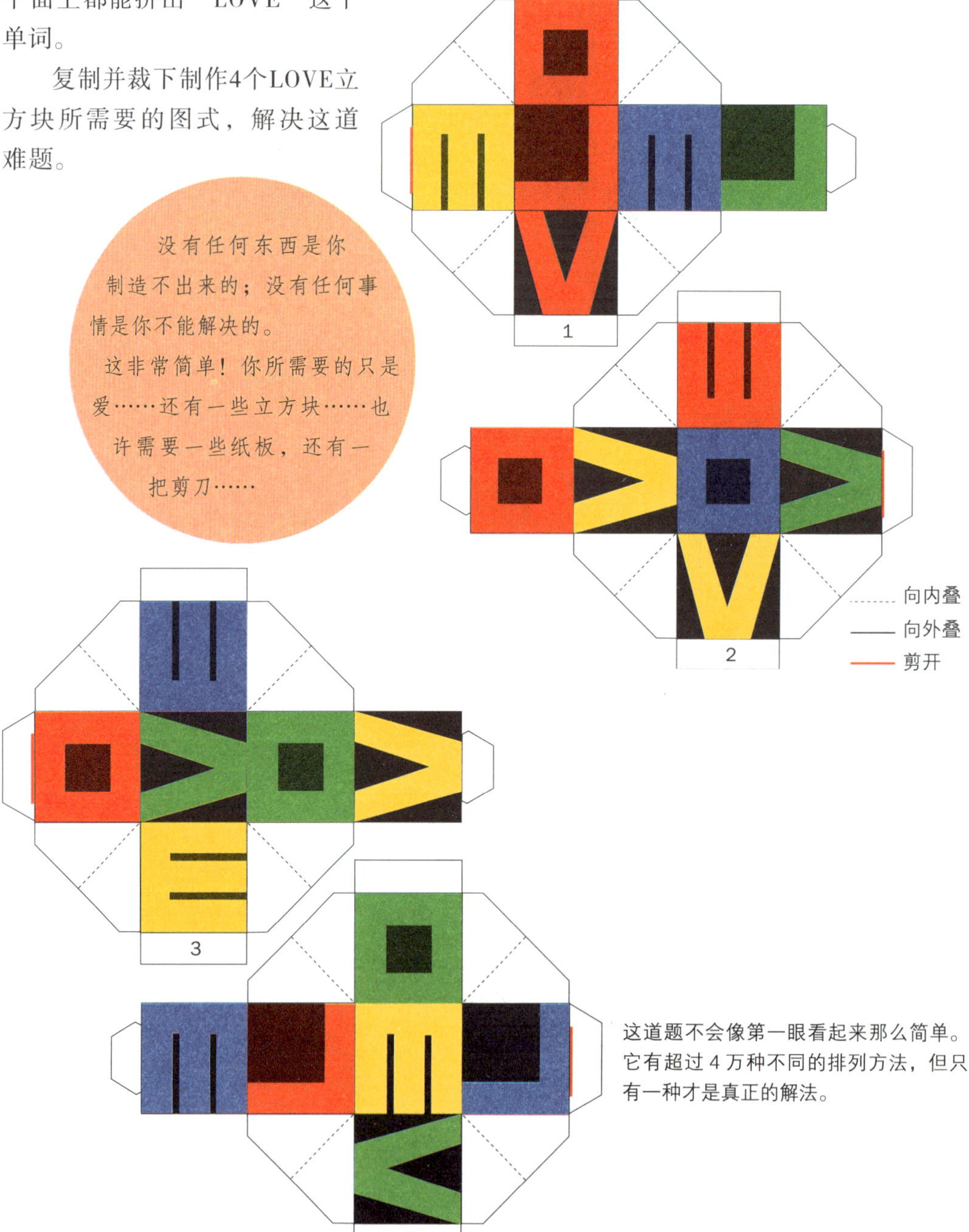

这道题不会像第一眼看起来那么简单。它有超过4万种不同的排列方法，但只有一种才是真正的解法。

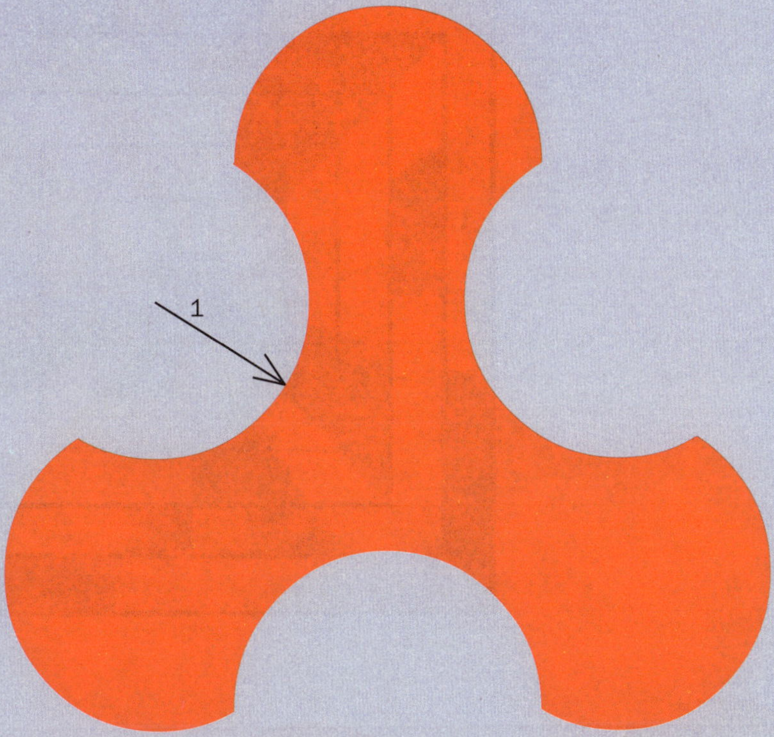

058 飞去来器

如图，6个半径为1的半圆组成了上面这个形状像飞去来器的图形。

你能计算出该图形的面积吗？

059 魔方

图中一共有多少个立方体？

060 旋转方框

仅凭直觉回答：通过旋转这5个方框，能否使每条射线上仅有一种颜色？

圆被认为是有无限条边的多边形。几个圆相交常常会神奇地形成多边形。

061 圆的弦相交问题

这里有3组3个相交的圆，分别找出每组圆的3条公共弦的交点，再把这些交点连接起来，看看会组成一个什么样的图形？

062 圆桌骑士

让8位骑士围坐在圆桌边，每个人每次都要与不同的人相邻，满足这一条件的座位顺序一共有21种。上面已经给出了一种。可以用1～8这8个数字分别代表8位骑士，请你在图中画出其他的20种座位顺序。

063 连续正方形拼在一个平面上

你可以把上面的24个正方形拼进一个框架是67×98的长方形中，并且保证图形内部没有空隙吗？

064 七巧板数字（1）

用七巧板拼出图中所示的数字，速度越快越好。

065 七巧板数字（2）

不知你注意没有，图中所给出的数字缺少8和0。试着用七巧板将它们拼出来。

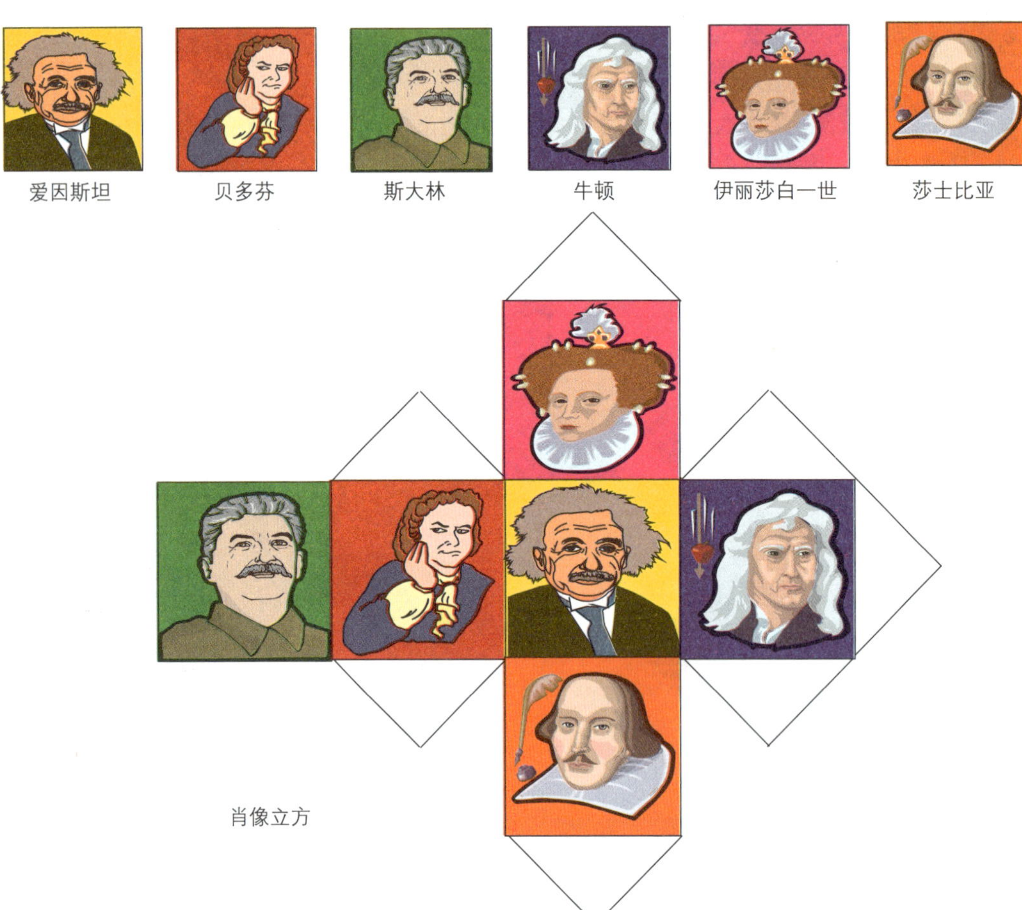

肖像立方

066 滚动肖像立方（1）

在这两道题中，我们将让一个6面分别画有6个著名人物肖像的立方体在一个棋盘上滚动。

见下页的游戏棋盘，开始游戏时立方体上画有“爱因斯坦”的那面朝上。立方体从左下角的棋盘格开始，你的任务就是滚动立方体，使它分别进入每一个棋盘格正好一次，最终落在指定的终点，并且在终点处“爱因斯坦”那面仍然朝上（朝向不一定要相同）。这听上去可能很简单，但是还有一个条件，就是除了起点和终点以外，“爱因斯坦”在滚动的过程中都不能朝上。

			起点和终点 题 2				
起点 题 1							终点 题 1

067 滚动肖像立方（2）

现在请你从第2行第4格开始，让“爱因斯坦”那面朝上，滚动立方体使它分别进入每个棋盘格正好一次，然后再回到起点。整个滚动过程中都不能出现“斯大林”那面朝上的情况。你能做到吗？

答案

第一章 激发创造力

001 4个数

$4+4^2+4^3+4^4=340$

002 倒三角形

这个结构理论上你想搭多高都可以。当你将一块积木放在另一块积木上时，只要它的重心在比它低的积木上面，就不会倒。

如果所有的积木都摆放得非常完美，那么整个结构会非常平稳（当然，在实际操作中，即使是很小的误差也会导致积木全部倒塌）。

003 哥伦布竖鸡蛋

如图所示，这个鸡蛋竖起来的道理与高空走钢丝是一样的。两个叉子给鸡蛋提供平衡力，降低鸡蛋的重心。多一点耐心就可以完成题目的要求。

004 奎茨奈颜色棒游戏

如图所示。

005 排列组合（1）

有5种分配方法将3个不同的物体放在3个没有标记的碟子上。

006 瓢虫的位置

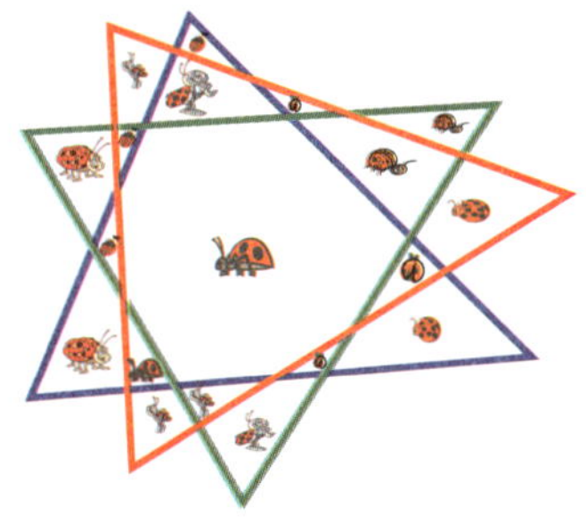

如图，19个瓢虫分别在不同的空间内。

一般情况下，3个三角形相交，最多只能形成19个独立的空间。

这一点很容易证明。两个三角形相交，最多能够形成7个独立的空间，而第3个三角形的每一条边最多能够与4条直线相交，因此它能够与前两个三角形再形成12个新的空间，所以加起来就是19个空间。

007 T时代（1）

008 T时代（2）

009 把 5 个正方形拼起来

5 个边长为 1 个单位的正方形可以拼入一个边长是 2.707 个单位的正方形内。

下面是 n（n 从 1 到 10）个单位正方形可以拼入的最小面积的正方形。k 是正方形的边长。

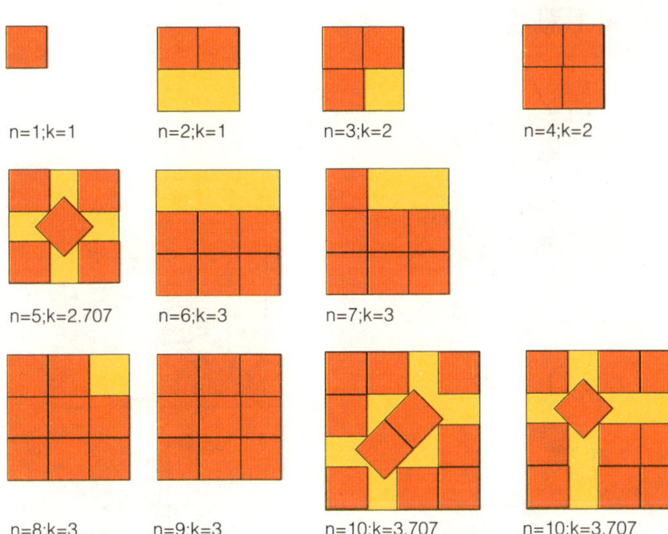

010 多边形七巧板

一组 13 个凸多边形，如图所示。

011 分割五角星

012 分巧克力

如图所示切 6 次。

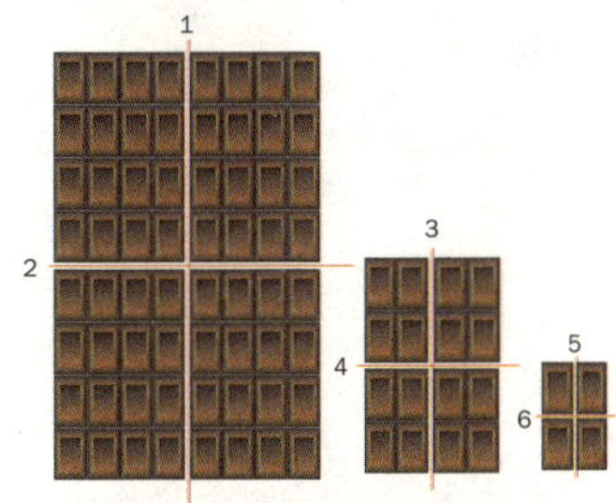

013 六边形变成三角形

014 七角星

015 三角形花园

016 三角形七巧板

017 五角星（1）

018 五角星（2）

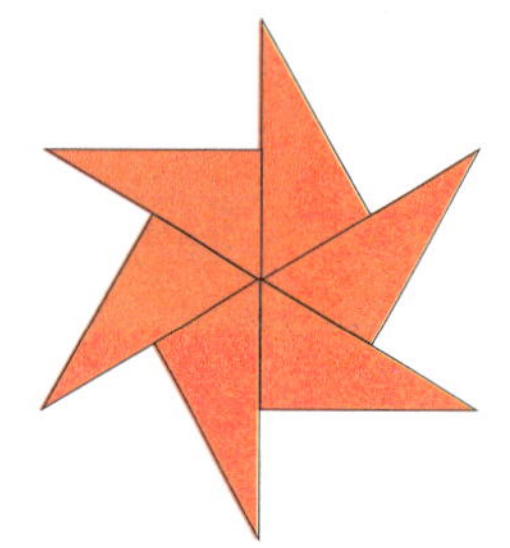

019 心形七巧板

020 星形难题

021 圆形七巧板

022 正方形变成星星

023 正方形蛋糕

你所要做的是把周长分成相等的5份（或“n”份，这个“n”是你所要得到的蛋糕块数）。

然后从中心按照一般切法把蛋糕切开。

诺曼·尼尔森和佛瑞斯特·菲舍在1973年提供了证明，证明如下。

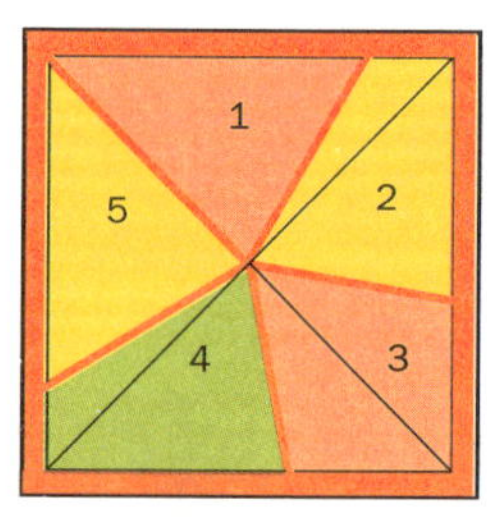

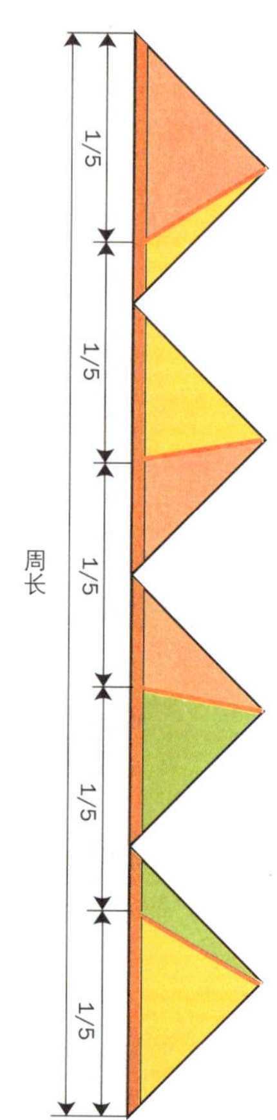

024 重组五角星

025 正方形分割问题

把1个正方形分割成6个相似的等腰直角三角形有27种方法：

026 X问题

你的第一反应肯定是10，但是在这道题中如果x＝9，那么你的错误率将高于10%。

因此，在这道题中，猜x=9.9将是最好的答案，猜它的错误率最高只有10，它与9相差0.9，与11相差1.1。

027 宝石

把这个架子倒过来就可以了，如图所示。

028 点与线（1）

如图所示的是德扎格结构，在这个结构中共有10个交点（10条线中每3条线相交）。

另外有3个 交点可以忽略不计，因为经过它们的只有2条线。

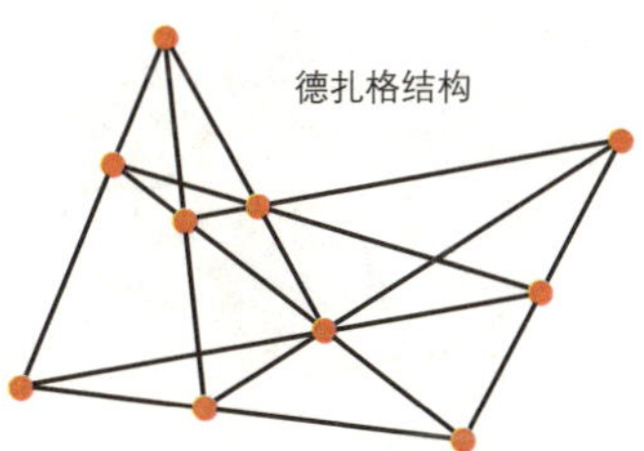

029 点与线（2）

12条线，12个点。

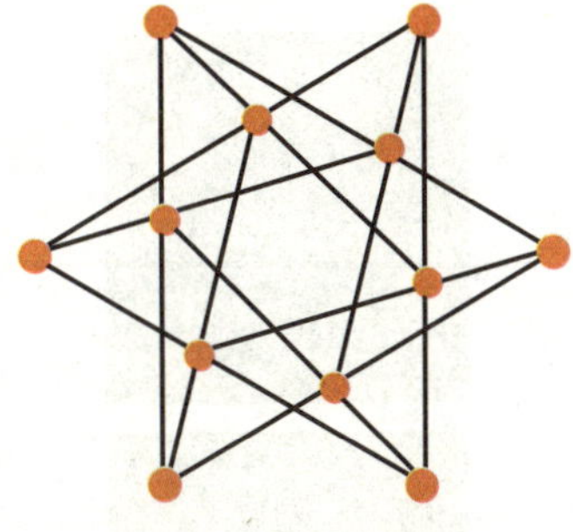

030 点与线（3）

14条线，14个点。

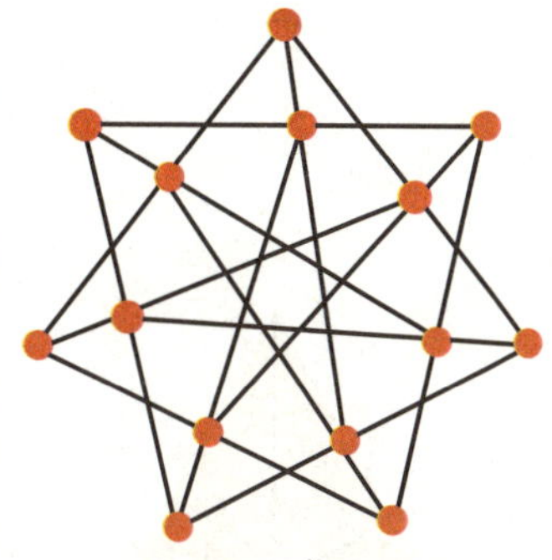

031 点与线（4）

16条线，16个点。

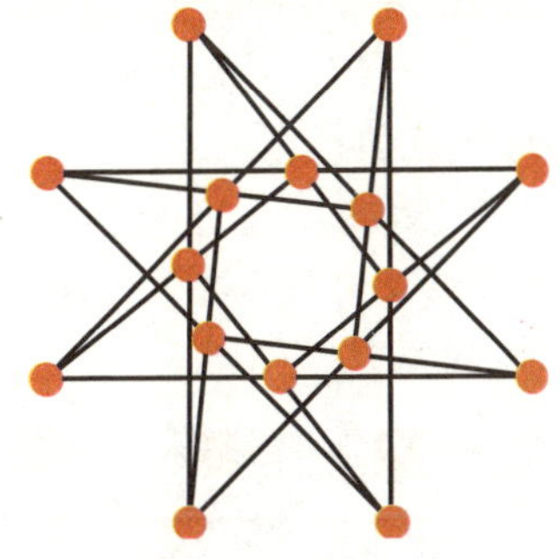

032 断掉的拐杖

所给出的等边三角形是解决这道题目的几何类似物。如下图所示，这个三角形中3条垂线（P）的总和是一定的，等于该三角形的高，即等于题中拐杖的长度（L）。

只有当拐杖折断的点落在中间橘色的小三角形中时，这3条垂线才能组成一个三角形。只有在这种情况下，3条垂线中任意两条的和才能大于第3条，这是组成一个三角形的必要条件。

另一方面，如果折断的点落在橘色小三角形的外面，那么必然有一条垂线比其他2条垂线的和还要长。

因为这个橘色小三角形

的面积是整个等边三角形的1/4，所以这根断掉的拐杖可以组成一个三角形的概率也是1/4，即25%。

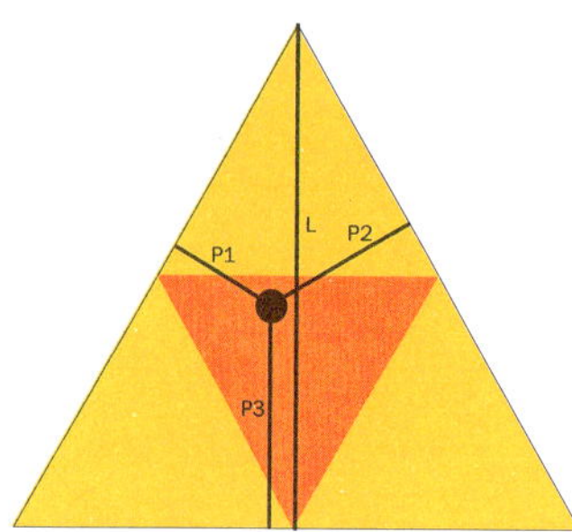

033 滚动色子

从起点开始滚动色子，你可以使它最后在任何格子里以任何数字朝上。

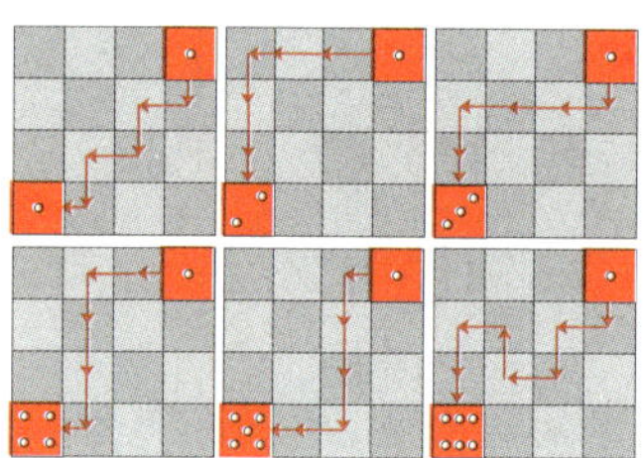

034 滑动链接

035 建造桥梁

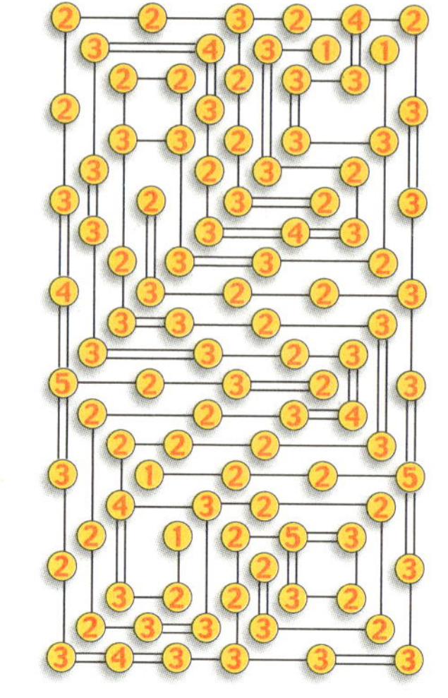

036 麦比乌斯圈上色问题

如图所示，至少要用4种颜色上色才能满足题目要求。

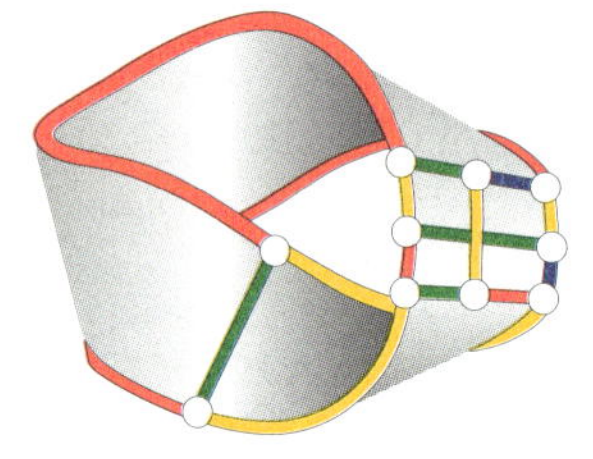

037 神秘的洞

沿L形的方向剪下正方形的一部分，然后将其向对角翻转，令有洞的部分居于纸张中心。

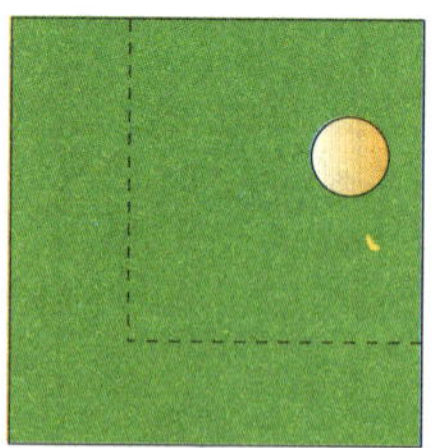

038 多格六边形（1）

039 多格六边形（2）

040 多格六边形（3）

041 多格拼板对称

如图所示。

042 蜂巢迷宫

如图所示。

043 平方根

如图所示，画 3 个直角三角形，x 为三角形的高。

由此我们就得到了这 3 条直线的关系：

$c^2 = a^2 + x^2$

$b^2 = x^2 + 1$

$(a+1)^2 = b^2 + c^2$

将前 2 个式子带到第 3 个式子中，我们就得到了下面的等式：

$a^2+2a+1 = x^2+1+a^2+x^2$

$a^2+2a+1 = a^2+2x^2+1$

$2a = 2x^2$

$a = x^2$

$\sqrt{a} = x$

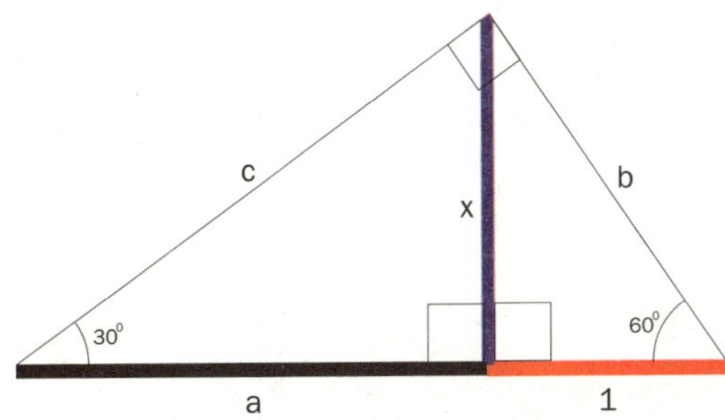

044 四格等腰三角形

如图所示。

045 五格拼板的 3 倍

如图所示。

046 火柴积木（1）

解法之一如图所示。

047 火柴积木（2）

解法之一如图所示。

2	4	6	8	5	7	1
3	5	7	1	6	8	2
4	6	8	2	7	1	3
5	7	1	3	8	2	4
6	8	2	4	1	3	5
7	1	3	5	2	4	6
8	2	4	6	3	5	7

048 数字游戏板

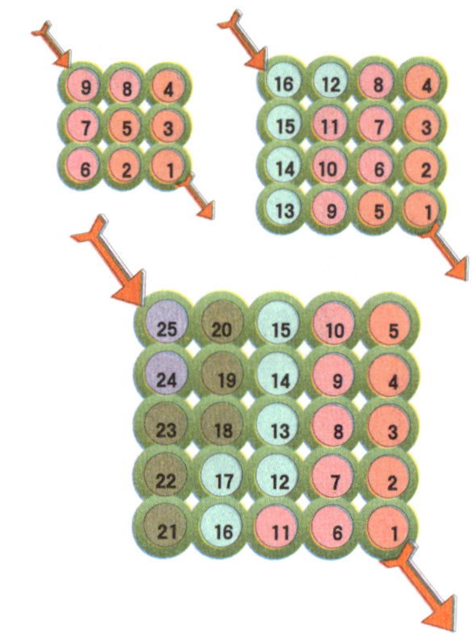

049 茵菲尼迪酒店

在这种情况下，酒店经理可以把客人都转移到房间号是他们原来房间2倍的房间。这样所腾出来的无限个房间就可以供无限个新来的客人住了。

这个问题从本质上说明了无限的2倍仍然是无限。

050 循环图形

如图所示。

051 猫和老鼠

052 长方形游戏

这36个长方形的总面积应该是870，正好等于一个29×30的长方形的面积。下面给出了一种最佳方案，但是有一个1×3的长方形没有放进去。你可以做得更好吗？

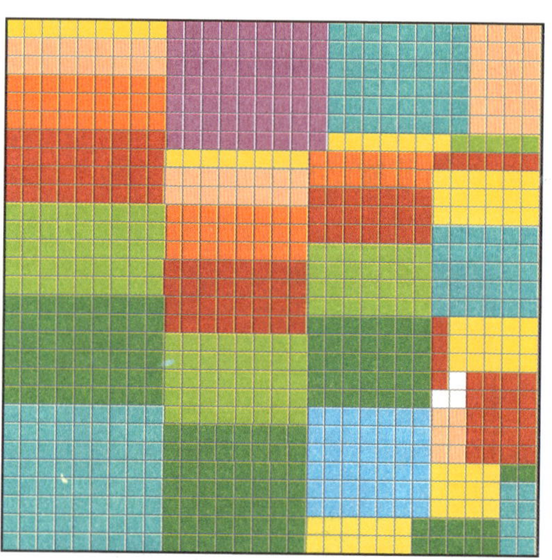

053 珠子和项链

基本的图案只有3种，然而通过不同颜色之间不同的排列一共可以串出12种不同的项链，如下图所示。

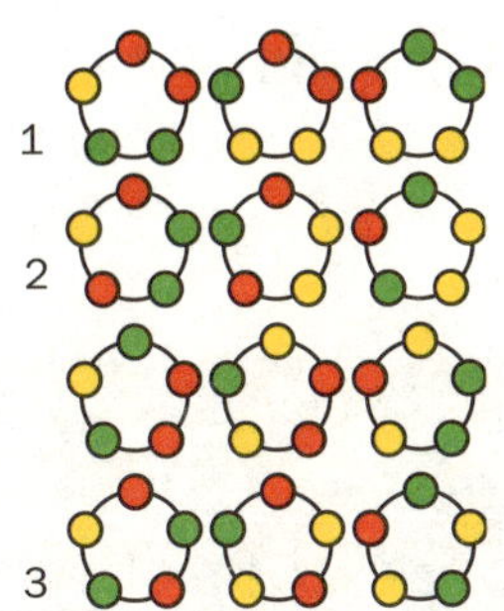

054 垂直的剑

眼睛贴近纸面，从图右下方的一点往上看。

055 帝国地图

至少需要用 12 种颜色来给该地图上色。

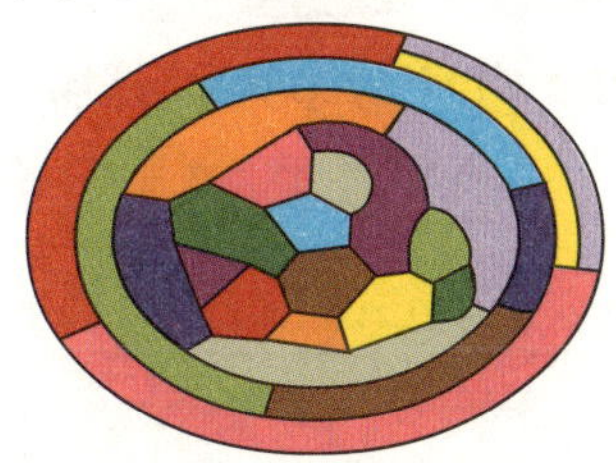

056 光的反射

亚历山大时期的希罗发现了光的反射定律：光线射到任意表面上，入射角和出射角相等，即入射光线与法线的夹角等于出射光线与法线的夹角。

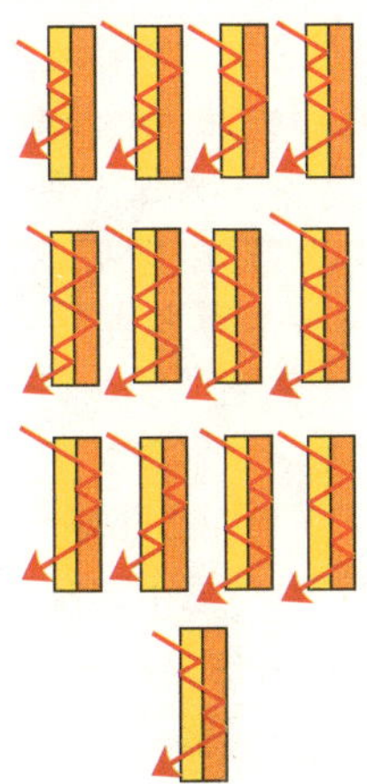

057 皇后的小型对抗

题 1
一共有 2 种解法，这里是其中一种。

题 2
一共有 10 种解法，这里是其中一种。

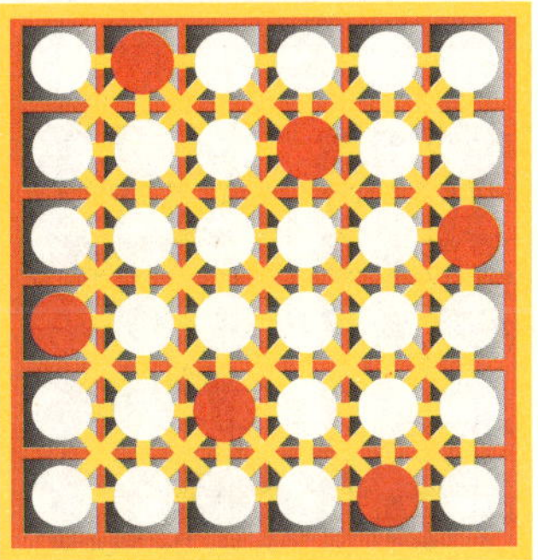

题 3
一共有 4 种解法，这里是其中一种。

题 4
一共有 7 种解法，这里是其中一种。

058 皇后的颜色对抗（1）

059 皇后的颜色对抗（2）

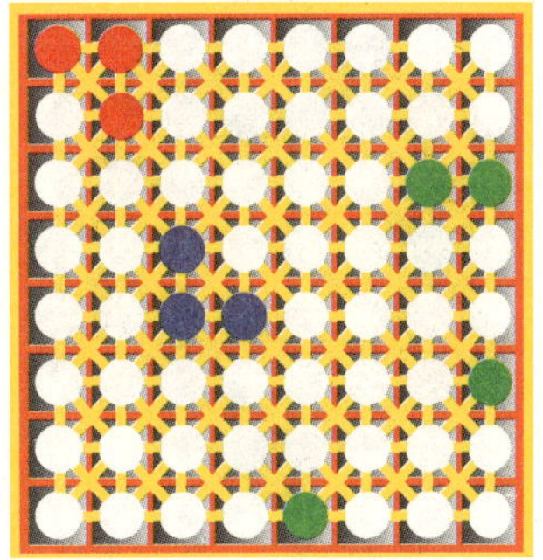

060 皇后的颜色对抗（3）

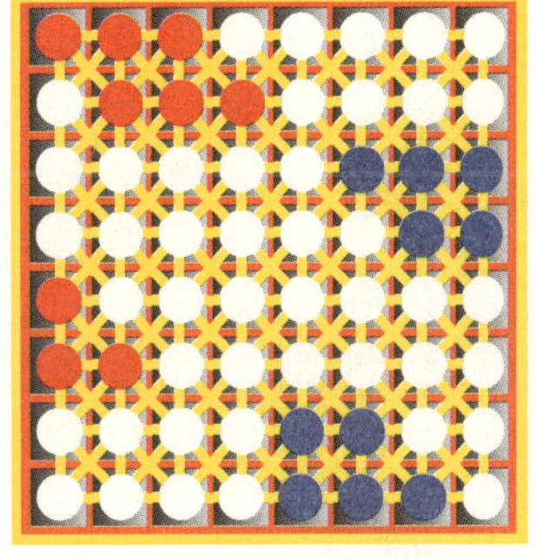

061 皇后的颜色对抗（4）

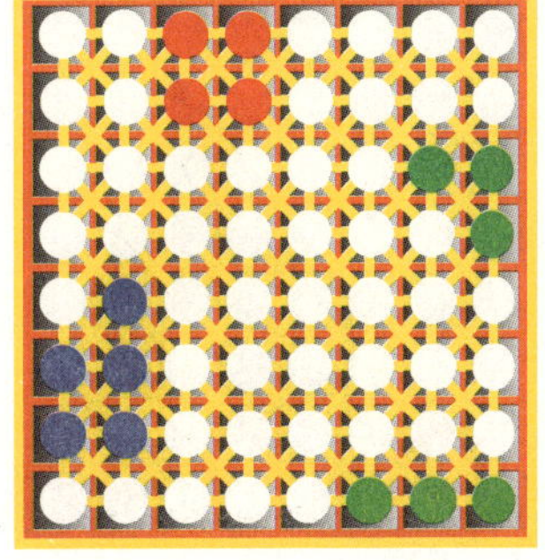

062 皇后的颜色对抗(5)

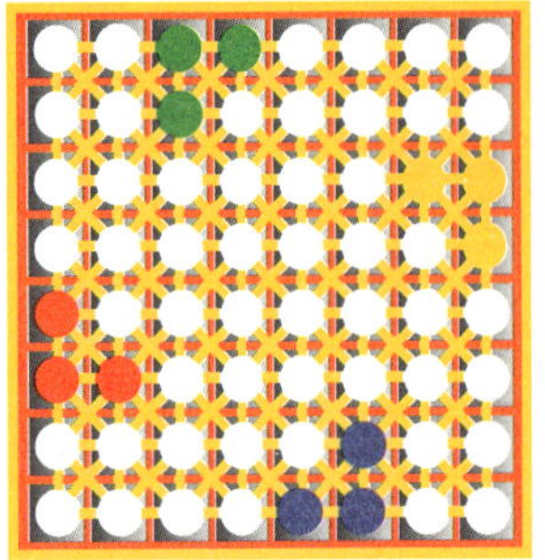

063 六边形游戏

064 三角形与三角形

我们可以利用反向思维。如图所示，将三角形的底边3等分，将2个等分点分别用记号笔标注。然后从每个等分点出发分别画4条线段：2条线段分别与三角形的两腰平行，一条线段为等分点与三角形上面的顶点的连线，另一条是与另一等分点与三角形顶点连线相平行的线段。然后沿着这些线段把三角形剪开，这样就得到了12个三角形。

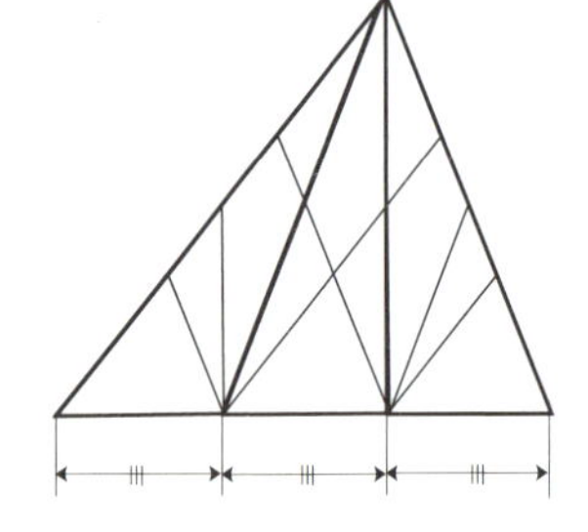

065 四色问题

答案如下图。

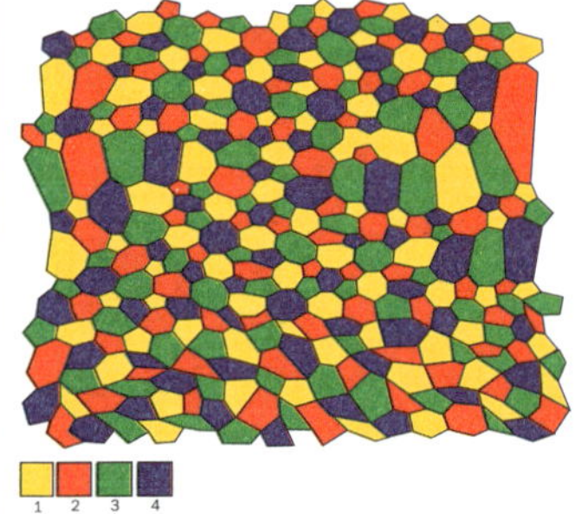

066 立方体魔方

这里给出其中一种解决方法（还有很多可能性）。

067 六彩星星

068 排列组合（2）

有27种分配方法将3个物体放在3个有标签的碟子上。

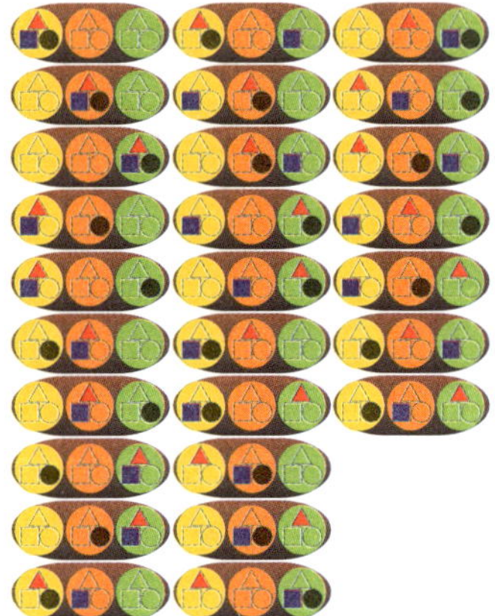

069 棋盘与多米诺骨牌

许多与棋盘有关的题目以及其他谜题都可以通过简单的奇偶数检验法解决。

第一面棋盘中，无论你用什么办法都不能覆盖空缺的棋盘，而证明方法很简单。除空缺块以外，棋盘上有32块黄色方块，但只有30块红色的。一块多米诺骨牌必须覆盖一红一黄的方块，因此第一面棋盘不能用31块多米诺骨牌覆盖。

如果从棋盘中移走2个相同颜色的方块，剩下的方块就不能用多米诺骨牌覆盖。

该原理的反面由斯隆基金会主席拉尔夫·戈莫里证明。

如果将2个颜色不同的方块从棋盘移出，剩下的部分必然能用多米诺骨牌覆盖。

因此只有第二面棋盘能全部用多米诺覆盖。

070 掩盖游戏

解法之一如下图所示。

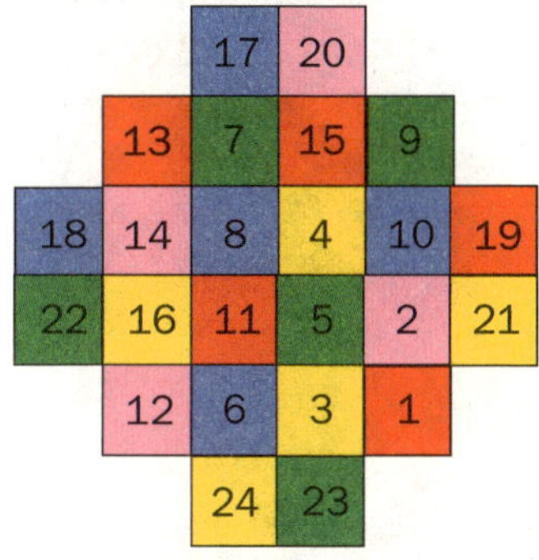

071 五角星魔方

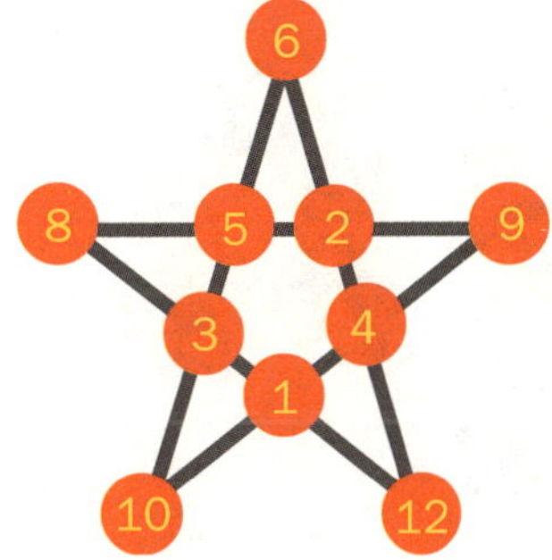

072 正方形熨平机

073 八边形填色游戏

略。

074 分割正方形

将正方形总数上升到27个的4条直线如下图中的蓝线条所示。

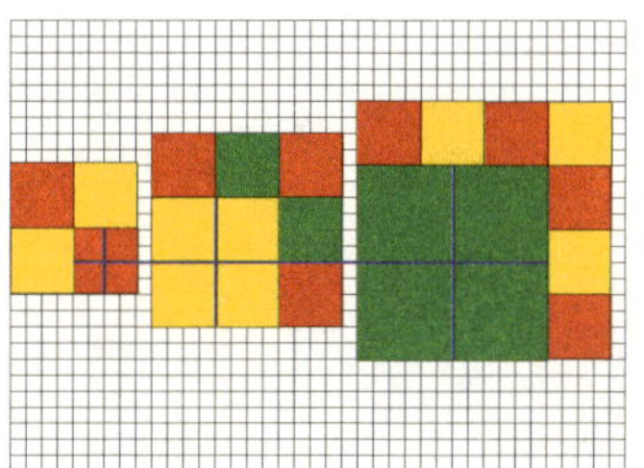

075 六角魔方

这个问题可不简单。

一共有12!（12阶乘 = 1×2×3×…×11×12= 479001600）种方法将数字1到12填入六角形上的三角形中。电脑搜索出这道题的出题者们只做了一种解法，如下图所示。

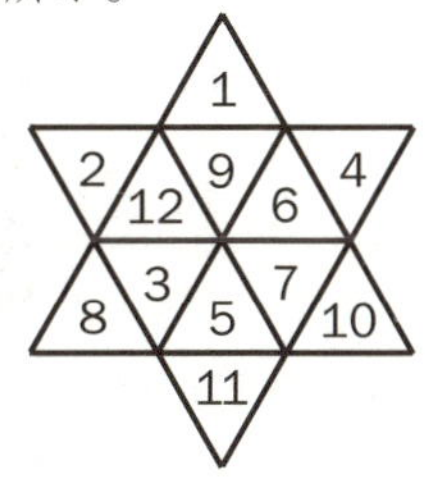

076 六角星魔方

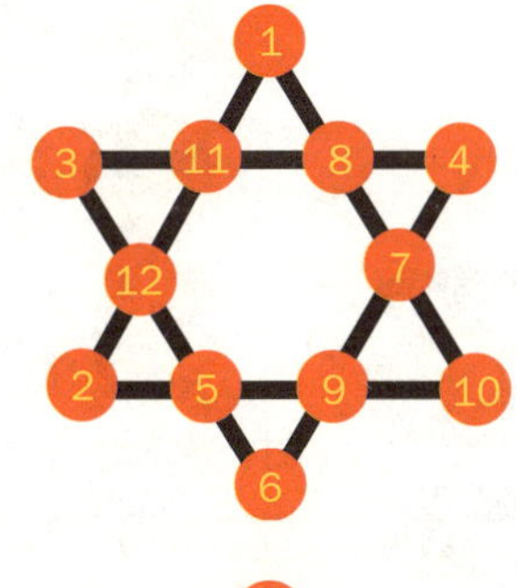

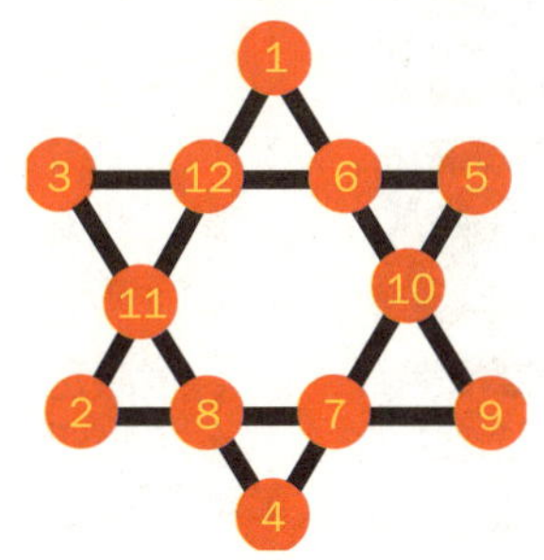

077 彩色斗牛士——单人纸牌游戏

这道谜题的解法被认为是唯一的。显而易见，左边的图形满足谜题的要求；右边图形则展示解题的布局过程。

078 彩色斗牛士——比赛

略。

079 给正方形涂色

一共有12种不同的涂色方法，如图所示。

080 连接色块

该题的解有很多种，下面是其中一种，如图所示。

081 连线

答案如图所示。原题中选的是18个点，其实任意多少个点都可以把它们从头到尾相连，且连线不相交。

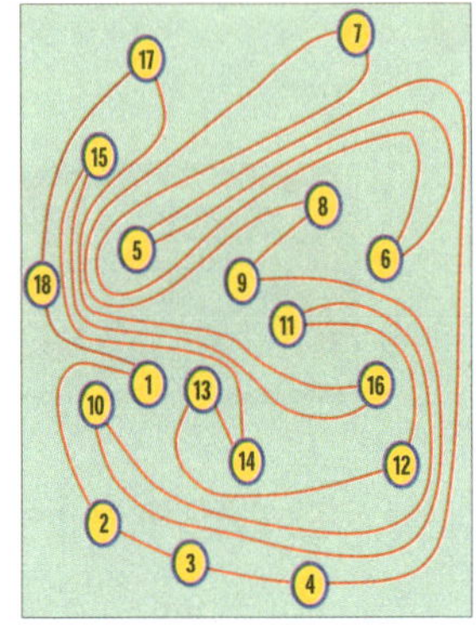

082 拼接三角形

根据我们前面已经学过的组合的公式，从6根棍子里选出3根来有20种可能性：

$C_n^r=6!/(3!\times3!)$

$=6\times5\times4\times3\times2\times1/(3\times2\times1)\times(3\times2\times1)=720/(6\times6)=20$ 种

但是并不是这20种组合都能够拼成三角形，根据“三角形两边之和必须大于第三边”的定理，3-4-7、3-4-8、3-5-8这3种组合都不能组成三角形。

所以用这些棍子一共可以拼出17个三角形。

083 水族馆

如图所示，这里给出了其中一种摆放方法。

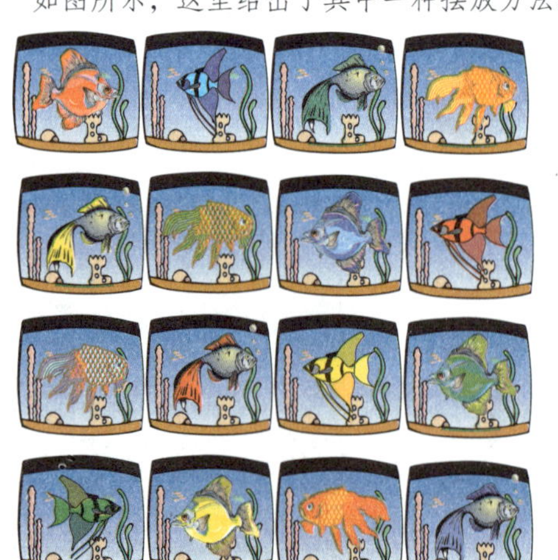

084 电影胶片

所得到的图案如下图所示。

085 多边形变星形（1）

086 多边形变星形（2）

087 多边形变星形（3）

一共有23种。

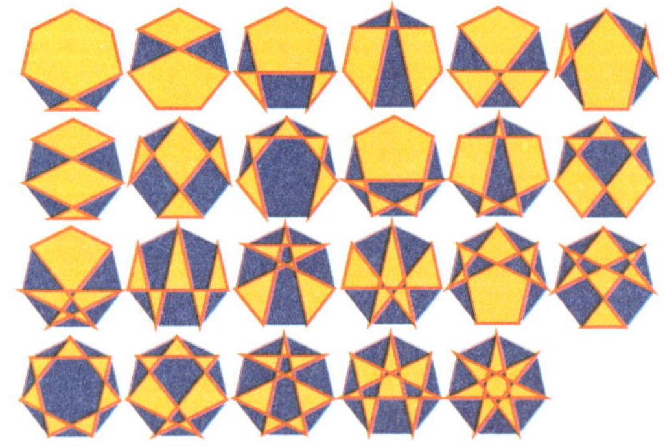

088 正方形和三角形

如图所示，至少需要7个正方形和13个三角形；其中由6个正三角形所组成的凸五边形可以用来作为十一边形的核心。

089 最短的六边形

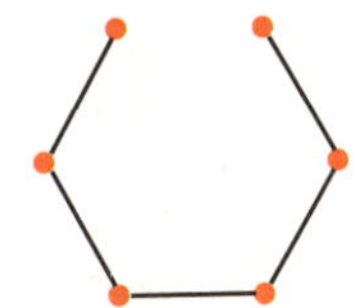

090 三分三角形

如图所示。

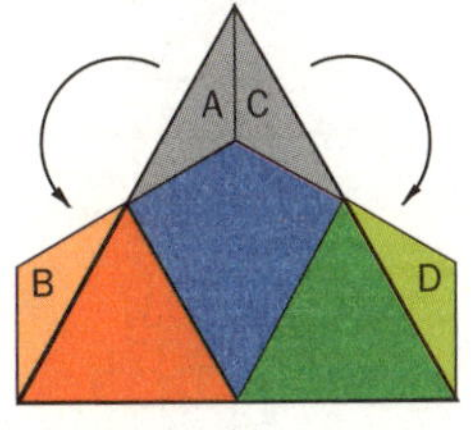

091 八色金属片

将8个不同颜色的纸片拼入所给出的不规则图形中，且不出现重复，答案如图所示。

此类题目的解法同拼图类似，但是稍难一些，因为拼图一般都是将碎片拼成规则图形，而此题恰好相反。

第二章 锻炼分析力

001 11的一半

罗马数字中的11就是这样的，如下图所示。

002 比舞大赛

两个舞伴的每个人都分别换了一次姿势。

只有在两张照片中他们是变换了姿势的（也就是说，成镜像），其他照片中显示的都是他们在旋转。

003 齿轮片语

如图所示，最后组成的句子是："The impossible takes longer."

最大的齿轮顺时针转动1/8圈就可以得到这句话。

这句话出自一个无名氏之手，是美国海军工程营纪念碑上的碑铭，其原文是："The difficult we do at once; the impossible takes a bit longer."（困难我们可以马上克服，不可能的任务多一点时间就能完成。）

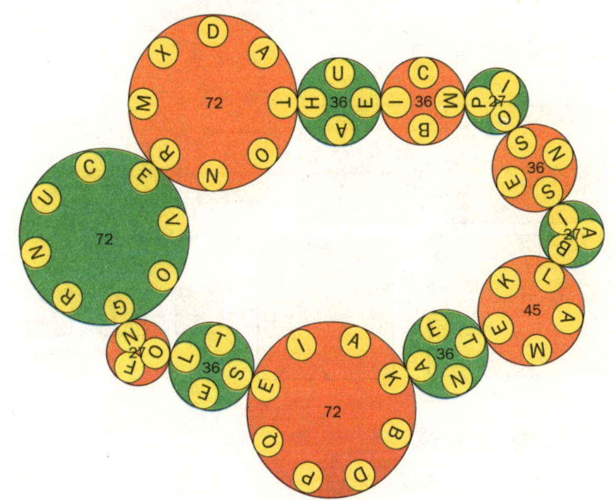

004 齿轮游戏

将中间的齿轮逆时针旋转一个颜色格，所有齿轮相接处的颜色都会相同。

005 回文

希望你没有花太多的力气就得到一个回文顺序的数。

马丁·加德纳得出结论：在前10000个数中，只有251个在23步以内不能得到回文顺序的数。曾经有一个猜想说："所有的数最终都会得到一个回文顺序的数。"但是这个猜想后来被证明是错误的。

在前100000个数中，有5996个数从来都不会得到回文顺序的数，第一个这样的数是196。

89
98
187
781
968
869
1837
7381
9218
8129
17347
74371
91718
81719
173437
734371
907808
808709
1716517
7156171
8872688
8862788
17735476
67453771
85189247
74298158
159487405
504784951
664272356
653272466
1317544822
2284457131
3602001953
3591002063
7193004016
6104003917
13297007933
33970079231
47267087164
46178076274
93445163438
83436154439
176881317877
778713188671
955594506548
845605495559
1801200002107
7012000021081
8813200023188

终于得到一个回文顺序的数了！

006 箭轮

这9个轮中除了最底行中间的那个之外，其他都是同一箭轮经旋转或反射所得。

007 拉格朗日定理

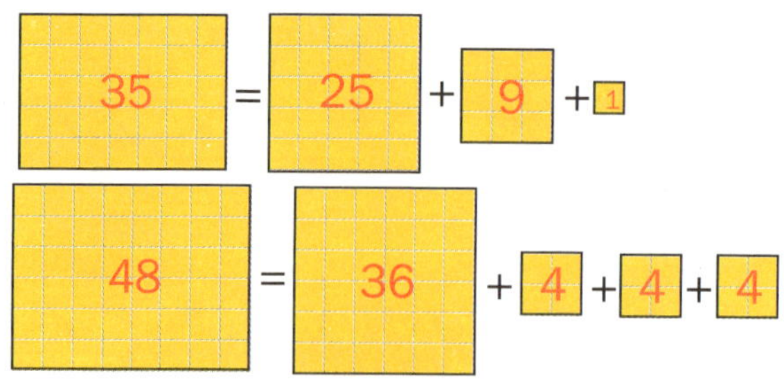

008 缺少的立方体

缺少20个立方体。

009 六边形

如图所示。

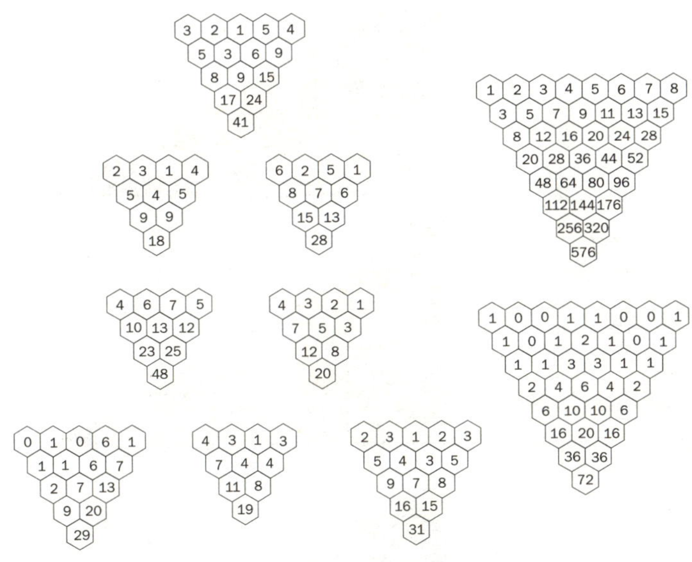

010 三角形数

查尔斯·W. 崔格发现了 136 种不同的排列方法。如图所示是其中 4 种。

011 希罗的开门装置

这个装置利用了一些简单的机械原理。装置中用到了链子、滑轮、杠杆以及气箱和水箱。牧师将圣坛上的圣火点燃，气箱和水箱里的空气受热膨胀，压迫球形水箱里的水通过虹吸管流到挂在滑轮上的桶里面。桶的下降会拉动绳子或链子，从而拉动栓门的链子，神殿的门就这样被“神奇”地打开了。

当圣火燃尽，空气冷却之后，门又会通过右下方的平衡物自动关上。

012 小猪存钱罐

$1/4x+1/5x+1/6x=37$

$x=60$

因此，我一共有 60 美元。

013 永动机（1）

达·芬奇的设计是古代众多重力永动机的设计之一。设计者是这样设想的：一旦这个机械开始转动，里面的小球也开始运动，在这个轮子下降部分的小球将比上升部分的小球产生更大的动力，因为下降部分的小球离轮子中心更远，这就会使轮子顺时针旋转。

根据这个理论，上面的小球在轮子转下来时会落到离轮子中心较远的位置，从而保持轮子一直转动。然而，如果我们给轮子一个力，使它转动一整圈后所有小球都回到原来的位置。这些小球所做的功最多等于你开始对轮子所做的功。这个装置在运转过程中不能获得能量，因此轮子不会一直转动下去，它只会摇摆一点，最后回到一个平衡的状态。

014 永动机（2）

加莫夫是希望通过将“6”连接到轮子的柄上面。一旦轮子开始转动，轮子上部分“9”的重量会使轮子一直运动下去。

015 3 个重量

有 6 种方法去排列这 3 个盒子。

称一次可以在两种可能性中决定一个，称两次可以在 4 种可能性中选择，称 3 次可以在 8 种可能性中选择……

一般来说，“n”次称重

将最多决定 2^n 种可能性。

在我们的题目中：

称重一次：A>B

称重两次：A<C

结论：C>A>B，问题就解决了。

如果第二步称重时：A>C

那么就有两种可能性：A>B>C 或 A>C>B，所以我们需要第三次称重来比较 B 和 C。所以最多需要称 3 次。

016 4 个力

可以把每 2 个力相加，按顺序算出它们的合力，直到得到最后的作用力，或者把它们按照下面所示加起来。

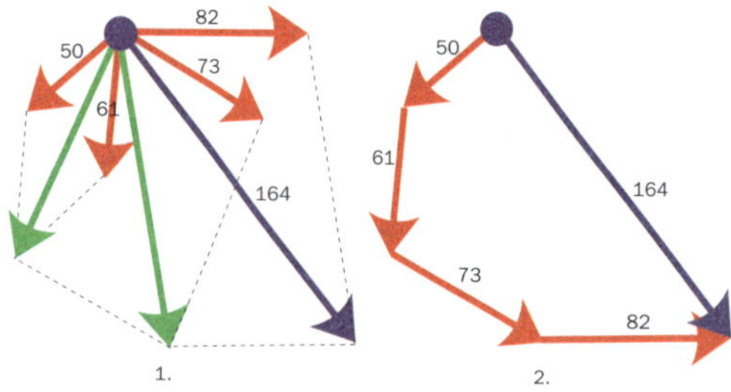

017 得与失

这里并没有什么魔术。这些图片只是看起来完美得适合于 63 和 65 个单元格。这些图片之间的小空隙或小重叠造成了面积的不同。

018 螺旋的连续正方形

11 个连续正方形可以呈螺旋状排列并且不留空隙，但是如果再加入第 12 个正方形，就出现空隙了。

019 三角形的面积问题

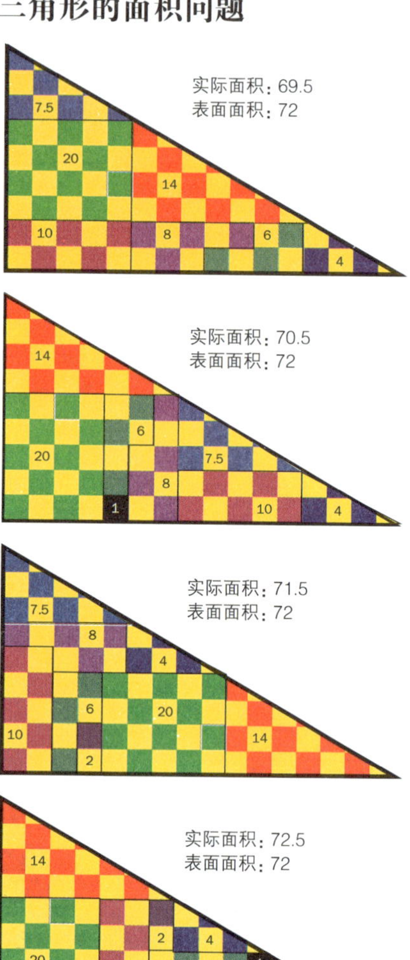

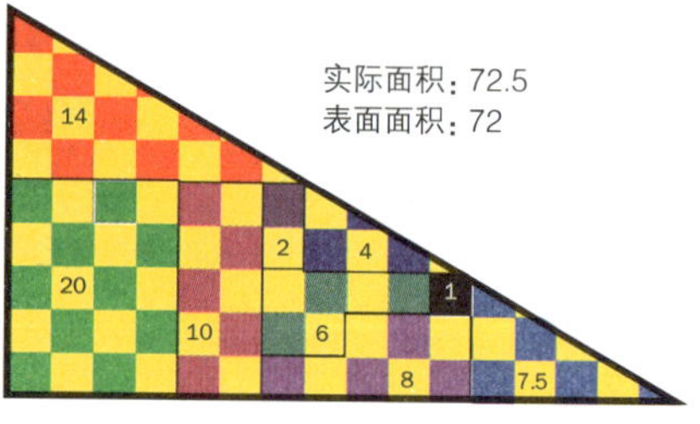

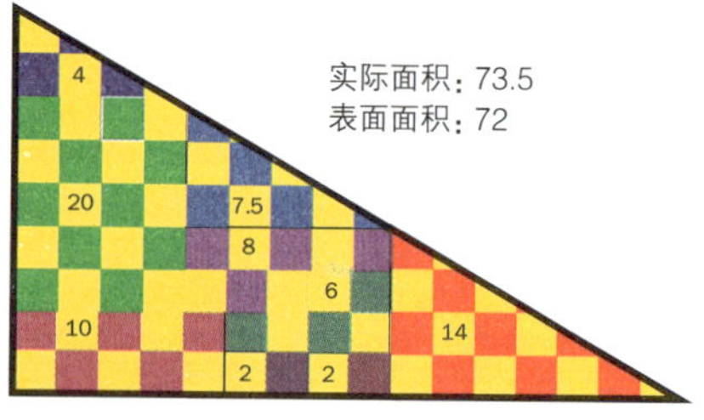

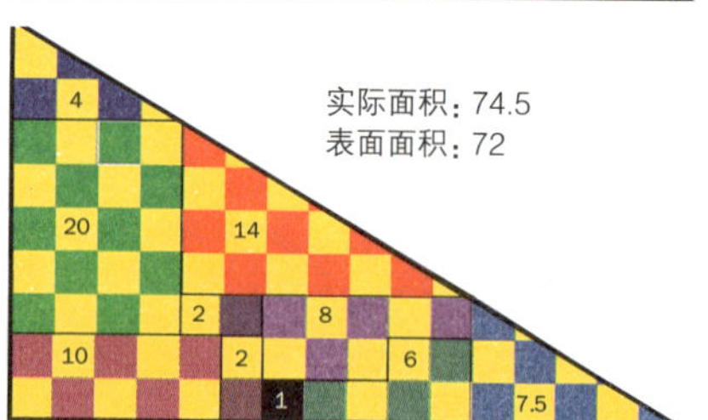

020 书架

1236+873+706+257+82=3154，加起来可以精确地达到所要求的长度。

虽然把5个数字加起来得到3154很容易，但是从8个数字中准确地找出这5个数字就不容易了。

从一个方向操作很简单，但是从反方向操作就相当困难了，我们的题目对于这个事实是一个很好的佐证。这种思想被广泛地应用于密码学的一个新分支，叫作公钥加密。

021 重组正方形

022 20面的色子

号码球更倾向于从左边的容器移动到右边的容器，直到两边达到一个平衡（即两边容器的号码球相等），这之后变动不是特别大。

因此刚开始几轮左边容器的游戏者更容易赢，他的这种优势甚至一直保持到左边容器变空为止。

但是计算显示出，如果这个游戏持续的时间足够长，所有的号码球最终会全部回到左边的容器中，尽管这需要相当长的时间。

023 发散幻觉

旋转45°之后，错觉就消失了。

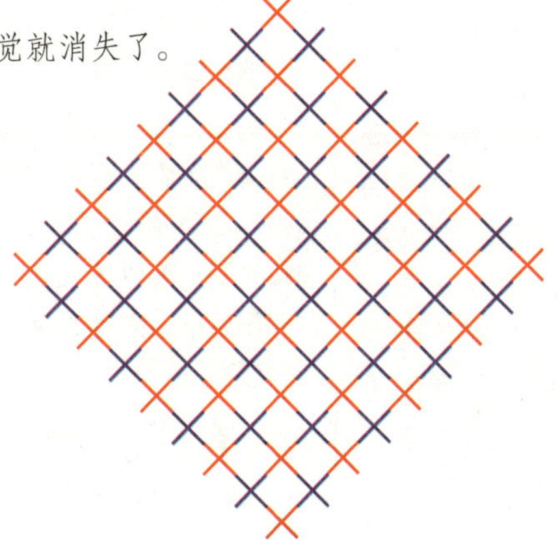

024 飞上飞下

这是一个深度交替变换的视错觉图。一会儿你看到其中一只在这个图像的上方飞，一会儿你又看到另一只在上方飞，如此重复交替。

025 数一数

23个正方形。

026 数字不见了

5，这个方框包括：

1个1　1（1×1）

4个2　2的平方（2×2）

9个3　3的平方（3×3）

16个4　4的平方（4×4）

25个5　5的平方（5×5）

36个6　6的平方（6×6）

49个7　7的平方（7×7）

027 贪婪的书蛀虫

书蛀虫一共走了2.5厘米。书蛀虫如果要从第1册第1页开始向右侧的第3册推进的话，第1件事情就是先从第1册的封面开始破坏，之后是第2册的封底，接着是2厘米的书，然后是第2册的封面，最后是第3册的封底。期间，一共经过2个封面、2个封底以及1册书的厚度，即享用了2.5厘米的美味。

028 图形与背景

如果你盯着这个图案看，你会交替地看到放射线条纹部分和同心圆环部分凸现出来。拿绿色的同心圆来说，你既可以把它看成是主体图形，而过一会儿之后它看上去又像是背景。

我们的眼睛不能从这个部分之中选择主体图形，当眼睛在纸面上来回扫动时，我们看到其中一个部分为主体，而过了一段时间，又看到另外一个部分为主体。这两种印象交替出现。

029 兔子魔术

第1个选手帽子上的标签可能是RRR或者RRW。我们假定是RRR，那么由于标签是错的，他马上就可以推断出他帽子里的另外一只兔子是白色的。

那么第2个选手的标签肯定是RRW（因此他也可以推测第3只兔子的颜色）。那么第3个选手的标签不是RWW，就是WWW，他应该可以推断他帽子里另外一只兔子的颜色（如果是WWW，就是红色，如果是RWW，就是白色）。但是题目中已经告诉我们了，他说不出第3只兔子的颜色，因此第1个选手的标签应该不是RRR，而是RRW，也就是他的帽子里3只兔子都是红色的。

由此第2个选手的标签只可能是RWW，他的帽子里有2只红色兔子，1只白色兔子。如果第3个选手的标签是WWW，他应该知道另一只兔子的颜色，因此他的标签是RRR。第4个选手的标签是WWW。由上面已经知道了8只兔子的颜色（5红3白），那么第4个选手的兔子只有可能是3白或者1红2白。由于他的标签是错的，那么他的兔子只有可能是1红2白。因此第3个人剩下的那只兔子是白色的。

030 伪装

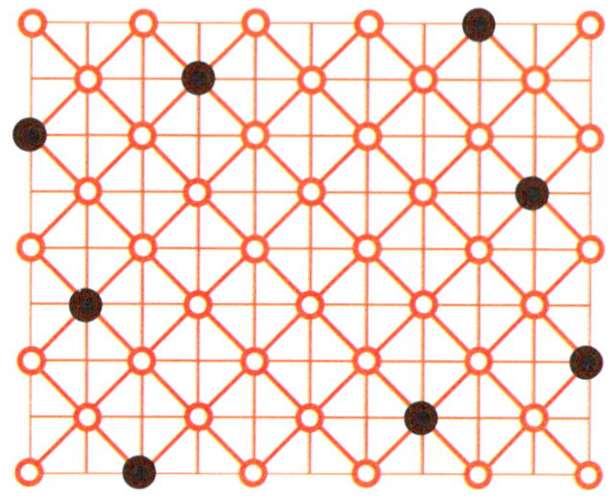

031 不可能的任务

不管你把旗杆插到哪里，总是有比那一点更高的地方。

032 地图上色

大多数地图都至少需要用4种颜色来上色，但是有些特殊的情况不用这么多的颜色，其中一种就是地图中只有直线的情况。

在这种情况下只需要2种颜色。这是真的吗？

确实如此，证明起来也相当简单。将线一条一条地画在一张纸上，每增加一条直线时，将新增加的直线的一边的地区全部反色，这使得在旧的邻边和新的邻边两边的颜色都不相同。

同样的证明也可以推广使用到邻边为穿过整个纸面的简单曲线或者闭合的圆圈的情况。所有这些可以用2种颜色上色的地图，其交点的邻边数都为偶数，因为在交点或者角落周围的地区必须是不同的颜色。事实上，可以证明，当一张地图上的所有交点处有且仅有偶数个邻边时，它可以用2种颜色上色。这就是两色定理。

033 第3支铅笔

第7支铅笔。

034 伏尔泰的信息

将纸与视线平行拿着，你会读出这条信息：

“ILLUSION IS THE FIRST OF ALL PLEASURES.”（幻想是所有乐趣的第一步。）

035 哈密尔敦闭合路线

解法之一。

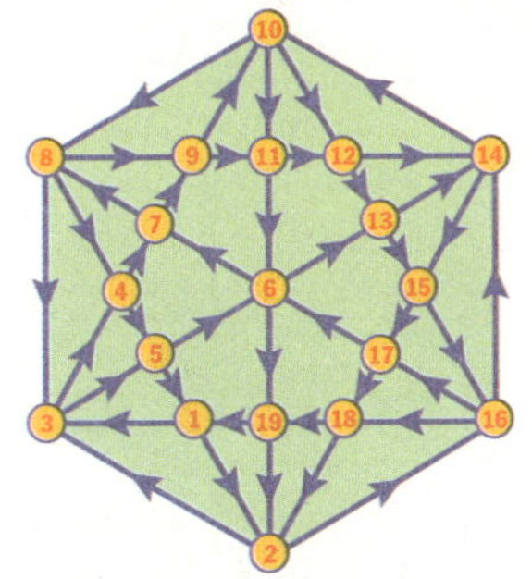

036 哈密尔敦路线

解法之一。

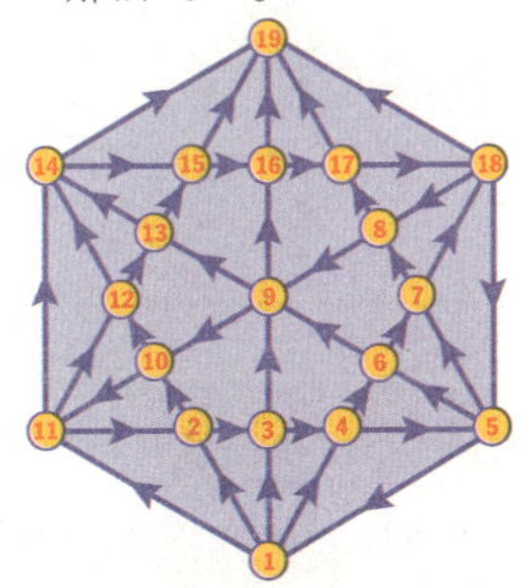

037 卡罗尔的迷宫

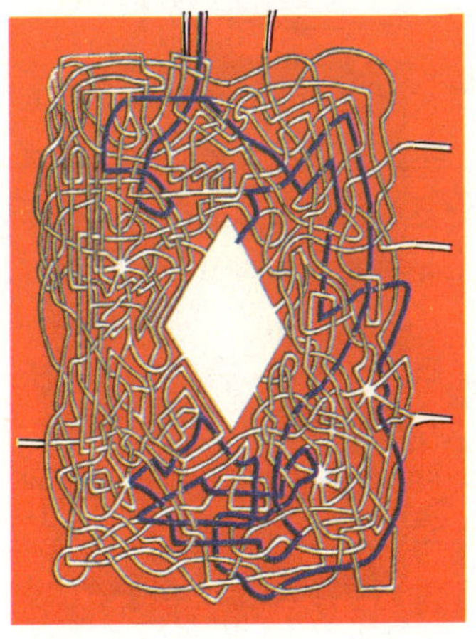

038 欧贝恩的六格三角形

欧贝恩花了几个月才找到一种解法，如图所示。究竟一共有多少种解法呢？理查德·K.盖伊给出了答案，根据他的猜想，一共约有50000种答案，他已经收集了4200多种。

039 图案上色（1）

如图所示，需要4种颜色。

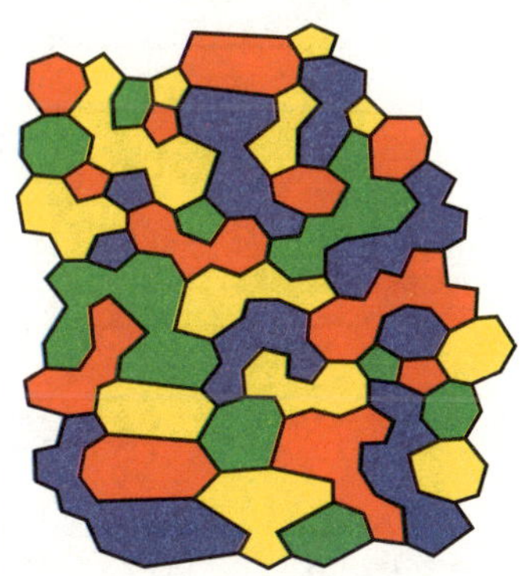

040 图案上色（2）

如图所示，需要4种颜色。

041 五格六边形游戏（1）

如图所示。

042 五格六边形游戏（2）

如图所示。

043 五格拼板围栏（1）

如图所示。

044 五格拼板围栏（2）

如图所示。

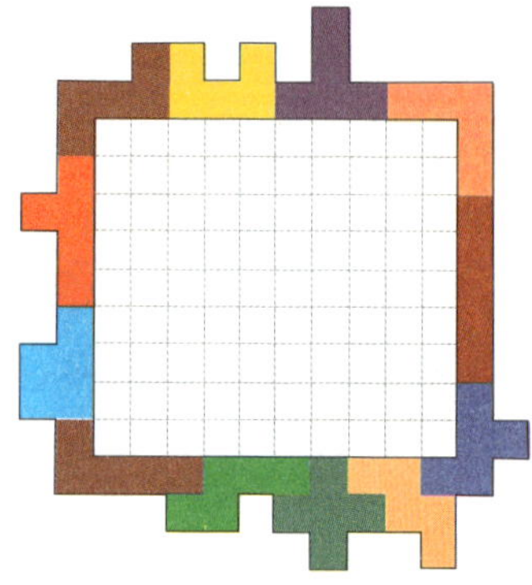

045 五格拼板围栏（3）

如图所示。

046 五格拼板围栏（4）

如图所示。

047 有钉子的心

如图所示。

048 玻璃杯

最少需要 3 次。

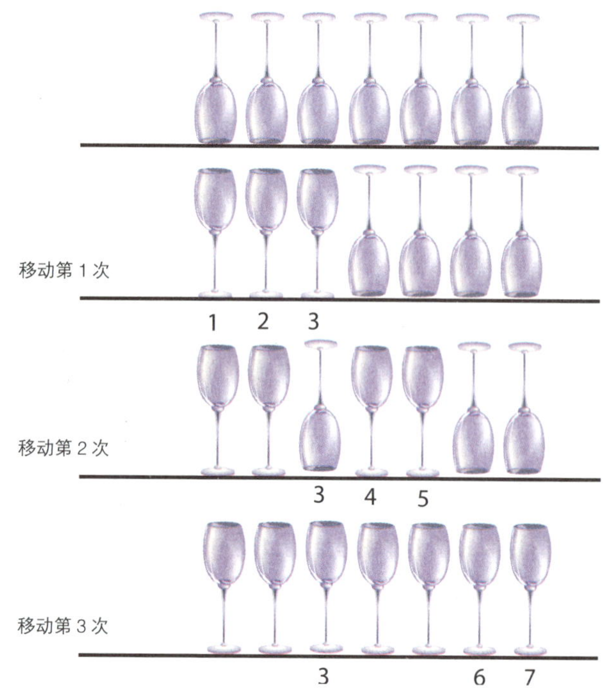

049 槽轮结构

图中是一台电影放映机，它每次放映一个画格胶片，胶片会停留一定时间（几分之一秒），再放映下一个画格。由于视觉的滞留原理，我们的眼睛不会注意到放映过程中换胶片的间隙。然而事实上，当你看完一场电影时，你至少看了一个小时的空白屏幕！

胶片必须要一张一张地放映，以避免图像模糊，这也是为什么槽轮结构是最理想的放映工具的原因。

它的工作原理是这样的：如图所示，拨盘上带有圆销 A，槽轮（C）上有 4 个径向槽（B 是其中一个）。拨盘持续转动，它每转一周，圆销 A 拨动槽轮转过 1/4 周，带动放胶片的轮子 D 旋转，胶片移动一个画格。拨盘上的那个带有一个凹槽的黄色圆盘的作用是带动槽轮转动，在不放映的时候，它也可以起到稳住槽轮的作用。

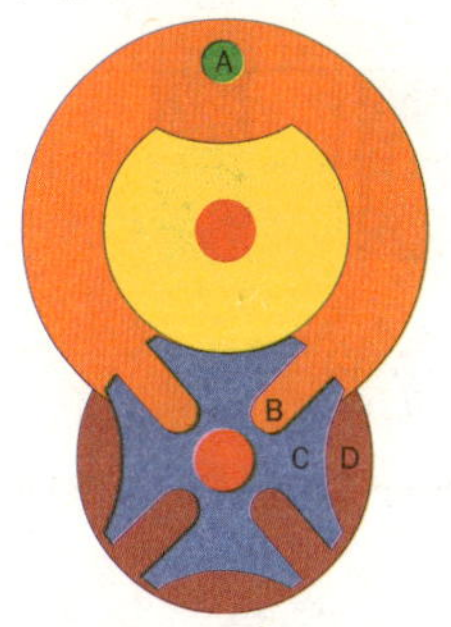

050 滑动架结构

中间红色的轮子持续旋转，使外面蓝色的架子来回滑动。

051 棘轮结构

绿色的主动轮顺时针旋转一周，主动轮上固定的臂会拨动棘轮转过一个齿。

052 与众不同

左数第2个与众不同。

053 图案上色（3）

这两个图形都只需要用3种颜色上色，如下图所示。

054 第5种颜色

格雷格的地图只是愚人节的一个玩笑罢了。

四色定理在1976年被证明，也就是说平面中的任何地图只需要4种颜色上色。

在马丁·加德纳这篇文章发表后，马上就收到了成百上千的读者来信，信中是他们用4种颜色上色的格雷格的地图，下图就是其中的一种。

055 对结

这2个结不能互相抵消，但是可以挪动位置，使2个结位置互换。

056 折叠问题

这些纸条的折叠顺序应该是3-8-1-10-5-7-4-6-2-9。

057 纸条的结

4与其他5个都不同，其他的都只有1个连续的结，而4是由2个结组成的。

058 中断的圆圈

红色的圆弧。

059 中断的直线

绿色的线。

060 伐里农平行四边形

我们可以发现，所有任意四边形四边中点的连线都会组成一个平行四边形，我们将这个平行四边形称之为伐里农平行四边形，是以数学家皮埃尔·伐里农（1654 ~ 1722）的名字命名的。

伐里农平行四边形的面积是原四边形的面积的一半，而它的周长则等于原四边形2条对角线的长度之和。

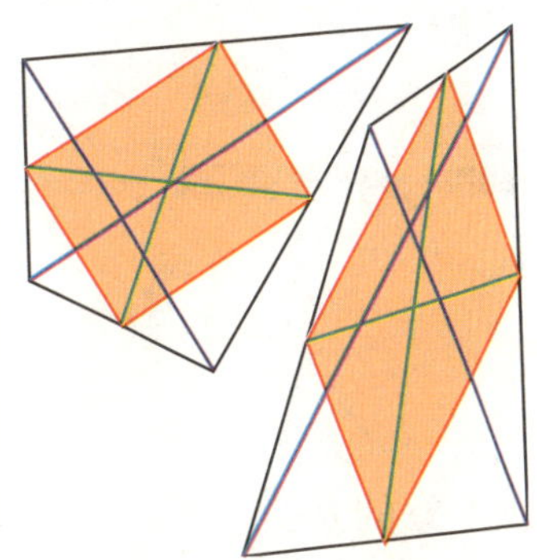

061 蒙德里安美术馆

黑白蒙德里安：蒙德里安的原画是左下方的那幅，这幅画是蒙德里安于1917年创作的，该画原名为《线段的合成》。

而在这个实验中很多人认为这4幅中最好看的是右上角的那幅。

彩色蒙德里安：蒙德里安的原画是第一幅。

062 皮带传送

普通的纸环只能套在2个圆柱形的滚轴中间，而麦比乌斯圈能够套在3个滚轴中间，就如我们在该题中所看到的。

麦比乌斯圈只有1个面的这一特性被B.F.古德瑞奇公司利用，并因此在传送带上取得专利，这种传送带能够将力量均衡地分散到传送带的两面，因此这种传送带的使用寿命是普通带子的2倍。

063 透镜

如下图所示，通过2个正透镜的光线的弯曲度更大，因此2个正透镜会聚光线的能力要比一个正透镜强。

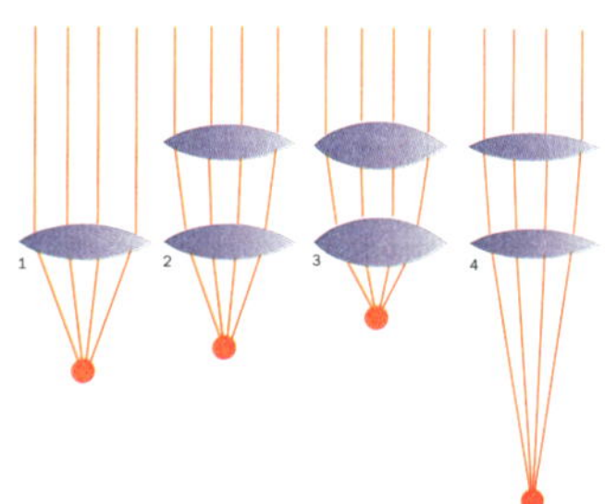

064 象的互吃

需要摆放10个象，如下图所示。

065 象的巡游

题1.

最多可以进入29个黑格，如图所示。无论你怎么走，最终还是会剩下3个格子无法进入。

题2.

如果棋盘上的格子允许多次进入，那么象是可以进入所有的黑格的。从棋盘上的一个顶点开始，在相对的另一个顶点结束，这样最少只需要17步，如图所示。

题1

题2

066 颜色密码

“There is no substitute for hard work.”

没有任何东西可以代替刻苦工作。

——托马斯·爱迪生

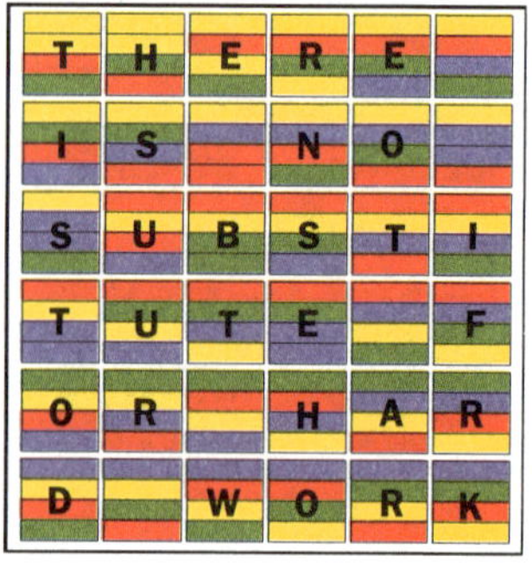

067 彩色方形图

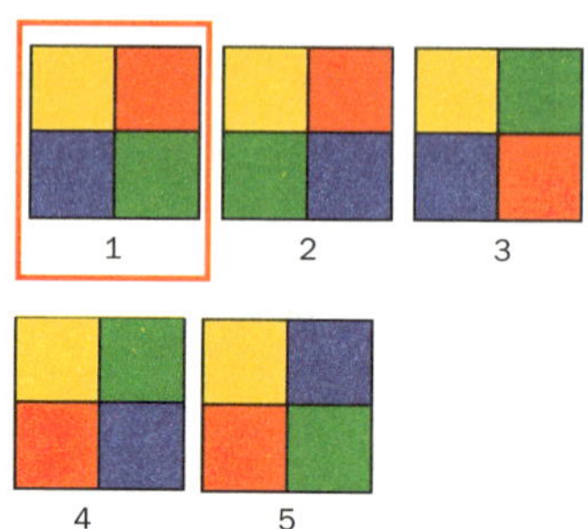

068 光路

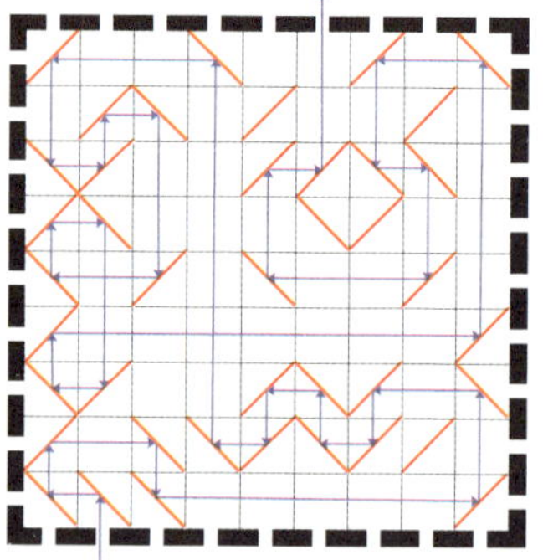

069 拼接六边形

070 七边形填色游戏

绿色的玩家获胜。

071 化学实验

6个烧瓶的总容积是98个单位容积（98被3除余数为2）。

空烧瓶的容积必须是被3除余数为2的一个数（因为蓝色的液体是红色液体总量的2倍），而在已给出的6个数中，只有20满足这一条件，因此容积为 20 的是空烧瓶。

剩下的 5 个烧瓶的总容积为 78，它的 1/3 应该为红色液体，即 26；剩下的 52 为蓝色液体。由此得到最后的结果，如图所示。

072 保龄球

可能的排列顺序应该有 $6\times5\times4\times3=360$ 种。

073 分割多边形

一般情况下，正多边形能够分割成不相交的三角形的个数从三角形开始分别是：

1，2，5，14，42，132，429，1430，4862，…

这些数也被称之为加泰罗尼亚数字，以尤根·加泰罗尼亚（1814 ~ 1894）的名字命名。它们在组合数学的很多问题中都经常出现。

074 正方形格子

红色部分占总面积的 44%。

我们可以看到图中竖向的线都是平行的。又根据等底等高的平行四边形和长方形的面积相等，而红色部分又全部都是平行四边形，因而很容易得到红色部分的面积为总面积的 4/9，即 44%。

075 左撇子和右撇子

N 是既是左撇子同时也是右撇子的学生数。

7N 的人是左撇子，9N 的人是右撇子。

那么 N+6N+8N=15N，即全班的学生数。

而右撇子在学生总数中所占的比例是 9N/15N，即 3/5，超过班上一半的人数。

左	左	左	左	左	左	N=左+右		
右	右	右	右	右	右	右	右	N=左+右

076 十二边形的面积

这个瓦片被分为 16 个相等的正三角形和 32 个相等的等边钝角三角形，这些钝角三角形的 3 个角都分别为 15°、15°、150°。

在瓦片以内正十二边形以外有 4 个正三角形和 8 个钝角三角形，占三角形总面积的 1/4。因此该正十二边形的面积是这个瓦片面积的 3/4。由于库沙克瓦片是一个半径为 1 的圆的内接正方形，因此它的面积为 4，所以该正十二边形的面积为 3。

第三章　促进记忆力

001 4 个盒子里的重物

1 ~ 52 全部都能放进盒子里，如图所示。存在其他解法。

002 第 100 个三角形数

高斯意识到，1 到 100 的和等于 101 乘以 50。(1+100，2+99，3+98，…，50+51，每两个数的和等于 101，一共有 50 组)。这样就得到其总和为 5050。下图是一个例子，里面只用到了数字 1 到 10。

高斯不仅算出了 1 到 100 的和，他还发明了计算这一类型的数的一般公式：

$1+2+3+\cdots+n=n(n+1)/2$

这个公式也是三角形数的公式。

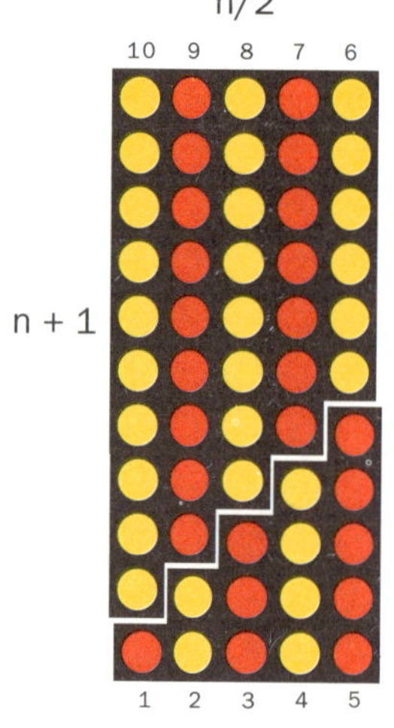

003 柜子里的秘密

密码是 CREATIVITY。

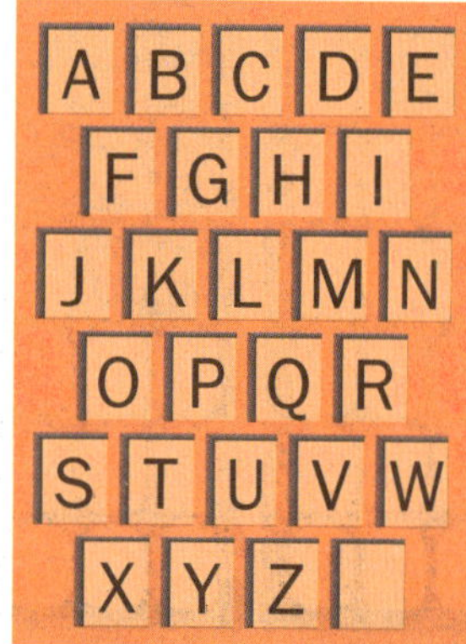

004 凯普瑞卡变幻

你最终总是会得到 6174。

D. R. 凯普瑞卡发现了这一类的数，因此这一类数都以他的名字命名，称为凯普瑞卡数。

如果你以一个两位数开始，结果会是这 5 个数中的一个：9，81，63，27，45。

如果是以三位数开始，结果会是 495。

005 立方体上色

有 3 个红色表面的立方体：8 个

有 2 个红色表面的立方体：12 个

有 1 个红色表面的立方体：6 个

没有红色表面的立方体：1 个

006 填数字游戏

略。

007 相邻的数

如图所示。

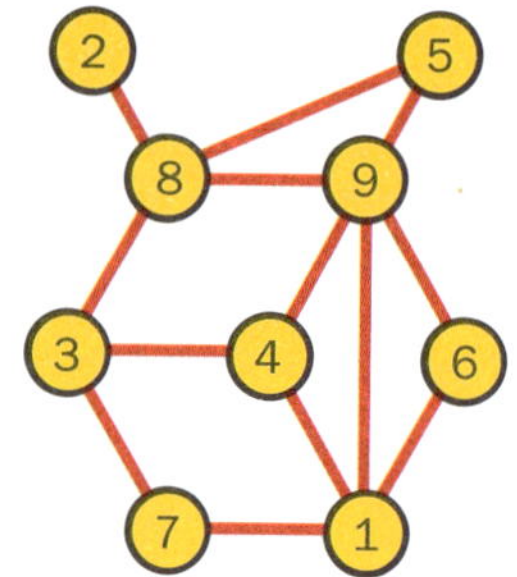

008 镶嵌五边形

如图所示。存在其他解法。

009 旋转的物体

010 埃及绳问题

用埃及绳可以做出大量不同的面积为 4 个单位的多边形。

来自宾夕法尼亚的奥克蒙特的艾尔顿·帕尔马天才地将这个问题与多联骨牌（由多个大小相同的方块连成，用于一种棋盘游戏）——确切地说是与四格拼板（一种拼板游戏中用的多边形拼合板）联系在一起。这 5 个四格拼版中的每一个都可以是大量解决方法的基础，剩下要做的只是根据 12 个相等的长度去加减三角形。用这 5 个不同的四格拼盘来解决问题的一些方法如图所示。

011 把正方形四等分

012 把正方形四等分的游戏

这是我最好的成绩。你可以做得更好吗？

013 分割棋盘

014 七巧板

015 神奇的九边形

016 十二角星

017 象形的七巧板图形

018 消失的脸

略。

019 消失的铅笔

略。

020 背诵 π

目前最新的背诵 π 的世界纪录是小数点后第 83431 位。这个纪录是由一名日本精神健康顾问原口证先生于 2005 年 7 月创下的。他花了十几个小时完成了整个背诵过程，更令人印象深刻的是，他在现场背诵 3 个小时以后出现了错误，然后从头再来。

021 滚动立方体

最小的板应该是 4×6 的板，如图所示，箭头所示为立方体滚动的路线。

022 帽子与贴纸

如果B和C的贴纸都是蓝色的，那么A就会知道自己头上的是红色的，但是A并不知道自己的颜色，因此B和C中至少有一个或者两个人都是红色的。如果C是蓝色的，B应该知道自己是红色的，但是B不知道，因此C的贴纸一定是红色的。

023 折叠图形

E。

024 2座塔

如图所示，需要移动17步。

025 纪念碑

这个纪念碑是由36个原图形构成的。它本身也可以分割成36个与它一样的图形。

026 金字塔迷宫

如图所示。

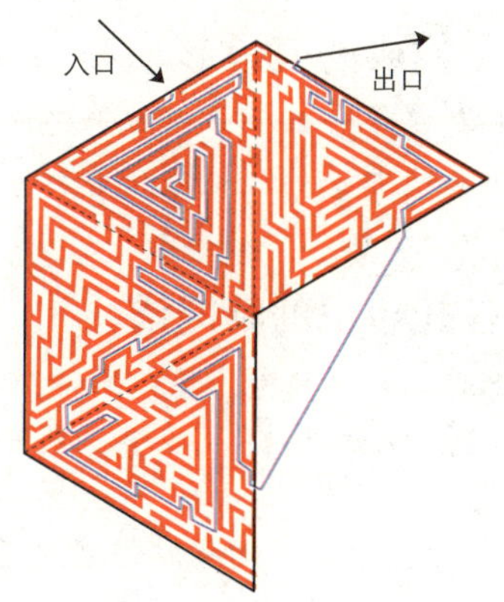

027 立方体迷宫

如图所示。

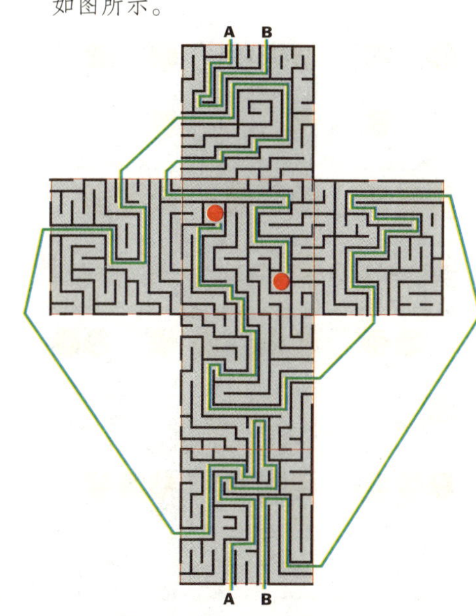

028 六格拼板

如图所示。

029 六格三角形

如图所示。

030 排列组合

对于 n=4，有 15 种排序方法。

031 五格六边形

032 三面折纸游戏

略。

033 隐藏的图形

图形 1 和图形 2 在图中分别出现了 2 次，如图所示。

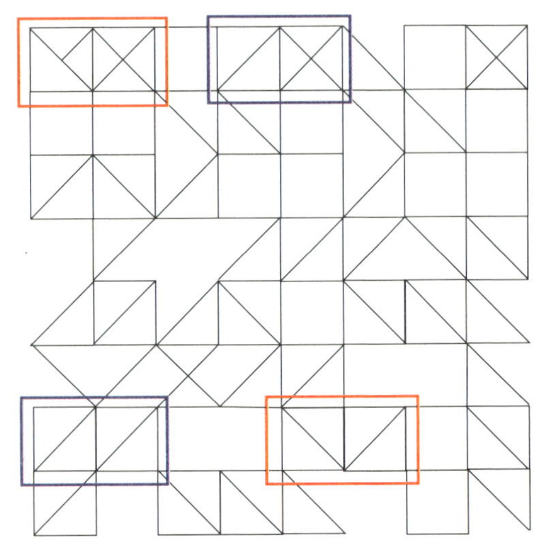

034 折叠 6 张邮票

第 3 种折叠方法是不可能的。

因为斜向相邻的颜色折叠以后不可能相邻。

035 折叠 8 张邮票

首先左右对折，将右边的 4 张折到下面去。这样 5 在 2 上面，6 在 3 上面，4 在 1 上面，7 在 8 上面。

然后再上下对折，这样 4 和 5 相对，7 和 6 相对。

然后将 4 和 5 插到 3 和 6 中间，最后将 1 折在 2 上面。

036 折叠正方形（1）

A.4　B.1　C.1　D.3

037 折叠正方形（2）

A.1　B.2　C.3　D.4

038 纸条构成的五边形

这个表面只有 1 个面和 1 条边。打的这个结使纸条扭曲了 180°，形成了 1 个麦比乌斯圈。

039 埃拉托色尼的筛网法

将 2，3，5，7 这 4 个质数的倍数从表格中删掉，剩下的数就是 100 以内的所有质数。

11 的倍数就不用管了，因为例如 77=7×11，它已经作为 7 的倍数被删掉了。

再进一步思考，你将发现，如果要找出 1 到 x 以内的所有质数，只需要删掉小于以及等于 x 的平方根的质数的倍数就可以了。

在这道题中，我们需要删掉比 100 的平方根（10）小的质数的倍数，即 2，3，5，7 的倍数。

1

2

3

040 穿孔卡片游戏

如图所示。将 4 张卡片重叠，最后每个小正方形里的 4 个圆圈就分别呈现出 4 种不同的颜色。

041 方块塔

略。

042 方块里的图形

如图所示，原图中少了一个红色正方形。

043 斐波纳契正方形（1）

第5次分割之后得到的图形如下。

044 斐波纳契正方形（2）

随着分割过程的无限重复，黑色部分与整个大正方形面积之比将会不断增大。第5次分割后两者的面积之比约等于2/3。

045 酒店的门

最后序号为1，4和9的门是关着的。如图所示：只有当N能被K整除时，第N扇门在第K步变化，一扇门最终是开着的还是关着与它变化的次数有关（这个次数是奇数还是偶数）。平方数与其他数的奇偶性不同。非平方数有偶数个约数（如10的约数有1，2，5，10这4个），但是平方数有奇数个约数（如9的约数只有1，3，9这3个）。现在你知道结果为什么如此了吧。

第K步	第N扇门									
	1	2	3	4	5	6	7	8	9	10
1										
2		●		●		●		●		●
3			●			●			●	
4				●				●		
5					●					●
6						●				
7							●			
8								●		
9									●	
10										●

046 青蛙和王子

秘密就是看阴影处的8个方格。如果在这8个方格中，青蛙和王子的数量都是偶数，那么这个游戏最终就是有解的，反之则无解。原因是每一次翻动都会影响到0个或者2个在这个阴影区域的方格，而不可能只影响到奇数个方格。由于你必须在游戏最后让这个区域内所有的方格都显示为同一个图案，因此如果这个区域内青蛙或王子的数量是奇数，那么这个游戏是不可能完成的。根据这个规律，题1无解，题2有解。

047 色子家族

C。其他色子都可以用上方的那张图纸折出来。

048 弯曲的彩虹

049 细胞变色

第 4 次变色后会重新变回到第 2 次变色之后的图形。

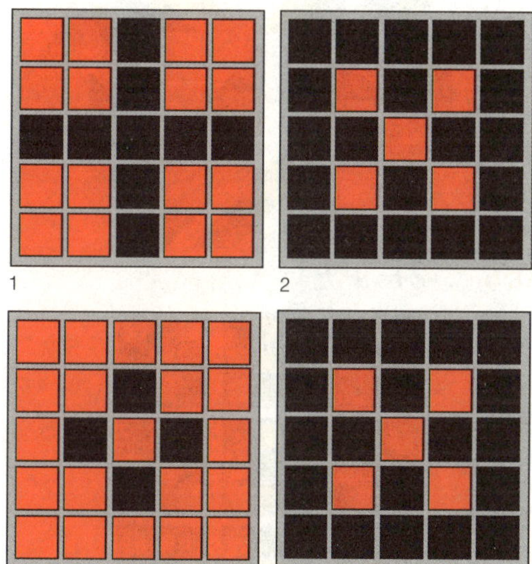

050 第一感觉

051 最小的图形

这 6 幅图中只用了一种基本图形，如图所示。

每一种图案都是由这一种基本图形合成的，该图形通过旋转可以有 4 种方向。

100 年前，皮尔·多米尼克·多纳特引入了这个概念：由一个最基本的图形单元通过不同的排列以及对称可以形成各种不同的图案。

1922 年，安德烈亚斯·施派泽出版了《有限组合的理论》，在书中他分析了古代的装饰物，他说，这些装饰物的图案完全不能用某个数学公式来计算它们的复杂性。在这种意义上甚至可以说不是数学产生了艺术，而是艺术产生了数学。施派泽通过单个图形单元的对称、变形、旋转和镜像得到了这些复杂的图案（通过各种方法组合得到最终的图案：他一共用了 17 组，用这 17 组基本图形可以组成所有人们想得到的图案）。

052 八皇后问题

12 种摆放方法如下图所示。

053 镜面七巧板

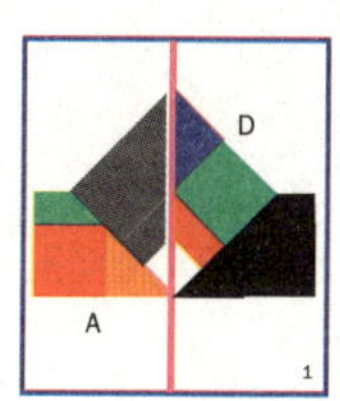

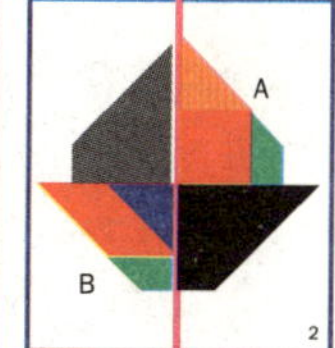

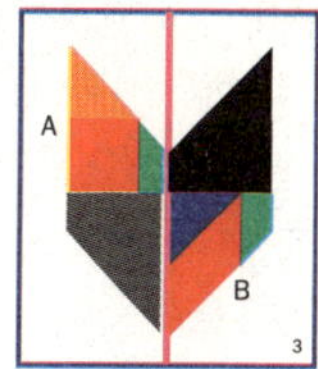

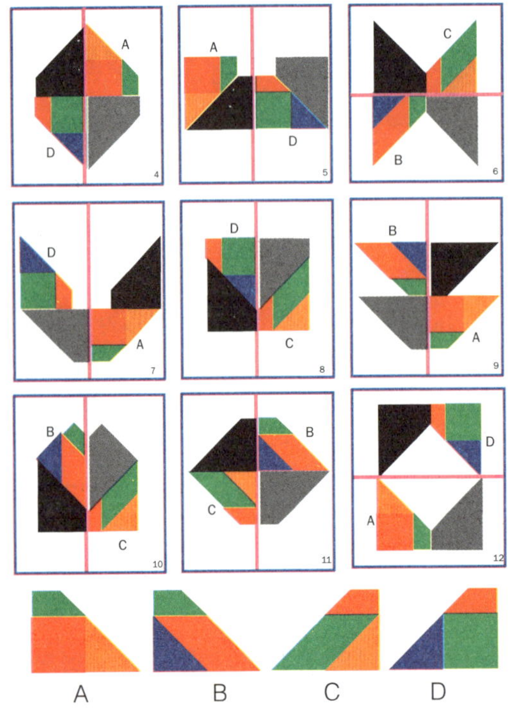

054 锯齿形彩路

如图所示，黄色能形成一条封闭的环形线路。

055 三角形片

有 14 种拼接方式，如下图所示。

由 n 个三角形组成的多方形块的数目形成如下数列：1，3，4，14，30，107，318，1116…

056 三阶拉丁方

057 图案速配

1	2	3	4	5
6	7	8	9	10
11	12	13	14	15
16	17	18	19	20
21	22	23	24	25
26	27	28	29	30

5	27	13	28	8
30	11	18	3	20
23	16	7	15	29
2	17	10	6	26
9	14	22	1	24
21	4	19	25	12

058 等积异型魔方（1）

059 等积异型魔方（2）

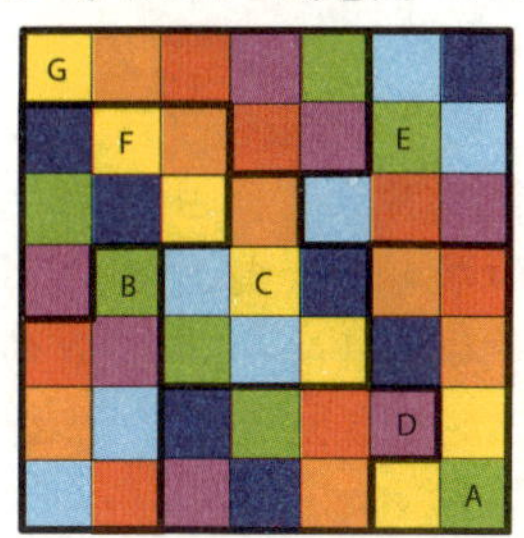

060 不完整正方形的个数

如图所示，一共有 15 个正方形。

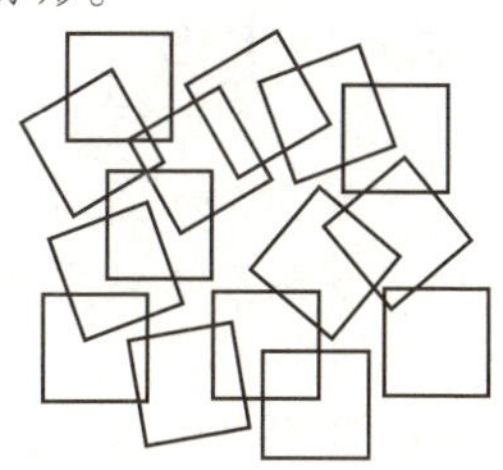

第四章 增强逻辑力

001 4 个“4”

20 以内唯一不能被这样展开的数是 19。如果允许用阶乘的话，也可以把它展开（4!=1×2×3×4），19 可以被写成 4!−4−（4/4）。

1=44/44
2=4/4+4/4
3=（4+4+4）/4
4=4（4−4）+4
5=[（4X4）+4]/4
6=4+[（4+4）/4]
7=4+4−（4/4）
8=4+4+4−4
9=4+4+（4/4）
10=（44−4）/4
11=44/（$\sqrt{4}\times\sqrt{4}$）
12=（44+4）/4
13=（44/4）+$\sqrt{4}$
14=4+4+4+$\sqrt{4}$
15=（44/4）+4
16=4+4+4+4
17=（4X4）+4/4
18=（4X4）+4−$\sqrt{4}$
19= 无解
20=（4×4）+$\sqrt{4}$+$\sqrt{4}$

002 半规则的正多边形镶嵌

另外 7 种如下图所示。

003 代数学

如图所示。

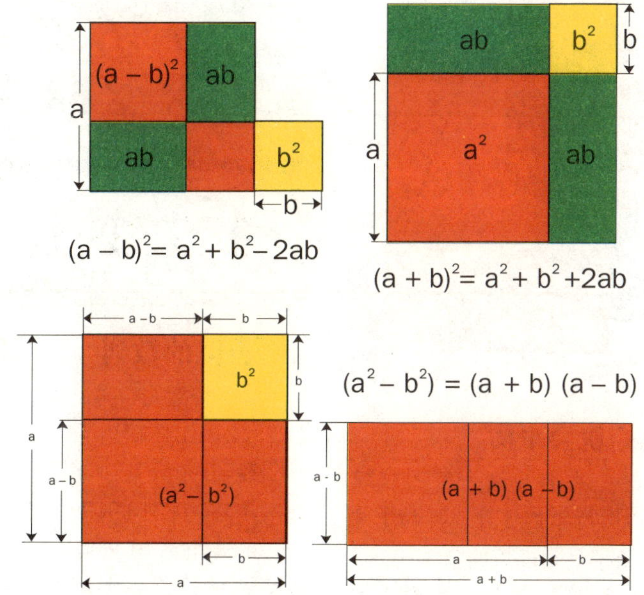

004 对角线的长度（1）

他可以把3个立方体排列成如图所示的样子，然后测量x的长度。

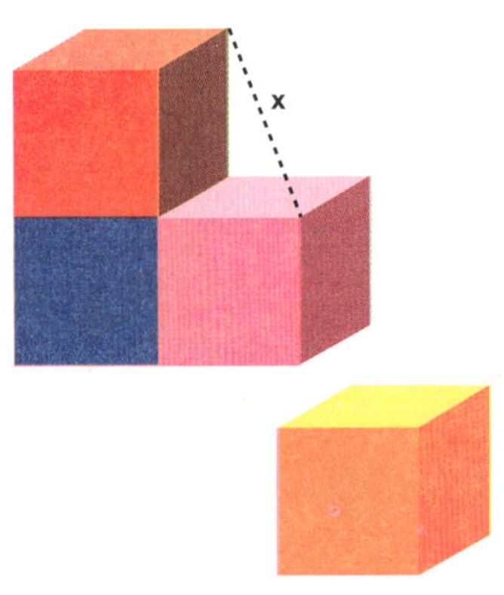

005 对角线的长度（2）

6个小立方体就足够了。将6个小立方体摆成如图所示的形状，然后测量x的长度。

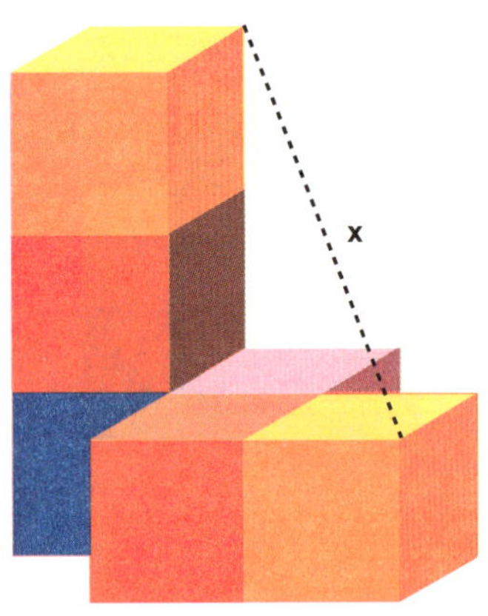

006 机会平衡

一共有6种平衡的情况（如图所示的3种，再加上它们分别反过来摆放）。

随机摆放就能达到平衡的概率是6/120= 1/20。

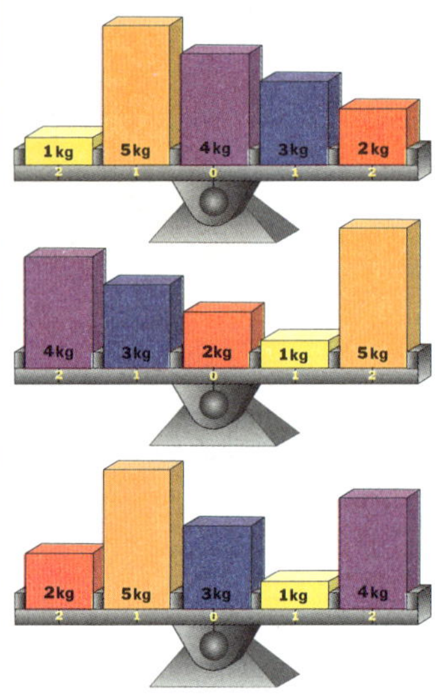

007 加减

如图所示。

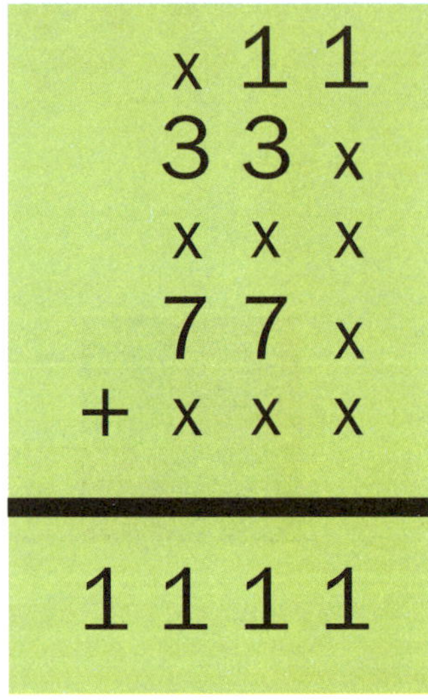

008 类似的数列

第9个数是：31131211131221。

第10个数是：13211311123113112211。

在这个数列里的每一个数都是描述前一个数各个数字的个数（3个1，1个3，1个2等等）

这个数列里的数很快就变得非常大，而且这个数列里的数字不会超过3。比如，这个数列里的第16个数包含102个数字，而第27个数包含2012个数字。

这个数列是由德国数学家马利欧·西格麦尔于1980年发明的。

009 立方体上色

这8个立方体的上色可以用一个平面的席雷格尔表格表示，这跟三维的立方体是拓扑等价的。

最少需要3种颜色，如图所示。

010 连续整数（1）

3个重物的重量分别为17，18和19克。

011 连续整数（2）

x+(x+1)+(x+2)+(x+3)=90

4x+6=90

x=21

因此这4个重物分别重21，22，23，24克。

012 数学式子

如下面所示。

$$10^2 = 100$$

$$10$$

$$\frac{10}{\sqrt{10}} = 3.1622777$$

$$\sqrt{10} = 3.1622777$$

$$\frac{\sqrt{10}}{10} = 0.3162277$$

$$\frac{1}{\sqrt{10}} = 0.3162277$$

$$\frac{1}{10\sqrt{10}} = 0.0316227$$

013 整除（1）

答案是 2520=5×7×8×9。如果一个数能被 8 整除，那它也能被 2 和 4 整除；如果一个数能被 9 整除，那它也能被 3 整除；如果一个数能同时被 3 和 2 整除，那它也能被 6 整除。

014 整除（2）

348926128 可以被 4 和 8 整除；

845386720 可以被 4 和 8 整除；

457873804 只可以被 4 整除；

567467334 既不能被 4 整除也不能被 8 整除；

895623724 只能被 4 整除。

如果一个数的最后两位可以被 4 整除，这个数就能被 4 整除。如果一个数的后 3 位能够被 8 整除，这个数就能被 8 整除。

015 总数游戏（1）

不管游戏者 1 将 5 放在哪一栏中，游戏者 2 把 6 放在另一栏里就可以赢得游戏。

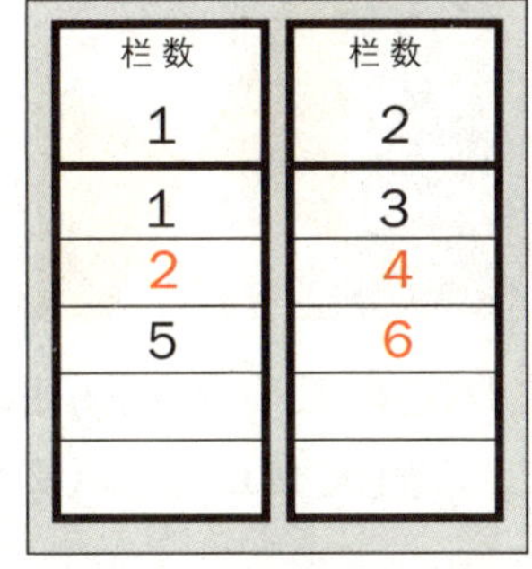

栏数 1	栏数 2
1	3
2	4
5	6

栏数 1	栏数 2
1	3
2	4
6	5

016 总数游戏（2）

在这个游戏中，不可能把 9 个数字全部放进这两栏中，最多只能放进 8。

栏数 1	栏数 2
1	3
2	5
4	6
8	7

017 3×3 立方体的组合问题

我们处理组合问题的一般的直觉方法是先放置最大的，其实这并不总是正确的策略。

这道题目的秘诀是这 3 个小立方体必须被放在立方体的一条对角线上。然后我们就可以很容易地放置其他大一些的积木了。

018 把三角形放进正方形（1）

可以放入 5 个等边三角形的最小正方形的边长为 1.803 个单位。

019 把三角形放进正方形（2）

可以放入7个等边三角形的最小正方形的边长为2个单位。

020 把三角形放进正方形（3）

可以放入8个等边三角形的最小正方形的边长为2.098个单位。

021 被拴起来的狗

菲多被拴在一棵直径超过2米的粗壮的树上，所以菲多可以绕着树转一个直径为22米的圆，如图所示。

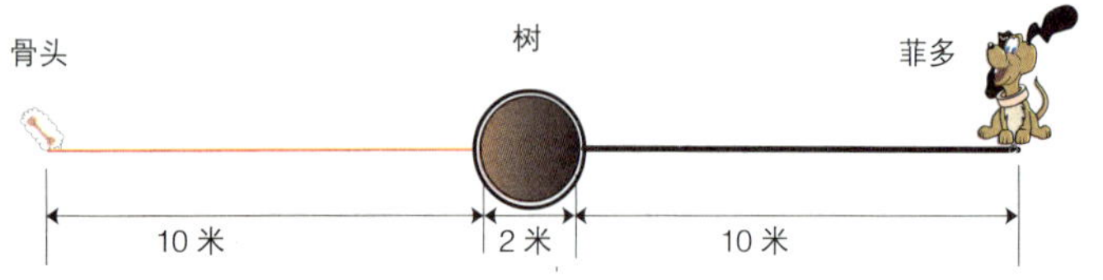

022 毕达哥拉斯正方形

023/024 消失的正方形（1）/消失的正方形（2）

这两个正方形看起来好像是一样的，但是我们已经知道，几何学上没有奇迹。这两个正方形的面积不可能相等。其中一个的面积一定更小一些，只是差别不明显。当然，小的面积正是那个小的“多余的”正方形，作为这个天才的改造结果，它被重新当作正方形的不可忽视的边界线排列出来了。怪不得大正方形缩小的部分不那么明显呢！

题1

题2

025 3个色子

总点数从3到18共有6×6×6＝216种结果。

出现总点数为7共有15种方法（7％），出现总点数10一共有27种方法（12.5%）。

026 色子

1. 每掷一次色子，没有掷到“6”的概率是5/6。由于每一次掷色子都是独立的，那么没有掷到“6”的概率可以这样计算：

掷2次：5/6×5/6≈0.69

掷3次：5/6×5/6×5/6≈0.57

掷4次：5/6×5/6×5/6×5/6≈0.48

也就是说你掷4次能够掷到一次“6”的概率是52％。

2. 掷24次至少掷到一次双“6”的概率也就等于1减去掷24次没有掷到双“6”的概率。这个计算通过计算器可以很容易得到：35/36的24次方约等于0.51，因此，赢这盘游戏的概率约为（1-0.51）×100%＝49%。

027 非传递的色子

A 胜 B，B 胜 C，C 胜 D，而 D 胜 A。

我们可以把这个游戏中各种可能性都列出来分析：

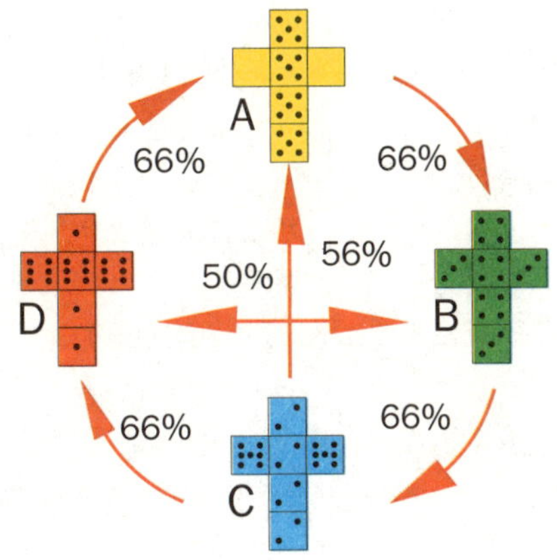

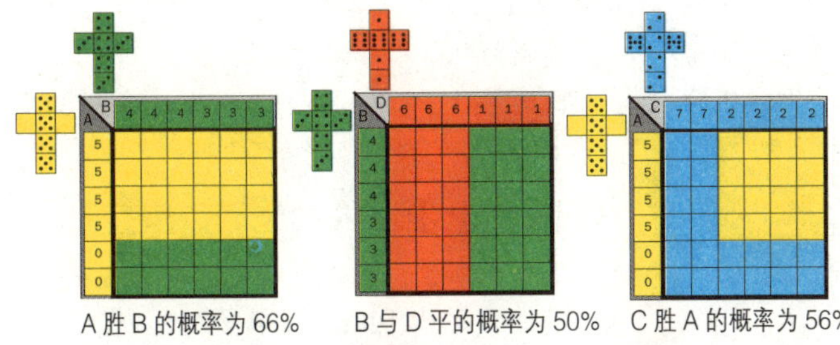

A 胜 B 的概率为 66%　B 与 D 平的概率为 50%　C 胜 A 的概率为 56%

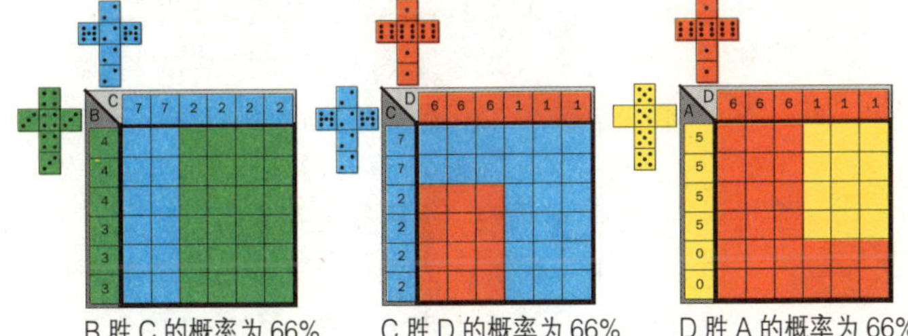

B 胜 C 的概率为 66%　C 胜 D 的概率为 66%　D 胜 A 的概率为 66%

028 灌铅色子

将色子慢慢地放进一杯水中。

灌了铅的色子在下沉的过程中会不断打转，而普通色子则会直接沉下去，不会打转。

029 滚动色子

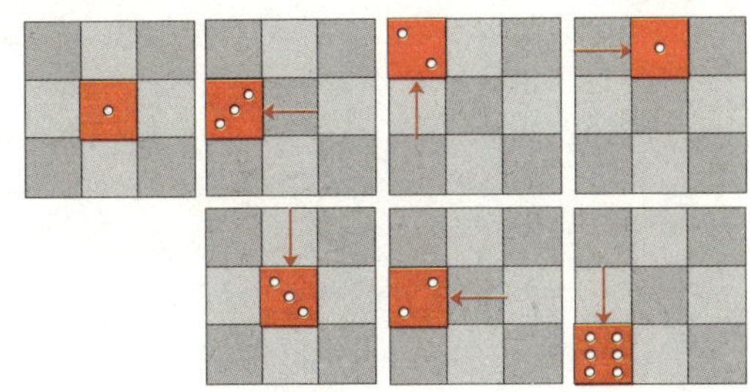

030 弄混了的帽子（1）

如图所示，3 个帽子弄混一共有 6 种情况。

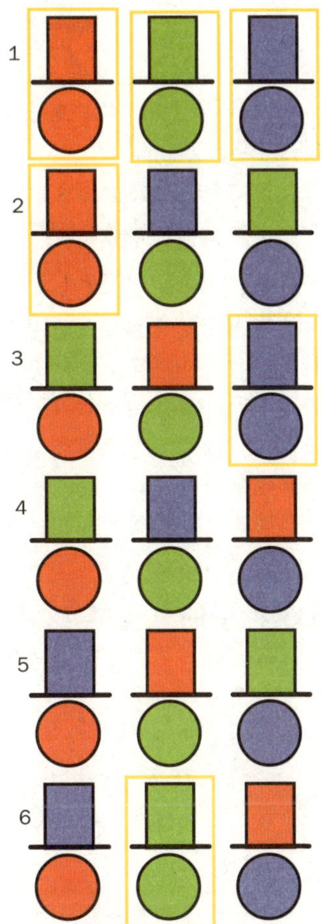

而其中的 4 种情况都有一个人拿到他自己的帽子。因此至少有一个人拿到自己帽子的概率应该是 4/6，也就是约为 67%，这个概率还是很高的。

031 弄混了的帽子（2）

n 顶帽子的排列一共有 n！种情况，6! = 720（6! = 6×5×4×3×2×1 = 720）。那么在这么多种情况中有多少种是所有的人拿到的都不是自己的帽子呢？

要得到这个结果，可以采用一个简单的方法，就是引入一个超越数 e=2.718……

n 个物体全部排列错误的总数等于 720 除以 e。

在这道题中也就是 720÷2.718=265；因此所有人拿到的都不是自己帽子的概率为 265/720=0.368055。

1 减去这个数就是至少有一个人拿到自己帽子的概率，也就是 0.6321。

032 色子的总点数（1）

莱布尼茨是错误的。总点数为 12 的时候只有一种组合情况，即红色色子和蓝色色子都掷到“6”；而总点数为 11 的时候有两种组合情况，即红色色子为“5”，蓝色色子为“6”，和红色色子为“6”，蓝色色子为“5”。

因此它们的概率是不相等的，其概率分别是 1/36 和 2/36。

033 色子的总点数（2）

掷一对色子的总和不可能是 1，总点数可能为这 6 个偶数：2，4，6，8，10 和 12；可能为 5 个奇数 :3，5，7，9，11。

一共有 18 种方法掷到偶数，18 种方法掷到奇数。因此掷到偶数和奇数的概率相等。

034 射击

先算出 3 个人全都没有射中的概率为：

3/5×3/5×7/10 ≈ 0.252

因此，3 人中至少有 1 人射中的概率为 1-0.252=0.748。

035 生日问题（1）

很多人都猜至少需要 150 人或者更多，但计算的结果可能会让你大吃一惊。

只需要随机抽取 23 个人，其中有 2 个人生日相同的概率就已经大于 50% 了。分析如下：2 个人生日不相同的概率为 364/365，第 1 个人可以是任何一天过生日，而第 2 个人可以是剩下的 364 天里的任何一天过生日，第 3 个人可以在剩下的 363 天内的任何一天过生日，因此 3 个人的生日都不同的概率为（364/365）×（363/365）。

随着生日不同的概率减小，生日相同的概率增加。如果你能够想到：23 个人的不同组合可以组成 253 对，那么 23 人就能够满足题目的要求了。

（364/365）×（363/365）×…×[（365-n+1）/365]，其中 n 指总人数。

n 个人的不同组合可以组成的对数等于：

n×（n-1）/2 也就等于 1+2+3+…+（n-1）

036 生日问题（2）

答案为 253。

概率为 1-（364/365）n，其中 n 指除你自己以外的人数。

037 随机走步

根据概率论，在 n 次以后，这个人与中间起点的距离平均为 $\sqrt{n}$。也就是说，掷 36 次硬币以后，他离起点的距离应该是 6 格。

这个人最终回到起点的概率是 100%，尽管这需要经历相当长的时间。

一个非常有意思的问题就是：“这个人从一边走到另外一边的概率是多高呢？”

由于题目中的路线是对称的，你很可能认为在一段随机走步中，这个人应该是一半时间在起点的一边，一半的时间在另一边，答案却恰恰相反，这个人从起点的一边走到另一边的概率几乎为 0。

038 幸运的嘉年华转盘

你在游戏中希望赢到的钱数被称为期望值，每种期望值都可以通过概率计算出来。

我们可以将题目中每一个转盘的期望值都计算出来。

转盘 1 :（16×50%）+（4×50%）=10

转盘 2 :（10×50%）+（8×25%）+（20×25%）=12

转盘 3 :（4×50%）+（8×25%）+（16×12.5%）+（28×12.5%）=9.5

转盘 4：(14×25%)+(6×25%)+(6×25%)+(16×25%)=10.5

转盘 5：(0×25%)+(20×50%)+(10×25%)=12.5

因此，选择转盘 5 最好。你每拿出 10 美元，平均都能赢回 12.5 美元。

039 掷 3 枚硬币

这个分析是不对的。尽管我们已经知道第 3 枚硬币只有 2 种结果，但是我们同时也应该把另外 2 枚硬币的 4 种不同结果考虑进去。我们可以将所有可能的结果列出来（H 表示正面，T 表示反面）：

HHH
HHT
HTH
HTT
THH
THT
TTH
TTT

我们可以看到，其中只有 2 种结果 3 个硬币是相同的，因此其概率应该是 2/8=1/4。

040 掷色子

你们两个人掷到同一点数的概率是 1/6，因此你们俩其中一个掷的点数比另外一个人高的概率为 5/6。

因此，你比你朋友点数高的概率为 5/6 的一半，即 15/36=5/12。

下图为详解。

1	*	+	+	+	+	+
2	-	*	+	+	+	+
3	-	-	*	+	+	+
4	-	-	-	*	+	+
5	-	-	-	-	*	+
6	-	-	-	-	-	+

041 掷硬币

每次掷一枚硬币会有 2 种可能的结果。根据下面的基本计算规律，掷 5 次硬币一共有 $2\times2\times2\times2\times2=2^5=32$ 种结果。

基本计算规律：

2 个独立的任务，如果第 1 个任务有 M 种可能的完成方法，第 2 个任务有 N 种可能的完成方法，那么 2 个任务就会有 M×N 种不同的完成方法。

042 醉汉走步

我们无法说出这个醉汉最终会走到哪里去，不过我们可以知道某一个特定次数之后这个人与起点的距离大概为多少。

在很多次的无规则走动之后，醉汉与起点的距离 D 等于每移动一步的直线距离 L 乘以总次数 n 的平方根：

$D=L\times\sqrt{n}$

例如，如果每次移动 1 格，每 1 格的长度为 1，那么掷 100 次硬币以后，这个醉汉与起点的距离应该为 10。

在这种平面内、有界限的题目中，这个醉汉最终会回到起点。

而如果这个方阵没有界限，醉汉可以一直往外走，那么情况就非常复杂了，由此也产生了很多迄今尚未解决的难题和理论。

而如果这个方阵是立体的，要求沿着这个立体图形上有限的方格走步，那情况就更复杂了。

但是出人意料的是，在这种情况下，在有限的时间内，一个随机走步的人一定会走到任意一个交叉点。

举一个现实生活中的例子，在一栋大楼或者一座迷宫里，无论走廊以及回廊多么复杂，你最终一定会在一段有限的时间内走到一个出口。

但是如果格子的数量是无限的，那就不可能了。

043 8 个多格拼板（1）

5 个四格拼板不能正好放入 4×5 的长方形中。T 形的四格拼板放进去覆盖住了 3 个黑色格子和 1 个白色格子，剩下的 4 个都是覆盖住 2 个黑色格子和 2 个白色格子。因此这 5 个四格拼板覆盖的黑色和白色格子数必须分别都为奇数，但是题中长方形里的黑色和白色格子各 10 个，因此，答案是不能放入。

044 8 个多格拼板（2）

8 个多格拼板可以正好放进这个 4×7 的长方形中，下图所示的是多种解法中的一种。

045 滑行方块

如图所示，需要 23 步。

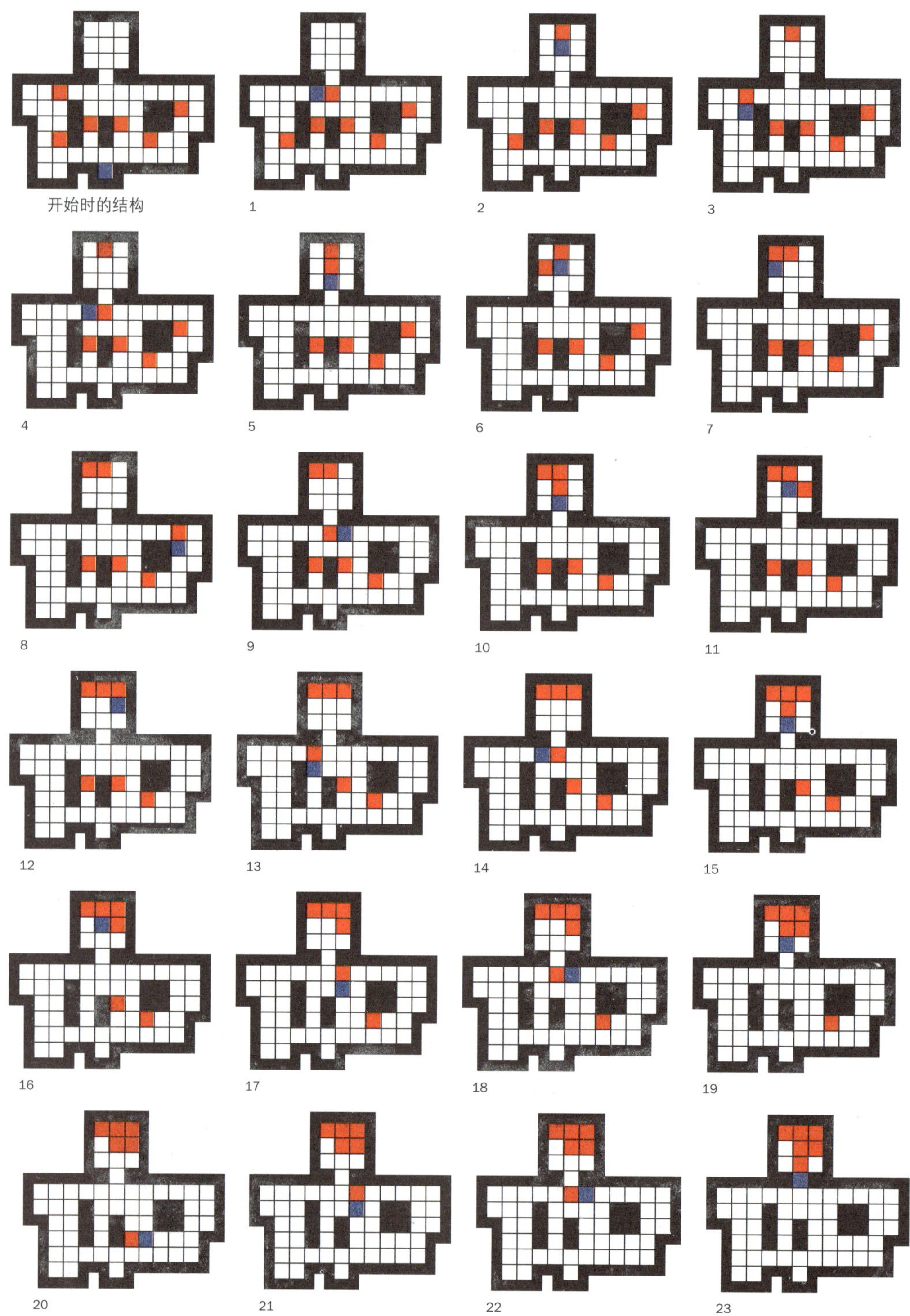

046 棋盘正方形

一共有204个正方形，这个结果是由下面这个式子得到的：

$8^2+7^2+6^2+5^2+4^2+3^2+2^2+1^2=204$

边长包含n个单位正方形的大正方形里所含的正方形数等于从1到n的整数的平方和。

047 棋子

048 五格六边形（1）

如图所示。

049 049 五格六边形（2）

略。

050 050 五格六边形（3）

略。

051 多米诺骨牌

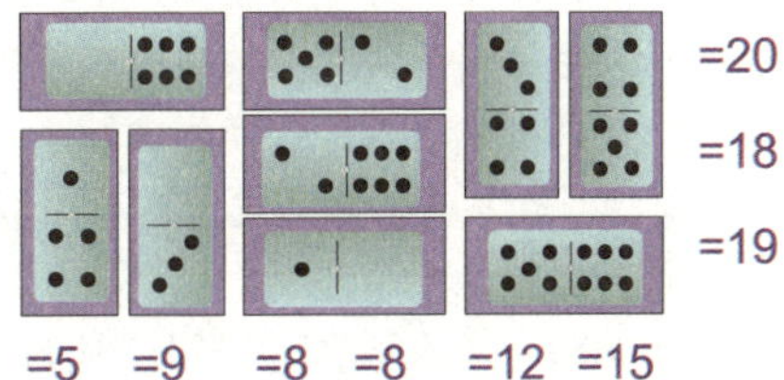

052 父亲和儿子

可能的情况有以下几种：

父亲96岁，儿子69岁；父亲85岁，儿子58岁；

父亲74岁，儿子47岁；父亲63岁，儿子36岁；

父亲52岁，儿子25岁；父亲41岁，儿子14岁。

从图中看，应该是最后一种情况。

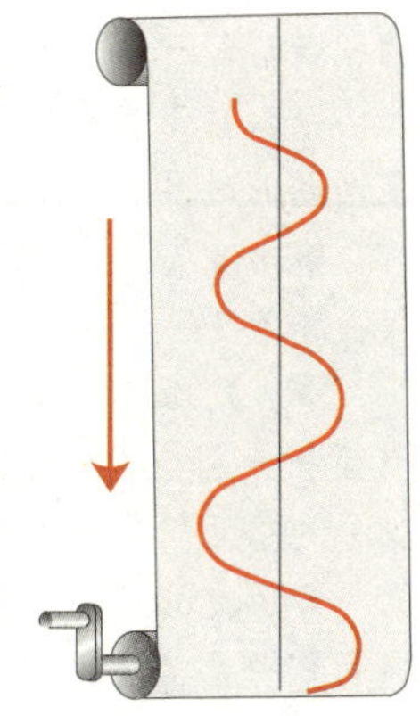

053 简谐运动

笔画出来的运动轨迹是一条正弦曲线，如图所示。这种运动被称为阻尼运动，这是因为在摩擦力的作用下振动最终停止，而且其运动轨迹成为一条直线。

理想的状态（即没有摩擦力的情况）被称为简谐运动。简谐运动是自然界中最常见的运动类型之一，比如池塘的水波、收音机的波等。

054 睡莲

59天。在最先只有1朵睡莲的情况下，第二天应该有2朵睡莲。

055 战俘的帽子

如果这些战俘能够正确地站成一列，所有人都能被释放。

第1个战俘站在这一列的最前面，其他的人依次插入，站到他们所能看到的最后一个戴红色帽子的人后面，或者他们所能看到的第一个戴黑色帽子的人前面。

这样一来，这一列前一部分的人全部都戴着红色帽子，后一部分的人全部都戴着黑色帽子。每一个新插进来的人总是插到中间（红色和黑色中间），当下一个人插进来的时候他就会知道自己头上帽子的颜色了。

如果下一个人插在自己前面，那么就能判定自己头上戴的是黑色帽子。这样能使99个人获救。

当最后一个人插到队里时，他前面的一个人站出来，再次按照规则插到红色帽子与黑色帽子中间。这样这100个战俘就都获救了。

056 正方形里的正方形

如果不断重复这个过程，那么最终的结果就是黄色部分的面积将会一直增加，直到它的面积最后等于原来正方形的面积。这个结果听上去令人摸不着头脑，但是这种结果在处理无限问题的时候并不算是非常特殊的。

第1次分割：新出现1个黄色正方形，其面积为 $1/9 \approx 0.111$；

第2次分割：新出现8个黄色正方形，其面积分别为 $(1/9)^2$。因此此次分割后黄色部分的总面积为 $8\times(1/9)^2+0.111\approx 0.209$

第3次分割：新出现 8^2 个黄色正方形，其面积分别为 $(1/9)^3$，此次分割后黄色部分的总面积等于 $8^2\times(1/9)^3+0.209\approx 0.297$

第4次分割：新出现 8^3 个黄色正方形，其面积分别为 $(1/9)^4$，此次分割后黄色部分的总面积等于 $8^3\times(1/9)^4+0.297\approx 0.375$

这个图形变得逐渐清晰。黄色部分的总面积是一个无限的数，它等于：

$$1/9+8\times(1/9)^2+8^2\times(1/9)^3+8^3\times(1/9)^4+\cdots$$

如果我们根据这个式子算到第25次分割，黄色部分的面积总和就已经约为0.947，这个数字与原正方形的面积1已经非常接近了。

057 最长路线（1）

最多可以走5步。

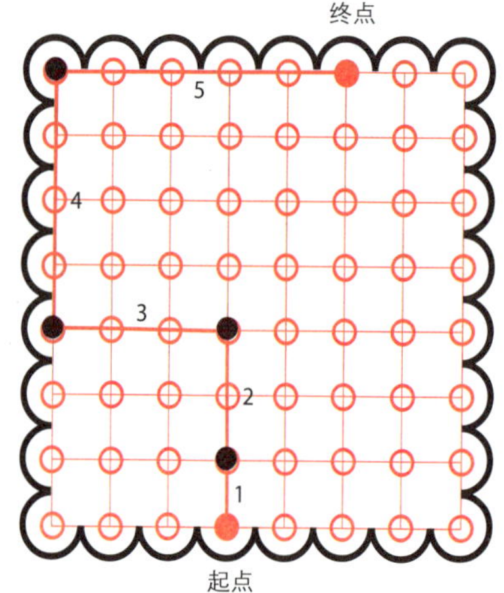

058 最长路线（2）

最多可以走11步。

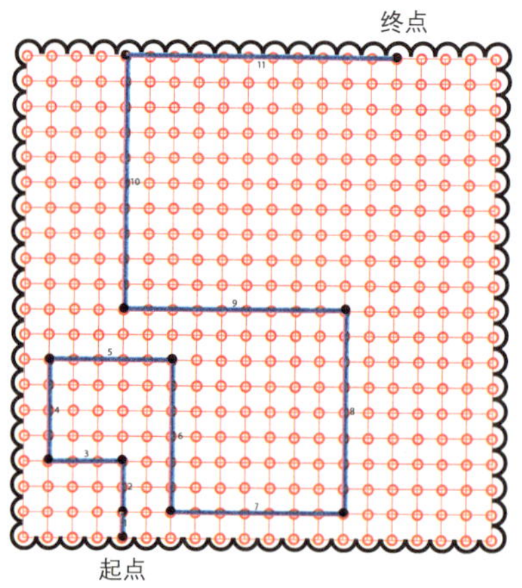

059 成对的珠子

最少应由 16 颗珠子组成，如图所示。

要用 n 种颜色组成一个圆圈，使该圆圈包含这些颜色中任意 2 种颜色的所有组合，那么这个圆圈最短的长度是 n^2。

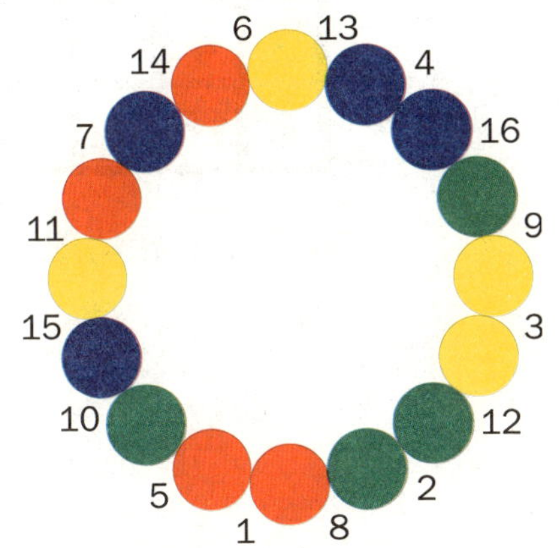

060 二进制图形

如图所示，至少要变 4 步，分别是第 1 行、第 4 行、第 2 列和第 3 列。

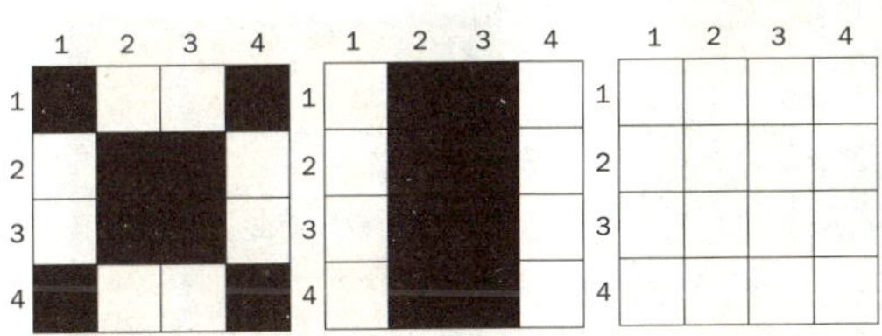

061 皇后进攻（1）

如图所示，5 个皇后就够了。

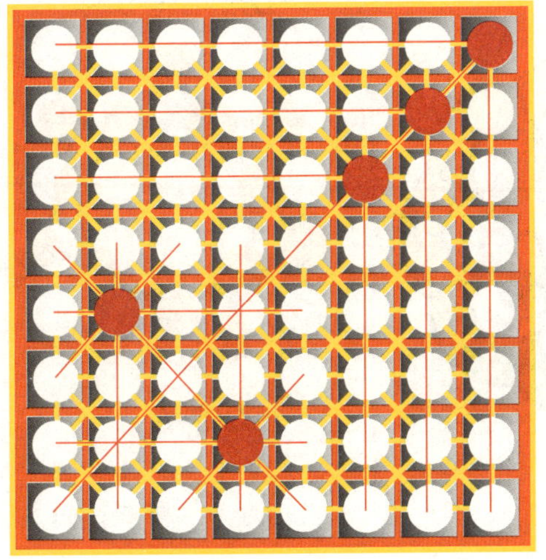

062 皇后进攻（2）

如图所示，5 个皇后就够了。

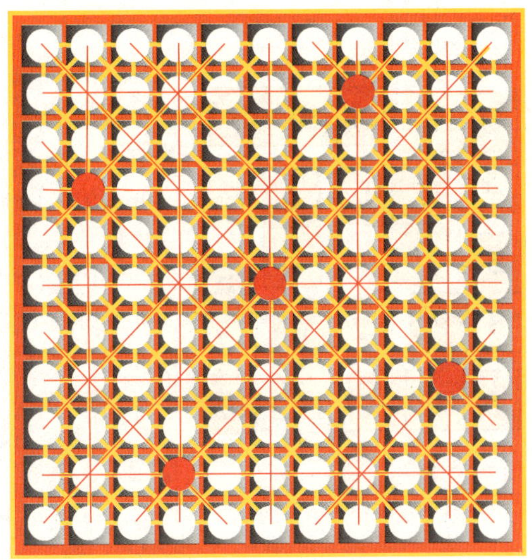

063 数字分拆

数字 6 有 11 种分拆法，数字 10 则有 42 种分拆法。

随着数字增大，分拆的方法数迅速增加。

n=50 时，有 204226 种；

n=100 时，有 190569292 种。

064 象的共存

最多可以摆放 14 个象，如图所示。

065 3个小正方形网格

事实上，由1到9当中的3个数字组成和为15的可能组合有8种。

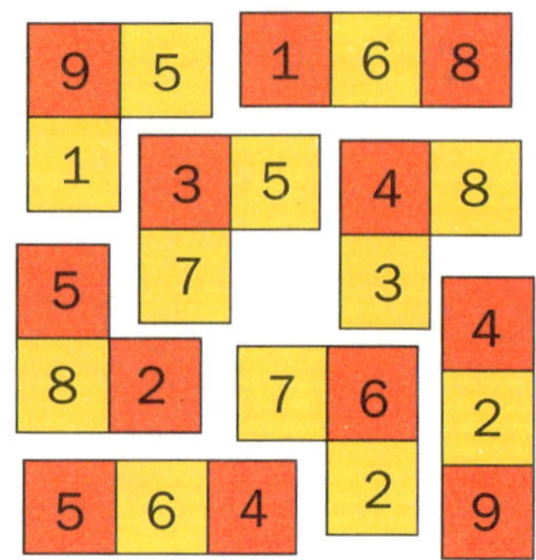

066 贝克魔方

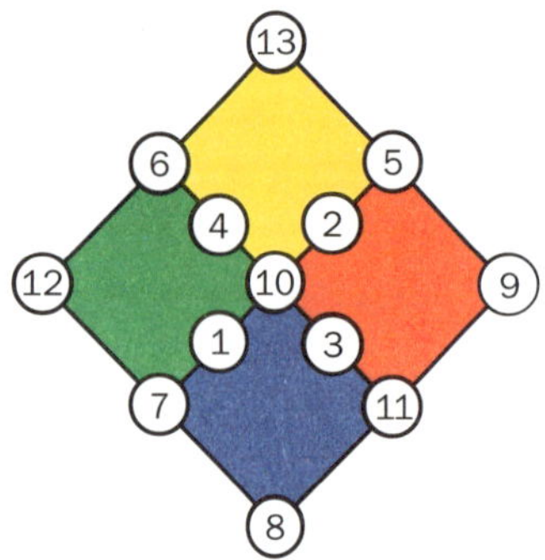

067 九宫图

九宫图中的9个数字相加之和为45。

因为方块中的3行（或3列）都分别包括数字1到9当中的1个，将这9个数字相加之和除以3便得到“魔数”——15。

总的来说，任何n阶魔方的“魔数”都可以很容易用这个公式求出：$\frac{n^3+n}{2}$

和为15的三数组合有8种可能性：

9+5+1　9+4+2　8+6+1

8+5+2　8+4+3　7+6+2

7+5+3　6+5+4

方块中心的数字必须出现在这些可能组合中的4组。5是唯一在4组三数组合中都出现的。因此它必然是中心数字。

9只出现于两个三数组合中。因此它必须处在边上的中心，这样我们就得到完整的一行：9+5+1。

3和7也是只出现在2个三数组合中。剩余的4个数字只能有一种填法——这就证明了魔方的独特性（当然，旋转和镜像的情况不算）。

068 魔轮

069 四阶魔方

魔数为34的四阶魔方有880种。我们在此举一例。

070 沿铰链转动的双层魔方

4个方片需要按以下顺序沿着铰链翻动：

①方片7向上；

②方片9向下；

③方片8向下；

④方片5向左；

然后我们就得到了著名的魔数为34的杜勒幻方。

071 七角星魔方

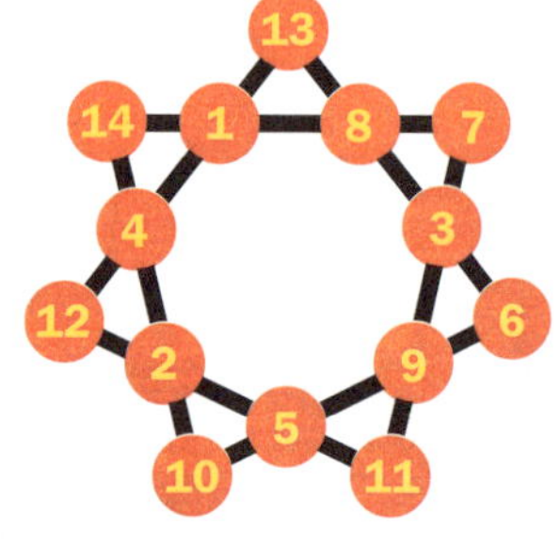

072 八阶魔方

八阶魔方具有许多“神秘”的特性，而且超出魔方定义的一般要求。

比如说每一行、列的一半相加之和等于魔数的一半等。

52	61	4	13	20	29	36	45
14	3	62	51	46	35	30	19
53	60	5	12	21	28	37	44
11	6	59	54	43	38	27	22
55	58	7	10	23	26	39	42
9	8	57	56	41	40	25	24
50	63	2	15	18	31	34	47
16	1	64	49	48	33	32	17

073 多米诺覆盖（1）

074 多米诺覆盖（2）

原图上的5个缺失方块中有4个是在棋盘的灰色块上的，只有1个在白色块上。

因此当你放进去最大数目的多米诺骨牌之后，无论你如何摆放骨牌，总会有3个白色块没有被覆盖上。

寻找解法的途径之一是在棋盘上画出车（国际象棋棋子）的路线图，并用骨牌覆盖它的路线。

075/076 彩色多米诺魔方 / 彩色多米诺环

077 买彩票

根据前面我们已经讲过的组合的公式：

$$C_n^k=\frac{n!}{k!(n-k)!}=\frac{54!}{6!(54-6)!}$$

$$=\frac{54\times53\times52\times\cdots\times3\times2\times1}{(6\times5\times4\times3\times2\times1)\times(48\times47\times46\times\cdots\times3\times2\times1)}=25827165$$

078 排队

079 字母填空

B。

把大正方形分成4个部分，每个部分的字母都按相同的形式排列。

080 等边三角形的内接正方形

如图所示，等边三角形的内接正方形有3种摆放方法。

该正方形的面积见下图。

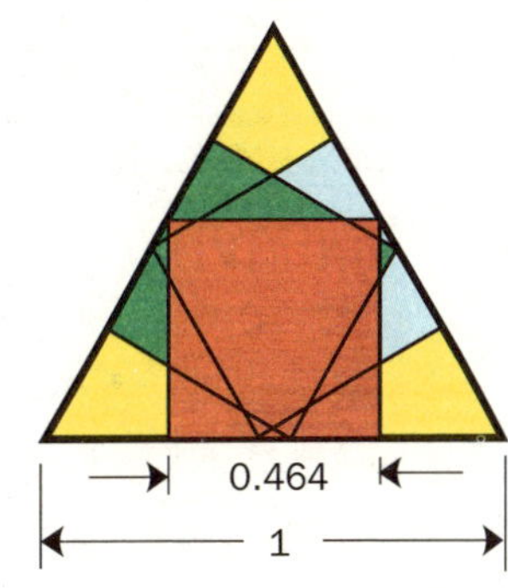

081 肥皂环

如图所示，这个曲面被称为悬链曲面。

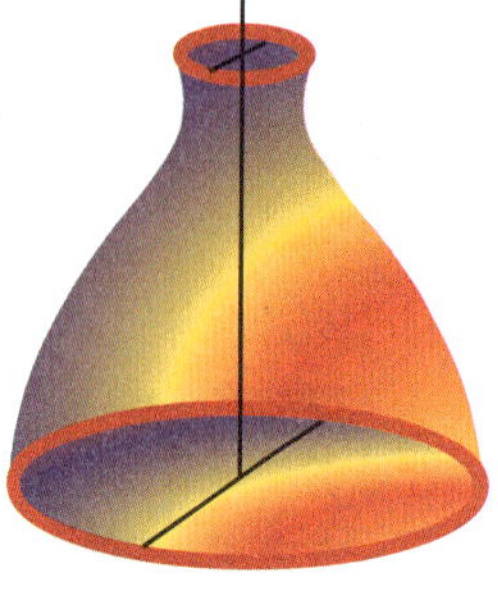

082 富兰克林的细胞自动机

原来的图形被复制需要4步，如下图所示。

麻省理工学院的爱德华·富兰克林于1960年发明了这个系统。这个系统非常有价值，最初的图形经过一定的步数后会复制为原来图形的4倍、16倍、64倍。

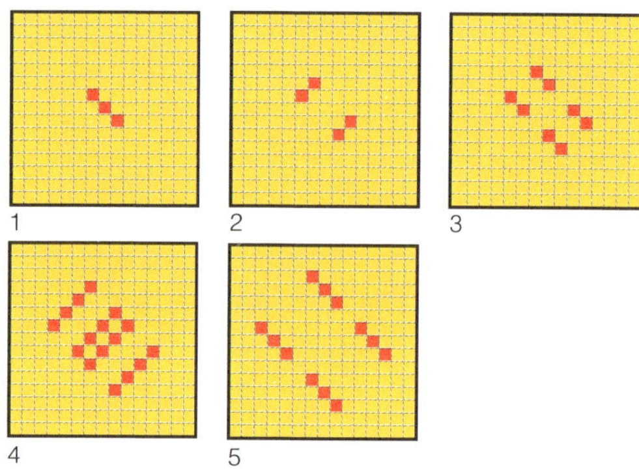

083 最短的距离

如图所示，对于房子总数为偶数的情况，到所有的房子距离最近的点应该在中间两栋房子的中心。

而对于房子总数为奇数的情况，到所有房子距离最近的点应该是最中间的那栋房子。

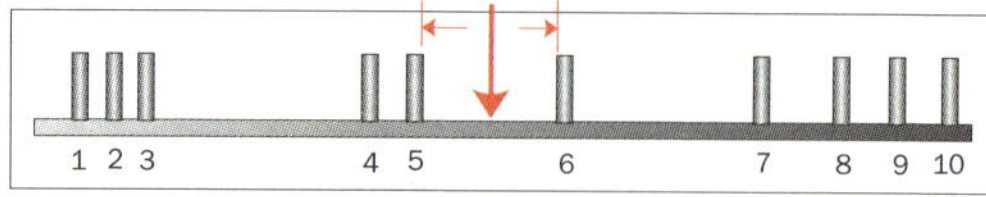

084 三角形的内角

如图将三角形的3个角分别向内折，中间形成一个长方形，这样A，B，C三个角加起来正好是一个平角，也就是相加之和等于180°。

除了欧几里得平面，还存在球面和双曲球面，在球面上的三角形3个内角之和大于180°，而在双曲球面上的三角形内角和则小于180°。

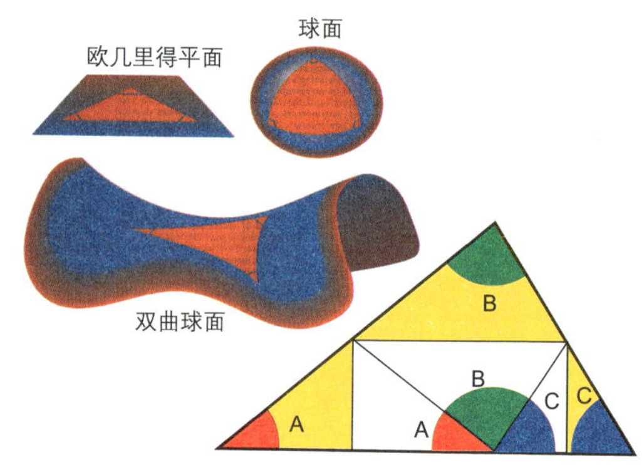

第五章 提升判断力

001 轨道错觉

开普勒当然是正确的，但是这幅图里面的椭圆并不是真正的椭圆。在它中部其实是两条平行的直线，但是在其他射线的干扰下，整个图形看上去像一个椭圆。

002 立方体朝向

如图所示。

003 举起自己

如果这个女孩的力气足够大的话，她可以举起自己。如果她体重60磅（约27千克），而她坐的秋千重4磅（约1.8千克），她对绳子施加32磅（约14.5千克）的力就可以把自己举起来。

004 木板上升

理论上是可以的，尽管操作起来会非常困难。如果这个男孩对绳子施加的力等于他的体重加上木板的重量，他就可以把自己拉起来。但是在这种情况下他还必须努力保持平衡。

005 瓢虫花园

有多种解法，下图是其中的一种。

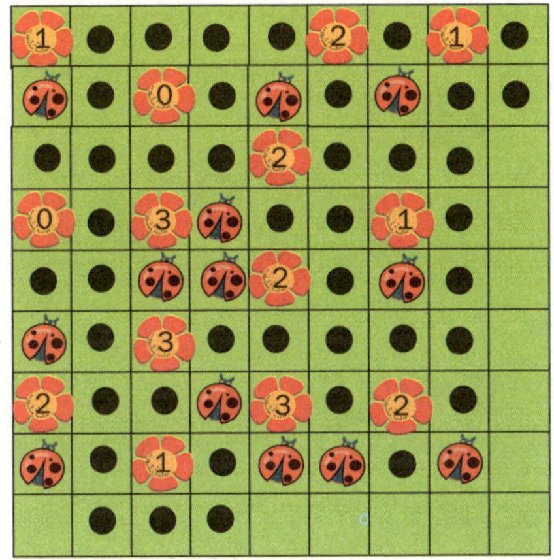

006 十二面体的朝向（1）

一共有 12 个面，每个面有 5 种不同的摆放方法，因此一共有 60 种不同的摆放方法。

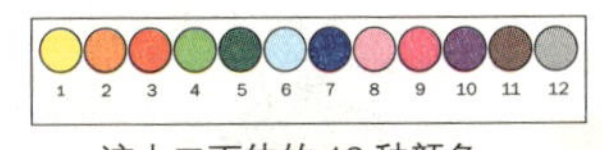

该十二面体的 12 种颜色

007 十二面体的朝向（2）

如图所示。

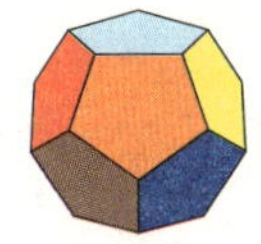 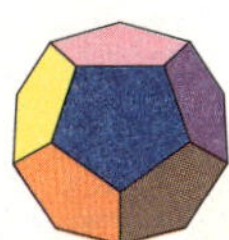  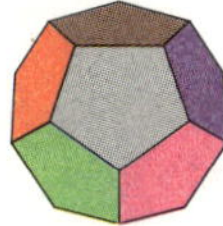

008 数字展览

奇数乘以奇数结果为奇数，一个奇数的任何次幂还是奇数，因此所有的首项都是奇数。图中的画除了第 2 幅以外其余结果都是偶数。

009 第 12 根木棍

8-10-7-3-2-11-5-4-13-1-6-9-12

010 拼整圆

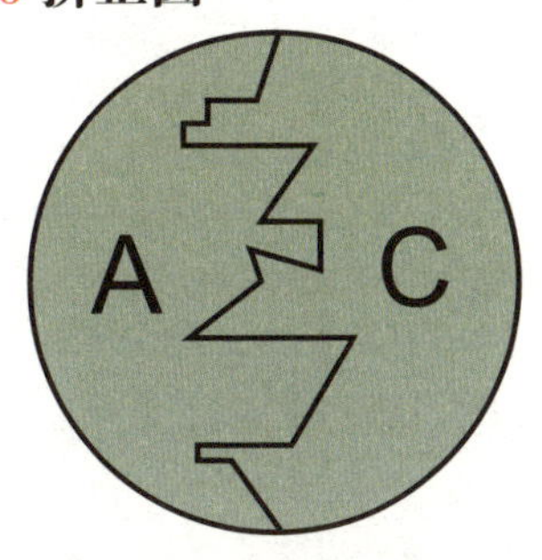

011 2 个孩子的家庭

这个问题的答案是女人的 2 个孩子都是男孩的概率约为 33%，而男人的 2 个孩子都是男孩的概率约为 50%。

对这个至少有一个孩子为男孩的女人来说，她的孩子有 3 种可能性：

大一点的孩子	B	G	B
小一点的孩子	G	B	B

这 3 种情况的概率都相等，因此她有 2 个男孩的概率为 33%。

而对于这个男人来说只有 2 种可能性：

大一点的孩子	B	B
小一点的孩子	G	B

这 2 种情况概率相等，因此他有 2 个男孩的概率为 50%。

012 丢掉的袜子

20 只袜子配对一共有 190 种情况。你可以自己来检验：将 1 ~ 20 写在一张纸上。与 1 可以配对的有剩下的 19 个数。然后跳过 1（因为我们已经考虑了所有含有 1 的配对情况）看 2，有 18 种配对情况，因此现在已经有 19+18=37 种配对情况了。然后再跳过 2 看 3，依此类推，直到数到最后的一对。你会得到下面这个等式：

19+18+17+16+15+14+13+12+11+10+9+8+7+6+5+4+3+2+1=190。

20 只袜子配成一双的只有 10 种情况。也就是说，在 190 种可能中，最好的情况只有 10 种，而最差的情况则有 180 种，即最差的情况发生的可能性是最好的情况的18倍，这意味着你很可能只剩下8双袜子。

013 黑暗中的手套

要解答这道题，首先要考虑到拿到的全部都是左手手套或者全部都是右手手套的情况。它们分别都有14只。

在这种情况下，如果拿15只一定会拿到一双手套。

但是可以做得更好。尽管是在黑暗中，还是能够通过触觉分清左右手套。考虑到最差的情况，可以拿13只左手手套或者13只右手手套，然后再拿一只另一只手的手套。这样至少会有一对手套。也就是说，一共只需要拿14只手套就可以完成任务。

两种情况分别如图所示。

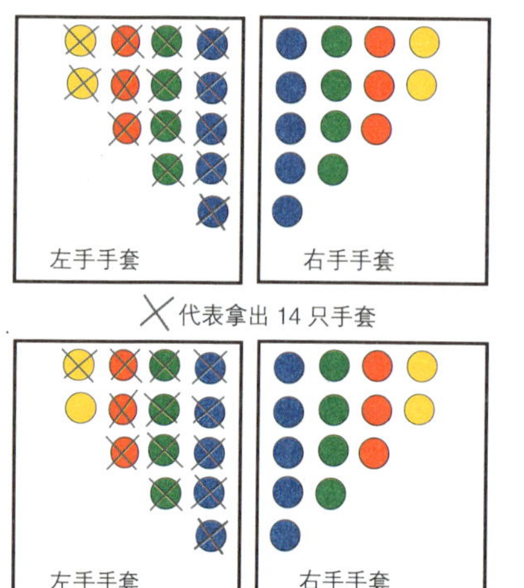

╳代表拿出14只手套

╳代表拿出13只手套

014 红色圆圈

这个类似红色圆圈的图形根本就不是一个标准的圆，下图中红色细线标出来的才是一个标准的圆。

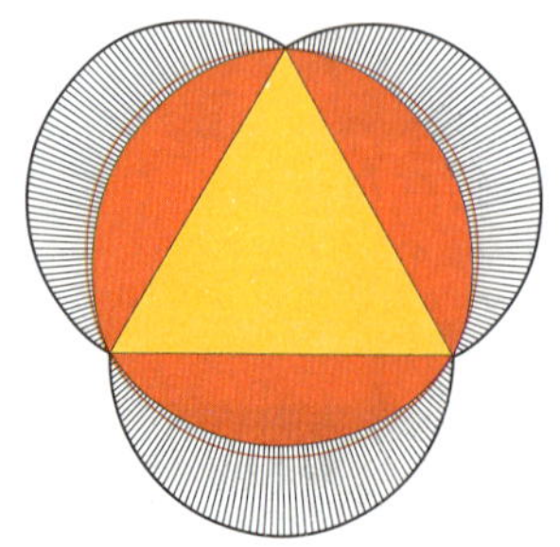

015 看进管子里

盯着图看，这个人一会儿在管子左边，一会儿在管子右边。

016 有几个结

如图所示，绳子拉开之后有2个结。

017 质数加倍

任意一个整数和它的2倍之间总有一个质数。

018 对称轴

如图所示，有2个图案的对称轴不是8条。

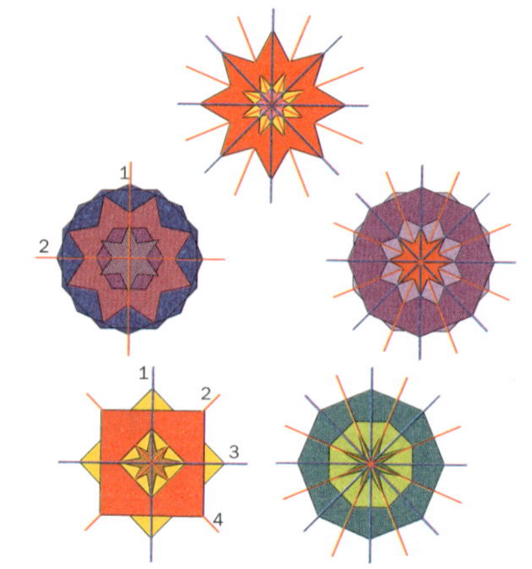

019 六角星

对于六角星迄今只有一种解法。

020 蚂蚁队列

1. 令人惊讶的。

2. 令人惊讶的。

3. 不是令人惊讶的。因为在这个队列中，1个红蛋和1个蓝蛋前后距离为2的情况出现了2次。

4. 不是令人惊讶的。因为1个红蛋和1个黄蛋前后距离为4的情况出现了2次。

5. 令人惊讶的。

6. 不是令人惊讶的。因为1个红蛋和1个蓝蛋前后距离为1的情况出现了2次。

021 迷宫

当你沿着迷宫走时，在路的一侧画线。当你来到一个分岔口时，选择任意一条路。如果你回到前面到过的一个分岔口，转身回到你来时的路。

如果在走一条原来走过的路（即你做的标记在路的另一侧）时，来到了一个前面到过的分岔口，尽可能地走你还没有走过的路；否则就走一条原来走过的路。千万不要进入一条两侧都已经有标记的路。

022 平行线

如图所示，图中用箭头标出来的那条线与其他直线都不平行，它有点倾斜。这个小小的改动使这条直线看起来与它左右相邻的直线平行。但事实上不是，它是唯一一条与其他直线都不平行的直线。

023 缺少的图形

C。

从左上角开始并按照顺时针方向、以螺旋形向中心移动。7个不同的符号每次按照相同的顺序重复。

024 数一数（1）

当然，你可以一个一个地数，但这样花的时间绝对要超过规定的时间。

你可以先迅速分析一下图形的特点，然后再算出点的数量，这样做能够大大提高速度。

每个小正方形中有10个点，一共有9个这样的小正方形，因此一共是90个点。

025 数一数（2）

在10×10的正方形中一共少了10个点，因此一共是90个点。

026 组合正方形

2. B D E。

027 玻璃杯

正放和倒放的杯子的个数都是奇数，而每次翻转杯子的个数是偶数，因此最后不可能将10个（偶数个）杯子都变成相同的放置情况。

奇偶性这个词在数学中首先是被用来区别奇数和偶数的。如果两个数同是奇数或者同是偶数，就可以说它们的奇偶性相同。

每次移动偶数个杯子，这样就保留了图形的奇偶性。

028 打喷嚏

当你睁开眼睛时你的车已经行驶了约9.03米，因此你刚刚避免了一场交通事故。

1千米＝1000米，因此按照65千米/小时的速度你在半秒钟内行驶了（65×1000）/（60×60×2）≈9.03米，从而可以避免这场交通事故。

029 遛狗

首先看这9个女孩可能组成多少对。

如右表格所示，一共可以组成36对。

每一组3人中可以组成不同的3对，因此每一对在12组（每天3组，一共4天）中只会出现一次。下面是符合条件的分组方法：

第1天	123	456	789
第2天	147	258	369
第3天	159	263	348
第4天	168	249	357

1-2
1-3
1-4
1-5
1-6
1-7
1-8
1-9
2-3
2-4
2-5
2-6
2-7
2-8
2-9
3-4
3-5
3-6
3-7
3-8
3-9
4-5
4-6
4-7
4-8
4-9
5-6
5-7
5-8
5-9
6-7
6-8
6-9
7-8
7-9
8-9

030 猫和老鼠

一共有4种不同的解法，最少都需要4次才能将它们全都带过河。如图所示是其中的一种解法，其中M代表老鼠，C代表猫。

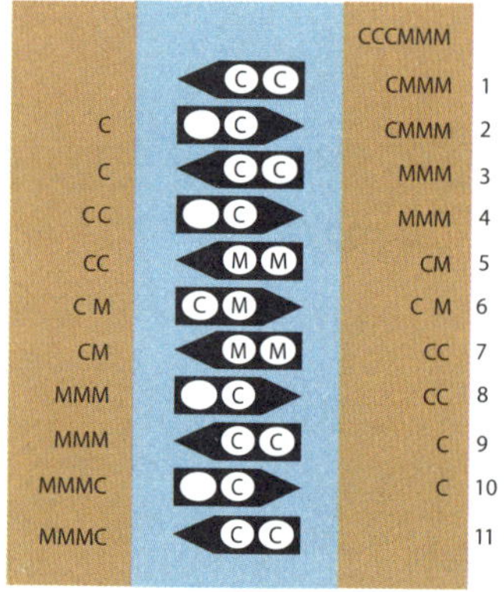

031 帽子的颜色（1）

小丑B。

如果小丑A看到他前面2个人的帽子颜色相同，那么他马上就知道自己帽子的颜色了（包括小丑D帽子的颜色）。但是他所看到的是一红一绿，因此他不能做出判断。

而小丑B发现身后的小丑A在沉默，他就可以由此推断出自己与他前面的人的帽子颜色肯定不同。

032 帽子的颜色（2）

小丑A可以看到2顶红色帽子，1顶蓝色帽子，那么他自己的帽子可能是蓝色的也可能是红色的。

小丑B知道小丑A只看到了一顶蓝色帽子，由此他可以推断自己头上的是顶红色帽子。

小丑C不知道自己帽子的颜色。

但是我们的问题是谁最先知道小丑A的帽子颜色。

只有小丑D才可能做到这一点。他知道小丑A没有看到2顶蓝色帽子（否则小丑A就知道自己的帽子是红色的了）或者3顶红色帽子（否则小丑A就知道自己的帽子是蓝色的了），因此，小丑D知道小丑A看到了2顶红色帽子和1顶蓝色帽子，剩下1顶蓝色帽子和1顶红色帽子，分别属于A和E。由于只有他才能看到小丑E的帽子，因此他很容易就能判断出小丑A的帽子颜色，小丑A与小丑E的帽子颜色相反。

033 摩尔人的图案

这个图案是由25个闭合图形组成的，它们可以分成3组。

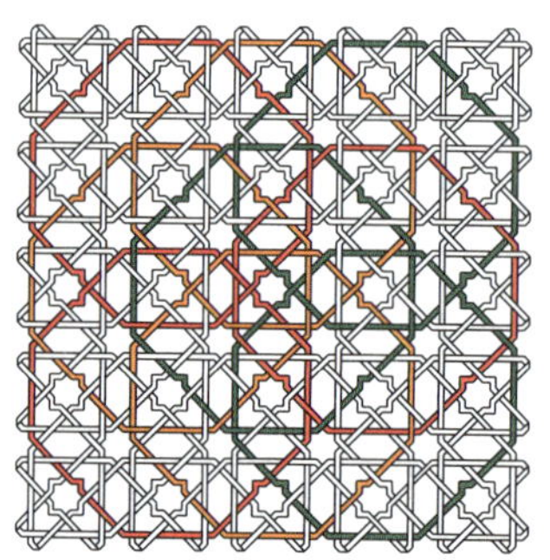

9个相同的图形

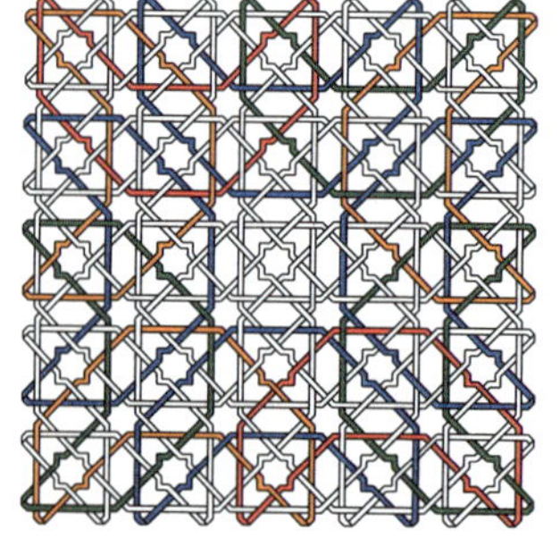

12个相同的图形，图形方向不同

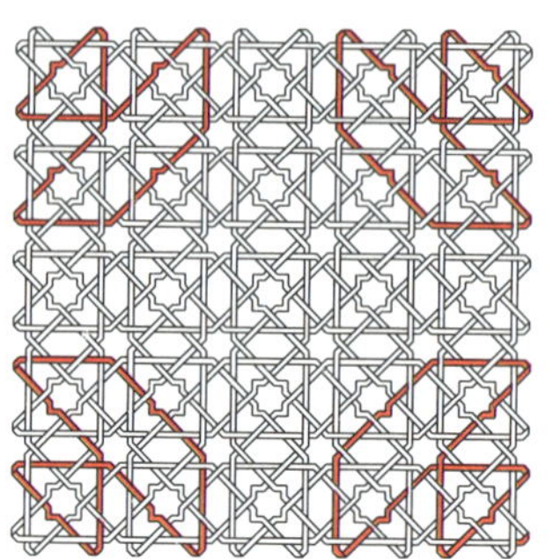

4个相同的图形，图形方向不同

034 哪一句是真的

第11句话肯定是真的。因为这11句话中每一句都与其他11句矛盾，因此只可能有一句是真的，即其中11句都是假的。

035 升旗与降旗

旗子会上升。

036 细胞路线

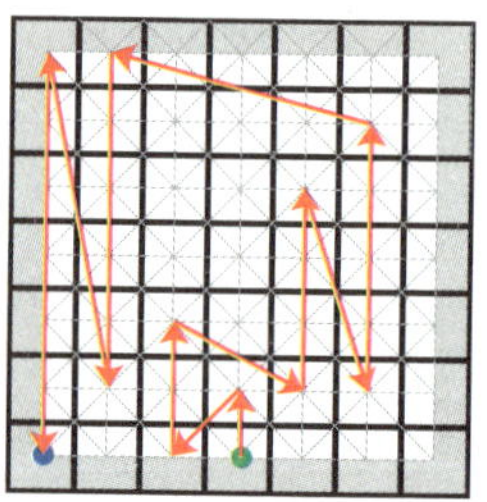

7×7 11步

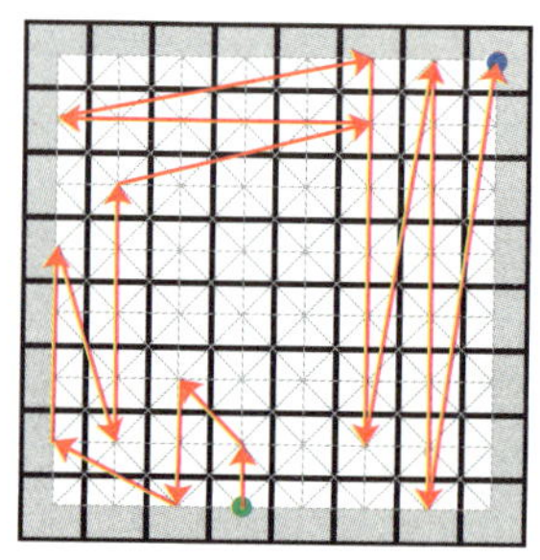

8×8 14步

037 向上和向下

重物1：向上

重物2：向下

重物3：向上

重物4：向下

038 雪花曲线

很容易证明雪花曲线的面积是有限的。不论怎么发展，这条曲线的面积都不会超过原三角形的外接圆的范围。这条曲线所围住的面积的极限是原三角形面积的8/5。

现在我们来讨论这条曲线的周长。设原三角形的边长是1，则它的周长就是3。那么，第一次变化之后所得到的多边形的周长是原三角形的周长再加上3段长度为原三角形1/3边长的线段，即这个多边形的周长是原三角形的4/3倍。因此，每一次变化之后，图形的周长为变化前的4/3。当然这种变化是无限的，因此图形的周长也是无穷大的。

雪花曲线以及类似的曲线揭示了一个非常重要的原理，即复杂的图形可以由一些非常简单的图形通过重复变形得到，这些图形被称为碎形。雪花曲线是由冯·科赫于1904年发现的。

039 找不同

最后一个与众不同，其他的都是质数（在大于1的整数中，只能被1和这个数本身整除的数叫质数，也叫素数），它是17与19607843的乘积。

040 真理与婚姻

他应该问其中一位公主："你结婚了吗？"

不管他问的是谁，如果答案是"是的"，那么就说明艾米莉亚已经结婚了；如果答案是"没有"，那么就说明莱拉已经结婚了。

假设他问的是艾米莉亚，她是说真话的，如果她回答"是的"，那么就说明她已经结婚了。如果她的回答是否定的，那么结婚了的那个就是莱拉。

假设他问的是莱拉，莱拉总是说假话。如果她回答"是的"，那么她就还没有结婚，结婚了的那个是艾米莉亚；如果她回答"没有"，那么她就已经结婚了。

因此尽管这个年轻人仍然不知道谁是谁，但是他却能告诉国王还没有结婚的公主的名字。

041 纸风车图案

这个图案与风车的4种颜色密切相关。4种颜色一共可以有24种不同的组合，而在我们的题目中，不计纸风车的旋转，这样就还剩下6种不同的颜色组合。每一横行或每一竖行都正好包含这6种不同的颜色组合，从黄色开始：

1. 黄→红→绿→蓝
2. 黄→红→蓝→绿
3. 黄→绿→红→蓝
4. 黄→绿→蓝→红
5. 黄→蓝→红→绿
6. 黄→蓝→绿→红

根据这个规律，你就可以给这些白色纸风车涂上正确的颜色了。

042 质数

这3个数中只有"2"是质数。其他2个数都可以写成另外2个数的乘积：

117=9×13　539=7×77

043 整数长方形

这种结构的大长方形，要么宽是整数，要么高是整数，或者两者都是整数。这一证明是由数学家斯坦·威根完成的。后来，彼得·温克勒在他的著作《数学智力游戏：极品珍藏》中又给出了一种天才的证明方法。

将大长方形里所有宽为整数的绿色小长方形的上下边线用橘色勾勒并加粗。将剩下的橘色小长方形的左右边线用绿色勾勒并加粗。这样处理之后，最后在这个大长方形中至少会出现一条连接两对边的路线——要么是从大长方形的左边到右边的绿色路线，要么是从上边到下边的橘色路线（2种不同颜色的相接处看作其中任意一种颜色，因此最终可能会出现2条相交的路线）。从图中可以看出，这个大长方形只有宽为整数。

用这种方法在你自己设计的长方形里试试!

044 直尺下落

通过这个实验可以测试出你的反应时间。这个反应时间就是从松开直尺到握住直尺它所滑落的距离。

你用一只手握住直尺的顶部,让你的朋友食指和拇指稍稍分开,对准直尺上的0刻度处。突然松开直尺。你的朋友抓住直尺时所捏住的刻度就是他的成绩。

045 不可思议的鸠尾接合

这2块模型是如图所示接合而成的,因此只要斜向滑动就能将这2块模型分开。

046 金鱼

从鱼身反射出的光线,由水进入空气时,在水面发生了折射,而折射角大于入射角,折射光线进入人眼,人眼逆着折射光线的方向看去,觉得这些光线好像是从它们的反向延长线的交点鱼像发出来,鱼像是鱼的虚像,鱼像的位置比实际的鱼的位置要高。

光线在不同介质中的传播速度是不同的。光在水里的传播速度比在空气中要慢,同时光线由水里进入空气中时,在交界面上产生了折射。

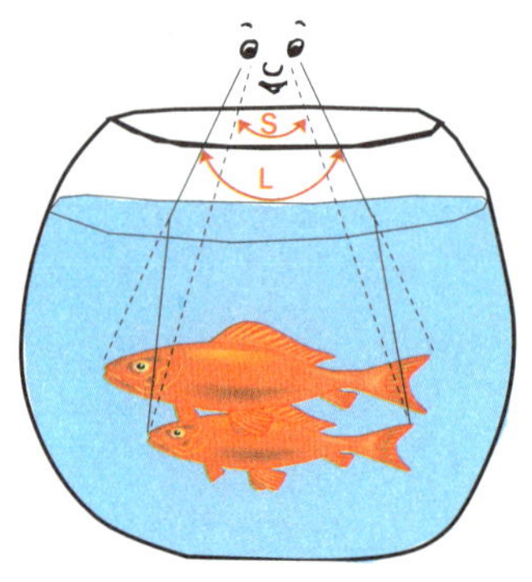

047 中心点

从左数第4个点是该大圆的圆心。

048 最小的排列

一共有64种排列方法,如图所示。

049 吉他弦

如图所示,琴弦开始振动,4和6处的纸片会掉下来。

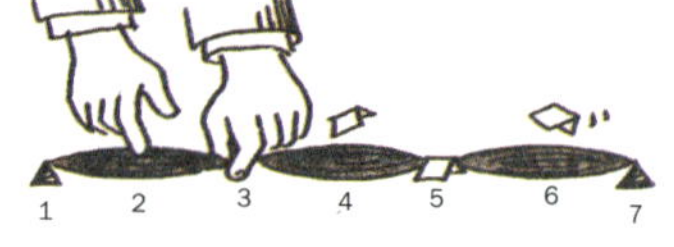

050 精确的底片

应该选择B,将B覆盖在红色方框中每对图案右边的图案上,都能够使这3对图案都正好相互反色。

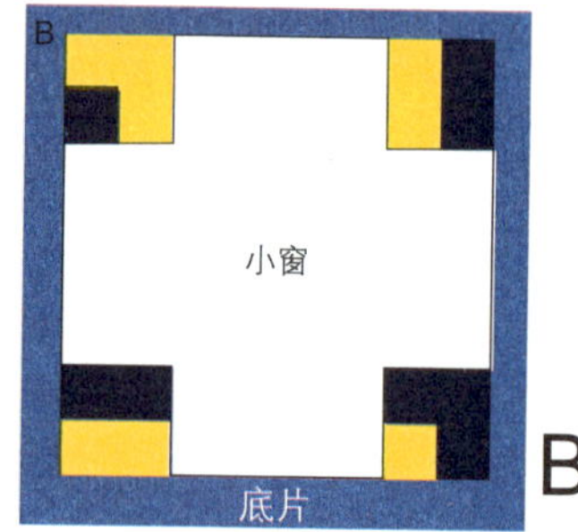

051 聚集太阳光

透镜2和透镜1都是凸透镜,透镜2比透镜1更厚,因此经过透镜2的光线弯曲度更大,会聚太阳光的能力也更强。如下图所示。

透镜3和透镜4都是凹透镜,它们根本不会会聚太阳光,因此它们下面的纸不可能燃起来。

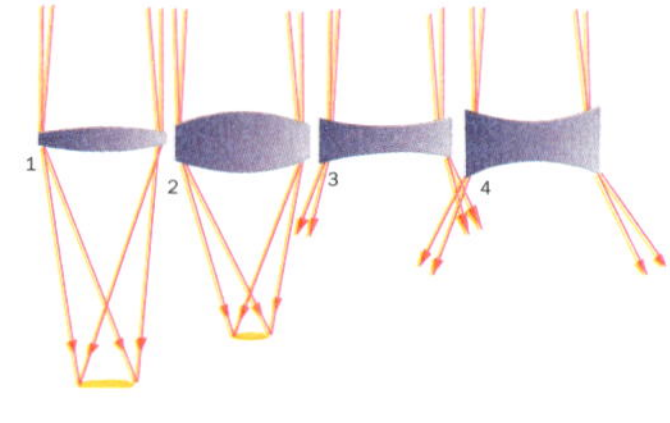

052 链条平衡

链条会开始向空盘的这一端滑动,直到这端的“臂”要比另外一端更长,从而使这端更重。

链条虹吸管也是类似于虹吸管原理。

当然,这种装置不会有真空,或是气压等条件。这个模型只是展示了滑轮臂的不同长度。

053 黏合纸环

最后得到的是3个两两相连的纸环，其中2个是简单纸环，1个是麦比乌斯圈。

054 螺蛇

所有这些横线都是等长的。

055 各有所爱——蜜蜂也不例外

$$\sqrt{\frac{x}{2}}+\frac{8}{9}x+2=x$$

这里 x= 蜂群中的蜜蜂数

整理式子：

$$\sqrt{\frac{x}{2}}=\frac{x}{9}-2$$

两边平方：

$$\frac{x}{2}=\frac{x^2}{81}-\frac{4x}{9}+4$$

简化为：

$$2x^2-153x+648=0$$

这可以分解为：

$$(x-72)(2x-9)=0$$

很明显 x 不等于 4.5（假设 $2x-9=0$ 得出的结果），所以 x 一定是 72，那么整个蜂群一共有 72 只蜜蜂。

056 立方块序列

057 楼号

在第121号大厦和编号开始处之间一共有120栋大厦。相应地就有120栋编号高于294的大厦。因此，街两旁建筑共有294＋120=414栋。

058 三阶反魔方

三阶反魔方存在，而且可以有其他答案。

059 阿基米德的镜子

尽管许多科学家和历史学家都对这个故事着迷，但是他们都判定这是个不可能完成的功绩。不过有几个科学家曾试图证明阿基米德的确能使罗马舰船突然冒出火苗。这些科学家的假设是，阿基米德用的肯定不是巨型镜子，而是用非常多的小反射物制造出一面大镜子的效果，这些小反射物可能是磨得非常光亮的金属片（也许是叙拉古战士的盾牌）。

阿基米德所做的是不是仅仅让他的士兵们排成一行，命令他们将太阳光聚焦到罗马船只上呢?

1747年法国物理学家布丰做了一个实验。他用168面普通的长方形平面镜成功地将330英尺（约100米）以外的木头点燃。似乎阿基米德也能做到这一点，因为罗马船队在叙拉古港湾里距离岸边肯定不会超过大约65英尺（约20米）。

1973年一位希腊工程师重复了一个与之类似的实验。他用70面镜子将太阳光聚集到离岸260英尺（约80米）的一艘划艇上。镜子准确瞄准目标后的几秒钟内，这艘划艇开始燃烧。为了使这个实验成功，这些镜子的镜面必须是有点凹的，而阿基米德很有可能用的就是这种镜子。

060 瓷砖图案

尽管看上去似乎至少需要两种图形才能构成这两个图案，而事实上只要一种就够了。比如在第一幅图中，你把黄色部分看作背景，那么其余的部分就全部是由如图所示的紫红色图形所构成的。

061 动物园的围栏

在面积相等的3个围栏中，正方形围栏所用的材料最少。

062 面积和周长

如图所示，第1组的4个图形面积相等，第2组的4个图形周长相等。这两组中的圆的周长和大小都一样，而第2组其他3个图形的面积比第1组的其他3个图形的面积都要小。

063 拇指结

这个结会被打开。

064 四点生成树

第 1 行的第 3 幅图中的公路总长度最短。

1968 年，贝尔实验室的埃德加·吉尔伯特和亨利·波拉克提出一个理论：不管这几个城市的位置如何，用斯泰纳树的方法能够比用生成树的方法节约 13.34% 的距离。23 年后这一理论被普林斯顿大学的堵丁柱教授和贝尔实验室的黄光明博士所证明。

要找到连接众多点之间的最短的线段可不是一件容易的事情。不过肥皂泡似乎“深谙此道”，把简单的模型浸入肥皂水中，往往马上就能得出结果。

065 找面具

那个生气的面具在第 2 行右边倒数第 2 个。

人的感知系统总是能够很容易察觉异常的事物，而完全不需要系统地查找。这个原理被用于飞机、汽车等系统里，从而使它们的显示器能够随时随地地探测出任何异常的变化。

066 图案和图形

如图所示，该图形没有被用到。

067 土地裂缝

最先出现的那条裂缝是图中间横向的一条，从正方形左边的中间向右延伸到右边离右上角 1/3 处的地方。

20 世纪 60 年代，美国空军剑桥研究实验室的詹姆士·尼尔根据他多年对泥裂的研究得出结论：泥块之间相交的裂缝是大约垂直的，这些被裂缝分割成的泥块都呈四边形。“几何的约束”在断裂的泥块中间也发挥了作用。所有简单的网状结构的形成都有这样的趋势——每 3 条边相聚合在 1 个交叉点。一大片泥地里的多处裂缝显然不是同时形成的，而是先后形成的。因而，当一个裂缝出现时，它通常会挨着已经形成的老的裂缝，与之形成一个交点，从这条交点发射出 3 条射线。要形成发射 4 条射线的交点是不太可能的，因为一般不会出现两个新裂缝同时与老裂缝相交，而且正好向相反的方向发展的情况。

通常要判断两个裂缝中哪个更早出现并不难：更早出现的裂缝会完全穿过这两个裂缝的交点。

第六章　提高思考力

001 冰雹数

以 7 开头到后面也会变成同一串数，只不过过程会稍长一点：7，22，11，34，17，52，26，13，40，20，10，5，16，8，4，2，1，4，2…

至于是否以所有数开头，到后面都会变成同一串数，这个到目前为止还不知道。

以 1 ~ 26 开头很快就会成为同一串数，而 27 则会在这列数的第 77 个数时达到最大，即 9232，在第 111 个数成为同一串数。

002 8 个“8”

003 二项式立方体

$(a+b)^3=a^3+3a^2b+3ab^2+b^3$

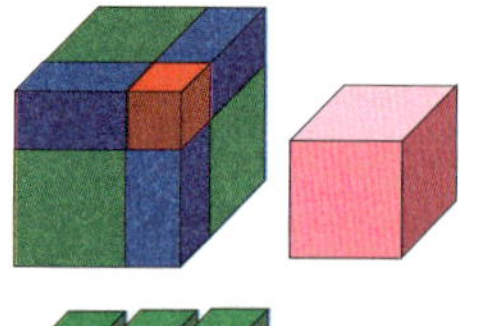

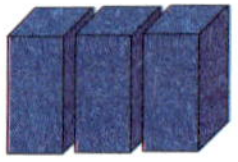

004 风车三角形与超级切片

此图为一个625单位的风车三角形。你能否在里面把125单位的风车三角形的轮廓线画出来？

005 和与差

有2种解法：

4 1 5 4 1 3 2 5 3 2

4 5 1 4 3 1 2 3 5 2

将这两组解的数字倒过来就构成了另外2种解法。

006 数字1到9

32547891×6 =195287346

007 数字卡片

如图所示。

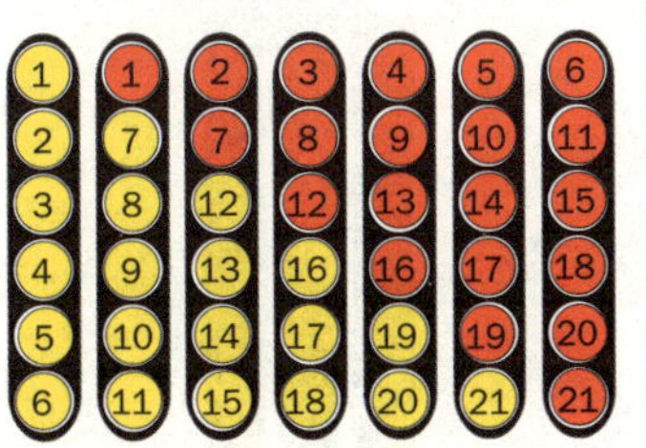

008 数字迷宫

99	100	95	94	81	80	73	72	69	68
98	97	96	93	82	79	74	71	70	67
89	90	91	92	83	78	75	64	65	66
88	87	86	85	84	77	76	63	62	61
13	14	29	30	31	32	33	34	35	60
12	15	28	27	26	25	24	23	36	59
11	16	17	18	19	20	21	22	37	58
10	45	44	43	42	41	40	39	38	57
9	46	47	48	49	50	51	52	53	56
8	7	6	5	4	3	2	1	54	55

009 数字筛选

不管你如何选择这10个数，总是可以从中找出两组数字之和相等。

在这10个数里选择一个数一共有10种方法，选择一组两个数有（10×9）÷（2×1）种方法，选择3个数有（10×9×8）÷（3×2×1）种方法，一直到选择9个数有（10×9×8×7×6×5×4×3×2）÷（9×8×7×6×5×4×3×2×1）=10种方法。加起来一共是1012种方法。

一组数之和最小的可能是1，最大的可能是945（一组里面包含10个数，从90到99）。

也就是说，选择数字一共有1012种方法，各组的和只有944种可能。

因此，如果从小于100的整数中任意选出10个数，总是可以从中找出两组，使其数字和相等。

010 小球平衡

4个问题的答案分别如图所示。也有其他解法。

横框两边的力矩 = 重量 × 它到支点的距离。例如在问题1中，横框右边的力矩为：

蓝色小球：5×4=20

红色小球：2×2=4

绿色小球：3×1=3

因此右边的总力矩是27。而左边我们有（2×5）+（1×4）+（3×3）+（4×1）+（1×0）=10+4+9+4+0=27，与右边相等，由此使这个结构平衡。

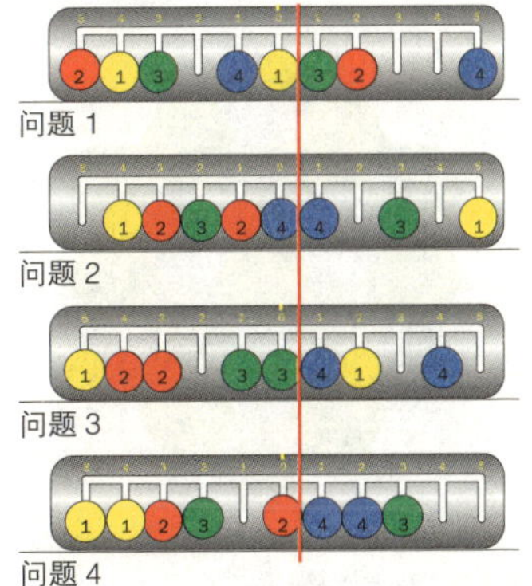

011 正多边形镶嵌

几何学中最令人感到惊奇的一个事实就是只有3种正多边形具有这一性质。它们是正三角形、正方形和正六边形。

在这种有限性背后藏着一个神奇的几何逻辑。由于这些镶嵌的组成部分是正多边形，那么有一个条件必须满足：即该多边形的每一个顶点处，所有角的总和必须为360°。

正三角形的内角是60°；因此6个这样的角可以会聚于一个顶点。正方形的内角是90°，因此正好4个正方形会聚于一个顶点。

而正六边形的内角为120°，因此3个正六边形会聚于一个顶点。

其他的多边形都不满足这一条件，只有以上3种多边形才能用无数个它本身铺满一个无限的平面。

012 重物平衡（1）

7个蓝色重物。

013 重物平衡（2）

3个蓝色重物和1个黄色重物。

014 总和为15

一共有8组。

735 564 6432 4326
26331 3318 3183
3741

015 总长度为10

将奎茨奈颜色棒分开，再组成长度为n的方法有2^{n-1}种。

$2\times2\times2\times2\times2\times2\times2\times2\times2=512$

想象一根长度为10的奎茨奈颜色棒在每隔1个单位长度的地方做有标记。在每一个间隔处，你有两种选择：你可以在此处将颜色棒折断，或是保持原样。

在一根这样的颜色棒上有9处标记，可供你选择折断，或是保持原样。因此排列长度为10的颜色棒一共有2^9种方法。

016 足球

这个足球的1/4重50克，那么这个足球的总重量就是200克。

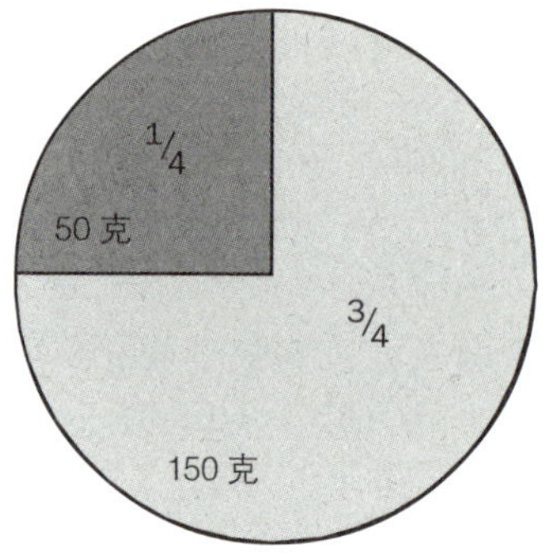

017 组合单位正方形(1)

正方形的边长是3.877个单位长度。倾斜的正方形以40.18°的角度倾斜。

018 组合单位正方形(2)

这17个单位正方形可以拼进一个边长是4.707的正方形中。

019 按顺序排列的西瓜

? ? ? 7 ? ? ?

1 3 5 7 9 11 13

最重的西瓜是13千克。

020 非正的六边形

如图所示，这个六边形可以分成的最少的等边三角形的数目是11。

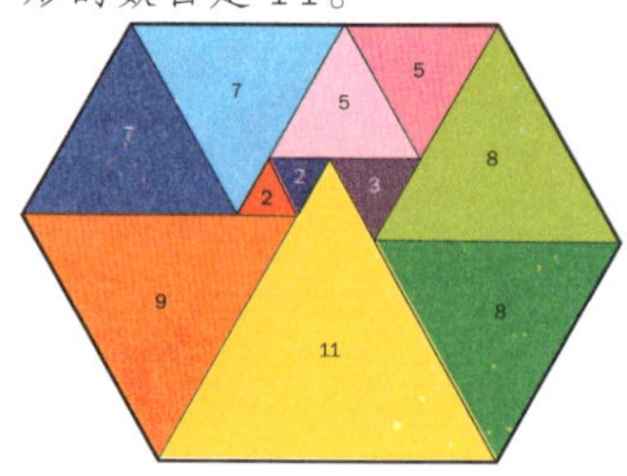

021 分割非正的正方形

022 给重物分组

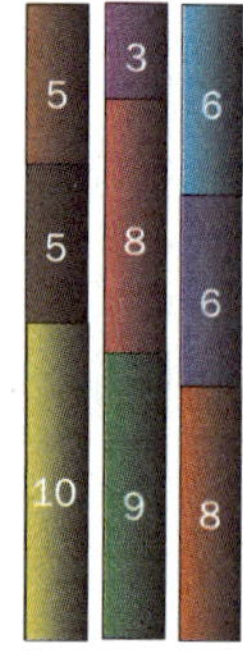

023 连续的唯一数字

题 1：一共有 90 个两位的阿拉伯数字，如下图所示。在它们之中有 8 个有连续的数字，所以答案是 82 个两位数。

10	11	12	13	14	15	16	17	18	19
20	21	22	23	24	25	26	27	28	29
30	31	32	33	34	35	36	37	38	39
40	41	42	43	44	45	46	47	48	49
50	51	52	53	54	55	56	57	58	59
60	61	62	63	64	65	66	67	68	69
70	71	72	73	74	75	76	77	78	79
80	81	82	83	84	85	86	87	88	89
90	91	92	93	94	95	96	97	98	99

题 2：有 9 个两位数包含有相同的数字，所以答案是 81 个两位数。

题 3：也许你可以在一分钟之内做完这一长串的计算。但是对于任何的这类四位数只要算一次就可以了，如图所示。你甚至可以按照这样的程序算到十位数。这些不同的数字叫作唯一数字。

345	543 − 345 = 198
456	654 − 456 = 198
567	765 − 567 = 198
678	876 − 678 = 198
789	987 − 789 = 198
1234	4321 − 1234 = 3087
2345	5432 − 2345 = 3087
3456	6543 − 3456 = 3087
4567	7654 − 4567 = 3087
5678	8765 − 5678 = 3087
6789	9876 − 6789 = 3087

024 帕瑞嘉的正方形

025 拼长方形

这 11 个长方形的总面积同一个 21×21 正方形的面积相等。这样一个正方形能包含这 11 个长方形吗？

我最好的成绩是把除了第 6 个长方形（5×6 长方形）以外的所有长方形都拼起来。

21×21 正方形不能被这 11 个长方形完全覆盖。

可以装得下所有 11 个长方形的最小的正方形是一个 22×22 正方形。

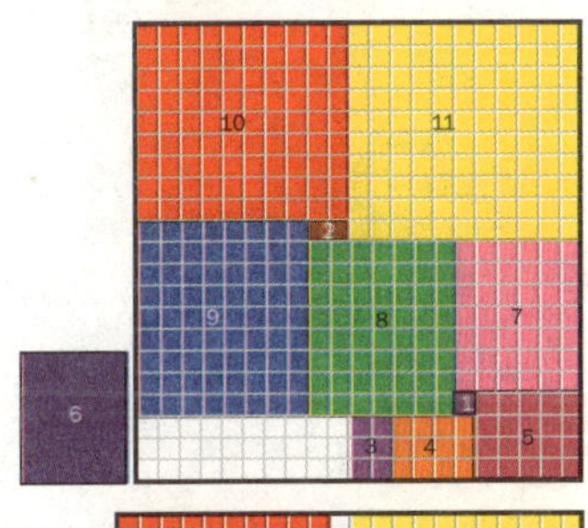

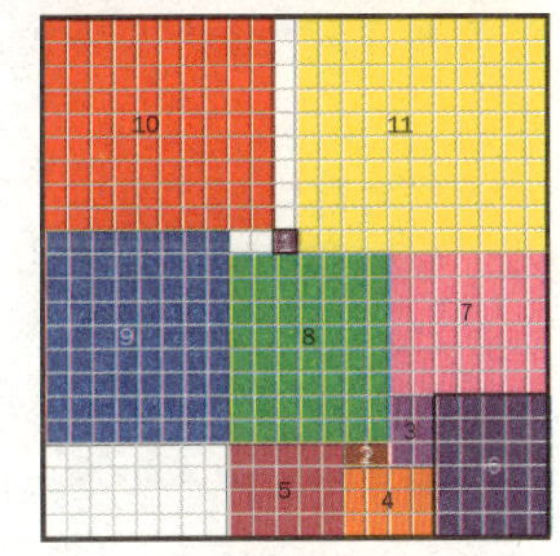

026 十二边形锯齿

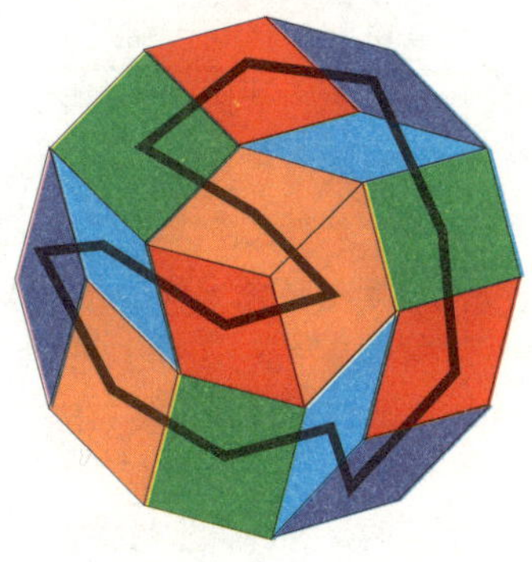

027 四边形组成的十二边形

我们应该观察得出来，在这个十二边形外边再加上 12 个图片，又会使它成为更大的十二边形，而且这样的图片可以使这个平面无限扩展开去。

028 炸弹拆除专家

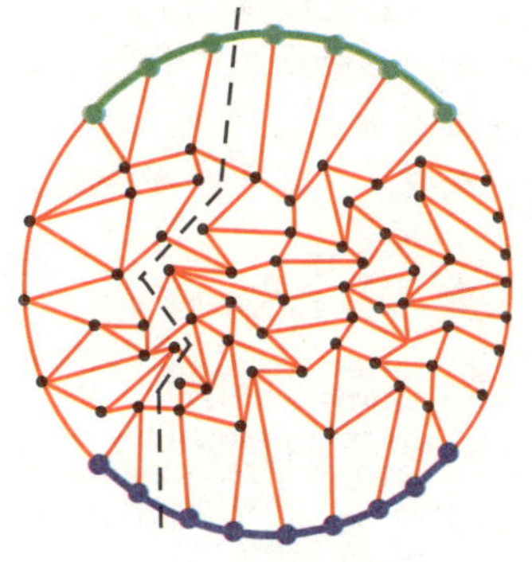

029 重力降落

假设没有摩擦力和空气阻力，这个球将以不断增加的速度一直下落直到到达地心。在那一点它将开始减速下落到另一边，然后停止，再无休止地重新下落。

030 组合单位正方形（3）

这个正方形的边长是 4.885 个单位长度。

031 堆色子

看不见的那些面的总点数为155。这个结果可以用这10个色子的总点数（21×10=210）减去看得见的点数得到。

032 黑暗中的袜子（1）

要保证至少拿到一双左右脚配套的袜子，至少要拿4只袜子。

033 黑暗中的袜子（2）

要保证每种颜色的袜子各拿一双，至少要将2种颜色的袜子全部拿出来，即14只，然后再拿2只袜子，也就是一共16只袜子。

034 迷路的企鹅

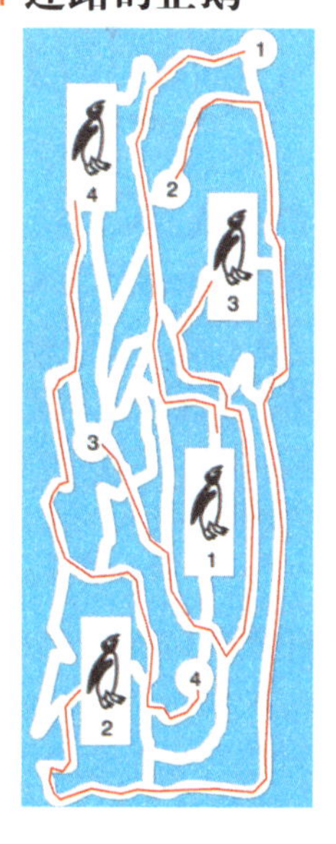

035 奇怪的电梯

可以走遍所有的楼层。最少的步骤是19步，顺序如下：0-8-16-5-13-2-10-18-7-15-4-12-1-9-17-6-14-3-11-19（12“上”，7“下”）

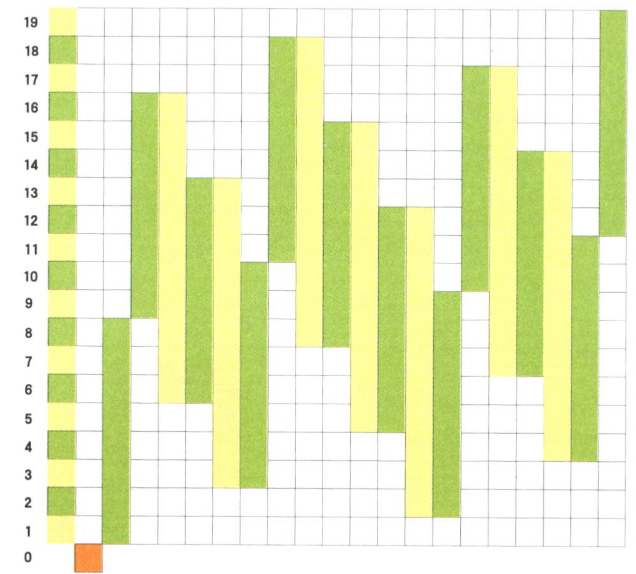

036 玩具头

通过统计这6个玩具头所显示的小球，我们得到了下面的结果：

红色小球：31个　　绿色小球：6个
黄色小球：7个　　蓝色小球：16个

这个数据非常接近我们的正确答案，也就是这60个小球的分布（30个红色，6个绿色，9个黄色，15个蓝色）。

统计学是研究统计理论和方法的学科。很多问题都可以通过统计学的方法来解决。尤其是建立在不确定和不完全的信息基础上的问题。统计学运用样本——也就是从总体中所选取出来的一部分来推导总体。

样本是随机抽取的。因此，概率在统计学中起着非常重要的作用。统计学通过样本来决定总体的构成。

如果我们想通过样本对总体的估计精确到98%以上，那这个样本含量需要多少才可以呢？

如果总体是200个人，那么这个样本至少要包含105个人。如果总体是10000个人，那么样本必须包含213个人。这个玩具头的游戏就是遵循统计学原理的。

如果你对统计学有了一定的了解，你就再也不会相信那种基于错误数据所得出的错误结论了。

图表经常用于统计学和概率论中，它可以让数据变得形象化，从而更好地展现各种数据之间的关系。

037 隐藏的图形

图中显示的是一台电视机。

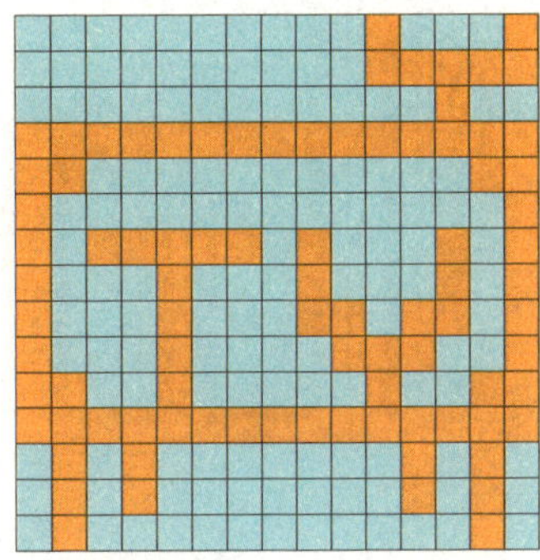

038 掷 6 次

$6/6 \times 5/6 \times 4/6 \times 3/6 \times 2/6 \times 1/6 \approx 0.015$。

即概率小于 2%。

039 多形组拉丁拼板（1）

如图所示。

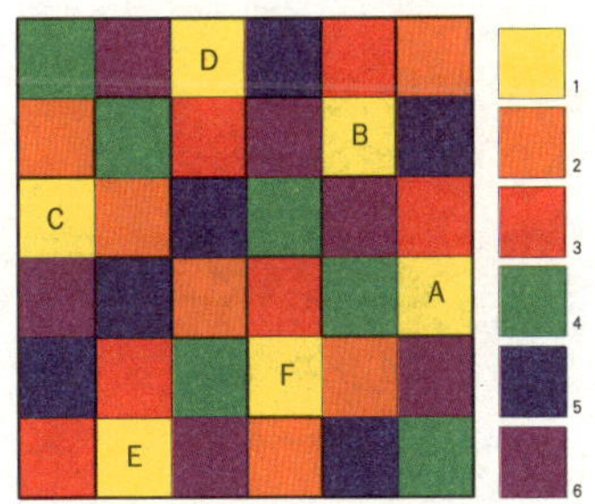

040 多形组拉丁拼板（2）

如图所示。

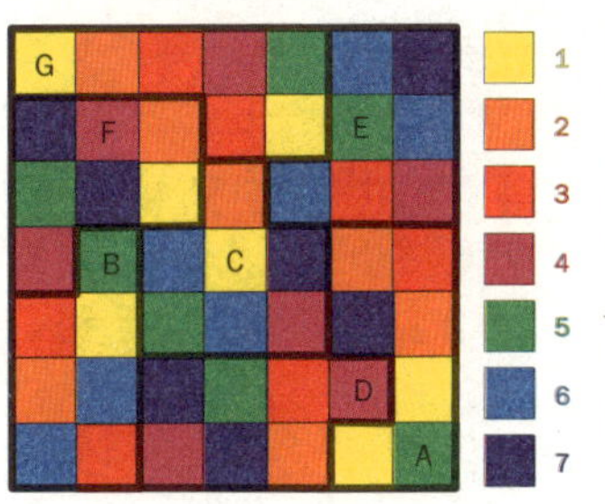

041 四色六边形游戏

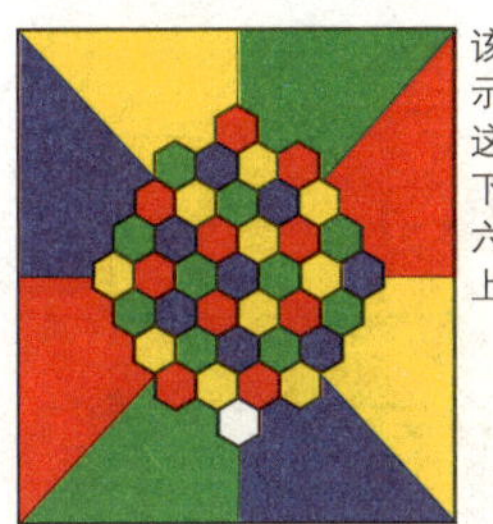

该图是一盘示范游戏，这盘中只剩下了 1 个小六边形不能上色了。

该游戏作为题目时的解法之一。

042 五格拼板的 1/3

如图所示。

043 渔网

如图所示，18 条“鱼”都可以放进“渔网”。

044 折叠 4 张邮票（1）

可以折出 16 种。

045 折叠 4 张邮票（2）

可以折出 8 种。

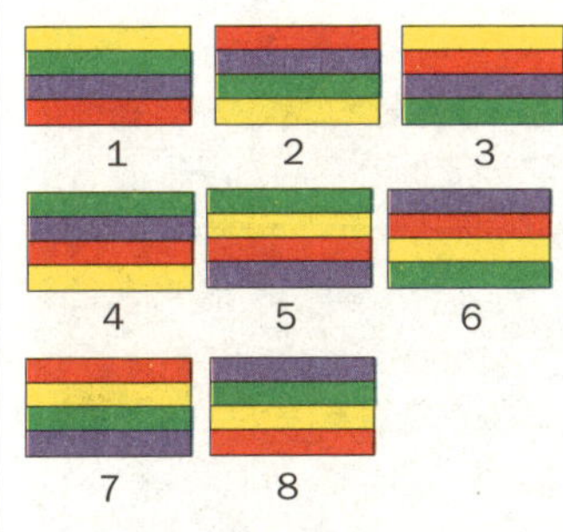

046 1 吨重的摆

通过很多次轻轻地拉动绳子，这个巨大无比的摆将会慢慢摆动起来，而且摆幅会越来越大——只要轻拉绳子，节奏是可以引起共振的。

如果你用力过大就会将磁铁从摆上拉开，而轻轻地拉动绳子则会带动摆开始有一点摆动。然后把磁铁拿开，让摆自己摆动，当它向你摆过来又要摆回去的时候，再次将带着绳子的磁铁吸在它侧面，并且将绳子往你的方向轻轻拉动。如果你时机把握得好，节奏又把握得非常准的话，摆的摆幅就会逐渐增大。

047 磬折形的面积

红色图形的面积等于 a^2，也等于最下面那个正方形面积的 1/4。

由圆弧可以得知，上面大正方形里面的正方形的边长与下面的正方形的边长相等，即等于 b，再由勾股定理得出 c 的长度，即可求得红色图形的面积等于 a^2。

048 动物散步

如图所示，从左下角开始，沿逆时针方向旋转，每 4 个动物的顺序相同。

049 “量子比特”方格

050 伽利略的诡论

伽利略的诡论是无限集的神奇特性之一。伽利略在他的最后一本著作《关于两门新科学的对话》中提出了一个观点：平方数与非平方数的总和看起来要远远多于平方数，然而每一个数都有一个平方数，并且每一个平方数都有一个平方根，因此不能说究竟哪种数更多。这是用一一对应的方法来做证明的早期运用。

051 伽利略的斜面实验

我们把小球在 1 秒钟内所经过的距离设为 d，那么它在前 2 秒钟内经过的总距离为 4d，在前 3 秒钟经过的总距离为 9d，在前 4 秒钟内经过的总距离为 16d，依此类推。你可以用一把尺子来检验：将尺子倾斜成一定角度，让小球沿着尺子向下滚动。不过倾斜角度一定要足够小，才能使小球在尺子上持续滚动 4 秒钟。

052 摩天大楼的顺序

下面这 2 幅图满足客户的要求。在 9!（9 的阶乘）也就是 362880 种不同的排列方法中，一共有 84 种方法符合要求。

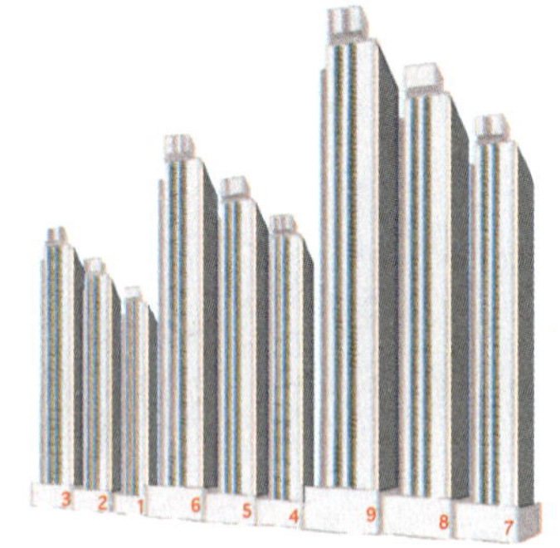

053 木头人

他一次都不会跳。因为他是木头做的，所以完全不可能听到钟响！别忘了我提醒过你这是脑筋急转弯。

054 赛跑

当选手 A 跑完 100 米抵达终点时，B 还在 90 米处，他只跑了选手 A 的 90% 的距离。同样的道理，选手 C 的速度也只是选手 B 的 90%，因此当 B 处于 90 米处时，C 应该正处在 81 米处。也就是说，选手 A 比选手 C 领先了 19 米。

055 小学生的日程安排

解决这类问题可以使用几何方法，如图所示的就是其中一种。圆外环的14个点将圆的周长等分，内环的圆圈中包含5个彩色三角形，它以圆心（图中标的是15）为中心旋转，每次旋转两个单位，最后会形成7种不同的位置，从而每个三角形分别构成7个组，其中每组由三角形的3个顶点的数字组成。

分组情况															
第1天	1	2	15	3	7	10	4	5	13	6	9	11	8	12	14
第2天	1	5	8	2	3	11	4	7	9	6	10	12	13	14	15
第3天	1	9	14	2	5	7	3	6	13	4	8	10	11	12	15
第4天	1	4	11	2	6	8	3	5	14	7	12	13	9	10	15
第5天	1	3	12	2	9	13	4	6	14	5	10	11	7	8	15
第6天	1	10	13	2	4	12	3	8	9	5	6	15	7	11	14
第7天	1	6	7	2	10	14	3	4	15	5	9	12	8	11	13

056 游泳池

可以。

这个游泳池可以装50立方米的水，也就是50000升水。

健康专家建议我们每天喝2升水，一年即730升。

68年你就喝了这样一游泳池的水了。

057 增大体积

你的体重将会变成原来的8倍。

如果所有测量长度的工具都变为原来的2倍，那么一个二维物体的面积将会增加到原来的4倍（2×2）。

同样，一个三维物体的体积将会变成原来的8倍（2×2×2），因此重量也会变成原来的8倍。

058 字母的逻辑

字母应该如下图分别放入这3个圆圈中，其中与众不同的字母用红色标了出来。

该圆圈内的字母都不含曲线，且可以一笔写成　该圆圈内的字母都不是闭合的　该圆圈内的字母都是闭合的

059 最多的骑士

骑士每移动一步所到的格子颜色都会相反，因此你可以把32个骑士分别全部放在白格或全部放在黑格上，他们就不能互吃了。因此最多可以放32个骑士。

060 最少的骑士

如下图所示，最少需要7个骑士。

061 等价还是不等价

曼宁的这个图形对分剪开之后得到的是1个正方形的环，这个环有2个面，2条边界线，

没有螺旋。也就是说这个图形与麦比乌斯圈不是拓扑等价的，因为麦比乌斯环对分剪开后得到的是其他的图形。

062 二分麦比乌斯圈

得到的环的长度是原来麦比乌斯圈的2倍，且包含2个螺旋。

这个图形有2条边界线，这2条边界线相互缠绕，但是并不相连。

063 莱昂纳多的结

只用了1条绳子。

064 蛇鲨

至少需要4种颜色，如下图所示。

马丁·加德纳把这样一系列用3种颜色上色满足不了条件的边染色图命名为“蛇鲨”。而事实上，这些图应该被称为“非三色上色图”。

065 花朵上的瓢虫

3只瓢虫有125种方式降落在5朵不同的花朵上。将3个物体分配在5个碟子上的不同的分法是K^n，即$5^3=125$种。

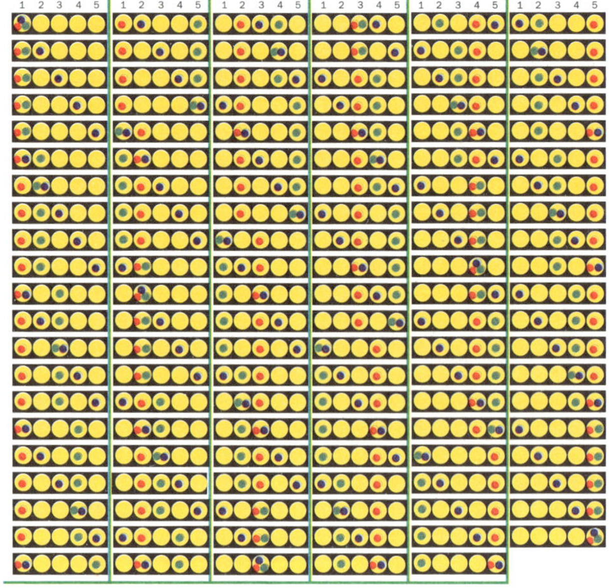

066 跳跳棋

如下图所示，持圆形棋子的一方这一步可以连跳，因此这一步圆形棋子胜。

067 六阶魔方

28	4	3	31	35	10
36	18	21	24	11	1
7	23	12	17	22	30
8	13	26	19	16	29
5	20	15	14	25	32
27	33	34	6	2	9

068 十二边形模型

不可能由这些颜色块组合而成的是模型3,其中一个大的绿色三角形被换成了红色的三角形。

069 七阶拉丁方

070 五阶对角线拉丁方

071 忧郁狭条

缺失的狭条是:

4	7	8	15

1	4	14	15	1	3	5	12	14	14	4	7	11	12	3	13	2
12	13	4	5	6	10	16	3	5	7	2	16	9	7	6	8	10
11	8	1	14	12	16	5	2	11	9	1	7	12	14	10	3	7
10	9	13	2	15	5	6	16	7	4	2	9	11	12	15	10	15
13	6	3	15	8	9	2	3	2	6	3	3	7	8	16	4	1
7	11	7	4	16	8	6	8	5	7	6	13	16	1	4	7	6
8	9	9	2	5	12	15	9	13	10	11	12	1	13	8	10	11
6	8	15	16	6	10	2	14	14	11	14	1	10	9	14	13	16
2	8	11	13	4	11	7	1	15	4	2	1	3	2	6	11	15
6	7	9	12	9	15	3	14	2	6	7	5	9	5	7	9	13
3	7	11	13	10	1	16	10	7	9	11	13	10	1	3	14	16
3	7	10	14	11	2	8	10	14	15	14	15	12	5	8	9	12
3	4	14	2	5	6	10	13	4	3	4	7	2	6	12	14	5
8	13	6	7	2	3	13	16	5	6	11	8	13	9	11	1	8
11	9	10	12	3	5	11	15	11	12	6	9	14	6	13	1	10
12	8	4	13	1	2	15	16	14	13	13	10	5	6	9	14	11
4	16	12	2	12	4	8	1	14	3	13	4	5	5	6	8	15
3	4	11	16	5	12	1	16	4	15	12	3	7	2	4	13	15
12	11	1	10	1	8	10	9	10	5	4	15	8	5	7	10	12
16	3	9	6	16	10	15	8	6	11	5	12	14	4	5	9	16

072 八角星魔方

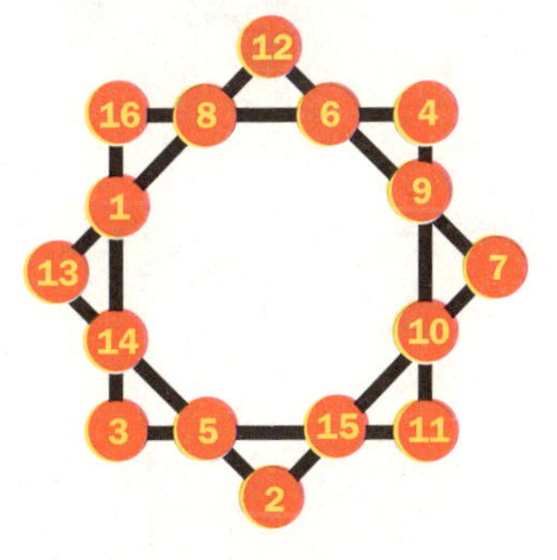

073 杜勒幻方

下面的示意图阐明了挑选出魔数为34的几组可能性。以第一行的5幅图表为例:

①每一行、列之和为34;

②每个2×2的方块中数字之和为34;

③每个风筝形图案上的4个数字和为34;

④3×3的正方形4角之和为34;

⑤这4个不同的长方形的4角之和为34。

看看你能否推出其他示意图的原理。

16	3	2	13
5	10	11	8
9	6	7	12
4	15	14	1

074 积木冲击

答案之一如下图所示。

075 六边形填色题（1）

一共有40个三色六边形。

076 六边形填色题（2）

所有的这40个六边形都能放进去。

077 3道菜

第1组菜中你有两道可以选择，第2组菜中你有3道可以选择，第3组菜中你有两道选择。因此你的选择方法一共应该有2×3×2=12种。

078 动物转盘

满足条件的排序一共有4种，下图是其中的一种。

079 六边形的图案

只有这个图案是单独的，其他图案都是成对出现的。

080 多少个三角形

1.1个三角形

2.5个三角形

3.13个三角形

4.27个三角形

5.48个三角形

6.78个三角形

如果n（n为每条边被平均分成的份数）为偶数，三角形的总数将遵循下面这个公式：

$$\frac{n(n+2)(2n+1)}{8}$$

而如果n为奇数，公式应该是：

$$\frac{n(n+2)(2n+1)-1}{8}$$

081 夫妻圆桌

满足条件的排列方法只有唯一的一种，如下图所示。

而如果有3对以上的夫妻，情况会发生很大的变化。下面列举了从3到10对夫妻满足条件的排列方法：

n=3……………1

n=4……………2

n=5……………13

n=6……………80

n=7……………579

n=8……………4738

n=9……………43387

n=10……………439792

这个问题就是益智数学中著名的麦那热问题。

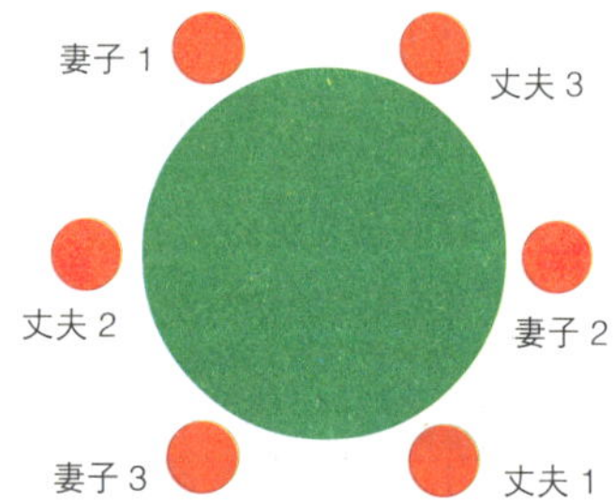

082 萨瓦达美术馆

我们可以用下面的定理来解决这个美术馆的问题。

如图所示，将这个美术馆的平面图分成若干个三角形，每个三角形的顶点分别用

3种不同的颜色标注出来，每个三角形所用的3种颜色都相同。最后在出现次数最少的颜色的顶点处安放监视器。

但是这个办法只能帮助我们从理论上知道需要放多少台监视器。

按照这一定理一共需要6台监视器，然而在实际操作中只需要4台就够了。

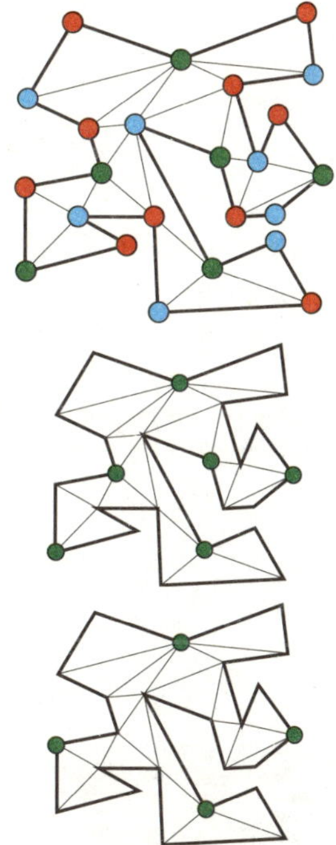

083 双色珠子串

二连珠可能有4种：红－红；红－蓝；蓝－蓝；蓝－红。

没有重复的二连珠的珠子串最长含5颗珠子：

三连珠可能有8种；没有重复的三连珠的珠子串最长含10颗珠子：

084 卡利颂的包装盒

下图是一种解法的直观图。

在该题中，3种颜色的卡利颂必须分别占糖果总数的1/3。

你有没有发现，下图3种颜色的卡利颂组成了一个非常具有立体感的图形。

085 200万个点

我们可以从圆的外面选一点，从这一点向圆发出射线，射线从圆的边缘开始切入。我们可以数这条射线与圆相夹的面积内有多少个点，直到正好为100万个点为止。这时这条射线在该圆内的线段就是我们要找的线段。

如果射线一次扫射正好从999999个点到了1000001个点，那就只能在圆外面另选一个点，重新来试，最后总有一条线会成功的。这就是所谓的馅饼理论的一个简单例子。

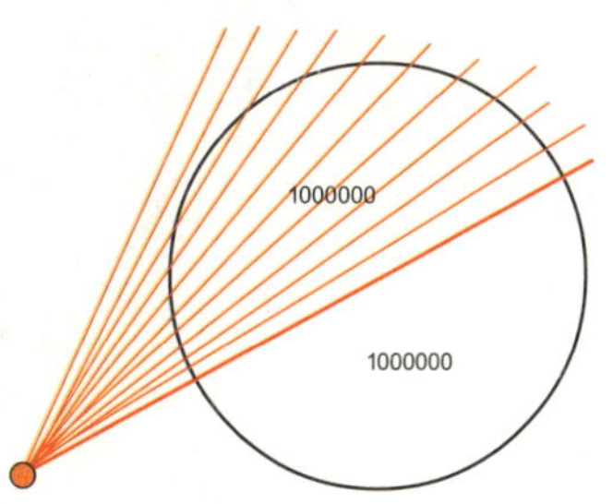

第七章 激活推理力

001 投石问路

有多种解法，这里是其中一种。

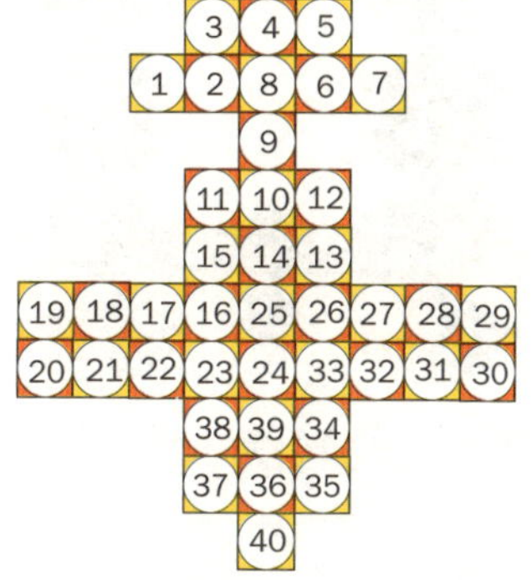

002 齿轮带

黄色小齿轮将会把竖直的齿轮带向下带动18个齿，需要6分钟打开开关。

绿色小齿轮将会把水平的齿轮带向左带动12个齿，需要4分钟打开开关。

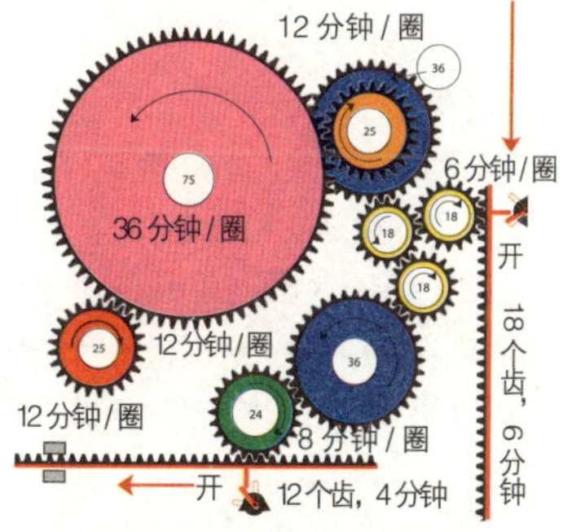

003 齿轮六边形

逆时针旋转2/3圈。

004 齿轮正方形

逆时针旋转两圈半。

005 齿轮转圈

大齿轮旋转一圈，它的 14 个齿会契合其他的 3 个齿轮。

设为了使所有的齿轮都回到原来的位置，大齿轮需要转 n 圈。

那么 13 个齿的齿轮将会转 14n/13 整圈；

12 个齿的齿轮将会转 14n/12（即 7n/6）整圈；

11 个齿的齿轮将会转 14n/11 整圈。

也就是说，n 必须被 13，6 和 11 整除。由此可知，n 最小为 13×6×11=858。大齿轮至少需要转 858 圈才能使所有的齿轮都回到原来的位置。

006 等式平衡

$4-x=x-2$

$2x=6$

$x=3$

007 滚筒原理

结果一定出乎你的意料，滚筒上的重物总是比滚筒要走得远。

如果滚筒旋转一周，它前进的距离就是滚筒的周长，而重物则移动了这个距离的 2 倍。这是因为重物相对于滚筒移动了，而与此同时，滚筒相对于地面移动了。如果滚筒的周长为 1 米，那么滚筒每转动一周，它所承载的木头移动 2 米。

008 计算器故障

一位数有 3 个：1，2，3

两位数有 3^2 个，也就是 9 个：11，12，13，21，22，23，31，32，33

三位数有 3^3 个，也就是 27 个：111，112，113，121，122，123，131，132，133，211，212，213，221，222，223，231，232，233，311，312，313，321，322，323，331，332，333。

一共可以组成 39 个数。即 $3+3^2+3^3=39$

009 卢卡数列

无论你前 2 个数写的是什么，这 10 个数的总和总是等于绿色方框里的数的 11 倍。

010 扑克牌

设有 4 张牌，前 3 张的和为 21，后 3 张的和也为 21。那么就说明第 1 张牌和第 4 张牌一定相等。因此在这些牌中，每隔 2 张牌都是一样的。

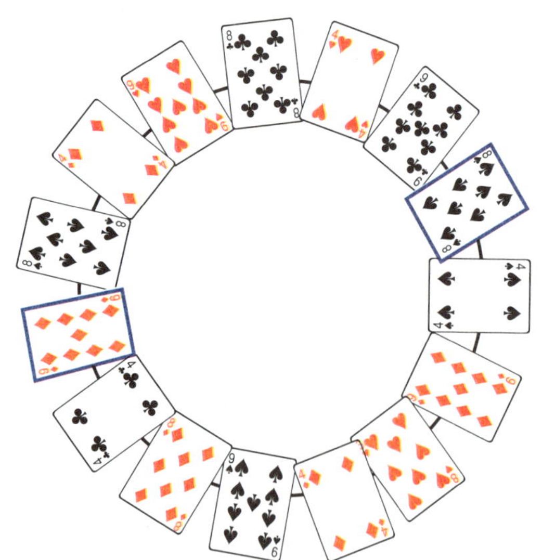

011 绳子上的猴子

如图所示，无论猴子怎样往上爬，它跟香蕉总是保持平衡状态。

图 1　　图 2

012 数列

数列里面去掉了所有的平方数。

013 缺失的数

这个数列包含的数字都是上下颠倒过来也不会改变其数值的数字。

014 数字迷宫

如图所示。

5	6	23	24	25
4	7	22	21	20
3	8	17	18	19
2	9	16	15	14
1	10	11	12	13

15	14	13	12	3	2
16	23	24	11	4	1
17	22	25	10	5	6
18	21	26	9	8	7
19	20	27	28	29	30
36	35	34	33	32	31

015 21 个重物

最多需要称 3 次。

把 21 个盒子分成 3 组，每组 7 个。在天平的两端每边放一组，可以得出两种可能的结果：

a. 天平平衡；b. 天平倾斜。

如果天平平衡，那么那个较重的盒子就在没有被称的那一组里。如果天平倾斜了，显然那个较重的盒子在天平倾斜的那边。把重的那组分为两组，每组 3 个盒子，剩下一个盒子，把这两组分别放在天平的两端。

又一次，有两种可能的结果：

a. 天平平衡；b. 天平倾斜。

如果天平平衡，那么那个剩出的盒子就是那个比较重的盒子，我们就不需要再称了。否则，我们就需要再称一次，在天平两端每边放一个盒子，剩下一个盒子。

016 中心六边形数（1）

第 6 个中心六边形数等于 91。

求它的公式为 $H_n=n^3-(n-1)^3$

第 6 个中心六边形数（$H_6=91$）

第 1 个中心六边形数（$H_1=1$）

第 2 个中心六边形数（$H_2=7$）

第 3 个中心六边形数（$H_3=19$）

第 4 个中心六边形数（$H_4=37$）

第 5 个中心六边形数（$H_5=61$）

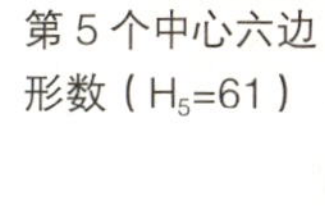

017 中心六边形数（2）

前 6 个中心六边形数的和为 216，也就是一个边长为 6 的正方体的体积。

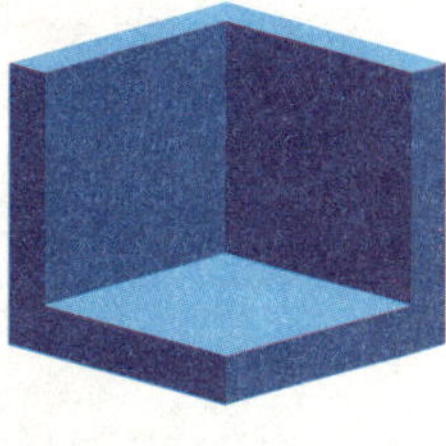

第 6 个中心六边形数（$H_6=91$）

前 6 个中心六边形数的和等于一个 6×6×6 的立方体的体积

018 对角线问题

在 10×14 长方形中对角线穿过了 23 个小正方形。

关于被对角线穿过的正方形的个数，我们是否可以总结出这样一个公式：被对角线穿过的正方形的个数等于长方形两个边上小正方形的个数和减去 1？

这个公式适用于所有的长方形吗？

试一下 6×9 这个长方形。

我们得到 9 + 6-1=14，但是对角线穿过的正方形的个数只有 12 个。显然，我们的公式也不适用于对角线穿过正方形的角的情况。

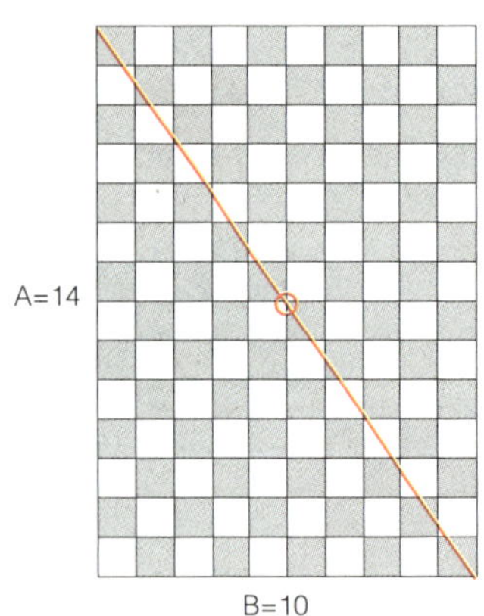

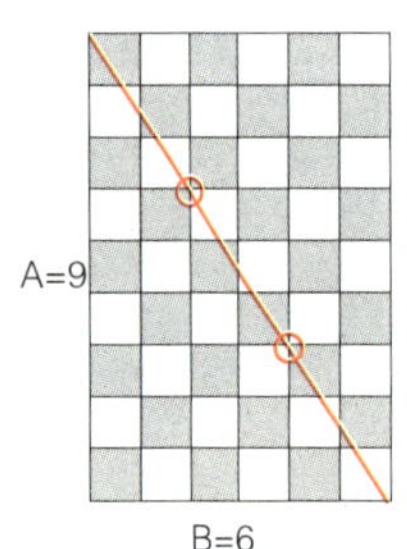

019 多边形七巧板的放置游戏（1）

11 × 11 正方形

020 多边形七巧板的放置游戏（2）

11 × 12 正方形

021 炮弹降落和开火

那个沿着地平线发射的炮弹将最先落地，因为物体以相同的重力加速度垂直降落，不考虑它们的水平速度。如果其他两个炮弹以相同的能量降落，以一个角度发射的炮弹将比垂直发射的炮弹更早落地。这是因为以一个角度发射的炮弹的能量被转化成了水平方向的动能，所以它到达的高度不高，因此它飞行的时间将会更短。

022 正确的图形

A，下面每个方框中的图形与其上面的图形加在一起可以形成一个正方形。

023 2 个帽子游戏

出人意料的结果是，这次从蓝色帽子中抽到红色小球的可能性最大。这个悖论也可能出现在实践中。它通常是由变动的组合和大小不等的组结合成一个组所引起的，但是在精确的设计实验中可以避免。

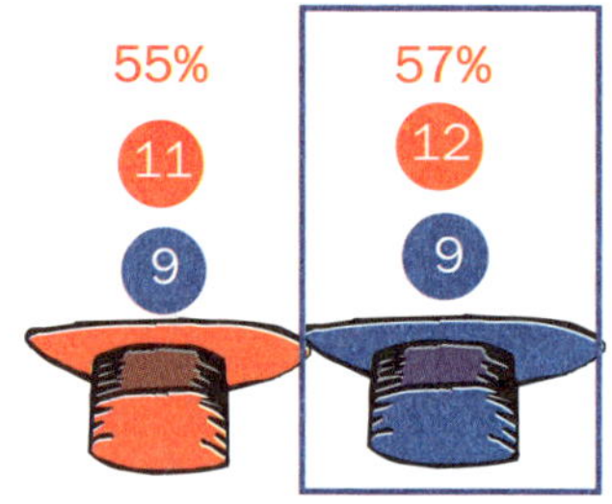

024 4 个帽子游戏

如图所示，在下面这 2 个红色帽子中抽到红色小球的可能性最大。

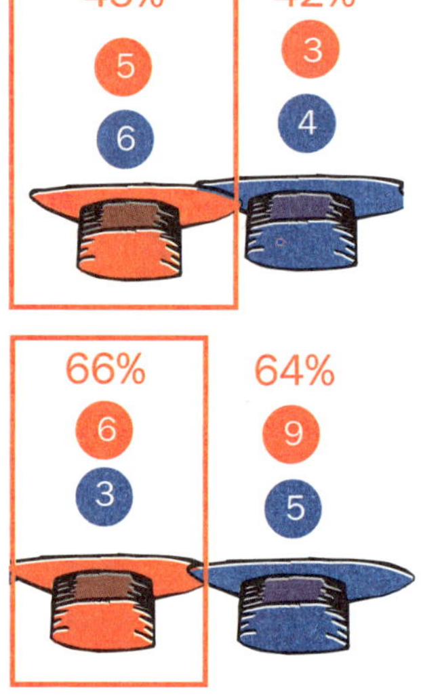

025 8 个金币

把8个金币分成2部分，一部分6个金币，一部分2个。

不管假币在哪一部分，我们只用2步就可以把它找出来：

先将第一部分的金币一边3个分别放在天平的左右两边。如果天平是平衡的，那么假币一定在剩下的2个中。

再将剩下的2个金币分别放在天平的两端，翘起的那一端的金币较轻，这个就是假币。

如果第一步分别将3个金币放在天平的两端，天平是不平衡的，如图所示，天平右端翘起了，说明右边较轻。那么假币是天平右边所放的3个金币中的1个。

再取这3个金币中的任意2个分别放在天平的两端，如果天平不平衡，那么轻的那一端放的就是假币。

如果天平仍然是平衡的，那么剩下的那个就是假币。

026 彩票

这对情侣有90种途径会赢，有30种途径会输，因此他们不能赢到这辆汽车的概率是30/120，即1/4（25%）。

027 概率机

这7个凹槽中，小球的分布与帕斯卡三角形的第6行的分布是相同的：1，6，15，20，15，6，1，其总和为64，等于我们这题中小球的总数。

最后形成的这个结构（如图所示）接近于著名的高斯曲线，或者叫IQ曲线、标准曲线、钟形曲线、概率曲线，它在现代科学中有着巨大的作用。

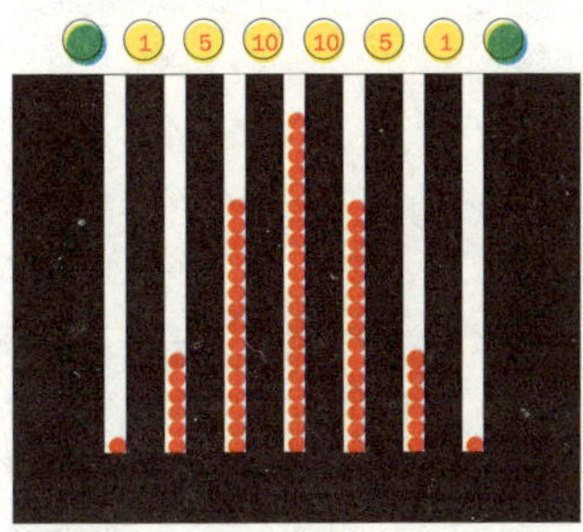

028 7 只小鸟

时　间	觅食的小鸟序号		
第1天	1	2	3
第2天	1	4	5
第3天	1	6	7
第4天	2	4	6
第5天	2	5	7
第6天	3	4	7
第7天	3	5	6

029 数学家座谈会

7个人一共有7！即5040种排列方法。

而这3位有胡子的数学家坐在一起的情况一共有5种（如下图所示，B表示有胡子的数学家）。

B B B X X X X
X B B B X X X
X X B B B X X
X X X B B B X
X X X X B B B

对于这5种情况中的每一种，这3位数学家之间的排列方法为3×2×1＝6种。而没有胡子的数学家之间的排列方法为4×3×2×1＝24种。因此，这3位数学家坐在一起一共有5×6×24＝720种方法。

其概率为1/7(720/5040)。

030 西瓜

大部分人的直觉答案是“大约800千克”，但这与结果相差甚远。

正确答案应该是500千克，这个结果出人意料。但是如果你拿起纸笔计算一下，就会马上得出这个结果。下面的图示可以帮助你更好地理解。

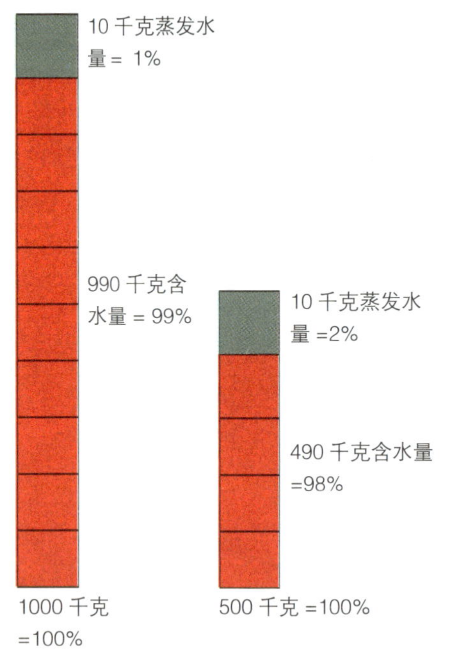

031/032 真假难辨（1）/ 真假难辨（2）

033 掷 4 枚硬币

略。

034 掷到“6”

显然，概率肯定不是 100%。

事实上，你可以先计算 6 次全部都没有掷到“6”的概率。

每一次没有掷到“6”的概率为 5/6，那么 6 次全部没有掷到“6”的概率为：5/6×5/6×5/6×5/6×5/6× 5/6 ≈ 0.33。

因此 6 次中至少有一次掷到“6”的概率为 1-0.33=0.67，即 67%。

035 巴都万螺旋三角形

巴都万数列的前 22 项：

1，1，1，2，2，3，4，5，7，9，12，16，21，28，37，49，65，86，114，151，200，265…

巴都万数列的一般规律是：巴都万数列中的每一个数都等于它前边第 2 位和第 3 位数

之和。

斐波纳契数列的前21项：1，1，2，3，5，8，13，21，34，55，89，144，233，377，610，987，1597，2584，4171，6755，10925 …

除1和2以外，两个数列里都出现的数只有3、5、21。

巴都万数列后一个数与前一个数之比趋向于一个常量，它约等于1.324718。

在未来的研究中，可能也会发现巴都万数列在自然中的存在。源自数学题目的斐波纳契数列，到目前为止已经发现了它在自然界许多地方存在。

036 不可能的多米诺桥

如图所示，开始时用另外2块作为暂时的支撑。当这个桥接近完成时，移走这2块，放到整个结构的上面。

037 不可能的多米诺塔

秘密就是开始时用3块多米诺骨牌作为整个结构的支撑，到整个结构都搭完以后，再轻轻地把多余的2块撤去，如图所示。

038 六边形

039 缺失的正方形

折叠正方形，然后打开，依此类推。正方形的一面是红色，另一面是黄色。

040 神奇的折叠

是的。但是为什么呢？

你折叠的线其实是三角形三边的垂线，它们交于一点，这一点称为垂心，它也是三角形外接圆的圆心。

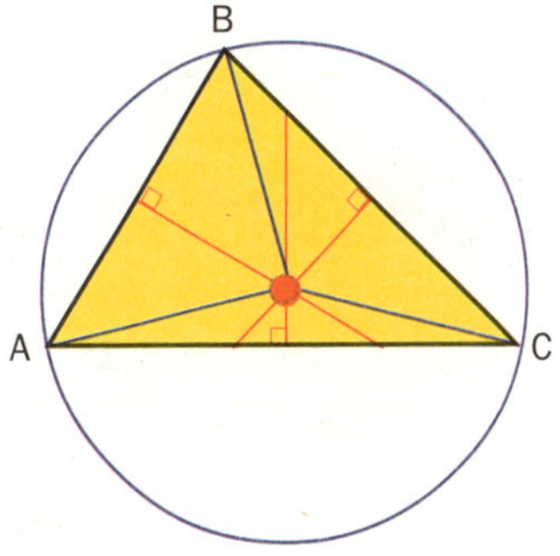

041 图形接力

F。

在每个图形中，蓝色的圆组合在一起，形成直边的多边形。从左向右，再从上面一行到下面一行，每个多边形的边数从3条到8条，分别增加1条。

042 正方形里的三角形

如图所示，下面是20个三角形所组成的正方形。这个正方形的4倍就是由80个这样的三角形所组成的正方形。

043 变形

如图所示，在图形格子的旁边分别标上数字，这样解决起来就容易得多。首先，将纵向格子的变化用序号标出来，然后再用同样的办法重新排列横向的格子。

用同样的转换方式记录下每次变形的方式。

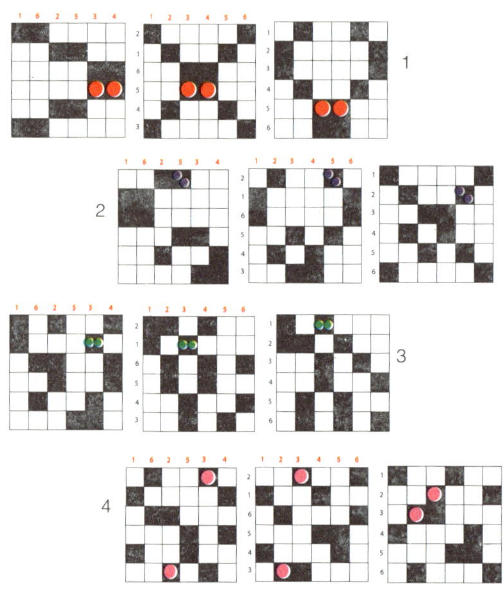

044 “楼梯”悖论

在第 10 代时一共有 2^{10}=1024 级楼梯。

无论将原正方形怎样分割，楼梯的长度都是不变的，即等于原来正方形边长的 2 倍，即 2 个单位的边长。

另一方面，随着分割的不断进行，这个“楼梯”最终看上去将会近似于一条斜线，那么根据勾股定理，这条斜线，即正方体的对角线的长度应该等于 $\sqrt{1^2+1^2}=\sqrt{2}$ 。

看上去我们好像自相矛盾了（$\sqrt{2}\neq 2$），不是吗？

事实上，尽管这些小的梯级最后看上去趋近于一条对角线，但实际上并不是这样的。

虽然梯级变得越来越小，但是不论多小，它还是存在的，只不过用肉眼看不到罢了。不管梯级最后有多小，楼梯的长度总是等于 2 倍的边长。

045 “量子比特”游戏（1）

双人游戏最少走 8 步。有很多种走 8 步的方法，这里是其中一种。可以看到，不可能再往游戏板上放其他的方块了，因为所有的交点颜色都不同。

046 “量子比特”游戏（2）

略。

047 摆的摆动（1）

尽管是不同的摆幅，但是摆动一次所需要的时间是相同的。摆的周期不随摆幅的变化而变化，这是已被证明了的事实，尽管它不符合我们的直觉。

摆的运动遵循着特定的 3 个规律：

1. 摆的周期与摆锤的重量无关；
2. 摆的周期与摆幅的大小无关；
3. 摆的周期与摆线长度的平方根成正比。

摆的周期可以由这个简单的公式求出：$T=\sqrt{L/g}$ 其中 T 指完成一次摆动所需要的时间，L 指摆线的长度，而 g 指的是由于地心引力所产生的摆动的加速度，在地球上 g=9.8 米 / 秒 ^{2}。

由于除了摆线的长度以外 g 是唯一的变量，因此，作为一种非常简单的装置，摆通常用来测量某个星球上的重力。1 码（0.9144 米）长的摆在地球上摆动一次约 1 秒，而在月球上则需要 2.5 秒。

048 摆的摆动（2）

这道题目在设计上的问题就是钟摆摆动的周期居然长达 5 秒，而且摆线这么长的钟在现实生活中是不可能出现的。

一般来说，摆的理论最好应用于摆幅较小

的情况。因为在现实中，如果摆幅很大，如140°，那么它就很容易受到其他物理因素的影响。

049 大杯鸡尾酒

杯口的周长。

050 弹子球

刚开始时他们各自有40颗弹子球。

设他们刚开始时的弹子球数为x，2x+35−15=100，因此2x+20=100，2x=80，x=40。

051 等差级数

对于一些简单的等差级数，其等差在1阶就可以得到，但是对于高阶等差级数，在找出等差之前需要进行多阶分析。

下面是两道题的详解：

题1：20 28 40 56 76　0阶
8 12 16 20　1阶
4 4 4　2阶

4+16+56=76即问号处需要填上的数。

题2：8 26 56 100 160 238 336　0阶
18 30 44 60 78 98　1阶
12 14 16 18 20　2阶
2 2 2 2　3阶

2+18+78+238=336即问号处需要填上的数。

在这个过程中，我们会发现高阶等差级数并不是在每一阶等差都相同，因此我们需要多阶分析才能找到最后的等差。

有些级数之间不是等差，而是等比，也就是每次都乘以一个固定的数，这种级数叫作等比级数。级数中后一个数与前一个数的比值就是这列数的等比。

举一个例子：

2　6　18　54
6÷2=3　18÷6=3　54÷18=3

因此，这个数列的下一个数就应该是54×3=162。

052 共振摆

在这个装置中，通过起连接作用的绳子使这两个摆锤的运动相互作用。当其中一个摆锤开始振动时，这种振动转移到起连接作用的绳子上，然后再转移到另一个摆锤上。第一个摆锤的能量逐渐转移到另一个摆锤上，然后再转移回来。

由于这种共振转移作用，这种摆通常被称为共振摆。

053 孩子的年龄

1×1×3×13=39。

所以，4个小孩的年龄分别是：1岁、1岁、3岁、13岁。

054 理发师费加诺

费加诺没有胡子。

在所有有胡子的人中，他们要么自己刮胡子，要么让费加诺刮胡子，并且没有人2种方法都使用，即他不可能既自己刮胡子，又让费加诺给自己刮胡子。因此对于费加诺来说，他永远都不可能给自己刮胡子。因为如果这样，那么他就同时给自己刮，并且让费加诺刮了，而没有人是2种方法都使用的。因此，费加诺没有胡子。

055 轮子问题（1）

轮子上缘的点比轮子下缘的点的速度快。以火车轮子为例，它的轮缘会接触到轨道以下的地面，在它的轮子上甚至还有往回转动的点。

056 轮子问题（2）

轮子的悖论是乔治·康托于1869年解决的。

这个题目错误的地方就在于假定两个轮子之间的一一对应就推出这两个轮子的周长一定相等，事实上并不是。大轮子由1点滑动到2点时，小轮子并不是从3点滑动到4点，而只是沿着从两个轮子共同的轴心到大轮子的边缘这条直线被牵动了一定的距离。

1米长的线段上的每一点都可以与1000米长的线段上的所有点一一对应起来，甚至是与无限长的直线上的所有点一一对应。一段曲线上点的数量被康托称为aleph-1（康托称aleph附加数字表示无限数的概念）。

在康托之前的数学家都没有认识到无限数的特殊性质，因此他们都没有能够解释亚里士多德的轮子悖论。

057 男孩的特征

从表格可以很直观地看出，最少有1个人、最多有10个人同时具备这4个特征。

1–20	
蓝眼睛	
黑头发	
超重	
非常高	

1–20	
蓝眼睛	
黑头发	
超重	
非常高	

058 数字图案

每个不在最上面一横行和最左边一竖行的数，都等于它上面的数与它左边的数之和再减去它左上角的数。

1	2	5	6	9
3	4	7	8	11
10	11	14	15	18
12	13	16	17	20
19	20	23	24	27

059 谁是谁

右边的是汤姆，中间的是亨利，左边的狄克，而且狄克说谎了。

060 所有含“9”的数

在前1000个自然数中，有271个数都包含有数字9，即总数的27%。出乎意料的是，前10^{64}个自然数中有99%的数都包含数字9，这个结果可能让我们认为几乎每个数里面都包含有数字9。

但是9并不是一个特殊的数字。对于每一个包含9的数，也可以把9换成8（或者7，6，5，4，3，2，1）。因此几乎所有的数都含有每一个数字。

061 填补空白

C，从左上角开始并按照顺时针方向、以螺旋形向中心移动。7个不同的符号每次按照相同的顺序重复。

062 无限与极限

最终图形的高度会接近原来图形的2倍，但是却永远不可能达到它的2倍，不论这个数列如何继续下去：1+1/2+1/4+1/8+…

计算“塔”的高度也与此类似。

063 落水的铅球

如果球直接掉进池里，它排出的池里的水量等于它本身的体积。

如果球落到船上，那么它排出的水量等于它自身的重量（阿基米德定律）。由于铅球的密度比水的密度大，因此落到船上所排出的水的体积要更大。

064 颜色不同的六边形

如图所示，这是解法之一，还可能有其他的解法。

065 颜色相同的六边形

如下图所示，至少需要5种不同的上色方法。

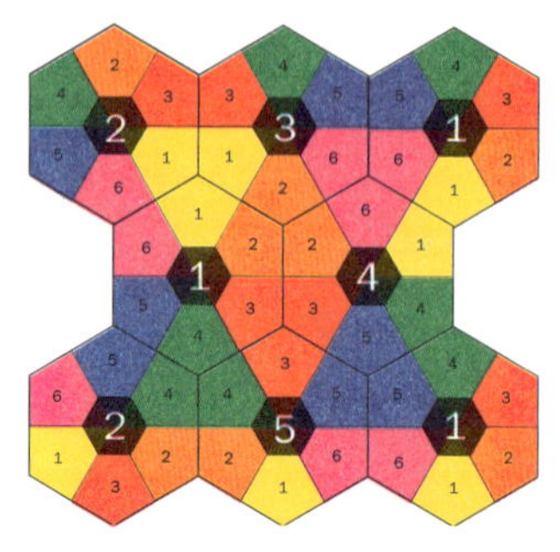

066 车的巡游

题1
最少21步

题2
最多55步

题3
最少15步

题4
最多57步

题5
最少16步

题6
最多56步

067 数列

下图所示的解法就完全满足题目要求。

这个问题是罗纳德·格雷厄姆在阐述罗纳德定理时所举的一个例子。将这个问题推广化：在这个方框中，要使数字无论怎么排列，都有n+1个数字的递增或递减的数列，那么方框中至少要有n^2+1个数字，只有n^2个数字是不够的。

91	92	93	94	95	96	97	98	99	100
81	82	83	84	85	86	87	88	89	90
71	72	73	74	75	76	77	78	79	80
61	62	63	64	65	66	67	68	69	70
51	52	53	54	55	56	57	58	59	60
41	42	43	44	45	46	47	48	49	50
31	32	33	34	35	36	37	38	39	40
21	22	23	24	25	26	27	28	29	30
11	12	13	14	15	16	17	18	19	20
1	2	3	4	5	6	7	8	9	10

068 相交的骑士巡游路线

完整的骑士巡游（即骑士进入每一个棋盘格一次并且只有一次）在 3×3 和 4×4 的棋盘上都不可能实现。在 5×5 和 6×6 的棋盘上分别有 128 种和 320 种骑士巡游路线，其中有些是能够回到起点的巡游。在 7×7 的棋盘上路线总数已经超过 7000 种，而在 8×8 的棋盘上多达上百万种。

题 1
3×3 棋盘

题 2
4×4 棋盘

题 3
5×5 棋盘

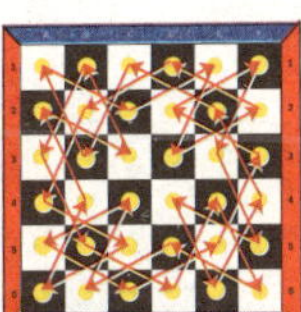
题 4
6×6 棋盘

题 5
7×7 棋盘

题 6
8×8 棋盘

069 镜像射线

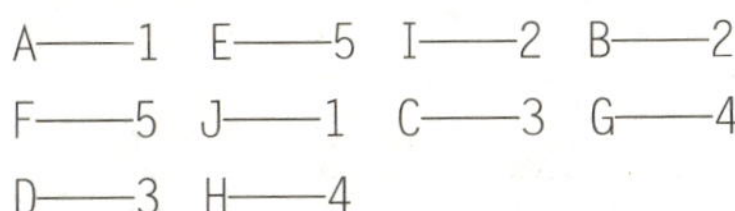
A——1 E——5 I——2 B——2
F——5 J——1 C——3 G——4
D——3 H——4

070 彩色多米诺

有 2 种可能的答案。

071 彩色多米诺比赛

略。

072 彩色多米诺条

可以用如下图所示的 13 种方法解题。

073 激光束

解法之一如下图所示。

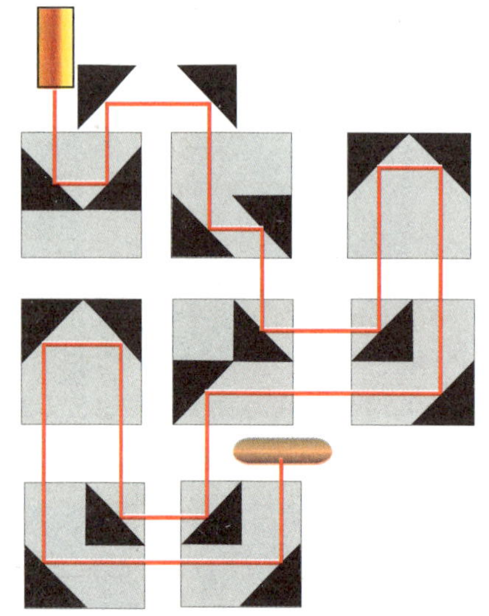

074 传音管

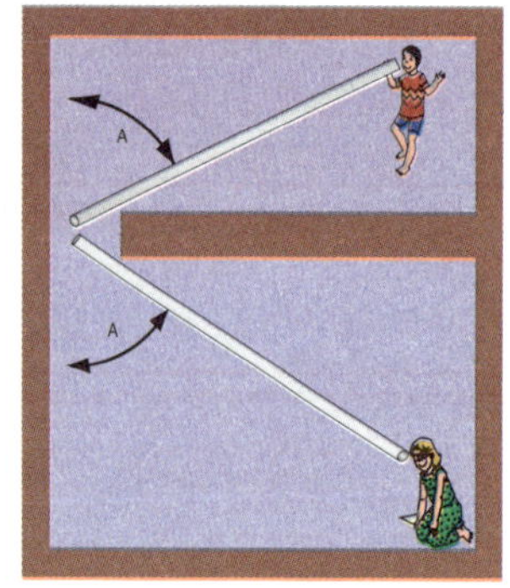

声音的传播跟光一样，也遵循反射定律。

如图所示，当两根管子跟墙所成的角度分别相等时，两个孩子就能够听到对方讲话。声波反射到墙面上，然后再通过墙反射进管子。

075 红色的水滴

事实上，在水滴落入水中150毫秒之后，你会再次看到水滴从碗中升起来，这一过程用一台超高速相机可以拍摄得到。

在这么短的时间内，这滴水还没有足够的时间与碗里其他的水融合。这种现象每滴水滴入时都会发生。这是一种复杂的流体力学现象的演示，这一现象被称之为"可逆层流"。

076 燃烧的蜡烛

燃烧需要氧气，没有氧气就不能燃烧。

当蜡烛燃烧用完玻璃瓶中的氧气时，蜡烛就会熄灭，这时玻璃瓶里的水位会上升，以填充被用尽的氧气的空间。

077 图形填空

A。

左边图中的每个小方块都在右边的图中有小方块相对应。

078 正方形的内接三角形

最小的内接正三角形边长为1，面积约为0.4330；

最大的内接正三角形边长为1.035，面积约为0.4641。

内接正三角形的面积计算公式是：$A=\frac{\sqrt{3}}{4}S^2$

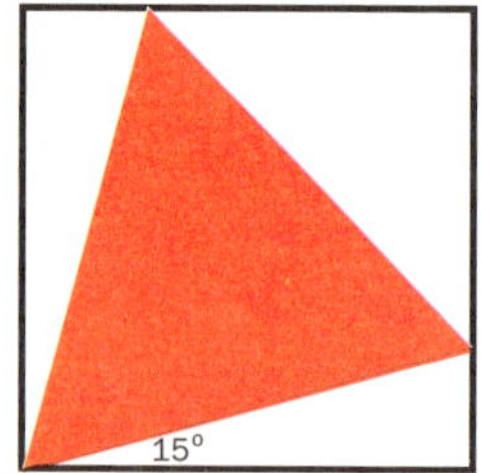

079 三色环

红色面积最大（19个单位面积），其次是绿色部分（18个单位面积），而蓝色部分的面积是17个单位面积。

这道题是建立在意大利数学家卡瓦列里（1598～1647）的理论基础上的，即等底等高的三角形面积相等。

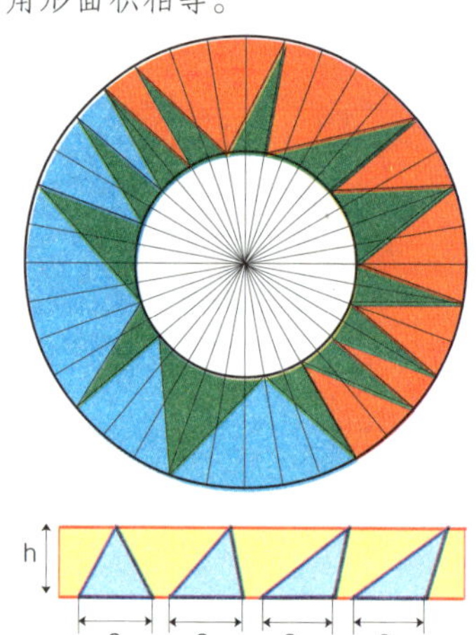

080 密码

1.每个字母有26种可能，每个数字有10种可能，那么密码的可能性有：

P=26×26×26×10×10

$=26^3\times10^2$=1757600 种。

2.P=26×25×24×10×9

=1404000 种。

3.P=1×25×24×10×9

=54000 种。

第八章　拓展想象力

001 加一条线

如图所示。

545+5=550

002 立方体结构

数一下粘在一起的表面的个数，然后把它从96（16个小立方体的总的表面积）里面减去，就得到了该图形的表面积。

图形2的表面积最大，因为它只有15对表面粘在一起。

003 三维形数

四面体数：1，4，10，20，35，56，84。这类数的公式是1/6n（n+1）（n+2）。

正方锥数：1，5，14，30，55，91，140。这类数的公式是1/6n（n+1）（2n+1）。

其中n代表小球所在的层的序数，而每一层的小球数等于n^2。

最底层小球的数量是100。整个四面体的小球数是

1+4+9+16+25+36+49+64+81+100=385。

004 平衡游戏板

游戏板上所有这些重物都放置在正多边形的顶点，如图所示。其中还缺少5个重物，在图中用红色大圆圈表示。加上这5个重物可以保持整个游戏板的中轴平衡，因为所有的重物都是对称分布的。

005 想一个数

古埃及的数学家将未知数叫作“黑匣子”，我们这里也可以借用这个概念，我们把不确定的未知数称为“黑匣子”。运用这个概念，这个小游戏的秘密马上就会被破解了。你要完成两件事情：

1.你要处理一个未知的变量。在代数学中我们这里的“黑匣子”用x表示。

2.与找某一个特定的数来测试不同，你应该用一种一般的方式，来表示这个思维游戏的结果总是7。

在代数学中，有很多复杂的证明可以用几何图表直观地表示出来，使这个定理的证明能够一目了然。

随便想一个数	← 这就是这个数
加上10	
乘以2	
减去6	
除以2	
然后再减去你最开始想的那个数。结果是7。	

006 突变

如图所示。比原始卡片的宽和高都增加了1倍。

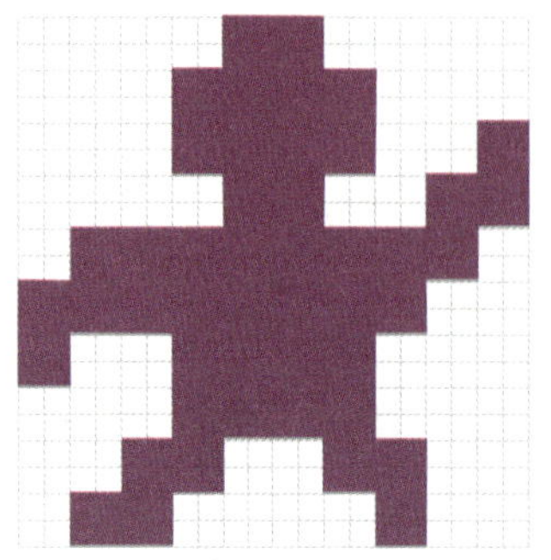

007 重叠镶嵌

如图所示。

008 彩色铅笔

009 L形结构的分割问题

显然L形结构可以被分割成任何3的倍数。对于n=4的答案是一个经典的难题，这时被分割成的部分是和原来一样的L形结构。（这种图形被称作“两栖动物”，因为每个这种图形都可以被继续分割成4部分。）

对于n＝2的答案是另外一种图形（同n＝8，32，128，512，…的答案类似）。你可以把每部分都分割成和它原来一样的4部分吗？

这个问题最早出现在1990年出版的《娱乐数学杂志》中。

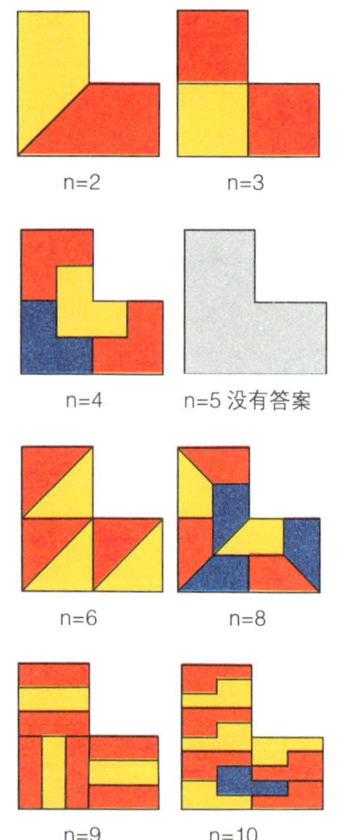

010 多余的图片

F，它是唯一一块带有圆边的图片。

011 分割空间

15部分。

这些部分如下：四面体的4个顶点上有4部分；四面体的6条边上有6部分；四面体的4个面上有4部分；四面体本身。一共有15部分。

这个数字是一个三维空间被4个平面分割时能得到的最大数字。

012 加力的三角形

013 加力的正方形

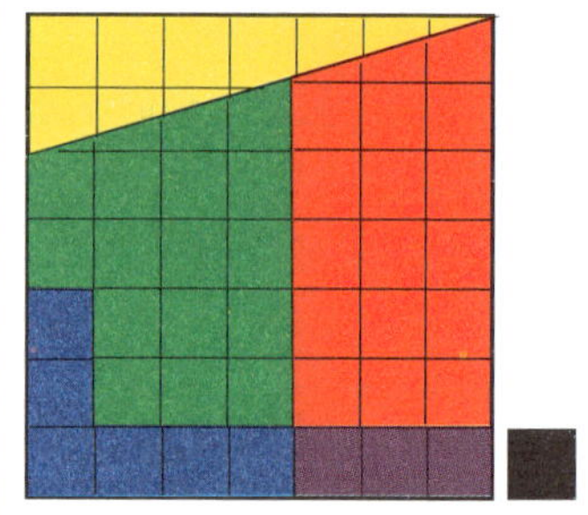

014 菱形组成的多边形

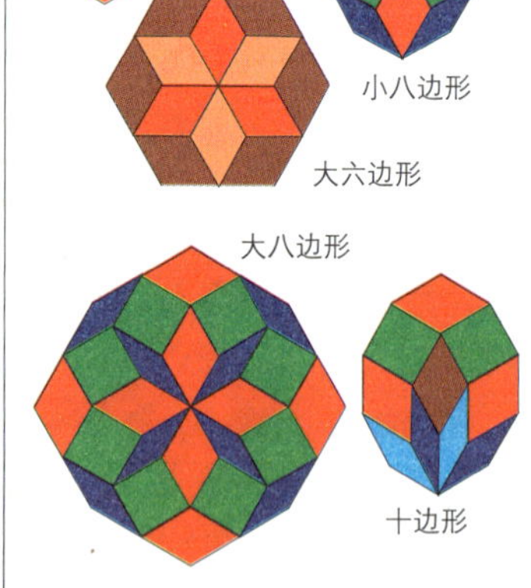

015 六边形的分割

016 拼半圆

017 五边形的变换

018 小丑表演

019 用连续的长方形拼起来的正方形

如果前10个正整数是这5个可以被拼成一个正方形的长方形的元素，那么这个正方形的面积一定在110和190之间。正方形的边长应该是11、12或13。

因为长方形的10个元素完全不同，4个长方形一定包围着一个在中间的长方形。

对于边长为12没有解法。只存在4种解法：两种边长为11，两种边长为13。解法如下图所示。

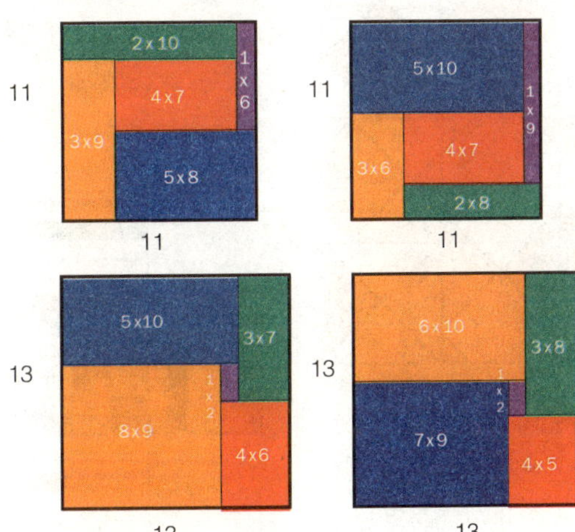

020 密码

MASTERMIND。

你可以从书页的下面向上看。

021 凸形还是凹形

如果你将书倒过来，原来的凸形变成了凹形，凹形则变成了凸形。

但是如果你盯着这些图形看，想象光是从下面投过来的，那么你不用将这一页倒过来，也能看到相同的效果。

022 顶点的正方形

这是一个经典的变换视觉主体图形的问题。有些二维的图形在解读它的三维效果时有多种方法。这个顶点处的正方形可以有3种方法来解读它，但是其中每一种印象都不会持续很久。

023 想象图形

B。

在每一行中，交叉点向下移动。在每一列中，交叉点向右移动。

024 旋转的窗户

如果窗户慢速旋转，你看到的将是一个摆动的长方形！

如果你在窗户的一个洞里面插上一支铅笔，甚至会出现更奇特的现象。有些人会看到铅笔改变了方向——它看上去像是从中间弯折或者扭曲了，并且随着旋转，它的速度和形状看上去都发生了改变。

窗户边的阴影会引起更多复杂的错觉。

在旋转的窗户上附上任何小东西（如小鸟），这个小东西看上去都在与窗户做反方向运动。

025 旋转的圆圈

你会看到这些圆圈都在高速旋转。

026 中空的立方体（1）

如图所示。

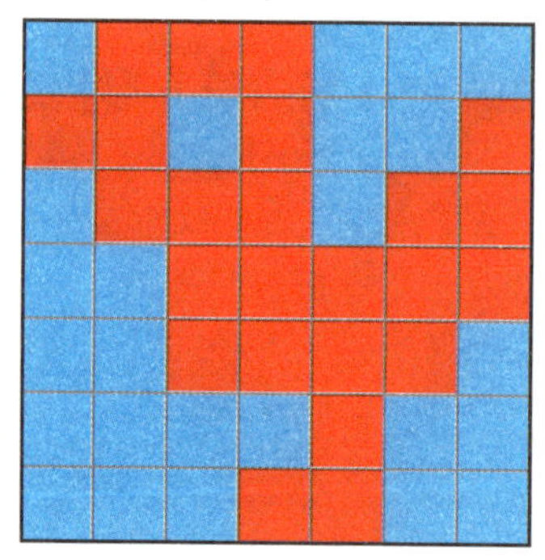

027 中空的立方体（2）

如果你观察得足够仔细的话，还可以将立方体的4个面画出来。

028 有洞的色子立方

看得见的洞（逆时针方向）如下。

上面的洞：4-2-3-6

左边的洞：5-4-1-3

右边的洞：6-2-1-2

看不见的洞如下。

底部的洞：3-5-3-2

左边的洞：5-6-1-2

右边的洞：3-1-3-6

要记住现在的色子都是沿逆时针方向增加点数的。

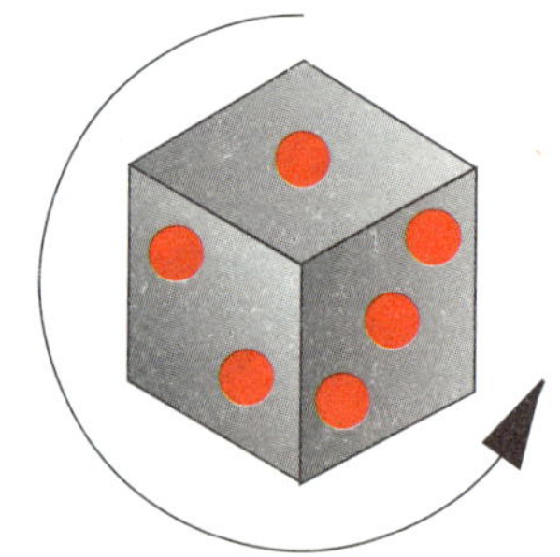

029 不可能的结构

如图所示。将这种方法重复6次，就完成了这个看似不可能的结构。

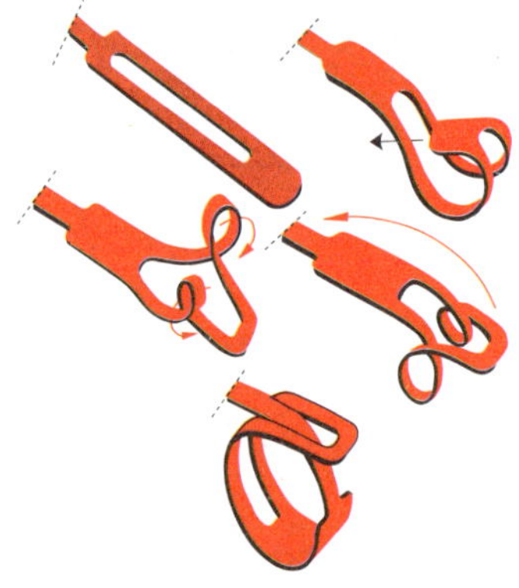

030 12个五格拼板

这12个五格拼板在棋盘上的摆放位置有很多种，最后总是会留下4个方格。无论这4个方格选在哪里，总是可以将这12个五格拼板放进去。如图所示为答案之一。

031 多格拼板矩形

序号为10

序号为18

序号为28

序号为24

032 锯齿状的五格拼板（1）

如图所示。

033 锯齿状的五格拼板（2）

如图所示。

034 七格三角形

如图所示。

035 五格拼板游戏

如图所示。

1

2

3

4

5

6

036 想象正方形

C。

037 移走木框

当木框按照正确的顺序移走后，得到的单词是CREATIVITY（创造力）。

038 折叠报纸

在实际操作中，不可能将报纸对折8次或者更多，不论这张报纸有多大，纸有多薄。

这是因为每对折1次，纸的厚度就增加了1倍，很快纸就会变得很厚。

折叠8次之后，纸的厚度就会是开始时的256倍，这样的厚度不可能再次对折，除非你的力气实在是大得惊人。

039 纸条艺术

如下图所示。

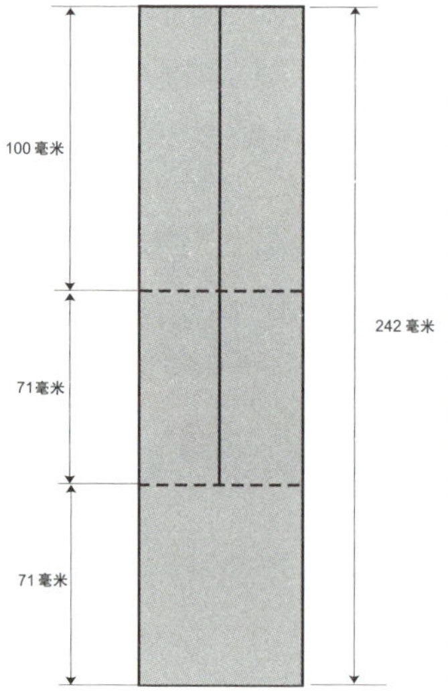

040 最少的五格拼板

如图所示，最少5个。

041 共振摆

过了一段时间之后，所有的摆都开始摆动，但是只有第一个开始摆动的摆和与之颜色相同的摆的摆幅最大。它们之间通过振动传递能量。

每个摆都有一个摆动频率或者固有频率。每个摆的每一次摆动都会拉动连接的横杆，并带动其他的摆。其中摆长相同的两个摆固有频率也相同，从而相互作用。

最终，这一对摆长相同的摆中有一个摆幅慢慢接近0，它的能量转移到另一个摆上，使这个摆的摆幅达到最大，然后能量又传递回来，如此循环往复。

042 虹吸管

这个模型展示的是间歇虹吸原理。

将这个模型倒过来，水首先会慢慢地流到中间的空厢，直到水位到达弯管的顶部，这时马上就会出现虹吸现象，迅速将中间空厢里的水抽干。这个过程将会不断重复，直到上面空厢里的水被完全抽干。

为什么会出现这样的现象呢？

虹吸管长的一端的水的重量要大，引起水从上面的空厢流出，直到上面的空厢被抽空。

虹吸现象之所以发生，最根本的一点是出水口要比入水口低。

很多世纪以前虹吸现象就被工程师所熟知，它被广泛运用在多个领域。最典型的一个例子是文艺复兴时期建造的自动喷泉。它是一个包含多个管子和虹吸管的复杂装置，这个自动喷泉上有机器鸟，每隔一段时间就会自动唱歌，还会扇动翅膀，这些靠的都是水的动力。之后一个更有名的运用就是厕所的冲水马桶。

对于虹吸管的研究是属于流体动力学领域的，流体动力学是流体力学的一个分支。

如果把这个模型再次倒过来，虹吸现象就会再次出现。

043 结的上色

044 给更多结上色

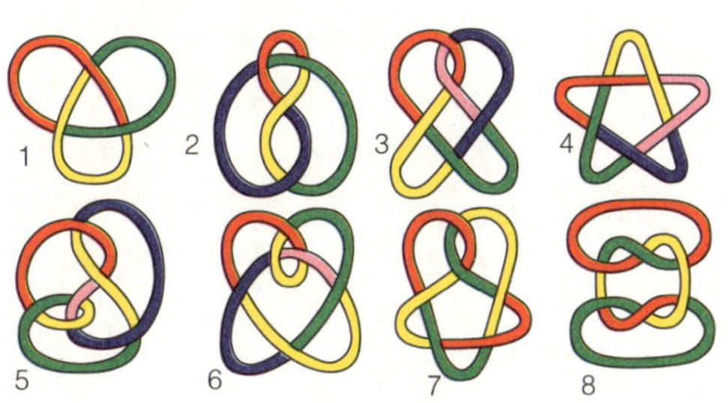

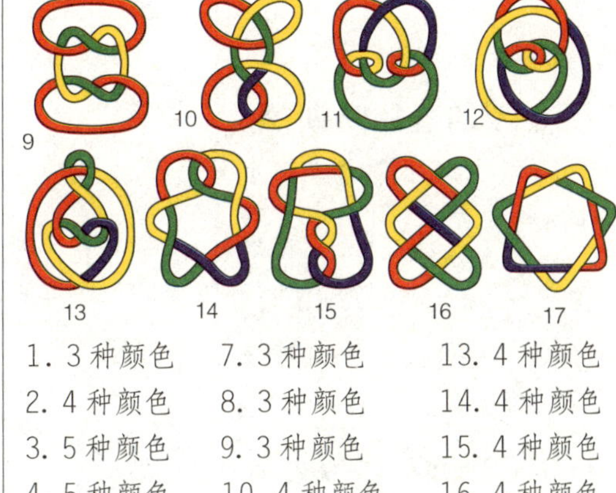

1. 3 种颜色
2. 4 种颜色
3. 5 种颜色
4. 5 种颜色
5. 5 种颜色
6. 5 种颜色
7. 3 种颜色
8. 3 种颜色
9. 3 种颜色
10. 4 种颜色
11. 4 种颜色
12. 4 种颜色
13. 4 种颜色
14. 4 种颜色
15. 4 种颜色
16. 4 种颜色
17. 4 种颜色

045 正多面体环

库尔特·舒克尔发现所有相同大小的正多面体都可以组成一个多面体环，除了正四面体。

无论用多少个正四面体组合，都不可能组成一个多面体环。

这一理论在 1972 年被 J.H. 梅森所证明。

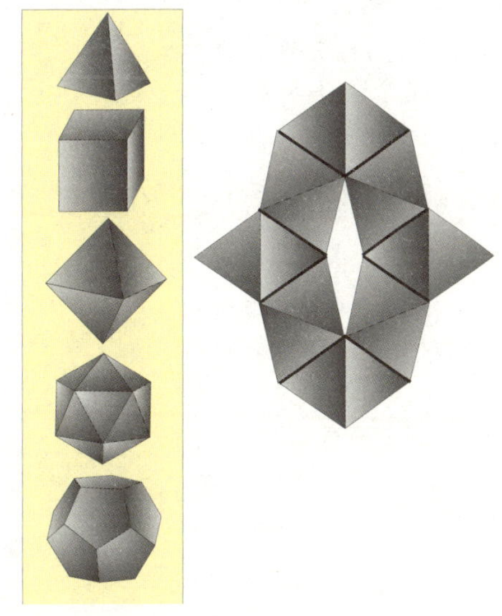

046 三分麦比乌斯圈

得到了 2 个绕在一起的环：其中一个是跟原来的麦比乌斯圈等长的另一个麦比乌斯圈；

另外一个是长度为原来的2倍，且包含2个螺旋的环。

047 暹罗的麦比乌斯圈

得到的这个图形有2个面，3条边界线，2个中空部分，没有螺旋。

从拓扑学的意义上来说，上面部分的螺旋和下面部分的螺旋相抵消了。

048 相缠绕的麦比乌斯圈

第1组剪开后得到4个独立的扁圆形的环，这4个环分别都有2个面，2条边界线，没有螺旋。

第2组剪开后得到2个大小相同的独立的扁圆形的环，这2个环分别都有2个面，2条边界线，没有螺旋；此外还得到1个大纸环，这个纸环有1个螺旋，2个面，2条边界线。

第3组分为2种情况，如果2个麦比乌斯圈旋转时的方向相同，剪开后得到的就是2个独立的扁圆形纸环，其中一个是小环，另一个是大环，小环没有螺旋，大环有1个螺旋，这2个环都有2个面，2条边界线；如果2个麦比乌斯圈旋转时的方向相反，剪开后得到的是1个没有螺旋的扁圆形纸环和1个六边形的没有螺旋的纸环。

049 相黏合的麦比乌斯圈

第1组和第2组剪开之后得到的都是1个正方形的环，这个环有2条边界线，2个面，没有螺旋。

第3组分为2种情况，如果2个麦比乌斯圈旋转时候的方向相同，那么剪开是相连的2个扁圆形的环，2个环都有2个面，2条边界线，其中一个包含1个螺旋，另一个没有螺旋；而如果这2个麦比乌斯圈旋转时候的方向不同，那么剪开得到的是相连的2个扁圆形的环，且这2个环分别都含有1个螺旋。

050 成角度的镜子

当镜子之间角度减小时，放在两面镜子之间的物体的多重镜像的数目将会增加。

每次夹角度数以360/N（N=2,3,4,5…）的数值减少时，镜像数目会对应增加。

因此，镜像数是两镜夹角度数的一个函数，如下所示：

夹角度数：120、90、72、60、51.4

镜像数：3、4、5、6、7

理论上，当夹角接近零时，镜像数将变为无穷。当你站在两面平行镜之间或者看一面无穷大的镜子时，你就会看到这种效果。但实际上，能看到的只有有限的镜像数，因为随着每次反射，镜像将逐渐变得微弱。

051 海市蜃楼

顶部所显示的景象是由2次反射产生的，如下图所示。

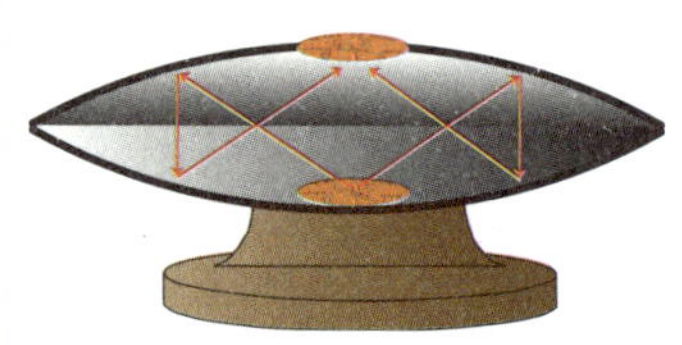

052 火柴光

可以，吸烟的人能看到经过2面镜墙反射出来的火柴光。

在19世纪50年代，厄斯特·斯托斯提出一个难题：是否存在一间如此复杂的房间，你在里面某处划着了一根火柴，却因为光的反射无法到达而使得有部分空间依然湮没在一片漆黑中？这个问题直到1995年才有了答案，加拿大艾伯塔大学的乔治·托卡斯凯回答了这个问题：存在这样一种房间，其目前可知面积最小的房间平面图有24条边。只要火柴光所在的位置恰当，就会至少有另一个相对点处在黑暗中，如图所示（图中的红点）。乔治·托卡斯凯把它叫作最小不可照明的房间。

在托卡斯凯房间里有一个特定的划火柴的点，使得火柴划亮之后房间有一部分处在黑暗中，但如果你把火柴稍微移动一点，整个房间就又变亮了。

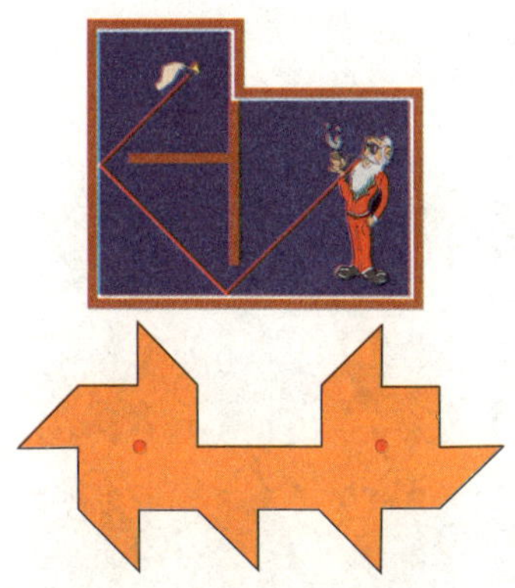

053 麦克马洪的彩色三角形

054 曲面镜

男孩看到的自己是右边凸起。

你如何解释镜子 90° 的翻转得到的是 180° 翻转的镜像？

055 四阶拉丁方

如果只要求每一行、每一列有 4 种不同的颜色，那么以下这个简单的图案会符合要求：

056 转角镜

正常情况下，镜子将物体的镜像左右翻转。以正确角度接合的两面镜子则不会这样。

转角镜中右面的镜子显示的没有左右变化，男孩在镜子中看到的自己和日常生活中别人看到的他是一样的。

这种成像结果是由于左手反转以及前后反转同时作用。

057 爱的立方问题

这道谜题的原型是由底特律的弗莱德里克·斯库索于 1900 年发明的。他的版本是以扑克牌上的人物形象做装饰。

058 飞去来器

该图形可以通过移动拼成一个正六边形，那么我们只要算出这个正六边形的面积，就可以得到原图形的面积。这个正六边形是由 6 个正三角形组成的，如图所示。因此所求图形的面积 =6× 正三角形面积，即：

$$6\times\frac{1}{2}\times底\times高=6\times(\frac{1}{2}\times2\times(\sqrt{2^2-1^2}))=6$$

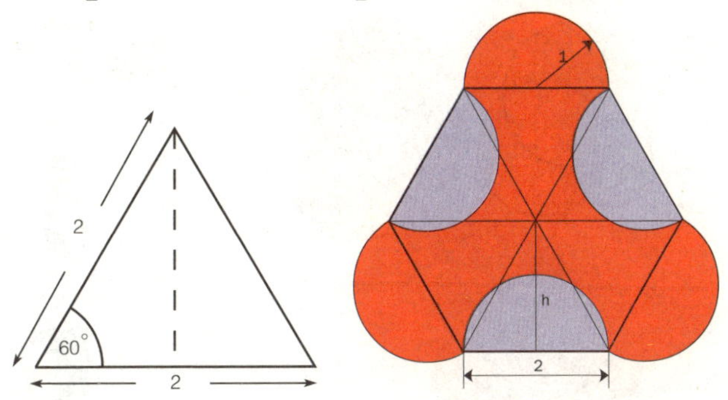

059 魔方

图中一共有 8×8×8 个 1×1 的立方体。

有 7×7×7 个 2×2 的立方体。

有 6×6×6 个 3×3 的立方体。

……

依此类推，最后有 1 个 8×8 的立方体。

因此立方体的总数应该是 $8^3+7^3+6^3+5^3+4^3+3^3+2^3+1^3=1296$。

事实上由一个公式可以直接得到这个结果：

总的立方体数 $=\left[\frac{n}{2}\times(n+1)\right]^2$，当 n＝8 时，得到 1296。

060 旋转方框

这是不可能做到的。最接近的解如图所示。

061 圆的弦相交问题

每 3 个圆的 3 条公共弦都有 1 个交点，一共有 3 个这样的交点，这 3 点连成线可以组成 1 个三角形。

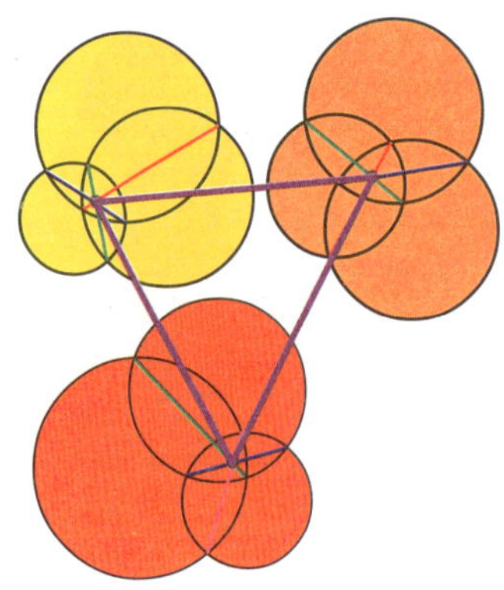

062 圆桌骑士

n 个骑士在圆桌旁的排列应该有：$\frac{(n-1)\times(n-2)}{2}$ 种，即：

$\frac{(8-1)\times(8-2)}{2}=21$ 种。另外的 20 种排列方法如图所示。

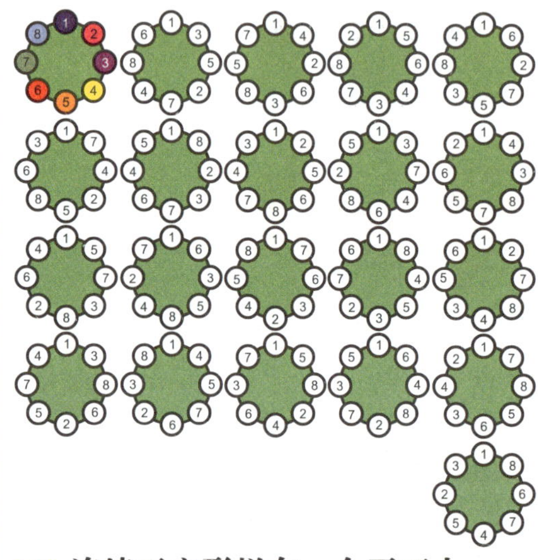

063 连续正方形拼在一个平面上

如图所示，这是一种可能的排列方法。

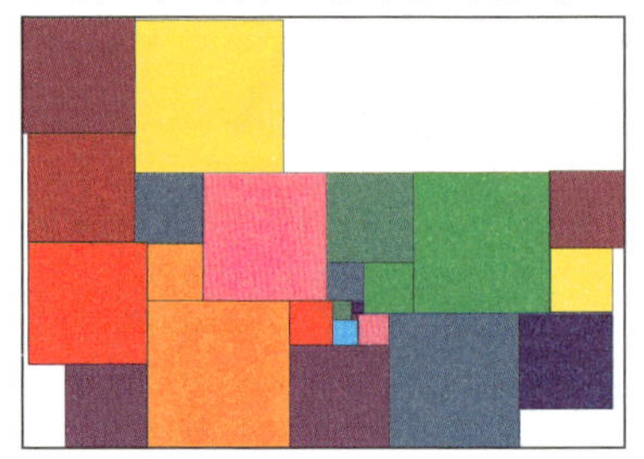

064/065 七巧板数字（1）/ 七巧板数字（2）

066 滚动肖像立方（1）

067 滚动肖像立方（2）